전남대학교 어연총서 10

텍스트 언어학적 분석에 의한 에. 테. 아. 호프만의 「모래귀신」

Der *Sandmann* von E.T.A. Hoffmann.
Eine textlinguistische Analyse

서용좌 · 브루노 로스바흐

Yong-Jwa Suh · Bruno Rossbach

한국문화사

Hankukmunhwasa

텍스트 언어학적 분석의 이해

예. 티. 아. 호프만의 「모래사나이」

Der Sandmann von E.T.A. Hoffmann,
Eine textlinguistische Analyse

서영태 · 로즈바흐 이봐노

역락출판

0 서론: 서술 텍스트 이론

이 책은 새로운 시도이다. 텍스트 해설이자 교과서인 것이다. 텍스트 해설로서는 특히 한국인 독자들을 겨냥한다. 교과서로서는 텍스트 언어학적 근간에서 서술 텍스트의 분석에 대한 입문서가 될 것이며, 분석 대상인 소설에 대한 이상의 것을 다룰 것이다. 이 책을 읽는 동안 독자는 독문학의 가장 어둡고 환상적인 텍스트 중 하나라 할 이 작품의 구조에 대한 통찰뿐만 아니라, 서술 텍스트의 구조법칙에 대한 통찰을 얻을 수 있을 것이다. 그렇게 함으로써 독자는 하나의 텍스트에 관한 지식만이 아닌, 다른 텍스트들과 관련해서 전용할 수 있는 지식을 얻게 되리라.

해설의 특이점은 무엇보다 그 물샐틈없는 완벽함과 조직성이다. 완벽함이란 문장 하나 하나에 대한 해설에서 드러난다. 이는 결코 우연이 아니라 등장하는 모든 난점들을, 즉 독일어를 모국어로 하지 않는 독자가 정복해야 할 모든 난점들을 다룬다. 그러나 이는 독일문화원(Goethe-Institut)의 중급 수준의 독일어 지식을 전제로 한다.

해설의 체계는 항시 반복되는 순서에 의하되, 다음의 정보를 제공한다:
- 사전적
- 문장론적
- 서술적 (문장들을 포괄하는)

　각 문장마다 우선 특이한 단어들과 관용어법들을 찾는다. 단어의 설명은 때때로 일반적인 의미와 텍스트 내의 특정 의미를 포함하며, 독일어와 한국어로 의역한다. 실망스런 사전적 설명작업은 배제한다.

　사전적 설명에 이어 문장론적 언급이 이어진다. 이 경우 길고 복잡한 문장들을 왼 쪽에서 오른 쪽으로 단어 하나 하나 이해하려고 하는 시도는 항상 지양된다. 그 대신 문장들은 우선 그 핵으로 단축된다. 그 다음 한 걸음 한 걸음씩 구축되어 가며 독창적 복잡성을 넘어간다. 도표 제시는 문장들의 거시적 구조(대강의 구조)를 통찰하는데 도움이 될 것이다.

　문장들의 문장론적 설명을 위해서 우리는 전통 문법의 이론과 용어들을 사용한다. 전통문법의 이점은 이것이 모든 분석의 길로 통하는 것이다. 즉 — 단계적으로 — 복잡한 전체에서 전체의 성분으로 가는 길 말이다. 다음에는 발화의 논리라는 전통문법이 따른다: 주어 내지 주어부는 발화의 대상을 지칭하고, 술어는 이 대상에 진술을 부가한다. 오늘날 성행하는 전통적 주어-술어-문법 (구성구조문법)과 의존문법 사이의 대립은 두 문법모델이 서로를 배제하는 것이 아니라 오히려 서로를 보충한다는 사실을 오해하고 있기 때문이다. 촘스키 N. Chomsky 또한 그의 다른 면에서 전통적 분석체계에 이 의존의 개념을 수용했다. 그렇지만 구성구조문법과 의존문법의 장점들을 통합하고 있는 아주 손쉬운 문법모델은 아직 제시되어 있지 않다.[1] 문장론적 해설의 목적, 즉 복잡한 문학텍스트의 문장들의 거시구조를 통찰할 수 있게 하는 것은(또한 도표로서도), 전통적 용어들의 도움으로 가장 용이하게 수행될 수 있을 것이다.

---

1. "Konstituentenstruktur"와 "Valenzstruktur"에 대한 관계에 관해서는 다음을 참조: Walter Flämig: Grammatik des Deutschen. Einführung in die Struktur- und Wirkungszusammenhänge. Erarbeitet auf der theoretischen Grundlage der "Grundzüge einer deutschen Grammatik". Berlin (1991), S. 85-91. - 의존문법과 구성구조문법의 관계에 관한 보편적으로 수용할 만한 분석은 아직 없다.

반면에 미시 구조적 설명(예를 들어 원자가 제시)은 포기한다. 이것은 매우 유감이다. 그렇지만 그렇지 않아도 우리의 해설 분량은 이미 문제가 될 정도이므로 그런 결정을 내릴 수밖에 없다.

이 작업에서 문장문법의 영역에서 새로운 것은 기대할 것이 없다. 이 영역에서는 이해력의 도움을 제시하는 것이지, 연구를 수행하는 것이 아니다. 다른 것들은 서술 텍스트 구조를 위한 정보들을 포함한 세 번째 분석 범주에 들어있다. 이 분석의 이론적 배경이 된 것은 마부르크 Marburg 대학의 일반 언어학 및 독일 언어학 전공학과에서 십여 년 이상 수행되어 온 "서술 텍스트 분석"에 관한 연구들이다.[2]

우선 서술(Erzählen) 또는 더 상세하게 서술의 과정은 다음과 같이 정의된다: 서술은 일어난 사건의 재생이자, 수신자를 고려한 시점적 재생이다.

이 정의는 세 요소를 지니고 있다:
- 서술자 (= 화자)
- 사건
- 수신자

마부르크 팀의 서술 텍스트 분석(Narrativik) 연구의 관심은 모든 서술 텍스트의 중심을 형성하는 서술자에 중점을 둔다. 서술자의 포괄적 활동 — 사건의 언어화 — 은 다음과 같은 부분 활동들로 분류될 수 있다:

---

2. 지도: Prof. Dr. Rudolf Freundenberg 및 Prof. Dr. Wolfgang Brandt. 마부르크 대학 관점의 서술 텍스트의 기본 특성에 관한 연구로는 다음을 참조: Bruno Roßbach: Die Manifestationen des Erzählers. Zur Makrostruktur narrativer Texte. In: Zeitschrift für Dialektologie und Linguistik 62 (1995), S. 29-55.

- 선택 (무엇을 서술하고 무엇을 서술하지 않을 것인가?)
- 배열 (무엇을 먼저 서술하고, 무엇을 그 다음에, 무엇을 마지막에 서술할 것인가?)
- 시점 선택 (복합 시점 대 단일 시점[3])
- 해설·주석 및 평가 여부[4]

서술자는 이야기하는 "목소리"이다(프랑스인 Narrativik학자 Gérard Genette의 "La voix" 범주에 든다).[5] 그러나 그는 텍스트-의미의 원천이다. 서술자를 기술하는 것, 서술자를 그 특성에서 확정짓는 것은 도대체 우리가 이 서술자에 대하여 하나의 관념을 가지고 있을 것을 전제로 한다. 이 관념은 이 책에서 설명되고 사용될 것이다. 물론 무한정으로가 아니라 꼭 필요한 곳에 제한적으로 사용될 것이다. 또한 이 책의 전면에는 서술이론이 아닌 서술분석이 자리한다. 이 중점은 이 다음에 계획하고 있는 책에서는 그 반대가 될 것이다. 그러면 이론이 전면에 놓이고 구체적 분석은 예로서 배경에 놓이게 된다.

이 책의 모든 텍스트 기술의 출발점은 텍스트 내재적 서술자이다. 이 서술자(Narrator)는 작가(Autor)와는 엄격히 구분된다. 작가는 실재의 신분을 지니며, 외적 의사소통 상황에 소속한다. 서술자는 허구의 신분을 지니며, 내적 의사소통 상황에 소속한다. 도표로 보자면:

---

3. 단일 시점(monoperspektivisch): 서술자가 세계를 유일한 등장인물의 시각(= 시점)에서 서술한다. 복합 시점(multiperspektivisch): 서술자는 어떠한 등장인물에도 구속되지 않는다. 극심한 경우 서술자는 모든 임의의 등장인물에 옮겨갈 수 있다.

4. 해설·주석(Kommentar) = 서술자가 서술된 것에 대해 주석한다. 비평(besprechen), 논의(diskutieren)를 포함한다. 평가(Evaluierung) = 서술자가 서술된 것을 가치평가한다. (170) 참조.

5. Gérard Genette: Die Erzählung. Aus dem Französischen von Andreas Knob, mit einem Vorwort von Jochen Vogt. München 1994 (UTB - große Reihe) [Original: S. 9-192: Discours du récit, Paris 1972; S. 193-298: Nouveau discours du récit, Paris 1983].

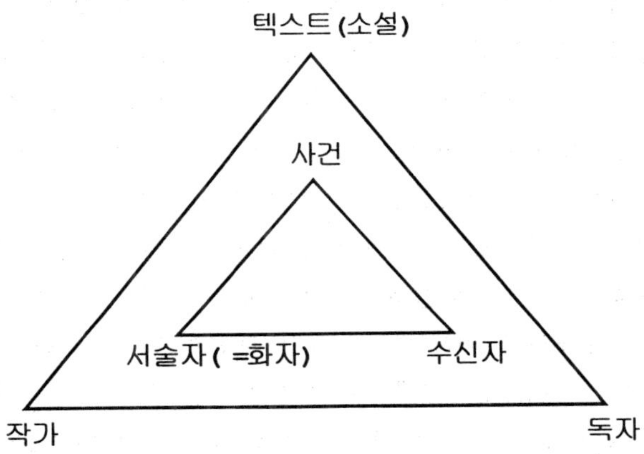

작가의 입장에서 보아 모든 (또는 대부분의) 서술된 사실들은 '창안된' 것이다. 이것은 이 경우 결코 작가인 에. 테. 아. 호프만이 아닌, 오직 텍스트 내재적 (= 허구적) 서술자만이 나타나엘을 그의 "친구"라고 주장할 수 있는 것이다. 그리고 사건의 결말에 가서 클라라가 어찌 되었는지를 들었노라고 주장하는 것은 에. 테. 아. 호프만이 아니라, 그만큼 애매하게 정보를 받은 서술자인 것이다. 일반적으로 요약하면, 허구적 서술자는 허구적 사건과 마찬가지로 작가에 의해 창안된 것이다. 허구의 내적 세계와 사실의 외적 세계 사이를 통제없이 넘나드는 일은 이 해설에서 방지할 것이다.

물론 텍스트 내적 현상을 텍스트 외적 사건들과 상관시키는 것도 적법하다. 예를 들어 전기적, 역사적 또는 사회학적 사실들 말이다. 그렇기 때문에 원래는 그러한 정보들을 취급하게 될 네 번째 분석 범주 — [I] 해설: 그런 종류의 정보들을 수용하게 될 — 를 예견했었다. 그렇지만 해설들을 네 개의 다른 분석 범주 — [L] 사전적, [S] 문장론적, [N] 서술 구조적, [I] 해설적 정보들 — 로 분류하는 과정에서 너무 일목요연하지 않음이 드러났다. 그렇기 때문에 네 번째 분석 범주의 정보들은 세 번째 범주에 수용하였다: [N]은 이제 우선 문장들을 통괄하는 성향의 텍스트 내재적 정보들, 예를 들어 모티브의 회귀 (주도모티브) 같은 것을 포함하며, 다음으로는 문화사적 성향의 텍스트 외적 정보들을 포함한다. 이 외부의 포착은 원천적인 텍스트접근적 분석에 논리적 모순을 낳는 것 같아 보이지만 그것은 오직 외관상 그러하다. 왜냐하면 역사적 맥락 (Kontext: 어원적으로는 "통합적 텍스트"라는 뜻)에 관한 지식이 없이는 한 텍스트가 적확하게 이해될 수 없기 때문이다.[6] 이것은 무엇보다도 "Cagliostro" 또는 "Chodowiecki"라는 이름이 기지의 것으로 전제되거나, 또는 연금술 실험자에 대한 암시를 포함할 때를 이른다. 그러나 문화사적 지식은 텍스트가 이것을 분명히 전제로 할 때에 한해서 전달된다. (문학적) 텍스트를 (문학 외적) 맥락과 연결함에 있어서 이론적이고 방법론적인 난제들은 당장 여기에서 논의될 수는 없고, 그것은 우리가 원칙적으로 사안에만, 즉 텍스트 안에 머물기로 하기 때문이다.

또한 이 「모래귀신」[7] 텍스트를 다른 텍스트를 수단으로 해서 해석하려는 유혹도 거부한다. 특히 대중적인 것은 소설 주인공의 행동을 프로이트의 심리분석에 적용하는 것이다. 이것은 매우 일목요연하다. 왜냐하면 첫째 프로이트 자신이 이 소설에 대해 언급했고,[8] 둘째 소설 주인공 나타나엘의 이상한 행동은 심리분석적 소설에 다가가기 때문이다. 그럼에도 불구하고 다음과 같은 2차문헌의 제목을 보자:

---

6. "첨가적 해석의 전제로서의 문화적 지식"에 관해서는 Michael Titzmann: Strukturale Textanalyse. Theorie und Praxis der Interpretation. 3., unveränderte Auflage. München (1993), S. 263 ff. (UTB 582)를 참조할 것.
7. 이 작품은 우리나라에 논문 또는 번역 등에서 「모래인간」, 「모래요정」, 「모래아저씨」, 「모래귀신」 등 상이한 작품해석에 따른 상이한 제목으로 소개되었다(3. 3 참고문헌 참조).
8. Sigmund Freud: Das Unheimliche (1919). In: S. F.: Studienausgabe. Bd. 4. Hrsg. von Alexander Mitscherlich u. a. Frankfurt am Main (1970), S. 241-274.

Ingrid Eichinger: E.T.A. Hoffmanns Novelle "Der Sandmann" und die Interpretation Freuds. In: Zeitschrift für deutsche Philologie 95 (Sonderheft E.T.A. Hoffmann 1976), S. 113-132.

이것은 그와 관련된 인식의 소득은 매우 비싼 대가를 치러야 함을 예견케 해준다. 왜냐하면 우리는 하나의 해석 대상 텍스트 대신에 두 개의 텍스트를 보게 되기 때문이다. 그것이 전부가 아니라, 프로이트를 끌어대고 있는 모든 텍스트들과 프로이트에게 비판적인 모든 글들 또한 동시에 접근되어야 한다. 그렇게 됨으로써 끝없는 해석논쟁이 열리게 될 것이다. ― 그 대신 이 소설의 복잡한 구조를 설명하고 그것을 투명하게 만들려는 목적을 충실하게 따를 것이다. 텍스트는 구조의 원칙에 따라 통찰되어야 한다. 어떠한 방법으로 그렇게 하는가는 이 서문에서 설명될 수도 또는 설명해야 할 필요도 없다. 앞으로의 분석이 이에 대한 충분한 정보를 줄 것이다.

문장 하나 하나에 관련된 상세한 텍스트의 설명이 곧 이 책이 학습자들의 이해를 위해 제공하려는 유일한 도움은 아니다. 그 밖의 도움으로는 소설 제목의 충분한 설명, 개관 및 중점적 내용설명을 부가한 텍스트의 상세한 분류, 전체 소설의 보조번역, 일련의 도표 및 그래픽 등이 있다. 우리는 이 책이 한 복잡한 텍스트의 미로에서 독자에게 신뢰할 만한 안내자가 되기를 희망한다. 독서의 대상으로서는 외국어로서의 독일어 (외국에서의 독어독문학) 중급과정의 학생들을 고려하고 있다. 그러나 이 분석은 그 방대한 외연으로 인하여 교육자 및 호프만 전공자들에게도 여기 저기 새로운 정보를 제공한다. 독자를 기다리는 것은 모험이다. 모험 중에는 때로 고생을 완전히 면할 수는 없으리라.

0.1 개요

독일의 어린이들에게는 "모래아저씨(Sandmann)"의 모습이 대체로 "모래아찌(Sandmännchen)"라는 축소형으로 알려져 있다. 모래아찌는 밤이면 어린이들에게 눈에 모래를 뿌려 줌으로써 아이들이 피곤을 느끼고 잠이 들 수 있게 해주는 동화의 인물이다. 그러면 아이들은 아침이면 눈에서 "모래"를 부벼낸다. 그것이 아이들에게는 밤새 그가 왔었다는 증거가 된다. 작은 키에 빨간 뾰쪽 모자를 쓰고 등에는 모래 자루를 지고 있는 모습의 모래아찌는 정말 귀엽다. 그렇지만 나타나엘(이 소설의 주인공)에게서 그는 마성적 성격을 지니게 된다. 한 노파가 그에게 얘기해 주기를, 모래아찌는 착하지 않은 아이들에게서 밤새 눈을 훔쳐 가는 무서운 귀신같은 존재라고 했던 것이다. 이 이야기는 나타나엘을 숙명적 공포로 내몰고, 마침내는 대 재난을 초래한다.[9]

눈-모티브는 "Sandmann"이라는 인물 내지는 소설의 제목에 이미 포함되어 있다. 사랑스러운 동화에서는 아이의 눈이 감기기 때문에 그가 더 이상 아무 것도 보지 못한다. 하지만 늙은 유모의 변종 이야기에서는 영원한 실명이 위협하고 있다.

다음에서는 눈-모티브를 상세히 취급한다. 왜냐하면 전체 줄거리를 이끌어 가는 중심이 눈의 상실에 대한 나타나엘의 공포이기 때문이다.

---

9. 이 소설의 번역의 문제, 특히 제목 번역의 문제는 다음을 참조하시오: Min-Suk Choe: Vergangenheitsbewältigungen durch Fremdsprachenliteratur. Grund-probleme bei der Vermittlung der deutschen Literatur in Korea. In: Alois Wierlacher u.a. (Hrsg.): Jahrbuch Deutsch als Fremdsprache. Bd. 17. München (1991), S. 94-103. Min Suk Choe: Vermittlung europäischer Kultur in Korea am Beispiel eines deutschen Romantikers: E.T.A. Hoffmann. In: E.T.A. Hoffmann-Jahrbuch 1992-93. Mitteilungen der E.T.A. Hoffmann-Gesellschaft. Berlin (1993), S. 209-222.

줄거리:

나타나엘의 유년 시절은 알 수 없는 것들로 가득하다. 유모의 말에 따르면 모래귀신은 잠을 자려고 하지 않는 아이들에게서 시력을 앗아간다. 부모님은 어떤 날 저녁이면 변하는 것 같다. 어머니는 화급히 아이들을 잠자리로 보내면서 말한다: "모래귀신이 온단다". 그런 다음 실제로 나타나엘은 불길한 형상이 층계를 쿵쿵거리며 올라오는 소리를 듣곤 한다. 아버지의 방에서는 이상한 일이 벌어진다.[10] 나타나엘은 호기심에 못 이겨 숨을 곳을 찾아 들어서, 모래귀신이란 다름 아닌 음침한 변호사 코펠리우스임을 알게 된다. 나타나엘은 발각되고, 모래귀신/코펠리우스는 그를 붙잡아 눈알을 뽑으려 한다. 아버지는 간청해서 그 자를 만류한다. — 코펠리우스는 잠적했다가 일년쯤 지나서 다시 그 도시로 돌아온다. 다시금 그 자의 발자국 소리가 층계를 쿵쿵거린다. 한밤 중 폭발 소리가 온 집안에 진동한다. 아버지는 바닥에 숨져 있다. 코펠리우스는 사라졌다. 아이는 그가 아버지를 죽인 것이라고 생각한다.

수년이 흘러 나타나엘은 그 사이 약혼도 하고 G.시에서 대학에 다닌다. 어느 날 문 두드리는 소리가 나고, 한 행상이 — 그는 코폴라라는 이름이다 — 그에게 물건들을 권한다. 나타나엘은 그가 코펠리우스(= 모래귀신)라고 믿게 된다. 그는 놀라고 혼란에 빠진다. 뭔가 도움을 구하는 심정에서 그는 고향에 편지를 쓴다. 그의 약혼자 클라라는 그를 안심시키고자, 그 숙명적인 코폴라는 그에게 아무런 힘이 없으며, 모든 경악은 다만 그의 내면에서 나오는 것이라고 한다. 클라라의 논리는 완전히 효과가 없는 것은 아니나, 나타나엘은 실제로 안심하지 못한다.

얼마 안 있어 그는 귀향한다. 모두가 포옹한다. 그러나 이견들이 고조

---

10. 코펠리우스와 아버지는 연금술 실험을 한다.

되면서 그들의 행복을 흐려 놓는다. 환상가 나타나엘과 냉정한 인간 클라라는 서로를 이해하지 못한다. 극심한 갈등이 초래된다. 나타나엘은 클라라를 "생명 없는 저주받을 자동인형"이라고 욕한다. 클라라의 오빠는 분통해 하고, 결투가 예고되지만, 결국에는 화해가 이루어진다.

　나타나엘은 대학 도시로 돌아온다. 그 동안 그의 숙소에 화재가 있었다. 그는 자신의 물리학 교수인 스팔란짜니 댁 건너편으로 이사하게 된다. 그 창문 너머로 그는 올림피아를 바라본다. 그때 다시 코폴라가 찾아와 그에게 망원경을 판다. 망원경을 통해서 바라보는 동안 그는 올림피아의 미에 굴복하고 만다. 마침내 그는 무도회에서 그녀와 춤추게 된다. 스팔란짜니는 그들의 약혼까지를 승인한다. 그렇기 때문에 스팔란짜니와 코폴라가 싸우는 소리를 들었을 때의 그의 놀라움이 그토록 큰 것이다. 증류기, 병, 플라스크들 사이에서 그들은 텅 빈 검은 동공을 지닌 생명없는 인형 올림피아를 두고 싸우는 것이다. 스팔란짜니는 올림피아의 눈을 집어 나타나엘에게 뿌렸고, 그는 곧 광증에 빠진다. (올림피아가 자동인형이었음이 밝혀진 뒤 소위 지성인들로 구성된 차 모임의 실태는 가관이다. 본문 355의 차 모임 에피소드 참조)

　나타나엘이 깨어났을 때 과거의 공포는 극복되었다. 두 약혼자, 처남이 될 로타르, 그리고 어머니는 행복하게 화합한다. 그 무렵 두 사람은 정오쯤에 탑에 오른다. 먼 곳을 바라보다가, 클라라는 작은 회색의 수풀이 그들을 향해 움직여 오는 듯한 느낌을 갖는다. 그 말에 나타나엘은 망원경을 꺼내 드는데, 시야를 클라라가 가리고 있다. 그러자 그는 다시금 광증에 빠져, 소리치고 날뛰며 클라라를 아래로 내던지려 한다. 로타르가 급히 달려가 그녀를 구한다. 아래 군상들 사이에 코펠리우스가 서 있고, 그는 나타나엘을 유혹하는 듯이 보인다. 그리고 나타나엘은 뛰어내린다.

0.2 일반적 주의

* 약자:

[L] = lexikalisch, [S] = syntaktisch, [N] = narrativ,

HS = Hauptsatz, NS = Nebensatz, Parenth. = Parenthese

Inf.-Kontr. = Infinitiv-Konstruktion, Part.-Konstr. = Partizip-Konstruktion,

* 구두점:

> 쉼표 하나를 단조롭게 넘어가지 마시오! 쉼표는 문장론적인 구두점이다. 그것은 문장의 전체 의미에 하나의 획을 그어주며, 읽을 때에 반드시 그만큼 고려되어야 한다.

구두점(Interpunktion)의 표기는 19세기에는 아직 보편적 구속력이나 문장론적 원칙을 갖지 못했다. 오늘날 문법의 관점에서 볼 때 느껴지는 차이점은, 문장의 이해에 도움을 주는 한 주시되어야 한다.

* 복합문의 분석을 위한 도움말:

> 복합문을 이해하지 못할 때 도움이 될 말은 한 마디 뿐이다:
> 그 문장을 단순화시키시오!

우선 맨 먼저 정동사 (술어)를 찾으시오! 다음에는 이 동사를 그것이 속할 주어와 연결하시오! 그렇게 해서 얻어진 주어-동사 구문을 근거로 그 다음을 생각할 수 있게 된다. 다음의 [S]항에서는 개관하기 어려운 문장들을 우선 단순화해서 제시할 것이다. 필요하면 거기에 구조 스케치를 첨부한다.

1 「모래귀신」 분석

1.1 편지글

1.1.1 나타나엘이 로타르에게 I

1.1.1.1 코폴라

> (1) *Gewiß seid Ihr alle voll Unruhe, daß ich so lange - lange nicht geschrieben.*

[L] · *gewiß*: bestimmt
· *lange - lange*: 이러한 이중 표현은 sehr lange라는 정상적 표현보다 더욱 감정적으로 작용한다.

[S] 독일어에서 현재완료(Perfekt)는 복합시칭이다: sein/haben + 과거분사.
- er *ha*t geschlafen
- er *ist* gekommen

만일 위의 문장 1)에서와 같이 부문장에서 조동사가 후치하게 되면, 19세기에는 생략하는 것이 일반적이었다. 이 언어 경제적 조처는 관철되지 못했다. 오늘날의 독일인에게는 이 단축된 현재완료는 고식적이라는 의미의 역사적 느낌을 준다. 오늘날이라면 어떠한 경우라 해도 … *daß ich so lange nicht geschrieben habe*라고 쓴다. 그와 똑같은 현상이 과거완료에도 적용된다. (32) 참조.

양식: 주문장의 다음 두 가지 양식을 비교하라:
a) Ihr seid gewiß alle voll Unruhe → b) *Gewiß seid ihr* …

b)는 중립적인 형식 a)에 비해서 정서적이다. 이 문장의 주제는 불안 (Unruhe)이다(사전적 차원). 문장론적 구조 역시 불안의 감정을 전달한다. 그러므로 문장 구조가 문장의 내용을 반영해 준다고 할 수 있다.

[N] 이 소설은 세 통의 편지의 인용(Zitat)으로 시작된다. 이 편지글은 총 텍스트의 약 1/3 가량에 할당되어 있다. 나중에 가서야 독자는 서술의 전체 맥락에서의 이 편지들의 위치가 갖는 가치(Stellenwert)를 알게 된다. 이 소설의 전체 구조의 시각적 조명은 (14)의 해설을 참조하시오.

> (2) *Mutter zürnt wohl, und Clara mag glauben, ich lebe hier in Saus und Braus und vergesse mein holdes Engelsbild, so tief mir in Herz und Sinn eingeprägt, ganz und gar.*

[L]   · *zürnen*: zornig sein, wütend sein, schimpfen
· *in Saus und Braus leben*: im Überfluß leben, herrlich und in Freuden leben
· *hold*: lieblich, bezaubernd. 오늘날에는 거의 사용하지 않는다. 전체적으로 *hold* 6회, *holdlächelnd* 3회, 그리고 *Unhold* 2회 등장. 이 형용사 내지 형태소는 주도모티브(Leitmotiv)의 성격을 갖게 된다. 이것은 마찬가지로 여러 번 사용되는 표현들인 *Engel* 및 *Engelsbild*와 의미론적으로 근접해 있다. 나타나엘의 이상화된 현실 거부적 성격에 관해서는 앞으로 주력하게 될 것이다. 주도모티브는 전체 텍스트를 흐르는 단어들 또는 단어들의 그룹이며, 이에 관해서는 (46)과 "3 자료"를 참조하시오.
· *Engelsbild* n.: das Bild eines Engels
· *ganz und gar*: völlig, absolut

[S] 핵심 정보:
   1) *Mutter zürnt wohl*

2) *Clara mag glauben, ich lebe hier in Saus und Braus*

3) [ich] *vergesse mein ··· Engelsbild ··· ganz und gar*

이 복합문은 두 개의 주문장으로 이루어져 있는데, 여기에 종속되는 부문장, 그리고 그 부문장에 다시 제 2의 부문장이 종속된다.

구조 스케치:

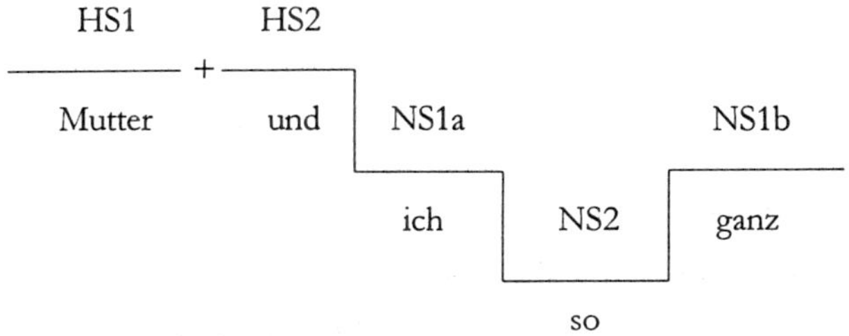

NS1은 도입부 없는 부문장(목적어 문장)이다. 다음을 비교하시오: *Clara mag glauben, ich lebe hier in Saus und Braus* → Clara mag glauben, daß ich hier in Saus und Braus lebe

NS2: *so tief mir in Herz und Sinn eingeprägt* → das so tief mir in Herz und Sinn eingeprägt [ist]

> (3) - *Dem ist aber nicht so; täglich und stündlich gedenke ich Eurer aller und in süßen Träumen geht meines holden Clärchens freundliche Gestalt vorüber und lächelt mich mit ihren hellen Augen so anmutig an, wie sie wohl pflegte, wenn ich zu Euch hineintrat.*

[L] · *Dem ist aber nicht so*: Das ist nicht so = Das stimmt nicht. 말할 때의 강세는 분명하게 *dem*에 있고, 이러한 어법은 오늘날에도 사용된다.

- *Ich gedenke Eurer*. 오늘날의 어법은 ich denke an Euch.
- *Clärchen*: "Clara"의 별형, 축소형.
- *anmutig*: voller Anmut, Liebreiz, Grazie; 오늘날에는 Charme라 한다 [영어의 charming]
- *wie sie wohl pflegte*: wie sie es immer tat
- *hineintrat*: hinein + treten, trat, ist getreten, 즉 "클라라와 로타르의 집에 들어서면".

[S] 핵심 정보:

1) *Dem ist aber nicht so*
2) *täglich und stündlich gedenke ich Eurer aller*
3) *in ⋯ Träumen geht ⋯ Clärchens ⋯ Gestalt vorüber und lächelt mich ⋯ an ⋯*

위의 *und*의 앞에 쉼표가 있어야 한다, 거기서 새로운 독립적 문장이 시작되기 때문이다.

규칙: *und*나 *oder*가 독립적인 문장을 연결할 때는 쉼표를 쓴다.

보기: a) *Er* ißt und trinkt gern.

　　　b) *Er* ißt gern, und *er* trinkt gern.

단어의 도치는 — 그 내용을 변경하지 않고서 — 문장의 양식 가치(Stilwert)를 변경시킬 수 있다. 다음의 변형을 참조하시오: *meines holden Clärchens freundliche Gestalt* ⟶ die freundliche Gestalt meines holden Clärchens

주어부 + 2격부가어 ⟶ 2격부가어 + 주어부로의 도치로 인해서 문장은 문어적이고 문학적 음조를 띠게 된다.

[N] 다음 주도모티브들이 이 문장에서 시작된다:

- Träumen (다음에는: Traum, Träumereien, Traumgebilde, träumerisch)

- Augen

- hell

- lächeln (다음에는 lachen 포함)

눈-모티브의 첫 번째 언급. 이 소설의 중심모티브는 눈(das Auge)이다. 전체 텍스트에 걸쳐 69회 등장한다.

> 해설의 기본 규칙: 반복되고 있는 것은 특별한 무게를 갖는다!

형용사 hell(밝음)이 함축 의미로서 함께 하고 있는 이름 Clara(*klar*)도 유의하시오. 픽션에서의 등장인물의 이름에 관한 일반적인 주의는 (46)에서 참조하시오. '*klar → hell → Licht → Geist der Aufklärung*'의 연상적 사슬은 클라라와 관련해서 이하 계속 유효하다. 그와 반면에 낭만주의의 중심 메타퍼는 밤(Nacht)이다.

> 소설 「Der Sandmann」은 1816/7년 베를린에서 『Nachtstücke』란 제목으로 발표된 8편의 소설들 중의 하나이다.

> (4) - *Ach wie vermochte ich denn Euch zu schreiben, in der zerrissenen Stimmung des Geistes, die mir bisher alle Gedanken verstörte! - Etwas Entsetzliches ist in mein Leben getreten!*

[L] · *ach*: 감탄사; 감정의 표현. 여기에서는 영혼의 고통. 오늘날에는 그러한 감탄사 뒤에 쉼표(,)를 쓴다.

- *vermögen*: ich vermag, du vermagst, er/sie/es vermag usw. + zu = können, 과거형: *ich vermochte* + zu = ich konnte; Ich vermochte Euch nicht zu schreiben = Ich konnte Euch nicht schreiben.
- *denn*: 뉘앙스불변화사, 아래 [S] 참조.
- *verstören*: verwirren, beunruhigen
- *entsetzlich*: furchtbar; das Entsetzen: extremer Schrecken. Entsetzen 또는 das Entsetzliche는 포어 E. A. Poe의 소설들에서 중요한 역할을 한다 (공포 소설, 공포 영화와 비교, 역시 스토커 Bram Stoker [1847-1912]의 소설『드라큘라 Dracula』참조). 이 작품「모래귀신」에서는 주도모티브로서 Entsetzen (entsetzt, entsetzlich 등 포함)이 21회 등장한다. — 이 소설의 모든 주도모티브들은 다른 동의어들과 밀접한 관계를 지니고 있으며, 이것들과 더불어 하나의 어휘장(Wortfeld)을 형성한다. 예를 들어 다음 문장의 형용사 *gräßlich*도 이 어휘장에 속한다. 서로 다르며 내용적으로는 밀접한 친족관계의 연관을 지닌 어휘들은 하나의 모티브의 변형일 수 있다.

[S] *denn*: 여기에서는 뉘앙스불변화사로, 발화자의 주관적 개입을 나타낸다. 이러한 용법의 *denn*에 관해서는 (8)에서 상세한 것을 참조하시오. 또한 (23)에서의 불변화사 ja에 관한 설명 참조.

뉘앙스불변화사(Abtönungspartikel): 화법불변화사라고도 하며, 주관적 강세의 표현에 쓴다. "발화자/서술자는 뉘앙스불변화사의 도움으로 주관적 강세, 자신이 서술하고 있는 사태에 대한 입장 등을 표현한다. 아울러 경악, 회의, 관심, 무관심, 경이, 아이러니, 관여도, 정서 등을 표현한다."[11]

---

11. 정확 간결한 예를 들어 중요한 Abtönungspartikel을 도표 식으로 정리한 것은 다음 참조: Jürgen Kars / Ulrich Häussermann: Grundgrammatik Deutsch. Frankfurt am Main, 3. Aufl. (1991), S. 174 f. 더욱 상세한 것은 Heinz Griesbach: Neue deutsche Grammatik Berlin / München / Wien / Zürich / New York (1986), S. 152-179. Gerhard Helbig / Joachim

이들은 대부분 비(非)강세의 위치에 있다. — 뉘앙스불변화사는 엄밀한 사전적 의미가 없다. 이들은 다만 해당 표현에 음조를 주고(abtönen),[12] 특정 색조와 정서적 배경을 부여한다. 외국인에게는 그러한 기능을 완전히 따라가기가 어렵다. 다음에서는 이들의 의사소통적 성과를 가능한 한 상세히 기술하고자 한다. — 의문문에 나오는 denn의 문제는 (8)과 (24)에서 참조.

[N] 동사 *zerreißen*(과거분사: zerrissen)은 전체 소설을 포괄하고 있다. 그것은 소설의 마지막 문장에서까지 발견된다. 상세하게는: 마지막 문장의 마지막 부문장에서이다. 그것은 소설 주인공의 성격을 특징지을 뿐만 아니라 소설의 구조를 특징짓는 모티브영역의 핵을 형성한다.[13] 이 부분에 관해서는 (184)도 참조.

(5) - *Dunkle Ahnungen eines gräßlichen mir drohenden Geschicks breiten sich wie schwarze Wolkenschatten über mich aus, undurchdringlich jedem freundlichen Sonnenstrahl.*

[L] · *Ahnung* f.: ein Vorgefühl auf etwas Kommendes haben, (12)의 ahnen 참조.

　　Buscha: Deutsche Grammatik. Ein Handbuch für den Ausländerunterricht. Leipzig (1984), S. 481-495. Ulrich Engel: Deutsche Grammatik. 2., verbesserte Auflage. Heidelberg (1988), S. 231-238. 또한 추천할 만한 것으로 Elke Hentschel / Harald Weydt: Handbuch der deutschen Grammatik. Berlin (1990), S. 280-288.

12. 'Ton' 독일어에서는 음성적(akustisch) 의미로 사용되며, 영어의 'sound'와 같은 의미에서이다. 그러나 전용된 의미에서는 시각적(optisch) 의미도 지닌다: 색조(Farbton)라고 하면 그것은 분명한 색채 뉘앙스이다. 따라서 'Tönung'이라고 하면 특정한 색칠을, 특정한 색채의 가치를 말한다.

13. 이 주도모티브 내지는 이 내용요소의 반복(Isotopie)에 관해서는 다음을 참조: Maja S. Vedenkova / Julia G. Perlyna: "Der Sandmann" von E.T.A. Hoffmann. Kerngedanke des Werks aus linguostilistischer Sicht. In: Anke Ehlert (Hrsg.): Das Wort. Germanistisches Jahrbuch 1996. Deutscher Akademischer Austauschdienst. Bonn. Ohne Jahrgang, S. 67-78. bes. S. 68 f.

· *gräßlich*: entsetzlich, schrecklich (총 텍스트에서 10회 등장).
· *Geschick* n.: Schicksal

(6) - *Nun soll ich Dir sagen, was mir widerfuhr.*

[L] · widerfahren, *widerfuhr*, ist widerfahren + 3격보족어; *was mir widerfuhr.* was mir passierte, was geschah

(7) *Ich muß es, das sehe ich ein, aber nur es denkend, lacht es wie toll aus mir heraus.*

[S] 문장 구조: 세 개의 독립문:
1) *Ich muß es*
2) *das sehe ich ein*
3) *aber nur es denkend, lacht es ··· aus mir heraus*

대명사 es가 3회 연속 등장함에 유의하시오!
- *Ich muß es* ··· [!]
- *aber nur es* [!] *denkend*
- *lacht es* [!] *wie toll aus mir heraus*

a) → b)로의 전환에 따른 양식의 효과를 참조하시오:
a) aber indem ich an es denke → b) *aber nur es denkend*
a)에서는 대명사 *es*가 눈에 띄지 않는 위치에 있다. b)는 대명사 *es*를 강하게 돋보이게 한다.

[N] ⋯ *lacht es* [!] *wie toll aus mir heraus*: 이 *es*는 프로이트의 ES개념에 대한 선취처럼 보인다.[14] 프로이트에 의하면 영적 생활은 세 영역으로 나뉜다:

1) 이드(Das ES): 이드는 원초적 욕망의 세계, 예를 들어 섹스 등을 포괄하는 영적 영역이다. 이 영역의 많은 부분은 인간에게 무의식적이거나 다만 반쯤 의식적이다.

2) 자아(Das ICH): 자아는 의식, 사고 그리고 도덕적 가치의 영역이다. 자아는 이드의 충동에 항상 양보할 수는 없다.

3) 초자아(Das ÜBER-ICH): 초자아는 윤리적 규범의 영역이다. 자아는 이드의 소망들과 초자아의 규정들 사이를 끊임없이 중재해야 한다.

초자아를 기피하는 이드의 소망들은 단순히 망각되지 않고, 대신 억압된다. 어쨌거나 억압의 에너지는 계속 영향을 갖는다. — 정신분석학적인 방향의 「모래귀신」 해석 시도는 모두 나타나엘의 영적 생활에 관한 사변을 맴돌고 있다.[15]

전체 소설의 이중성은 나타나엘의 내부로부터 미친 듯이 웃어대는 이 *ES*가 프로이트적인 의미에서 인간의 영혼(Psyche)의 부분으로서 해석될 수도 있고, 다른 한편 나타나엘의 외부에 존재하는 마성적-파괴적 힘으로서 해석될 수도 있다는 점에서 연유한다. — 그런데 웃음은 이 소설에서 숙명적 역할을 한다. 그것은 16회 등장하지만, 유머의 표현으로 쓰인 적이 없다 [Siegmund는 예외, 이하 참조]. — 독일의 속담 "Wer zuletzt lacht, lacht am besten."에 따르면, 마지막에 웃는 자는 코펠리우스이다.

---

14. Sigmund Freud (1856-1939): 시대사를 구획하는 그의 역저 『꿈의 해석 Traumdeutung』은 1900년 작.
15. 이 소설의 정신분석학적인 해석에 관해서는 참고문헌을 참조하시오.

> (8) - *Ach mein herzlieber Lothar! wie fange ich es denn an, Dich nur einigermaßen empfinden zu lassen, daß das, was mir vor einigen Tagen geschah, denn wirklich mein Leben so feindlich zerstören konnte!*

[L] · *wie fange ich es ··· an*[?]: wie kann ich es erreichen?

· *einigermaßen*: in ausreichendem Maße, ungefähr, nicht genau; 예) Wie geht es Dir? - Einigermaßen! = nicht besonders gut, aber auch nicht besonders schlecht.

· *denn*: 이 문장에서 2회 모두 뉘앙스불변화사의 기능으로 등장.

    a) *wie fange ich es denn an* [?]

    b) *was ··· denn wirklich mein Leben ··· zerstören konnte!*

이 불변화사의 등장은 발화자의 정서를 — 여기에서는 그의 걱정을 — 표현한다. 이러한 (뉘앙스)불변화사를 제거하면, 해당 진술이나 질문은 보다 중립적이고 감정 없이 들리게 된다. 아래 (23)에서 불변화사 *ja*에 관한 사항을 참조 할 것.

[S] 단순화한 표현:

    ··· wie fange ich es ··· an, Dich ··· empfinden zu lassen, daß das, was ··· geschah, ··· mein Leben ··· zerstören konnte!

구조 스케치:

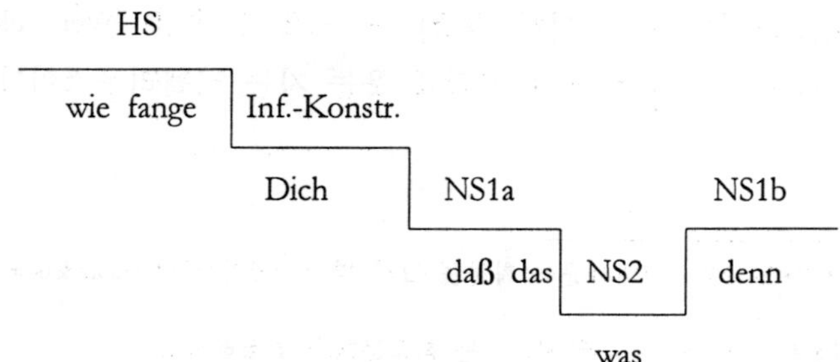

강한 명암대조(Hell-Dunkel-Kontrast)에 유의하시오: *helle Augen vs. dunkle Ahnungen / schwarze Wolkenschatten*

> (9) *Wärst Du nur hier, so könntest Du selbst schauen; aber jetzt hältst Du mich gewiß für einen aberwitzigen Geisterseher.*

[L] · *wärst* = wärest(접속법 제 II식)

· *nur.* 여기에서는 뉘앙스불변화사, 이 표현에 정서적 역점을 부여한다. 그러므로 Wärst Du … hier는 중립적인 소망을 나타내며, *Wärst Du nur hier*는 정서적이고 분명한 소망을 나타낸다.

· *aberwitzig.* 중고독일어 *abe* = ohne + *witz* = Verstand (오늘날의 Scherz의 의미와 같지 않음), 그러므로 ohne Verstand = wahnsinnig, verrückt

· *Geisterseher.* jemand, der Geister/Gespenster sieht. 쉴러 Friedrich Schiller의 미완성 소설 『Der Geisterseher』(1787) 참조, 또한 호프만의 「Majorat」에서 주인공 Theodor는 바로 이 작품을 읽는다.

[S] ich bin, du bist usw.: 직설법; ich sei, du seist usw.: 접속법 I식; ich wäre, du wär[e]st usw.: 접속법 II식. 여기에서는 발언 내용의 비현실성(Irrealität) 때문에 접속법 II식을 쓴다.

Wärst du nur hier, so … → Wenn du nur hier wär[e]st, dann …

> (10) - *Kurz und gut, das Entsetzliche, was mir geschah, dessen tödlichen Eindruck zu vermeiden ich mich vergebens bemühe, besteht in nichts anderm, als daß vor einigen Tagen, nämlich am 30. Oktober mittags um 12 Uhr, ein Wetterglashändler in meine Stube trat und mir seine Ware anbot.*

[L]　·　*kurz und gut*: um es kurz zu sagen; ich fasse mich jetzt kurz, 또는 ich sage es mit wenigen Worten 등의 의미를 가진 관용구

　·　*Wetterglashändler*: Wetterglas = Händler; Wetterglas: Thermometer의 고형이며, Wetterglashändler는 원래 온도계, 안경, 확대경, 망원경 등 눈과 관련된 상품을 파는 상인을 말한다. Händler: 여기에서는 문전으로 물건을 팔러 다니는 상인을 말한다.

　·　*Stube* f.: Zimmer

[S] 핵심 정보:

··· *das Entsetzliche* ··· *besteht in nichts anderm, als daß* ··· *ein Wetterglashändler* ··· *mir seine Ware anbot.*

nichts ander(em) als:

··· *besteht in nichts anderem, als daß* → besteht darin, daß ···

단순화:

　　1) Es ist etwas Entsetzliches geschehen.
　　2) Ein Wetterglashändler ist in meine Stube getreten.
　　3) Das hat einen tödlichen Eindruck auf mich gemacht.

관용구 *kurz und gut*는 축약된, 그러나 독립적 문장으로 해석되어야 하고, 따라서 아래 표기된 구조의 외부에 있다.

구조 스케치:

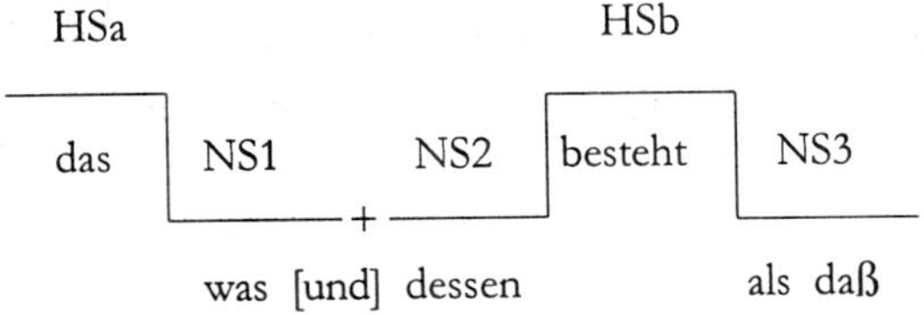

[N] *mittags um 12 Uhr*는 그리스 신화에서는 목양신 판(Pan)의 시간이다. 판은 사람을 공포의 도가니 속으로 몰아넣는 마성적 숲의 정령이다 [영어의 panic 참조]. 이렇게 시간을 주목케 하는 점에서도 이 소설의 주요 성격이 드러난다: 나타나엘을 위협하는 모든 사건들은 자연스럽게 설명될 수도 있지만 — 안경 행상이 하필 12시 정각에 나타나엘에게 온 것은 우연일 수도 있다는 말이다 — , 혹은 그것들이 초자연적인 동기를 지닐 수도 있다 [영어의 supernatural 참조]. 소설의 마지막에서도 정오의 시간이라는 모티브는 숙명적인 방식으로 반복된다. (383) 참조.

12시라는 시간의 부사는 문턱(Schwelle)-모티브 복합체에 속한다. 12시는 낮과 밤의 중간에, 오전과 오후의 중간에 위치한다. 아마 10월 30일이라는 시간도 가을과 겨울의 사이 영역을 지시할 수도 있다.

> (11) *Ich kaufte nichts und drohte, ihn die Treppe herabzuwerfen, worauf er aber von selbst fortging.*

[N] 호프만은 의식적으로, 그러나 나타나엘은 무의식적으로, 여기에 아주 정교한 긴장(Spannung)을 창출해 낸다. 나타나엘은 우선 아무런 설명 없이 안경 행상에 대한 자신의 예외적 반응을 보고한다. — 긴장은 항시 정보를 주는 것을 머뭇거림으로 해서 생성된다. 독자에게는 의문만이 쌓이게 되고, 그 대답을 듣기 위해서 그는 한참 동안을 기다리지 않으면 안 된다.

층계에 대한 언급도 주도모티브로 발전한다. 층계는 내부와 외부의 사이 영역이다. 그렇게 됨으로써 다른 모티브들과 연관된다: Tür (28), Haus (33), Flur (39), Gardine (42). 이들 모두는 공동의 성격을 지니고 있는데, 즉 내부와 외부의 문턱을 나타낸다.

> (12) *Du ahnest, daß nur ganz eigne, tief in mein Leben eingreifende Beziehungen diesem Vorfall Bedeutung geben können, ja, daß wohl die Person jenes unglückseligen Krämers gar feindlich auf mich wirken muß.*

[L] · *ahnen*: vermuten; etwas vorausfühlen, 위의 (5)에서 die Ahnung을 참조.
· *ganz eigne* (= eigene): 여기에서는 ganz besondere, nur mich betreffende
· *ja*: 이 불변화사는 여기에서는 점증, 정밀화의 기능을 가진다. 즉 ja 다음의 진술이 그 앞의 진술에 비해 더욱 집약적 무게를 갖는다. 이 ja는 강세를 주어 읽고, 이어서 나오는 쉼표는 읽을 때 휴지부로서 간주되어야 한다. 불변화사 ja의 다른 의미의 가능성들에 관해서는 (23) 참조.
· *Krämer* m.: kleiner Kaufmann
· *gar* (feindlich): recht/sehr (feindlich)

[N] 나타나엘은 그 행상 (= 안경 상인)이 그에게 적의에 찬 영향을 행사할 것이라는 확신에 빠져 있다. 이 확신을 믿게 하기 위해서, 그는 유년시절로 되돌아가서 그를 깊이 사로잡은 외상성 충격이 된 사건들에 대해서 이야기한다.

> (13) *So ist es in der Tat.*

[L] · *in der Tat*: tatsächlich [영어의 indeed]

> (14) *Mit aller Kraft fasse ich mich zusammen, um ruhig und geduldig Dir aus meiner frühern Jugendzeit so viel zu erzählen, daß Deinem regen Sinn alles klar und deutlich in leuchtenden Bildern aufgehen wird.*

[L] · *ich fasse mich zusammen*: 관용어, 오늘날에는 ich reiße mich zusammen; sich zusammenreißen: [영어의 to pull oneself together]

· *meine frühere Jugendzeit*: meine Kindheit

· *rege*: lebhaft, lebendig

· *Sinn m.*: 감각의 5기관은 Augen, Ohren, Nase, Zunge, Haut. 거기에 해당하는 동사로는: sehen/blicken, hören, riechen, schmecken, tasten/fühlen. 19세기에는 Sinn이 Verstand 또는 Vorstellungskraft의 대신으로도 사용되었다.

· *in leuchtenden Bildern aufgehen*: sich etwas lebhaft vorstellen

[N] 이 문장에는 erzählen이라는 중심어가 나온다. 전체의 소설의 입장에서 본다면, 이것은 소설 속의 소설이 된다. 다른 말로 하면 등장인물 소설이다. 상위의 서술자는 소설의 일부를 등장인물에게 맡긴다. 그러한 등장인물의 이야기는 (말로서나 글로서나) 보통 상위의 이야기 속에 삽입되기 마련이다. 그래서 예를 들면 『호도 까기와 쥐 임금님 Nußknacker und Mausekönig』[16] 같은 동화 가운데 삼촌이 꼬마 아가씨에게 다시금 하나의 동화, 즉 동화 속의 동화를 들려주는 것이다. 등장인물의 이야기가 이렇게 전체 소설 중 정상 위치(중앙)에 있을 때는 독자는 방향 감각을 잃게 되지 않는다. 그와는 반대로 이 소설에서는 등장인물의 이야기(나타나엘의 유년 시절)가 본래의 소설 다음에 나오는 대신 그에 앞서서 나온다. 이러한 서술적 규범의 손상은 수용 과정을 어렵게 한다. 다음 소설

---

16. 이 동화는 『Die Serapions-Brüder』의 일부이다: E.T.A. Hoffmann: Die Serapions-Brüder, Winkler: München (1976), S. 198-255. 그러나 Reclam 등 여러 다른 단행본에 들어 있다.

들의 개괄적 구조를 비교하시오.

a) 『호도 까기와 쥐 임금님』 :
  본 소설(제 1부) + 삽입된 등장인물 이야기 + 본 소설(제 2부) 계속

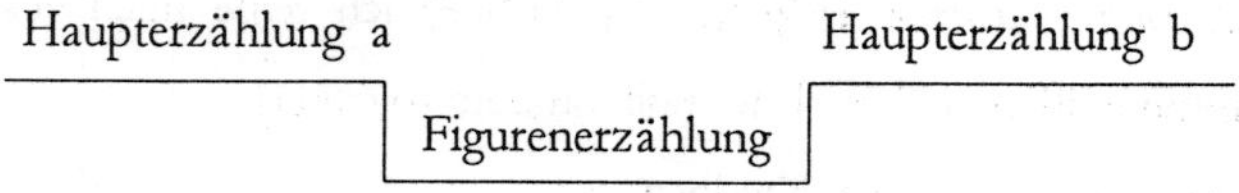

Haupterzählung a   Haupterzählung b

          Figurenerzählung

b) 「모래귀신」 : 등장인물 이야기 + (상위의) 본 소설

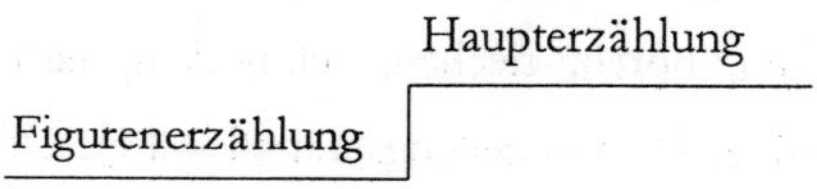

          Haupterzählung

Figurenerzählung

---

(15) *Indem ich anfangen will, höre ich Dich lachen und Clara sagen: "Das sind ja rechte Kindereien!" - Lacht, ich bitte Euch, lacht mich recht herzlich aus! - ich bitt Euch sehr! - Aber Gott im Himmel! die Haare sträuben sich mir und es ist, als flehe ich Euch an, mich auszulachen, in wahnsinniger Verzweiflung, wie Franz Moor den Daniel. - Nun fort zur Sache!*

[L] · *ja*: 불변화사 *ja*에 관해서는 아래 (23)의 [S]를 참조하시오.

· jemanden *auslachen*: jemanden durch Lachen verspotten, 대개는 진정이 아니다. 그러나 경우에 따라서는 정말로 누군가를 모욕하거나 상처를 줄 수도 있다.

· *ich bitt Euch* = ich bitte Euch

· *die Haare sträuben sich mir*: 불안 · 공포와 경악의 증상. Die Haut zieht sich zusammen, dadurch sträuben sich die Haare [영어의 hair-raising].

· *nun fort zur Sache!* : 관용어, 오늘날에는 Kommen wir zur Sache! 또는 간단히 Zur Sache!

[N] 이 부분에서는 특히 나타나엘이 수신자와 관련하여 강한 반응을 보인다. 그는 과거의 사건에 완전히 집중하는 대신, 서술 순간에 우선적으로 로타르와 클라라의 개연성 있는 반응을 미리 생각한다: 로타르는 웃어 버릴 것이며, 클라라는 그것을 심각하게 받아들이지 않을 것이다 (*Kindereien*). 그러한 행동을 그는 다만 미리 상상하는 것에 그치는 것이 아니라, 그것을 두려워하기까지 한다. — Franz Moor와 Daniel은 쉴러 F. Schiller의 드라마 『군도 Die Räuber』의 등장인물들이다.

이 처음 몇 행은 전체 소설에 계속되는 중심 갈등을 분명하게 보여준다. 나타나엘이 공포와 경악에 사로잡혀 있는데, 클라라와 토타르는 "어린애들 얘기"라고 하며 그냥 단순히 웃어 버린다. 고립과 의사소통 장애라는 주제가 암시된다. — 웃음의 모티브는 계속된다. 주도모티브 천상 (Himmel / himmlisch)은 여기에서 처음 등장한다. 아래 (394) 참조.

1.1.1.2 모래귀신

(16) *Außer dem Mittagessen sahen wir, ich und mein Geschwister, tagüber den Vater wenig.*

[L] · *Geschwister* pl.: Bruder und Schwester 내지는 Brüder und Schwestern; — 내용에 걸맞게 — 복수적 가치를 지니는 명사. 따라서 meine[!] Geschwister라고 말한다. 그렇지만 호프만의 이 작품에서는 (단수처럼) *mein*[!] *Geschwister*로 되어서, 오늘날 Gestirn 또는 Gebirge에서 나타나는 것처럼 소위 "집합적 단수(kollektiver Singular)"[17]로 나와 있다. 나타나엘의 누이들은 나타나엘의 이야기 가운데서 불분명한 그림자 같은

---

17. Hermann Paul: Deutsches Wörterbuch. Bearbeitet von Werner Betz. 8., unveränderte Auflage. Tübingen (1981), S. 252. "Geschwister" 항목 참조.

존재이다. 그 수효는 불분명하다.

· *tagüber*: 오늘날에는 tagsüber; während des Tages

(17) *Er mochte mit seinem Dienst viel beschäftigt sein.*

[L] · *mochte*: *mögen*의 과거형; *er mochte* [mit Arbeit] *beschäftigt sein*에서는 추측의 표현으로 쓰인다 = ich vermute, daß er …

· *Dienst* m.: Arbeit f.

[N] 이것이 그의 유년 시절에 대한 기억의 첫 문장이다. 아버지가 무슨 직무에 종사했는가에 대하여는 독자에게 알려지지 않는다.

(18) *Nach dem Abendessen, das alter Sitte gemäß schon um sieben Uhr aufgetragen wurde, gingen wir alle, die Mutter mit uns, in des Vaters Arbeitszimmer und setzten uns um einen runden Tisch.*

[L] · das Essen *auftragen*: das Essen servieren

[S] 핵심 정보:

Nach dem Abendessen … *gingen wir alle* … *in des Vaters Arbeitszimmer* …

um des Vaters Arbeitszimmer → um das Arbeitszimmer des Vaters; 주어 앞에 2격 부가어의 도치는 문학적-인위적 음조를 준다.

전체 문장의 구조 스케치는 다음과 같이 그려 볼 수 있다:

HSa		HSb	+	Parenth.	+	HSc
Nach	NS	gingen		die		in
	das					

확장된 주문장은 그러므로 두 번 중단된다: 한번은 부문장(관계 문장)으로 인해서, 그리고 또 한번은 삽입구로 인해서이다.

---

(19) *Der Vater rauchte Tabak und trank ein großes Glas Bier dazu. Oft erzählte er uns viele wunderbare Geschichten und geriet darüber so in Eifer, daß ihm die Pfeife immer ausging, die ich, ihm brennend Papier hinhaltend, wieder anzünden mußte, welches mir denn ein Hauptspaß war. Oft gab er uns aber Bilderbücher in die Hände, saß stumm und starr in seinem Lehnstuhl und blies starke Dampfwolken von sich, daß wir alle wie im Nebel schwammen.*

[L] · *wunderbare Geschichten*: 여기에서는 *wunderbar*를 단어 원래의 뜻 voller Wunder, märchenhaft, phantastisch로 읽어야 한다.

· *denn* : 18세기 이래로 *dann*에서 분명히 분리된 접속사. 여기에서의 *denn* 은 아직 *dann*의 의미로 읽어야 한다.

· *ein Hauptspaß*: ein besonderer Spaß, das größte Vergnügen

· *starr*: [짧은 'a'로 발음!] unbeweglich, 예) starr in eine Richtung blicken, 명사화 etwas Starres 참조.

[S] 핵심 정보:

1) *Der Vater rauchte usw.*

2) *Oft erzählte er uns ⋯ Geschichten*

3) *Oft gab er uns aber Bilderbücher* [und] *saß stumm und starr in seinem Lehnstuhl ⋯*

ihm brennend Papier hinhaltend → ihm brennend*es* Papier hinhaltend →
indem ich ihm brenndes Papier hinhielt

두 번째 문장의 구조 스케치:

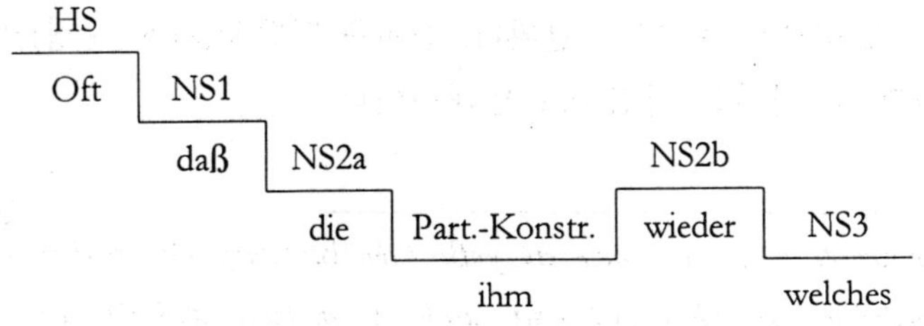

HS: *Oft erzählte er ... Geschichten*
NS1: *daß ihm die Pfeife immer ausging*
NS2a/b: *die ich ... wieder anzünden mußte*
Part.-Konstr.: *ihm brennnd Papier hinhaltend*
NS3 : *welches mir denn ein Hauptspaß war.*

[N] *oft*라는 말로 시작되는 두 문장은 아버지의 행동에서 아주 심한 대조를 다루고 있다. 아버지는 아이들에 대하여 호감을 가지는가 하면, 또는 아이들을 기피하신다. 한 번은 아이들에게 이야기를 들려주는 좋은 아버지이고, 한 번은 아이들을 기피하는 나쁜 아버지이다. 그는 많이 움직이며 뭔가 열중하는가 하면, 또는 말없이 멍하니 의자에 앉아 있기도 한다. 그에게는 표준적인 중간의 정신 상태가 결여되어 있는 듯하다. 광기를 띤 절망적 기본 성격이 나타난다. — 여송연을 피우는 아버지의 모습은 매우 인상적이다. 그래서 모두가 안개 속을 헤엄치는 것 같다. 무게를 느끼지 않고 안개 속을 헤엄치는 것 또한 바닥 상실과 방향 상실의 상이다. 나타나엘은, 그 점은 나중에 나타나게 되는데, 동화의 세계와 현실을

구별할 줄 모른다. 내면 세계와 외면 세계, 망상과 현실이 그에게는 한계가 없이 소실되어 있다. 나타나엘은 아버지의 초상을 그리는 가운데 — 무의식적으로 — 자기 자신의 심리적 상태를 폭로한다.

(19)의 시간 구조는 부사 *oft*의 두 번의 등장으로 혼란스럽다. 그리고 *an solchen Abenden*과 *jedesmal* 등의 표현도 텍스트를 이러한 의미로 구성한다. 비슷하게 진행되는 장면들의 전체 시리즈를 대표하는 장면을 반복 장면(Lat.: iteratio = Wiederholung)이라 한다.

> (20) *An solchen Abenden war die Mutter sehr traurig und kaum schlug die Uhr neun, so sprach sie: "Nun Kinder! - zu Bette! zu Bette! der Sandmann kommt, ich merk es schon." Wirklich hörte ich dann jedesmal etwas schweren langsamen Tritts die Treppe heraufpoltern; das mußte der Sandmann sein.*

[L] · *ich merk es*: ich merke es; 1인칭 어미 -e의 탈락은 구두적 발화의 관습 때문이다; 여기에서는 fühlen, spüren, eine Ahnung haben의 뜻.
· *heraufpoltern*: herauf + poltern; *poltern*: lautes, dumpfes, unangenehmes Geräusch

[S] *zu Bette!* 전치사 *zu*에 따른 3격; 3격의 -e는 오늘날에는 쓰이지 않는다. 오늘날에 쓰이는 명령태(요구): [geh/t] ins Bett!

형용사 *schweren*과 *langsamen* 사이에 오늘날에는 쉼표가 있어야 한다. 이것은 열거에 해당한다. 그에 알맞게 읽으시오!

das mußte … sein: 확신을 지닌 추측의 표현.

[N] 나타나엘에게는 Sandmann의 동화적 형상이 통찰할 수 없는 현실의

사건들과 연결된다: 우선 그는 아버지의 멍하고 움직이지 않는 모습을 느끼는데, 이는 그에게는 설명이 되지 않으며, 다음에는 어머니의 슬픔과 불안을 읽는데, 이는 그에게 그대로 전이된다. 시계가 갑자기 아홉 시를 친다. 그러면 그는 급하게 잠자리로 떠밀려 간다. "Sandmann이 온다"는 것이 설명이다. 어머니는 그를 재앙처럼 알린다. 나타나엘은 겁이 나서, 꼼짝하지 않고 깜깜한 허공을 응시하며 귀를 기울인다. 이제는 실제로 누군가가 온다 — 둔중하고, 천천히, 숨막히게 그리고 위협적으로 — 어머니의 당황함을 설명해 주는 소리들이다. 어린이다운 논리는 충분히 갖춰져 있다: 저것이 Sandmann이로구나! 그러나 그를 보는 것(sehen)은 그에게 금지되어 있다!

다른 때 같으면 그저 상투적 표현인 *wirklich*[영어의 indeed, in fact]라는 말이 *Wirklich* hörte ich dann jedesmal etwas ⋯ 라는 주어진 맥락 내에서는 애매한 이중성을 띄게 된다: 환상 속의 경악의 형상이 물질화 되며, 나타나엘에게는 현실이 된다. 뿐만 아니라 형용사 *wirklich*와 더불어 이 소설 전체의 중심 문제가 거론된다: 망상과 현실 사이의 한계는 어디에 있는 것인가, 또 이 작품 「Der Sandmann」의 허구의 세계에서 현실은 도대체 어떻게 해석되어야 하는가? 그것은 불가사의하지 않게 일어나며, 그러므로 또한 불가사의하지 않게 분석될 수 있는가? 아니면 그것은 마성적으로 상상되며, 측정할 수 없는, 놀라움에 가득 찬 것인가?[18]

다음과 같은 단어들의 사전적 편법에도 유의하시오: Wirklich hörte ich dann jedesmal *etwas* ⋯ die Treppe heraufpoltern. 이 경우 *etwas*에 대한 보다 개연성 있는 표현의 대안은 jemande(n)이었을 것이다. 부정 대명사 jemand는 인간에게 관한 것이며, 대명사 *etwas*는 사물에 관계된다. 그 점

---

18. 클라라가 "die wirkliche Außenwelt"를 언급하는 (124)를 참조하시오. "wirklich"라는 표현은 전체 소설에서 10회에 걸쳐 흩어져 있다.

에 대해서 나타나엘은 의식적으로 주의하지 않고 말함으로써, Sandmann 에게서 인간적 차원을 거부해 버린다. 무해하게 보이는 표현 *etwas*에는 뭔가 수수께끼 같은-괴물 같은 성격이 숨어 있는 것이다. (26) 참조. ― 층계-모티브의 반복: 위의 (11) 참조.

> (21) *Einmal war mir jenes dumpfe Treten und Poltern besonders graulich; ich frug die Mutter, indem sie uns fortführte: "Ei Mama! wer ist denn der böse Sandmann, der uns immer von Papa forttreibt? - wie sieht er denn aus?"*

[L] · *graulich*; 오늘날에는 고형으로 간주, *mir war graulich* = ich fürchtete mich entsetzlich; 색깔의 *grau*와는 어원학적으로 친족 관계가 없다.

· *frug*: fragen의 1인칭 과거형, 오늘날에는 fragte

· *Ei!*: 감탄사; 의미론적으로 애매하고 불명료하다. 가끔은 놀라움을 표시.

· *denn*: 여기에서는 두 번 다 뉘앙스불변화사의 기능. 위의 (4) 참조.

[N] 이 문장의 앞부분에 나오는 시간의 부사 *einmal*이라는 표현은 서술의 휴지부를 만든다. 그것은 한 정점의-일회적(punktuell-einmalig) 장면, 더 좋은 말로는 최소 장면(Mikro-Szene)의 시작을 알린다. 왜냐하면 이 장면 은 "Sandmann의 무딘 발걸음 소리"로 인해 발단이 된, 나타나엘과 어머 니간의 짧은 대화만을 포함하고 있기 때문이다. 장면적 서술(szenisches Erzählen)은 세부적 서술이다. 이것은 덜 세부적이고 따라서 더 창백한 효과를 지니는 보고적 서술(berichtendes Erzählen)과 대조된다. 이하 (77) 참조.

부문장에 들어 있는 나타나엘의 발언에 특히 유의하시오: "맨날 우릴 아빠 에게서 쫓아내는… 그 나쁜 Sandmann." 나타나엘은 Sandmann을 무엇보다도 인간관계를 파괴하는 원칙으로 체험한다. 이 원칙의 계속적 전개에 유의하시오: Sandmann → 코펠리우스 → 코폴라: 이들 모두는 하나의 목표에 매진하는 것 같다: 인간관계의 파괴. 이 파괴는 여러 사람 내지는 그들의 주변에 미친다: 아버지 내지는 가족, 친구들 (결투 장면), 클라라 그리고 마침내 올림피아에까지. 마지막에는 나타나엘의 자기 파괴가 기다리고 있다.

그렇다면 그는 어떤 모습일까? 나타나엘의 청각적 인지는 시각적 보충을 갈망한다.

---

(22) - *"Es gibt keinen Sandmann, mein liebes Kind"*, *erwiderte die Mutter:* *"wenn ich sage, der Sandmann kommt, so will das nur heißen, ihr seid schläfrig und könnt die Augen nicht offen behalten, als hätte man euch Sand hineingestreut."*

[L] · *so will das nur heißen* = so *soll* das nur heißen = so bedeutet das nur ···
 · *offen behalten* = offenhalten [영어의 to keep open]

[S] *als hätte man*: 접속법 제 II식, '단지 상상할 뿐, 실제가 아님'의 뜻으로 쓰이는 비현실문.

[N] 눈-모티브의 두 번째 언급

어머니는 교육적으로 바르게 행동한다. 그녀는 Sandmann의 동화적 형상을 지적하면서 나타나엘을 안심시키려 한다. 곧 이어 나오는 "나이든 유모"의 이야기(24)와 비교하시오.

> (23) *Der Mutter Antwort befriedigte mich nicht, ja in meinem kindischen Gemüt entfaltete sich deutlich der Gedanke, daß die Mutter den Sandmann nur verleugne, damit wir uns vor ihm nicht fürchten sollten, ich hörte ihn ja immer die Treppe heraufkommen.*

[L]　·　kindisch = kindlich

[S] 이 복합문은 세 개의 독립적 문장으로 이루어져 있다:

1) *Der Mutter Antwort befriedigte mich nicht*

2) *in meinem ··· Gemüt entfaltete sich deutlich der Gedanke*

3) *ich hörte ihn ja immer die Treppe heraufkommen*

불변화사 "ja"의 다음 기능들의 차이점을 구분하시오:

ja_1 (강세) vs. *nein*: 이 불변화사는 문법적으로 문장의 등가(Satzäquivalent)에 해당한다.　(ja = ich bestätige das).

ja_2 (강세): 이 불변화사는 *ja* (vs. nein)와 혼동되어서는 안된다. 이는 선행된 것의 점증을 유도한다. 이 불변화사 뒤에는 쉼표가 부가되거나, 읽기/ 말하기 때에 휴지부를 주어야 한다. 예: *ja[,] in meinem kindischen Gemüt,* 또한 위의 (12) 참조.

ja_3 (비강세): 호소 의향을 지닌 문장들에서 *ja*는 비일상적으로 느껴진 사태에 대한 기이함과 놀라움을 표현한다. 이는 동시에 확언을 하며, 이 놀람에 참여하는 청자와의 합의를 표현한다. 예: Da kommt er ja!

ja_4 (비강세): 언술의 수용으로 고무된 수신자를 겨냥한다. 다음 두 표현을 비교하시오.

a) ich hörte ihn

b) ich hörte ihn ja!

여기에서 a)는 중립적 언술이다. b)는 청자/독자에게 이 언술을 수용

하라고 요청한다. 여기에서 독자는 또한 이 층계에서의 소리들이 모
래귀신에게서 나온 것임을 수용해야 하는 것이다.

    (*ja₁*) Ja, da ist er.

    (*ja₂*) ⋯ ja in meinem kindischen Gemüt ⋯

    (*ja₃*) Da kommt er ja!

    (*ja₄*) ich hörte ihn ja immer

이 불변화사에는 또 다른 의미의 변형이 있다.

[S] *Der Mutter Antwort* → die Antwort der Mutter

der Gedanke, daß die Mutter den Sandmann nur verleugne: 생각의 재현을 표현하는
접속법 제 I식.

    직접화법: Nathanael denkt: "Die Mutter verleugnet ihn bloß".
    간접화법: 위와 동일

HS2는 두 개의 상호 의존적인 부문장을 포함한다.
구조 스케치:

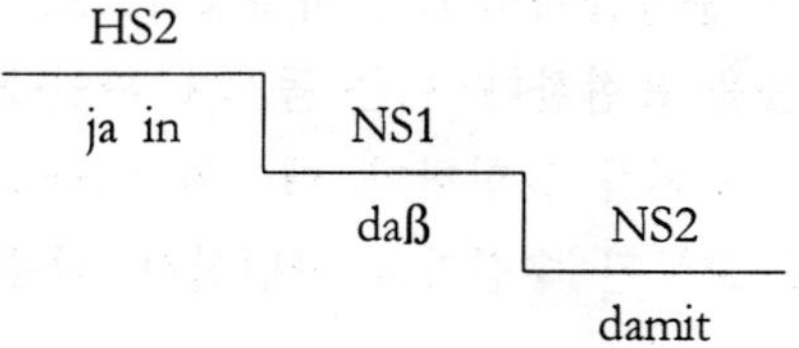

(24) *Voll Neugierde, Näheres von diesem Sandmann und seiner Beziehung auf uns Kinder zu erfahren, frug ich endlich die alte Frau, die meine jüngste Schwester wartete: was denn das für ein Mann sei, der Sandmann?*

[L] · *warten*은 두 가지의 다른 의미를 가지고 있다:

a) warten auf [영어의 to wait for something or someone]

b) warten, 예를 들어 ein Auto / eine Maschine *warten*: pflegen, überprüfen; 오늘날에는 드물게: *jemanden* warten: jemanden pflegen, betreuen; *die alte Frau, die meine* … *Schwester wartete*; Wartefrau: eine Frau, die die Kinder versorgt; Wärter [영어의 guard]와 친족

· *was denn*: denn은 여기에서는 의문문에만 나오는 뉘앙스불변화사이다.

1) Was ist das _____ für ein Mann? 비교

2) Was ist das *denn* für ein Mann?

뉘앙스불변화사는 언제나처럼 중립적인 의문문에 정서적 요소를 부가한다. 여기에서는 호기심, 주관적 이해관계의 정서를 부가한다. 이 불변화사의 위치는 다음과 같은 변형이 가능하다.

a) Was ist *das denn* für ein Mann? /

  … was *das denn* für ein Mann sei? (부문장의 위치)

b) Was ist *denn das* für ein Mann? /

  … was *denn das* für ein Mann sei? (*das*를 보다 강조)

b)에서의 어순은 지시대명사 *das*에 강세를 주는 효과를 지니며, 의문문의 율동적 / 정서적 활기를 더한다.

불변화사 *denn* 사용의 계속되는 보기:[19]

Findest du das *denn* richtig?

Wie spät ist es *denn*?

[S] 주문장은 쉽게 식별된다: *Voll Neugierde* … *frug ich die* … *Frau.*

sei = 간접화법의 접속법 제 I식.

---

19. G. Helbig / J. Buscha (1984), S. 491.

읽을 때에 분명히 청취할 수 있을 휴지부를 요구하는 쉼표에 유의해야
한다: *was denn das für ein Mann sei, der Sandmann?* → Was denn der Sandmann
für ein Mann sei?

[N] 나타나엘 가족은 보모를 둘 수 있다. 이것으로 미루어 수입이 좋은
시민 가정을 추론할 수 있다. 나타나엘이 부단히 대학공부를 하는 것과
도 일치한다.[20]

(25) *"Ei Thanelchen", erwiderte diese, "weißt du das noch nicht? Das ist ein böser
Mann, der kommt zu den Kindern, wenn sie nicht zu Bett gehen wollen und wirft
ihnen Händevoll Sand in die Augen, daß sie blutig zum Kopf herausspringen, die
wirft er dann in den Sack und trägt sie in den Halbmond zur Atzung für seine
Kinderchen; die sitzen dort im Nest und haben krumme Schnäbel, wie die Eulen,
damit picken sie der unartigen Menschenkindlein Augen auf."*

[L] · *Tanelchen*: '꼬마 Nathanael'이라는 애칭.

 · *die Atzung* f: Nahrung, Fütterung von Raubvögel

 · *Schnabel* m, sg. *Schnäbel* pl.: Vögel *picken* Nahrung mit ihren *Schnäbeln*

 · *aufpicken*: auf + picken; 여기에서는 aus dem Kopf picken und essen

[S] 나이 든 유모의 이야기는 첫 외관보다는 구문론적으로는 덜 복잡하
다. 왜냐하면 주로 다섯 개의 주문장의 병렬로 구성되어 있기 때문이다:

  HS1: *Das ist ein böser Mann*

  HS2: *der kommt zu den Kindern usw.*

  HS3: *die wirft er ··· in den Sack*

---

20. 이 소설의 사회적 배경에 대해서는 다음을 참조. Thomas Koebner: E.T.A. Hoffmann.
Der Sandmann 1816. In: Interpretationen. Erzählungen und Novellen des 19. Jahrhunderts.
Bd. 1. Stuttgart (1988), S. 275-279 (Reclam UB).

HS4:   *die sitzen ··· im Nest ···*

HS5:   *damit picken sie ··· Augen aus*

die Augen der unartigen Menschenkindlein → *der unartigen Menschenkindlein Augen*

HS2에 나오는 지시대명사 *der*는 읽을 때에 강세를 요구한다. 마찬가지로 HS3과 HS4에 나오는 지시대명사 *die*에도 강세를 준다.

Ei Tanelchen: 두 단어는 의사소통적인 의미에서 아주 상이한 기능을 갖고 있다. 부르는 소리 *Ei*는 감탄사이며 발화자의 정서적 관심을 표현한다. 반면에 이름을 부르는 것은 대화 상대자를 지칭한다.

HS2에서 부문장을 연결하는 쉼표가 *wollen*의 뒤 *und*의 앞에 부가되어야 한다. 중단된 문장 HS2를 유의하시오!

구조 스케치:

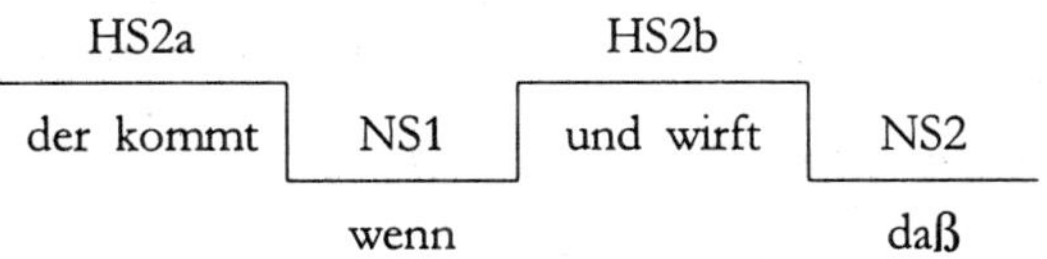

다음의 문장론적 경계(쉼표 또는 쌍반점)에는 대신 마침표(.)가 있어도 된다:

··· *Mann / der* ···

··· *herausspringen / die* ···

··· *Kinderchen / die* ···

··· *Eulen / damit*

[N] 눈-모티브의 세 번째, 네 번째 언급

노파의 Sandmann-판본 역시 아동을 위한 사랑스런 동화의 곡해이다. 그렇다고 해서 두 판이 완전히 다른 것도 아니다. 동화에서 Sandmann은 아이들의 눈에 모래를 뿌린다. 그래서 아이들은 잠이 들고 결국 더 이상 보지 못하게 된다. '더 이상 볼 수 없음 (Nicht-Mehr-Sehen-Können)'이라는 함축은 보모에 의해 전면으로 부상하며 끔직한 것과 연루된다: Sandmann은 이제 선의의 잠의 사신이 아니라, 아이들에게서 눈을 앗아가는 무서운 마귀가 된다. — Sandmann이 나쁜 존재일 것이라는 나타나엘의 확신에 의하면, 좋은 판본보다는 나쁜 판본이 그의 상상의 세계에 더 알맞게 된다. 이 나쁜 해석은 어머니가 Sandmann의 존재를 부정하는 것에 대한 설명이 되기도 한다. 나타나엘은 어머니가 자신을 안심시키기 위해서 그러는 것 뿐이라고 생각하게 된다.

주도모티브 피(Blut/blutig)의 처음 등장.

> (26) - *Gräßlich malte sich nun im Innern mir das Bild des grausamen Sandmanns aus; sowie es abends die Treppe heraufpolterte, zitterte ich vor Angst und Entsetzen.*

[L] · *ausmalen*: aus + malen; 뭔가 윤곽으로만 그려진 것을 색채와 세부묘사로서 완전하게 그려낸다(*fertig*machen). *sich etwas ausmalen*: 환상 속에서 뭔가를 그림처럼 상상하다. 예) Ich *malte mir* die kommenden Ferien in den schönsten Farben *aus*.
· *sowie*: sobald의 드물게 쓰이는 별형. 시간의 종속접속사. 이것은 직접적인 연쇄(Aufeinanderfolge)를 나타낸다. 예) Sowie / Sobald ich ankomme, rufe ich dich an.
· *Entsetzen* n.: 불안의 최고의 급등; 이러한 불안·공포로 사람이 경직되

거나 또는 마비될 수도 있다.

[S] 이 복합문은 쌍반점(;)으로 나뉜 두 문장으로 구성되어 있다. 마침표
대신에 쓰인 쌍반점은 이 두 문장의 밀접한 내용적 관련을 강조한다.

문장 I:

주어 (wer / was?):	Das Bild
2격 부가어 (wessen?):	des grausamen Sandmanns
술어 (was?):	malte ··· sich aus
3격보족어 (wem?):	mir
방법의 부사규정어 (wie?):	gräßlich
장소의 부사규정어 (wo?):	im Innern
시간의 부사규정어 (wann?):	nun

핵심 문장:

> *Das Bild malte sich (mir) aus.* → Ich malte mir das Bild aus (in meiner
> Phantasie).

인칭 표현 b) 대신에 쓰인 비인칭 수동적 표현 a)는 이 환상의 실행이 자
의적이 아니라 강요된 것임을 강조해 준다.

문장 I을 도표화하면:

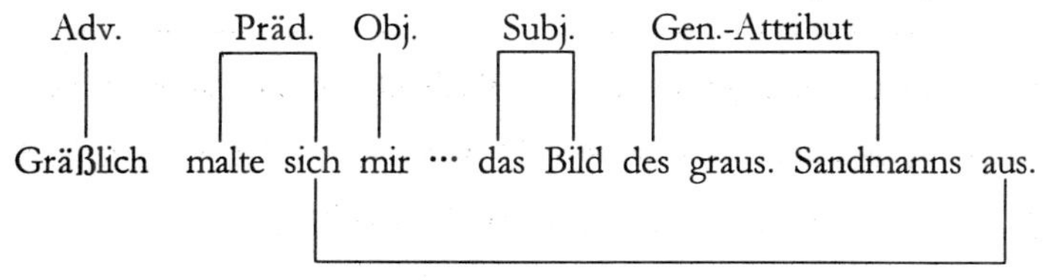

"Adv."은 여기에서는 방법(Wie?)의 부사규정어

정상 어순: Das Bild des grausamen Sandmanns malte sich mir aus.

부사 *gräßlich*를 문두에 위치하게 함으로써 주어는 술어의 뒤로 밀려난다. 그렇게 해야 동사의 필수적인 제 2 자리가 지켜질 수 있는 것이다. 내용상 -양식상으로 이 도치는 *gräßlich*라는 표현에 특별한 강조의 효과를 갖는다.

문장 II: NS + HS로 이루어져 있고 하등의 문장론적 문제점이 없다. — 인칭대명사 *es*에 유의하시오. 이는 남성명사인 *der* Sandmann에 맞지 않다; 그러므로 원래는 이것이 er가 되어야 한다. 대명사 *es*는 또한 das Bild와 관련될 수도 없다. 왜냐하면 상(Bild)이라면 밤중에 층계를 쿵쾅거리며 오를 수가 없기 때문이다! 대명사 *es*의 비문법적인 선택을 통해 목표하는 소외효과는 낯선 형상의 이질감과 위험성에 어울린다. 이러한 *es*는 '*das* Monstrum(요괴) → es'에나 어울릴 것이다.

층계-모티브의 계속성에도 유의하시오.

> (27) *Nichts als den unter Tränen hergestotterten Ruf: "Der Sandmann! der Sandmann!" konnte die Mutter aus mir herausbringen. Ich lief darauf in das Schlafzimmer, und wohl die ganze Nacht über quälte mich die fürchterliche Erscheinung des Sandmanns.*

[L] · *stottern* - stotterte - hat gestottert: nicht fließend sprechen können; her + stottern; *stottern*과 *herstottern* 사이의 차이는 극히 미미하다. 전철 *her*는 더 듬거리는 진행을 지칭하며, 모종의 시간적 차원을 함축한다.

· *herausbringen*: 예) Wir konnten die Wahrheit nicht aus ihm herausbringen.

[N] 우리는 여기에서 이야기되고 있는 사건이 몇 년 전에 일어났던 사건임을 잊지 말아야 한다. 그것은 나타나엘의 유년시절의 외상성 경험이다. 그 사이 나타나엘은 대학생이 되어 G.시에서 공부하고 있으며, 그곳에서 이 편지를 쓴다.

> (28) - *Schon alt genug war ich geworden, um einzusehen, daß das mit dem Sandmann und seinem Kindernest im Halbmonde, so wie es mir die Wartefrau erzählt hatte, wohl nicht ganz seine Richtigkeit haben könne; indessen blieb mir der Sandmann ein fürchterliches Gespenst, und Grauen - Entsetzen ergriff mich, wenn ich ihn nicht allein die Treppe heraufkommen, sondern auch meines Vaters Stubentür heftig aufreißen und hineintreten hörte.*

[L] · *indessen*: 부사적 접속사 (대립의 표현) = aber

· *sondern*: 아래 [S] 참조

· *Stubentür* f.: *Stuben* + *Tür*, Stube: Zimmer를 약간 구식으로 들리게 표현하는 단어. 관용어 die gute Stube (오늘날에는 약간의 아이러니) = das Wohnzimmer. 위의 (9) 참조.

· *heftig*: stark, 예) ein heftiges (= starkes) Gewitter

[S] 이 복합문은 세 개의 독립적 문장들로 구성되어 있다:

1) *Schon alt genug war ich geworden, um einzusehen, daß das mit dem Sandmann* ⋯ wohl nicht ganz seine Richtigkeit haben könne

2) *indessen blieb mir der Sandmann ein fürchterliches Gespenst*

3) *Grauen* ⋯ *ergriff mich, wenn ich ihn* ⋯ *die Treppe heraufkommen* ⋯ *hörte.*

Schon alt genug war ich geworden, um einzusehen ⋯⋯ : 이 um-zu-구문(부정사구)에 대하여 W. Jung은 다음과 같이 말한다: "형용사 다음에 만일 *genug*가 덧붙

여 있으면, *um-zu*가 나오기 쉽다. Er ist klug *genug, [um]* den Rat zu befolgen."[21] 이 문장에서는 형용사 *alt* 다음에 실제로 *genug*가 덧붙여 있고, 그러므로 그 다음에 um-zu 구문이 이어진다.

sondern: 병렬적, 상반적(반대를 표현하는) 접속사; 역시 병렬적이며 상반적 접속사인 aber와는 달리, sondern은 전반부에 표현되어 있는 부정(否定)을 전제로 한다. 여기에서는: *"kein Wandschrank, sondern* …"[22]

war ich geworden: 과거완료, 과거의 정향점에서 시간적으로 후퇴.

쌍반점까지의 구조 스케치:

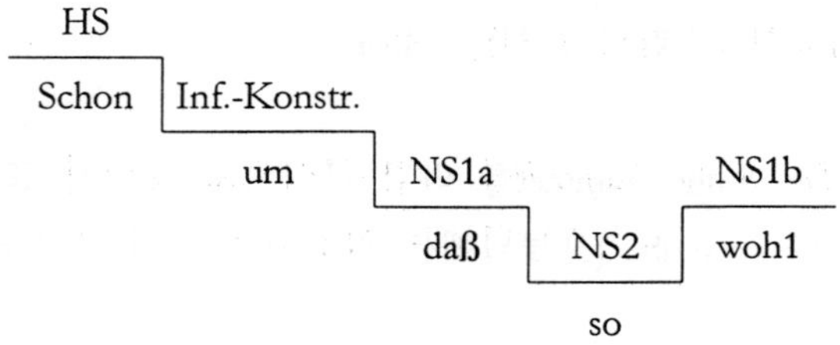

*Grauen — Entsetzen*에서의 생각부호(Gedankenstrich: —)는 실제로 생각부 호이다! 나타나엘은 우선 *Grauen*이라는 말을 썼다가, 잠시 멈추고 생각하 여 보다 점층적 표현을 찾아 Entsetzen이라고 쓴 것이기 때문이다. 이 생 각부호는 읽을 때에 거기에 상응하는 쉼, 머뭇거림으로서 실현되어야 할 것이다.

---

21. Walter Jung: Grammatik der deutschen Sprache. 10., neubearbeitete Auflage. Bibliographisches Institut: Mannheim / Leipzig (1990), S. 197, § 432.
22. G. Helbig / J. Buscha (1984), S. 466 f. 참조.

[N] 이 문장의 시작은 불특정한 길이의 시간의 축약을 내포한다. 나타나엘은 그 사이 더 나이를 먹고 더 현명해졌다. 한편으로는 나타나엘이 그 끔찍스런 동화를 믿지 않을 만큼 자랐고, 그러나 다른 한편으로는 그는 모래귀신-상이라는 픽션에 매달리고 있다. 이 픽션은 그를 강박관념에 사로잡히게 하고, 현실의 자리에 대신 나타난다.

무서움에서 공포로의 점증은 쉽게 따라갈 수 있다. 코펠리우스가 혼자서 층계를 오르는 소리를 들을 때면 그는 무서움을 느낀다. 그자가 아버지의 방으로 들어가는 것을 들을 때에는 공포를 느낀다. 어린아이가 이해하지 못하는 것은 "무엇이 이 나쁜 코펠리우스를 좋은 아버지와 연결 지을까?" 하는 것이다.

층계, 방, 문, 내지 방문 등은 모티브 복합체에 속한다! 여기에서 처음 등장하는 주도모티브 문(Tür)은 (복합명사 포함: Haustür, Stubentür, Glastür, Gartentür) 텍스트 전체에 걸쳐 25회 등장한다.

> (29) *Manchmal blieb er lange weg, dann kam er öfter hintereinander. Jahrelang dauerte das, und nicht gewöhnen konnte ich mich an den unheimlichen Spuk, nicht bleicher wurde in mir das Bild des grausigen Sandmanns.*

[L] · *Spuk* m.: 동사형은 spuken. 'u'는 길게 발음할 것! 예) Ein Gespenst spukt im alten Schloß. Oscar Wilde의 유명한 소설 『Das Gespenst von Canterville』는 19세기에 매우 널리 퍼져 있던 유령 이야기에 대한 패러디이다.

· *bleich* = blaß [영어의 pale]

· nicht *bleicher* wurde mir das grausige Bild des Sandmanns: sein Bild wurde in meiner Erinnerung nicht blasser

[S] 병렬문 양식.

다음 문장들의 정상 어순을 참조하시오:
- Ich konnte mich an den unheimlichen Spuk nicht gewöhnen → *nicht gewöhnen konnte ich mich an den unheimlichen Spuk.*
- Das Bild des grausigen Sandmanns wurde mir nicht bleicher [das heißt: ich konnte es nicht vergessen] → *nicht bleicher wurde mir das Bild des grausigen Sandmanns.*

정상 어순을 피함은 항상 내용의 강세 이동이라는 효과를 지닌다. 그리하여 문두에 위치한 부정(否定)은 보다 눈에 띄는 효과를 가지며, 따라서 보다 큰 의미 중점을 갖게 된다.

[N] Sandmann이 아버지의 집에 나타나는 알 수 없는 불규칙성은 그가 지닌 낯설음과 관련이 있다.

*Jahrelang*이라는 시간의 부사에 유의할 것! 나타나엘의 유년 시절 전체가 불안과 공포로 그늘져 있다. — 서술 관점에서 보자면, *jahrelang*은 축시적 서술(Zeitraffen)의 징표이다.

> (30) *Sein Umgang mit dem Vater fing an meine Fantasie immer mehr und mehr zu beschäftigen: den Vater darum zu befragen hielt mich eine unüberwindliche Scheu zurück, aber selbst - selbst das Geheimnis zu erforschen, den fabelhaften Sandmann zu sehen, dazu keimte mit den Jahren immer mehr die Lust in mir empor.*

[L] · *Fantasie* f.: 오늘날의 표기는 Phantasie.
· jemanden *befragen*: 보통 누군가에게 하나 이상의 질문을 한다는 뜻으로

서, 단순히 fragen 보다는 더욱 집요하게 묻는다는 의미가 있다.

· *Scheu* f. : 여기에서는 명사, 형용사로서도 같다. scheu, ängstlich, schü chtern, furchtsam sein

· *fabelhaft*: erdichtet, einer Fabel ähnlich, fiktiv

· *emporkeimen* = empor + keimen; *empor*: hoch, in die Höhe; *keimen*: wachsen; 여기에서는 메타퍼로서: 'die Lust *keimte* in mir *empor*': langsam (= mit den Jahren) entstand in mir die Lust.

[S] 이 복합문은 다음 세 개의 문장으로 구성되어 있다:

1) *Sein Umgang mit dem Vater fing an[,] meine Fantasie ⋯ zu beschäftigen*

2) *den Vater ⋯ zu befragen[,] hielt mich eine ⋯ Scheu zurück*

3) *aber selbst ⋯ den ⋯ Sandmann zu sehen, dazu keimte ⋯ die Lust in mir empor.*

문장 2)는 강하게 역설적으로(정서적으로) 들린다. 다음의 양식 전환의 효과에 유의하시오:

a) mich hielt eine unüberwindliche Scheu zurück, den Vater darum zu befragen → *den Vater darum zu befragen, hielt mich eine unüberwindliche Scheu zurück*

4격보족어(den Vater)를 문두에 도치시킴으로서 이 목적어가 보다 큰 의미 중점을 갖는다.

b) die Lust keimte in mir hervor, das Geheimnis selbst zu erforschen usw. → *aber selbst - selbst das Geheimnis zu erforschen usw.*

처음에 나오는 *selbst*에서부터 큰 역점을 두고 읽혀야 하며, 두 번째는 더욱 역점을 두어 읽는다. 여기에 주어진 문장론적 형식은, *selbst*의 이중 사용과 생각부호를 포함하여, 이 문장을 현저한 감정의 상태로 만드는 효과를 갖는다. 생각부호는 언제나처럼 실제로 생각부호인데, 즉 그것이 여기에서는 강세를 둔 표현임을 상징하기 때문이다. 세 번째 문장의 문장론적으로 정상화된, 따라서 정서적으로 중립적인 표현은 다음과 같을 것이다: Mit den Jahren keimte in mir die Lust empor, das Geheimnis selbst zu erforschen und den fabelhaften Sandmann zu sehen.

[N] 나타나엘이 느끼는 "수줍음"은 쉽게 해설될 수 있다. 그는 어쩌면 자신이 감당하지 못할 진실을 두려워하는 것이다.

(31) *Der Sandmann hatte mich auf die Bahn des Wunderbaren, Abenteuerlichen gebracht, das so schon leicht im kindlichen Gemüt sich einnistet. Nichts war mir lieber, als schauerliche Geschichten von Kobolten, Hexen, Däumlingen u.s.w. zu hören oder zu lesen; aber obenan stand immer der Sandmann, den ich in den seltsamsten, abscheulichsten Gestalten überall auf Tische, Schränke und Wände mit Kreide, Kohle, hinzeichnete.*

[L] · das *so* schon = das *ohnehin* schon
· *sich einnisten*: Nest 참조. 새들은 둥지(Nest)를 짓고, 그곳에 깃든다(nisten); 따라서 어딘가에 sich einnisten 한다는 말은 어딘가에 집을 꾸민다는 의미이다. 만일 메타퍼로서 어떤 생각이 두뇌 속에 둥지를 만들어 깃든다면, 그것은 잊혀지지 않는다는 뜻이다.
· *nichts … als*: 자주 사용되는 강조 구문, 예) Nichts als Ärger hat man mit dir! [영어의 nothing … but]. 쉼표는 불필요.
· *Kobolten*: pl. von Kobolt m.의 복수형. 오늘날에는 -d로 끝나서 der Kobold. 동화의 인물로, 때로는 착한 일을 하다가도 때로는 나쁜 일을 꾸미는, 알 수 없는 집안의 요정.

- *Hexe* f.: böse Zauberin; Grimm형제의 동화 『Hänsel und Gretel』에 나오는 마녀 참조.
- *Däumling* m.: 동화의 인물, 엄지 크기의 난쟁이.
- *obenan*: oben + an = ganz oben, an erster bzw. oberster Stelle; *oben* + *an* 은 분명하게 다른 두개의 단어로 읽혀야 하며, 발음이 함께 연결되어서는 안된다!

[N] 나타나엘의 강박적 행동은 다음과 같은 요인들로 환기되며 확인된다:
- 아버지가 이야기하곤 하시던 환상적 이야기들로 인하여
- 유모의 숙명적 이야기로 인하여
- 그가 수년 동안 들을 수는 있었지만 볼 수는 없었던 Sandmann 으로 인하여
- 그러나 또한 숙명적인 영적인 성향으로 인하여
- 정신분석학적 해석은 추가로 어린 시절의 외상성 경험 (= 영적인 상처들)을 상정하지만, 텍스트에서 직접적으로 인용할 수는 없다.

나타나엘은 책상, 장농 그리고 벽에 모래귀신을 그린다. 이것은 독일의 속담을 상기시킨다: "악마를 벽에 그리면, (그러면 그가 온다)".[23] 이 속담의 다른 변형은: "악마에 관해서 말하면, (그러면 그가 온다)". 보통 이 속담은 전반부만 인용하며, 나머지 부분은 그저 생각으로 한다. 두 변형 모두 한 사건에 대한 공포가 바로 그 사건을 불러온다는 경험을 말해준다.

---

23. 이 부분에 관해서는 M. S. Vedenkova와 J. G. Perlyna (1996)가 「부연한다.

1.1.1.3 코펠리우스

> (32) *Als ich zehn Jahre alt geworden, wies mich die Mutter aus der Kinderstube in ein Kämmerchen, das auf dem Korridor unfern von meines Vaters Zimmer lag.*

[L] · *Kinderstube* f., 오늘날에는 Kinderzimmer

· *Kämmerchen* n.: kleine Kammer, kleines Zimmer [영어의 chamber]

· *Korridor* m.: 오늘날에는 Flur

· *unfern*: nicht weit

[S] 이 복합문은 시간의 부문장, 그에 이어지는 주문장, 다시 이어지는 관계문장으로 구성되어 있다. 그러므로 NS(시간) + HS + NS(관계문장).

시간의 부문장은 ― 알아보기가 어렵지만 ― 과거완료로 쓰여 있다.

과거완료의 형태는 종합적이다, 예를 들면:

    a) er *hatte* geschlafen

    b) er *war* gekommen

19세기에는 정형의 조동사 (예를 들어 위의 hatte 또는 war)는 문미에 후치하게 되면 보통 생략되었다 (완료형임에 유추하여, 위 인용[1]의 현재완료형 참조). 도입부의 시간의 부문장 *Als ich zehn Jahre alt geworden* [war]에서 3인칭 단수 과거형 war는 생각 속에서는 덧붙여 읽어야 한다. 다음부터는 호프만의 시칭 사용에서의 이러한 특징에 관해서는 간혹 언급하는 데 그치겠다.

서술 텍스트에서 과거완료의 기능은 과거 시점에서 더 깊은 과거로 거

슬러 올라가는 기능이다. 이 시칭에 대한 독일어 표현은 아주 적절하
다: 선 과거(Vor-Vergangenheit). 여기에 들어 있는 구체적 맥락에서는 나
타나엘이 과거시점 A에서 한번 더 다른 시점 B로 거슬러 올라감을 말
한다. 시점 A는 과거형 "*wies* mich die Mutter ⋯ "로 규정되며, 시점 B는
이것보다 더 앞에 있다: *Als ich zehn Jahre alt geworden* [war]. 이렇게 표현할
수도 있다: *zuerst* wurde ich zehn Jahre alt, *dann* wies mich die Mutter ⋯ in
ein Kämmerchen.

[N] 소설은 시간과 공간 안에서 움직이는 등장인물들(사람)을 포함한다.
그러므로 서술자는 자신의 청중/독자에게 무엇보다도 합당한 정황을 드
러내 주어야 한다. 여기에 있는 시간의 부문장은 한편으로는 엄밀한 시
간대를, 즉 "10세"라는 나이를 포함하고 있으며, 다른 한편 현재의 나타
나엘의 나이를 (수신자는 나타나엘의 나이를 알고 있겠지만!) 빠뜨리고
있다. 그는 대략 20세쯤 되었을 것이다. 그러므로 서술 시간(Erzählzeit)
[서술자 내지는 서술의 시간(Zeit des Erzählers bzw. des Erzählens)]과 서술
된 시간(erzählte Zeit) [과거에 있었던 사건의 시간(Zeit der vergangenen
Ereignisse)] 사이에는 약 10년이 놓여 있다.[24]

> (33) *Noch immer mußten wir uns, wenn auf den Schlag neun Uhr sich jener
> Unbekannte im Hause hören ließ, schnell entfernen.*

[L] · *auf den Schlag neun Uhr:* genau um neun Uhr. 19세기에는 교회탑의 시
계에서 시각을 알리는 소리가 들렸다.

---

24. 서술 시간(Erzählzeit)과 서술된 시간(erzählte Zeit) 사이의 긴장과 서술 기법상의 의미
는 독문학자 Günther Müller에 의해 처음으로 발견되었다. 1946년 Müller의 Bonn대학
취임강의 "Die Bedeutung der Zeit in der Erzählkunst" 참조. 오늘날에는 다음에서 찾아
볼 수 있다: Bruno Hillebrand (Hrsg.): Zur Struktur des Romans. Wissenschaftliche
Buchgesellschaft Darmstadt (1978), S. 64-82 (Wege der Forschung).

· *von sich hören lassen*: lassen - ließ - hat gelassen, 의역: wenn man ihn hörte

[S] 여기에서는 주문장 안에 삽입된 부문장이 들어 있다. 다른 말로 하자면, 주문장은 부문장으로 인해서 중단된다. 이 중단은 읽을 경우에 (그러나 역시 이해의 경우에도) 분명히 고려되어야 한다.

핵심 문장:

a) Wir mußten uns entfernen.

확장된 핵심 문장:

b) *Noch immer* mußten wir uns *schnell* entfernen.

삽입된 시간의 부문장은 이 진행을 설명해 준다:

c) *wenn ··· sich jener Unbekannte ··· hören ließ.*.

[N] 집(Haus)이라는 단어는 주도모티브처럼 전체 텍스트에 18회 등장한다. 집이란 내부와 외부의 사이 공간이다. 일반적으로는 집이란 외부의 위험으로부터의 보호소이다. 그러나 가장 끔직한 위험, 코펠리우스의 위험으로부터 지켜 주지 못한다. 방, 창, 문, 마루, 층계들도 내부와 외부 사이의 장소적인 경계 영역이다. 이 모든 소도구들은 이 소설 전반에 눈에 띄게 자주 등장한다.

아홉 시라는 시간도 완전히 안심할 것이 못된다. 그것은 낮과 밤의 문턱(Schwelle), 즉 경계의 시간이다 (12시를 참조: 12시는 아침과 오후의 문턱이다). 이것들은 한 모티브-연쇄의 요소들이다.

> (34) *In meinem Kämmerchen vernahm ich, wie er bei dem Vater hineintrat und bald darauf war es mir dann, als verbreite sich im Hause ein feiner seltsam riechender Dampf.*

[L]   · *vernahm*: vernehmen - vernahm - hat vernommen: (etwas) hören;

  · *es war mir, als ob* … : ich hatte den Eindruck, als ob … , ich hatte das Gefühl,

  als ob …

[S] 단순화한 표현:

   1) *In meinem Kämmerchen vernahm ich, wie er … hineintrat*

   2) *bald darauf war es mir dann, als verbreite sich im Hause … Dampf.*

[N] 나타나엘은 방안의 어두움 속에서 두 가지 인지 사실에 감싸여 있다: 그는 무엇인가를, 즉 Sandmann의 소리를 듣는다(hören). 그리고 무엇인가를, 즉 이상한 증기를 냄새맡는다(riechen). 이것이 **연금술 장면**의 시작이다.

연금술 Alchimie f. (또는 Alchemie): 중세의 화학으로서, 그 근원은 동서의 고대에서 다 찾아볼 수 있다 (바빌로니아, 이집트, 그리스; 인도, 중국; 유대-아라비아 지역). 이 단어는 al-kimia라는 아라비아어에서 온 것으로, 그리스어로는 chemeia. 오늘날에는 Chemie f. [영어의 chemistry].

연금술의 기본 관심사는 보석이 아닌 금속을 보석으로 (특히 금으로) 변화시키는 것이다. 이러한 관심사는 물질들이 실제로 변화 가능하다는 (예를 들어 합금) 관찰에서 기인한다. 모든 연금술사의 사상적 보편자산은 아리스토텔레스의 기초 물질에 관한 학설이다. 기초 물질 — 하나의 원물질 — 안에는 아리스토텔레스의 견해에 따르면 다른 원소들이 함유되어 있다는 것이다. 그 원물질을 추구하는 것이 모든 마법사와 연금술사들의 지상 목표였다. 그 후 lapis philosophorum이라는 현자의 돌에 관한 이야기들도 있었으며, 그 말은 모든 사물의 원소라는 개념으로 이해되었다. 이 돌 내지는 원소에다 사람들은 기적과도 같은 구원과 젊어지

게 하는 힘을 부여했다. 원소란 원칙적으로 다른 원소로 변형될 수 있으
리라는 발상은 마침내 무생물로부터 생명을 창조하는 실험들에서 계속
되었다(19세기에까지 있었던 프랑켄슈타인-신화 참조).

연금술과 점성술은 마술적 세계상에 속하며, 화학과 천문학은 자연과학
적 세계상에 속한다. 르네상스시대에 다음과 같은 기본적 확신이 형성되
었다: 인간은 대우주 내부에 존재하는 소우주이다. 둘 사이에는 무수한
대응이 있다. 왜냐하면 대우주(총체적 창조)는 소우주(예를 들어 인간)와
똑같은 법칙들을 따르기 때문이다. 두 번째의 기본 표상으로서, 인간이
접촉할 수 있을 보다 높은 초월적 힘들의 존재에 대한 신앙이 나타난다.
유럽의 계몽 사상에도 불구하고 마술과 연금술은 18, 19세기에도 여전히
극복되지 못했다. 이 부분은 괴테의 『파우스트』에 나타나 있는 마술의
역할을 참조하시오.[25]

마술에는 백색 마술과 흑색 마술의 구분이 있다: 백색 마술은 이기적인
목표에서 초연하며, 세상에 좋은 일을 더 많이 가져다주는 것을 겨냥한
다. 반대로 흑색 마술은 악을 지향하며 비밀스러운 지식의 남용을 고집
한다.

만일 "집안에 희한한 냄새의 기묘한 증기가 피어올랐다"라고 한다면, 이
것을 독자는 — 나타나엘과는 다르게 — 연금술의 결과로서 해석할 줄
알 것이다. 클라라도 이것을 인식한다. 다음에 나오는 그녀의 답신에 보
면 : "당신 아버님과의 밤 시간의 그 섬뜩한 행동은 다름아니라 두 사람
이 비밀리에 연금술 실험을 했던 것이겠지요"(127). 곧이어 그녀는 "화학
실험"(128) 이야기를 하기도 한다. 현대의 표현인 화학은 약사(Apotheker)

---

25. Goethe의 『Urfaust』에서 마술의 역할에 대해서는 다음을 참조: Ulrich Gaier: Goethes
Faust-Dichtungen. Band 1: Urfaust. Stuttgart (1989), S. 103-119 (Reclam UB).

와의 관련에서 나오는데, 그는 — 클라라와 마찬가지로 — 계몽정신의 대표자이다. 이 실험의 목적 — 인조인간의 생산 (흑색 마술) — 은 한참 나중에 가서야 밝혀지게 된다.[26]

연금술-장면과 관련해서 특히 서술의 관심을 끄는 것은 근저에 놓인 사건과 나타나엘의 인지 사이에 분명히 드러나는 차이이다. 사건은 대상, 사태, 의도, 행동을 포함하고 있는데, 나타나엘은 그 대부분을 모르고 있다. 서술 텍스트의 기본 논리의 하나:

서술은 항상 선택적(selektiv) 서술이다.

이는 세 가지의 이유가 있다: 첫째 완전한 사건 재현이란 도대체 가능하지 않다. 왜냐하면 실제 주어진 서술 작품 어느 것에나 — 구술이건 기술이건 — 더욱 상세한 (더욱 세분화한) 다른 판본을 생각해 볼 수 있기 때문이다. 둘째로 완전한 사건 재현은 필요하지도 않다. 왜냐하면 한 서술자는 항상 그에게 중요하다고 여겨지는 것만을 서술하기 때문이다. 그리고 셋째로 서술자의 지식 또한 결함을 갖고 있기 때문이다. 이 결함은 서술자에게 의식되기도 한다. 그러나 그렇지 못할 때도 많다. 그 결과:

근저에 놓인 사건은 서술된(erzählt) 사건보다 항상 더 풍부하다.

언어 이전의 사건과 매우 결함 있는 그 재현 사이의 긴장은 나타나엘의 편지-이야기 전편을 흐르고 있다.

---

(35) *Immer höher mit der Neugierde wuchs der Mut, auf irgend eine Weise des Sandmanns Bekanntschaft zu machen.*

[L]　·　wachsen, *wuchs*, ist gewachsen

---

26. 올림피아는 코펠리우스와 스팔란짜니 교수가 생산해낸 인조인간이다.

· *Bekanntschaft machen*: jemanden kennenlernen

[S] auf irgend eine Weise die Bekanntschaft des Sandmanns zu machen →
auf irgend eine Weise des Sandmanns Bekanntschaft zu machen

> (36) *Oft schlich ich schnell aus dem Kämmerchen auf den Korridor, wenn die Mutter vorübergegangen, aber nichts konnte ich erlauschen, denn immer war der Sandmann schon zur Türe hinein, wenn ich den Platz erreicht hatte, wo er mir sichtbar werden mußte.*

[L] · lauschen: aufmerksam hinhören, 예) Er lauschte an der Tür; *erlauschen*: heimlich etwas mithören
· *wo er mir sichtbar werden mußte*: von wo aus ich ihn sehen konnte

[S] 이 복합문은 세 개의 독립된 문장으로 구성되어 있다:
  1) *Oft schlich ich* ⋯ *auf den Korridor* ⋯
  2) *nichts konnte ich erlauschen*
  3) *immer war der Sandmann schon zur Türe hinein* ⋯

wenn die Mutter vorübergegangen [war]에서 과거완료 형태를 추가하시오.

구조 스케치:

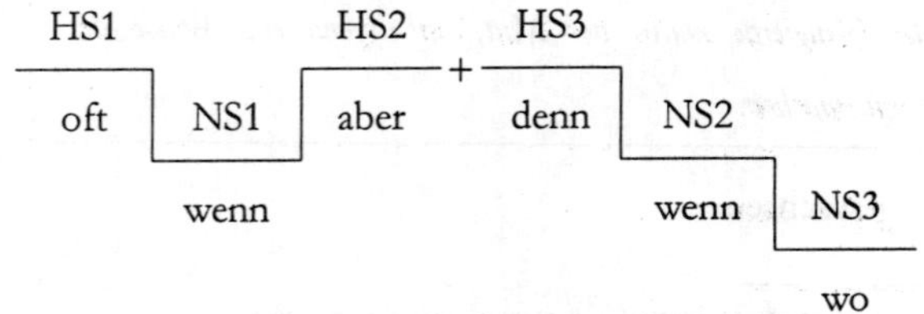

> (37) *Endlich von unwiderstehlichem Drange getrieben, beschloß ich, im Zimmer des Vaters selbst mich zu verbergen und den Sandmann zu erwarten.*

[Ll · *unwiderstehlich*: man kann nicht widerstehen; man kann nicht "nein" sagen

· *Drang* m.: starker Wunsch; drängen [영어의 to urge]; *vom Drange* [3격] *getrieben*

· treiben, trieb, *getrieben*

· beschließen, *beschloß*, hat beschlossen [영어의 to decide, to make a decision]

· *selbst*: 여기에서는 *im Zimmer* sich verstecken (in der Nähe des Zimmers에 그치는 대신)이라는 의미의 강조

· *sich verbergen*: sich verstecken [영어의 to hide]

[S] 핵심 정보:

Endlich ··· beschloß ich, ··· mich zu verbergen ···

> 이 문장들을 애당초 사전적으로 문장론적으로 완벽하게 이해하려는 수고를 하지 마시오. 더구나 왼 쪽에서 오른 쪽으로 기계적으로 이해할 생각은 하지 마시오! 그 대신 우선 핵심 정보를 이해하려고 하시오. 정형 (= 인칭 변화를 한) 동사를 분리해 내고, 그런 다음 이 형태를 주어와 관련시켜 보시오.

이 복합문의 주문장은 다음과 같다: *Ich beschloß* [etwas]. 그 다음에 몇 개의 확장이 따른다:

- Ich beschloß, mich zu verbergen

- Endlich beschloß ich, mich zu verbergen

- *Endlich* [,] *von unwiderstehlichem Drange getrieben, beschloß ich,* mich zu verbergen

- *Endlich* [,] *von unwiderstehlichem Drange getrieben, beschloß ich,* mich im Zimmer des Vaters zu verbergen → *im Zimmer des Vaters mich zu verbergen*

- *Endlich* [,] *von unwiderstehlichem Drange getrieben, beschloß ich, im Zimmer des Vaters mich zu verbergen und den Sandmann zu erwarten*

구조 스케치:

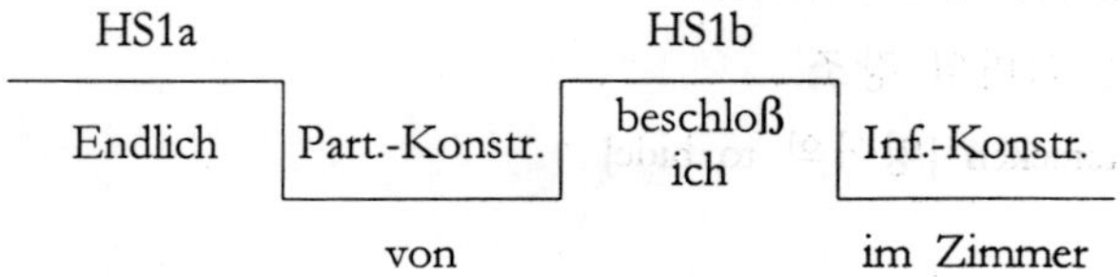

> (38) *An des Vaters Schweigen, an der Mutter Traurigkeit merkte ich eines Abends, daß der Sandmann kommen werde; ich schützte daher große Müdigkeit vor, verließ schon vor neun Uhr das Zimmer und verbarg mich dicht neben der Türe in einen Schlupfwinkel.*

[L] · *etwas vorschützen*: etwas vortäuschen, so tun als ob ⋯
· *daher*: deshalb
· *dicht neben der Türe*: ganz nahe; nicht weit von der Türe
· *Schlupfwinkel* m.: Versteck n.

[S] 핵심 문장:

주어:	ich
술어:	merkte
목적어:	daß der Sandmann kommen werde

다음에 나오는 모든 문장성분은 이렇게 질문해 볼 수 있을 것이다:
Woran merkte ich das?

    a) *an des Vaters Schweigen* → an dem Schweigen des Vaters

    b) *an der Mutter Traurigkeit* → an der Traurigkeit der Mutter

앞의 a) 및 b)는 und로 연결해도 된다.

Wann merkte ich das?   *eines Abends*

werde = 이 문장의 추측의 성격에 근거한 접속법 I식.

두 번째 주문장 (쌍반점 이후): 이 주문장은 세 개의 행위 동사를 포함하고 있으며, 이들은 열거의 의미로 읽을 수 있다. 나타나엘은 이야기한다:

    Ich: a) *schützte* ⋯ *Müdigkeit vor*

         b) *verließ* ⋯ *das Zimmer*

         c) *verbarg mich*

[N] 이 몇 행에서 특징적인 것은 *oft* (36), *manchmal* (29)같은 유형의 시간 부사나 다음과 같은 시간의 부문장들이다: *Entsetzen ergriff mich, wenn* ⋯ (28), *Noch immer* (⋯), *wenn* (33). 이러한 Wenn-문장은 'immer dann, wenn'으로 확장될 수 있다; 이들은 반복되는, 그러므로 일회적이 아닌 사건들을 말하는 데에 쓰인다. 정점의-일회적 사건은 문장 (37)에 있었다: 거기서는 *Endlich* ⋯ *beschloß ich* ⋯ 라 했다. 바로 이 문장에서 선행 문장들의 반복 구조가 정점의-일회적 행동으로 모아진다. 따라서 우리는 다음에 이어지는 문장에서 *eines Abends* (38)라는 시간의 부사를 보게 된다. 그렇게 함으로써 신호가 올라갔다: 다음에 이어지는 것은 한 정점의 장면, 영화의 용어로는 액션이 이어진다는 말이다.

> (39) *Die Haustür knarrte, durch den Flur ging es, langsamen, schweren, dröhnenden Schrittes nach der Treppe.*

[L] · *knarren*: 나무에서 나는 소리. Holz knarrt; eine Holztreppe knarrt; Dielen knarren; eine Haustür [aus Holz] knarrt.

· *dröhnen*: unangenehm laut, fast schmerzhaft. Die Motoren von Rennautos *dröhnen*. 사람이 과장해서, 큰 소리로 기분 나쁘게, 대체로 조소적으로 웃을 때에도 dröhnendes Gelächter라는 표현을 쓴다.

[S] 병렬문: 두 개의 주문장의 병기.

　　1) *Die Haustür knarrte*

　　2) *durch den Flur ging es* ⟶ es [!] ging durch den Flur

[N] Sandmann의 출현은 언제나 위협적이고 기분나쁜 소리와 연관되어 있다.

　　- ··· sowie es [der Sandmann!] abends die Treppe *heraufpolterte* (26).

　　- ··· ich *hörte* ihn ja immer die Treppe heraufkommen (28)

　　- ··· wenn ich ihn ··· meines Vaters Stubentür *heftig aufreißen und hineintreten hörte* (28)

　　- In meinem Kämmerchen *vernahm* ich [= hörte ich], wie er bei dem Vater hereintrat (34)

위협적이고 둔중한, 분명히 정의할 수 없는 소음은 Sandmann (= 코펠리우스)의 음향적 인식 표지이다. 그러므로 호프만의 소설에 나오는 Sandmann은 어린이를 위한 동화에 나오는, 아이들을 잠재우기 위해서 조용히 감싸듯이 아이들의 침대에 다가서는 선한 Sandmann의 도착(倒錯)이다.

대문, 마루 층계 등의 문턱(Schwelle)-모티브는 '내부 대 외부'라는 특징
을 가지고 연속 등장한다.

---

(40) *Die Mutter eilte mit dem Geschwister mir vorüber.*

[S] 핵심 문장:

Die Mutter eilte ⋯ vorüber.

---

(41) *Leise - leise öffnete ich des Vaters Stubentür.*

[N] *Leise - leise* ⋯ . 그리고 이어서 계속해서 중복어법이 나온다: *Näher,
immer näher* ⋯ (43), *Dicht, dicht* ⋯ (44). 이러한 중복 어법은 긴장의 표시이
다. 긴장된 서술은 [영어의 suspense] 장면적 서술을 전제로 한다. 서술자
— 즉 나타나엘 — 에게는 일회적인 사건이 생생하게 눈앞에 살아 있으
며, 그는 그것을 수신인에게 가능한 한 조형적으로 이야기하려고 노력한
다. 위의 "*Leise - leise*"의 경우에 독서의 과정은 묘사된 과정을 모방해야
할 것이다. 즉 표현의 현실화는 표현의 내용을 따라야 한다. 장면적 서술
이라는 개념은 다음 (77)을 참조하시오.

---

(42) *Er saß, wie gewöhnlich, stumm und starr den Rücken der Türe Türe
zugekehrt, er bemerkte mich nicht, schnell war ich hinein und hinter der Gardine,
die einem gleich neben der Türe stehenden offnen Schrank, worin meines Vaters
Kleider hingen, vorgezogen war.*

[L] ・ *zugekehrt*: *zukehren*의 과거분사 = zu + kehren; *kehren*: drehen [영어의
to turn] + *zu*: 방향의 부사. 예) Er *kehrt* ihm den Rücken *zu*.

・ *gleich* neben der Tür: *direkt* neben der Tür

・ *offnen* = offenen

[S] 이 복합문은 마침표로 분리될 수 있을 세 개의 독립적인 주문장을 포함한다:

1) *Er saß* ⋯ [,] *den Rücken der Türe zugekehrt*

2) *er bemerkte mich nicht*

3) *schnell war ich* [zur Türe] *hinein* ⋯

전체 복합문 내에서 문장 3)은 다시 하나의 복합문이며, 다음과 같은 정보를 포함하고 있다:

a) schnell war ich hinein [in das Zimmer] und [versteckte mich] hinter der Gardine

b) diese Gardine war vor einen offenen Schrank gezogen

c) dieser Schrank war gleich neben der Türe

d) In diesem Schrank hingen meines Vaters Kleider

문장 3)은 다음과 같은 구조 스케치를 그릴 수 있다:

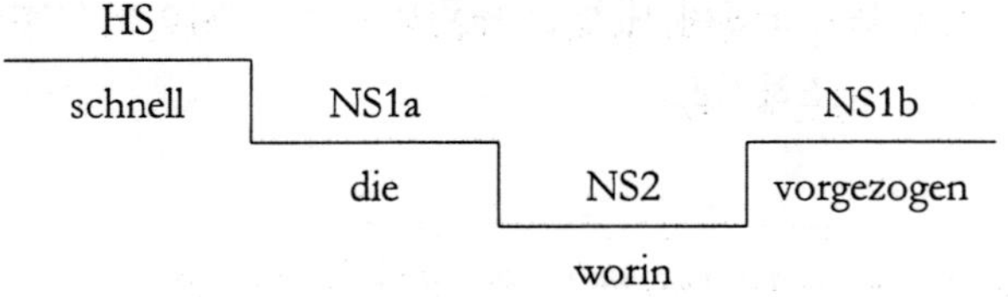

[N] 위의 b), c) 와 d)는 상대적으로 중요하지 않은 세부 묘사들이다. 그러한 세부 묘사는 장면적 서술의 특징이다. 장면적 서술은 특정한 세부묘사로 넘쳐나게 된다. 서술된 것은 상상될 수 있어야 하며, 우리의 환상 속에서 마치 필름처럼 굴러가야 한다.

문, 커튼, 장롱 등의 주도모티브의 연속은 다시금 이 소설 전체를 흐르는 외부와 내부의 기본적인 긴장을 가리킨다.

> (43) - *Näher - immer näher dröhnten die Tritte - es hustete und scharrte und brummte seltsam draußen. Das Herz bebte mir vor Angst und Erwartung.*

[L] · *scharren*: 뭔가를 긁는 소음. 예) ein Hund scharrt an der Tür
· *brummen*: 깊고 둔중한 소음. 예) ein Bär brummt
· *beben*: 강한 떨림. 예) die Erde bebt = das Erdbeben

[S] 문장론적으로 분명한 세 개의 주문장.

[N] 장롱 안의 어둠 속에 숨어 있을 때, 이 기분 나쁜 소음들은 경악할 공포의 감정을 유발한다. 기대되는 대명사 jemand가 사용되는 대신에 다시금 인칭대명사 *es*가 사용된다.

> (44) - *Dicht, dicht vor der Türe ein scharfer Tritt - ein heftiger Schlag auf die Klinke, die Tür springt rasselnd auf!*

[L] · *Klinke* f.: 문이란 여닫기 위해서는 반드시 걸쇠(Klinke)나 누름쇠 (Knopf / Knauf)가 있기 마련이다: die Türklinke.
· *rasseln*: 사슬(Kette) 등이 절렁거리는 소리. [영어의 to rattle]

[S] 이 긴장의 정점에서 시제의 전환이 발생한다: 과거형 → 현재형으로, 자세히 말하자면 서사적 과거형 → 역사적 현재형으로 바뀐다. 다음과 같은 구분을 보시오:

a. 발화계기-현재형(das *Redemoment*-Präsens): 발화 / 서술의 시간. 특

정한 용어로는: 과거의 사건들과 대조되는 서술자의 시간 내지는
서술의 시간 (이 서간문의 처음 문장들 참조). 이때 사건들의 진행
은 서사적 과거형(das Epische Präteritum)으로 작성된다.

b. 서사적 현재형(das *epische* Präsens) / 보고-현재형(das Reportage-Präsens):
이 현재형은 서술의 과정과 일어난 사건들이 동시에 발생하는, 예
를 들어 직접적인 보고문에서 볼 수 있다. 픽션의 서술에서는 서술
과정과 바로 진행되고 있는 사건이행의 동시성은 활성을 북돋아 준
다.[27]

c. 역사적 현재형(das *historische* Präsens)은 발화계기-현재형과는 반대로
진정한 현재형이 아니다. 서술 행위 중에 사건은 현재화되어야 하기
때문에 (서술자나 수용자에게 모두 해당된다), 그것은 특이나 장면적
정점에서는 현재로 보아야 한다. 그러나 이러한 현재형은 서술된 사
건의 과거 성격을 변화시키지는 않는다. 따라서 원칙적으로는 과거
형으로 대체할 수 있다. - 역사적이라 불리는 것은 이 현재형이 역
사적인, 즉 과거의 사건을 다루고 있기 때문이다. 그것은 결국 과거
의 양식적 변형에 속한다.

서사적 과거형에서 역사적 현재형으로의 전환은 주로 완전한 문장의 포
기를 통해서 고지된다. 위에서도 *Dicht, dicht vor der Türe ein scharfer Tritt* …
에는 주어도 술어도 없다(예: hörte ich). 그러나 모든 표현이 과거의 인상

---

27. Jürgen H. Petersen: Erzählen im Präsens. Die Korrektur herrschender Tempus-Theorien durch
die poetische Praxis der Moderne. In: Euphorion 86 (1992), S. 65-89. 시제(Tempus) 문제에 관
한 일반적 참고는: Rudolf Freudenberg: "Indem ich zur Feder greife … ". Erwägungen zum
Redemoment beim literarisch-fiktionalen Erzählen. In: Manfred Kohrt / Arne Wrobel (Hrsg.):
Schreibprozesse - Schreibprodukte. Festschrift für Gisbert Keseling. Hildesheim / Zürich / New
York (1992), S. 105-162.

을 말살하게 되면, 그리고 과거의 것이 현재적인 것의 인상을 얻게 되면, 항상 다시 제대로 사용된다.

[N] 점점 가까워 오는 기분 나쁜 소음은 (38)에서 (42)에 이르는 장면의 중심에 놓여 있다. 우선 시작에는 침묵이 있고, 이어서 '긁는' 소리, 그리고 마침내 '진동하는' 발걸음 소리가 난다. 이 문장은 Sandmann이 아버지의 방문을 잡아채기 직전의 마지막 순간을 묘사하고 있다. — 전체적으로 Sandmann과 관련된 소리들은 거칠고 위력적이다.

---

(45) - *Mit Gewalt mich ermannend gucke ich behutsam hervor.*

[L]   · *sich ermannen*: mutig sein wie ein Mann
· *hervorgucken* = hervor + gucken; *gucken*: sehen, schauen의 일상어. 다음 (62) 문장의 에. 테. 아. 호프만의 스케치를 참조하시오! 바로 이 장면이 호프만의 펜화에 그려져 있다.
· *behutsam*: leise, vorsichtig

[S] *Mit Gewalt mich ermannend gucke ich behutsam hervor* → Ich [주어] gucke ⋯ hervor [술어], mit Gewalt mich ermannend.

---

(46) *Der Sandmann steht mitten in der Stube vor meinem Vater, der helle Schein der Lichter brennt ihm ins Gesicht! - Der Sandmann, der fürchterliche Sandmann ist der alte Advokat Coppelius, der manchmal bei uns zu Mittage ißt!*

[L]   · *Advokat* m.: 라틴어의 advocatus에서 유래, der Herbeigerufene = 오늘날에는: der Rechtsanwalt

[S] 병렬문: 두 개의 주문장의 병기.

[N] 이 장면을 시각적으로 상상해 보면, 미술에서의 야경을 그려볼 수 있다.

이 장면에서 숙명적 이름 Coppelius가 처음으로 등장한다. 코펠리우스 — 라틴/이탈리아식으로 들리는 이름 — 는 시사적 이름으로 해석될 수 있다. 시사적 이름이란 해당 인물의 성격이나 기능에 대하여 뭔가를 고지해 주는 이름이다. 현실 세계에서는 이름과 그 이름을 지닌 사람과의 사이에는 하등의 연관 관계가 존재하지 않는다 (남 또는 여 이름자의 특징을 제외한다면). 반면에 허구의 세계에서는 작가가 이름을 선택하는 데 있어, 그 이름의 소유자를 어떻게든 특징을 나타내 주는 이름을 선호하게 된다. — 시사적 이름은 이 이름을 의식적으로 선택한 실제의 작가의 입장에서만 존재한다. 허구적 작가에게는 등장인물의 이름이 현실 세계에서와 마찬가지로 우연이다. 그렇기 때문에 그러한 이름은 허구적 세계 내에서는 시사적 이름이라는 의미에서 해석되는 경우가 결코 없다.

Coppelius: 이 이름은 이탈리아어의 형태소 'cop'를 포함하고 있다: cop = Becher, Schale. 그리고 전이된 의미에서는 안와(眼窩)를 의미하기도 한다. 뿐만 아니라 축소형 coppela는 용해 도가니를 지칭한다. 용해 도가니는 원소들을 서로 분리해 내기 위해서 연금술사들이 사용한다 (오늘날에는 화학적 결합을 원소로서 분해하기 위해서라고 할 것이다). 이탈리아어로는 coppelare.[28] 그러므로 Coppelius라는 이름은 신비한 눈-모티브와 연금술 영역에 대한 암시를 포함하고 있다. — 그는 그러나 화학적 원소들을 분해할 뿐만 아니라, 인간을 분해한다: 그는 이질적 사물들을 서로 연결

---

28. 에. 테. 아. 호프만은 이탈리아어에 능통했다.

하고, 한데 속한 사물들을 서로에게서 갈라놓는 마성적 분해가이다.[29] 아
래 (81) 참조.

눈(Auge)-모티브는 이미 소설의 제목에 함축적으로 주어져 있다: Sandamnn
은 어린이들의 눈에 모래를 뿌리는 인물이다. 현현적으로 이 모티브는 이
미 두 번째 문장에서 등장한다: 나타나엘은 클라라의 "맑은 눈"(3)에 대하
여 말한다. 이 사태는 그때까지는 별다른 주의를 끌지 않는다. (21)에서
나타나엘의 어머니가 우연히 눈이라는 말을 할 때에도 아무도 이를 특
별한 것 내지는 해석을 필요로 하는 것으로 생각하지 않는다. 어쨌거나
이 모티브는 곧 이어 새로이 등장하며, 곧 두 번씩 반복된다: 즉 나이 많
은 아주머니가 들려주는 이야기의 중심에 들어 있다 (24). 이 하나의 사
전 단위의 중복은 결코 우연이 아니며, 원칙적으로 해석을 요하는 것이
다. 이제 우리는 눈-모티브를 심지어 Sandmann 내지는 Coppelius라는 공
포의 인물의 이름에서조차 숨겨져 있음을 보게 되는 것이다 (coppa =
Augenhöhle). 우리는 앞으로:

   a) 이 모티브의 전개를 계속 추적하며
   b) 다른 모티브들과 모티브의 연쇄 (= 주도모티브)를 주시하며 (나중
      의 "Brille, Perspektiv" 등 참조)
   c) 마지막에 가서는 모든 주도모티브들을 서로 연결하게 될 것이다.

일반적으로는 하나의 세부 묘사의 끊임없는 반복을 통해서 (여기에서는
Augen) 이 세부 사항이 일종의 모티브로 승격된다. 반복되는 모티브를
주도모티브라 한다. 링크에 의하면, 주도모티브란 평균 이상으로 자주
반복되는 단어나 형태소이다. 즉 "음성적-의미적 동형의 특별한 경우를
형태소나 언어단위가 한층 회귀함으로써 묘사한다. … 이러한 시리즈를

---

29. E.T.A. Hoffmann: Der Sandmann. Erläuterungen und Dokumente. Hrsg. von Rudolf Drux.
    Stuttgart (1991), S. 11 (Reclam UB).

주도모티브 시리즈라 칭한다."[30] 이와 관련해서 이러한 좁은 공간에 이토록 많은 양의 상이한 주도모티브들이 들어 있는 작품을 필자들은 알고 있지 못하다.

나타나엘은 Sandmann을 기대하다가 마침내 코펠리우스를 보게 된다. 이러한 사태에 대한 반응은 놀라움이자 동시에 계발적이다. 나타나엘은 이제 그의 환상(Sandmann)을 현실(코펠리우스)에 입각하여 정정하는 대신, 그의 상상의 세계에 포박된다: *Der Sandmann … ist … Coppelius.* 현실에 대한 공상의 승리는 완벽하다. *Nicht* der Sandmann, *sondern* Coppelius kam in unser Haus라는 명백한 인식을 나타나엘은 전혀 고려하지 않는다.

> (47) *Aber die gräßlichste Gestalt hätte mir nicht tieferes Entsetzen erregen können als eben dieser Coppelius.*

[L] · Entsetzen *erregen*: Entsetzen verursachen

[S] 비교로서 *als*를 사용한 가정문, 즉 가정적 비교문 (접속법).

의역: Keine Gestalt kann gräßlicher sein und mehr Entsetzen erregen als dieser Coppelius.

> (48) - *Denke Dir einen großen breitschultrigen Mann mit einem unförmlich dicken Kopf, erdgelbem Gesicht, buschigten grauen Augenbrauen, unter denen ein Paar grünliche Katzenaugen stechend hervorfunkeln, großer, starker über die Oberlippe gezogener Nase.*

---

30. Jürgen Link: Literaturwissenschaftliche Grundbegriffe. Eine programmierte Einführung auf strukturalistischer Basis. München. 4., unveränderte Auflage (1990), S. 116 (UTB 305).

[L]   · *breitschultrig*: mit breiten Schultern

· *unförmlich*: 오늘날에는 unförmig (keine schöne Form), häßlich

· *erdgelb*: gelb wie Erde; Lehm

· *buschigt* : 오늘날에는 -t 없이 씀. *buschige Augenbrauen*: so dick und dicht wie ein Busch; 명사 Busch (389) 참조.

· *grünliche* Katzenaugen: 이러한 눈은 악마 같은 느낌을 준다.

· *stechende* Augen: 이러한 눈은 위험스러워 보인다. stechender Blick라는 표현도 있다.

· *hervorfunkeln*: hervor + funkeln; 예) Diamanten funkeln; ein See funkelt in der Sonne

· *Oberlippe* f.: 사람에게는 두개의 입술이 있다: die Oberlippe und die Unterlippe (Mund)

[N] 이 문장에서 대단위 인물묘사가 시작된다. 묘사는 위에서 아래까지 조직적으로 이루어진다. 특히 인상적인 것은 코펠리우스의 눈이다. 사악하게 반짝이는 고양이 눈은 악마의 전형적 소도구이다.

graue Augenbrauen: 회색이라는 색깔은 주도모티브처럼 코펠리우스와 연결되어 있다. 눈썹 특징으로서의 회색은 약간 기이하며, 소외적 기법이라고 할 수 있겠다. 회색 머리카락이라고 하는 토포스가 있을 수는 있지만, 회색 눈썹은 별로 거명되지 않는다. 소외 효과는 습관의 세계를 단절하고, 그렇기 때문에 특히 영향력을 발휘한다. 이 경우 회색은 이런 방법으로 강조된다. 회색은 점차로 코펠리우스의 인식표가 된다. 나중에 나오는 그의 의상을 참조하시오: 상의, 조끼, 바지 등이 모두 회색이다. 민속적 신앙에서는 회색은 악마의 색깔이다. 모래(Sand) 또한 보통은 갈색이거나 회색이다(Sandmann = Sand + Mann)! 회색은 소설의 마지막 부분에서도 비밀스러운 역할을 한다.

눈-모티브의 5, 6번째 언급

(49) *Das schiefe Maul verzieht sich oft zum hämischen Lachen; dann werden auf den Backen ein paar dunkelrote Flecke sichtbar und ein seltsam zischender Ton fährt durch die zusammen-gekniffenen Zähne.*

[L]   · *schief:* nicht gerade

· *Maul* m.: *Mund*에 대한 비어(卑語). Menschen haben einen *Mund*, Tiere ein *Maul.*

· *sich verziehen:* sich verformen, nicht mehr gerade sein

· *hämisch:* schadenfroh, hinterhältig, bösartig-triumphierend

· *Backen* f.: Wangen f. [engl. cheeks]

· der Fleck Sg., *die Flecken* Pl.: 호프만은 이 복수형을 -n 없이 사용한다.

· *zischen:* 의성어, 물을 불에 뿌리면 그런 소리가 난다.

· zusammenkneifen - kniff zusammen - hat *zusammengekniffen:* zusammenpressen

[S] 세 개의 주문장으로 된 병렬문:

1) *Das* ⋯ *Maul verzieht sich* ⋯;

2) *Dann werden* ⋯ *Flecke sichtbar*

3) *ein* ⋯*Ton fährt durch die* ⋯ *Zähne.*

모든 다른 정보들은 이 핵심 문장들에 수렴된다.

[N] 특히 *grünliche Katzenaugen, Maul* (= 동물적) 그리고 *ein seltsam zischender Ton* 은 코펠리우스에게 맹수와 같은 성격을 부여한다. 또한 뱀을 연상시킨다. 뱀은 기독교에서는 악마의 상징이다.

> (50) *Coppelius erschien immer in einem altmodisch zugeschnittenen aschgrauen Rocke, ebensolcher Weste und gleichen Beinkleidern, aber dazu schwarze Strümpfe und Schuhe mit kleinen Steinschnallen.*

[L] · *altmodisch zugeschnitten*: zuschneiden은 재단사의 작업을 일컫는다. 읽을 때에는 zu에 강세를 둔다.

· *aschgrau*: grau wie Asche; 종이, 나무, 석탄 등이 타고나면, 마지막에 남는 것이 재이다.

· *Rock* m.: 독일어에서는 두 가지의 의미를 지닌다. 영어의 skirt(여자용)이거나, 또한 영어의 jacket(남자용)이다. 여기에서는 3격 어미 -e를 갖고 있으며, 이는 물론 전치사 mit 때문이다.

· *Beinkleider* f.: Hose의 옛스런 표현.

· *Steinschnallen* f.: 구두는 보통 끈 (Kordel: 영어의 string)이나 죔쇠 (Schnallen: 영어의 buckle)로 조인다.

[N] 회색(위 참조)이 여기 (50)에서만 3회나 등장, 한 번은 현현적으로 (Rock), 두 번은 함축적으로 (Weste / Beinkleider) 나온다.

> (51) *Die kleine Perücke reichte kaum bis über den Kopfwirbel heraus, die Kleblocken standen hoch über den großen roten Ohren und ein breiter verschlossener Haarbeutel starrte von dem Nacken weg, so daß man die silberne Schnalle sah, die die gefältete Halsbinde schloß.*

[L] · *Perücke* f.: künstliches Haar [영어의 whig] — 가발은 이미 옛 이집트, 페르시아, 바빌론, 로마 등지에서 검은 머리의 여인들이 즐겨 게르만족 여인들의 금발로 장식하면서부터 있어 왔다. 나중에는 가발이 프랑스에서 등장했으며 (루이 XIII세 및 XIV세 치하), 여기에서는 귀족

의 신분 표식으로 간주되었다. 18세기에는 가발을 하얗게 분칠하는 것이 유행이 되었다. 분가루가 의상을 더럽히는 것을 방지하기 위해서, 목덜미쪽 가발을 머리주머니에 모아 넣게 되었다. 프랑스 혁명으로 인하여 가발 사용은 그 막을 내렸다.

- *Kopfwirbel*: Kopf m. + Wirbel m.: 머리의 뒷부분, 머리카락이 대개 중앙을 향해 원형으로(소용돌이처럼) 모아진 곳.
- *Kleblocken* m.: angeklebte, künstliche Locken
- *Haarbeutel* m.: 긴 가발을 모아 넣은 주머니로, 뒤통수에 댄다.
- *wegstarren*: weg(방향) + starren; *starren*: 여기에서는 빳빳한, 또는 고정된 것을 가리킨다. 그러므로 모대가발이 느슨하게 흘러내리지 않고 뒤쪽으로 빳빳하게 튀어나온 모양으로 붙어있음을 의미한다. 호프만 자신의 스케치에서 (아래 62) — 아주 분명하게는 아니나 — 이를 볼 수 있다.
- *Schnalle* f.: Verschluß (위 참조)
- *Halsbinde* f.: eine Art von Kragen [영어의 collar], 여기에서는 매끈하지 않고 주름이 잡힌, 그리고 버클로 고정된 것을 가리킨다.

[N] 이 소설을 번역해야 하는 의무가 부과되지 않고 다만 이해하는 것으로 충분한 외국인 독자에게는 코펠리우스에 관한 일반적 인상을 얻는 것으로 충분하다. 아주 세세한 부분까지를 그려보는 환시가 첫 독서에서는 중요하지 않으며, 소기의 이해 과정을 마비시킬 뿐이다. 평균적 독일인 독자라 해도 여기에서 취급된 옛날 유행의 세부 사항을 상상하기에는 어려운 점이 있다. 중요한 것은 코펠리우스가 나타나엘에게 어떠한 느낌을 주는가, 즉 역겹고 악마적이고 비인간적으로 느껴지는 것 자체이다.

> (52) *Die ganze Figur war überhaupt widrig und abscheulich; aber vor allem waren uns Kindern seine großen knotigten, haarigten Fäuste zuwider, so daß wir, was er damit berührte, nicht mehr mochten.*

[L] · *widrig*: sehr unangenehm, abstoßend

· *knotigt*: 오늘날에는 knotig, wie Knoten

· *haarigt*: 오늘날에는 haarig, mit Haaren bedeckt

· *Fäuste*: Faust f.의 복수형, fest zusammengeballte Hände

· das war uns *zuwider*: das fanden wir abstoßend, häßlich, unangenehm

· *mochten*: *mögen*의 과거형. 현재형: ich *mag* etwas nicht essen = ich esse es nicht gern oder gar nicht, 과거형: ich *mochte*/wir *mochten* es nicht essen; [영어의 I don't like it]

[S] 두 문장으로 구성된 복합문

   1) *Die* ··· *Figur war* ··· *widrig* (häßlich) ···

   2) *vor allem waren uns* ··· *seine* ··· *Fäuste zuwider* ···

구조 스케치:

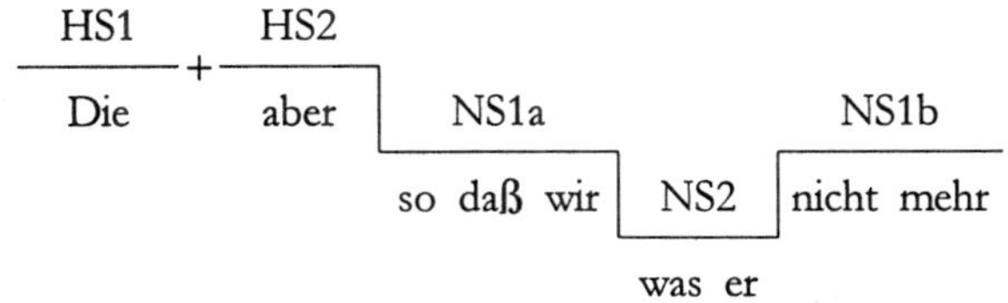

> (53) *Das hatte er bemerkt und nun war es seine Freude, irgend ein Stückchen Kuchen, oder eine süße Frucht, die uns die gute Mutter heimlich auf den Teller gelegt, unter diesem, oder jenem Vorwande zu berühren, daß wir, helle Tränen in den Augen, die Näscherei, der wir uns erfreuen sollten, nicht mehr genießen mochten vor Ekel und Abscheu.*

[L] · *Vorwand* m.: 변명으로 사용되는 이유 [영어의 pretention]

· *Näscherei(en)* f.: Süßigkeiten, Köstlichkeiten

· *Ekel* m. ("E"의 발음은 장음), *Abscheu* m.: 고도의 정서적 거부감, ekelhaft 참조.

[S] 핵심 정보:

1) *Das hatte er bemerkt*

2) *nun war es seine Freude, irgend ein Stückchen Kuchen ⋯ zu berühren ⋯*

단순화한 의역:

Es machte Coppelius Freude, Süßigkeiten der Kinder zu berühren; die Kinder ekelten sich dann und mochten (wollten) die Sachen nicht mehr essen.

구조 스케치:

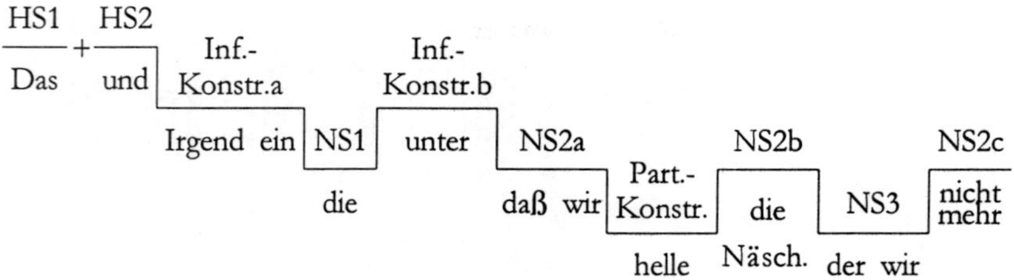

[N] 눈-모티브의 7번째 언급

> (54) *Ebenso machte er es, wenn uns an Feiertagen der Vater ein klein Gläschen süßen Weins eingeschenkt hatte.*

[L] · *ein klein* Gläschen = ein kleines Gläschen

· *einschenken*: (Bier, vor allem Wein) in ein Glas gießen = eingießen; 19세기에는 소규모 목로주점을 Schenke([술을] 따라 주는 곳)라 했다. 오늘날에도 주점에서 직접 맥주 통에서 맥주를 잔에다 부어 주는 장소를 가리키는 단어는 der Ausschank.

> (55) *Dann fuhr er schnell mit der Faust herüber, oder brachte wohl gar das Glas an die blauen Lippen und lachte recht teuflisch, wenn wir unsern Ärger nur leise schluchzend äußern durften.*

[L] · *schluchzen*: leise, unterdrückt weinen [영어의 to sob; sobbing]

[S] *oder* 앞의 쉼표는 오늘날에는 쓰지 않는다.

[N] 문학 텍스트 해석의 기본 원칙 중의 하나는, 이미 언급한 대로, 하나의 텍스트 내에서 반복되고 있는 모든 것은 해석할 필요가 있다는 것이다. 이 텍스트에서는 "주먹(Faust)"이라는 단어가 반복된다 (52). 더구나 이는 손(Hand) 대신에 사용되고 있다(소외 효과). 그렇게 함으로써 기존의 야만성과 폭력의 인상이 강조된다. "악마처럼(teuflisch)"이라는 형용사가 마침내 등장하는데, 이는 나타나엘이 ― 의식적인 것은 분명 아니지만 ― 신중하게 마련한 것이다. 이 악마는 일반적인 메타퍼로서의 사용이겠으나, 이제 거의 단어 그대로의 의미를 갖게 된다.

> (56) *Er pflegte uns nur immer die kleinen Bestien zu nennen; wir durften, war er zugegen, keinen Laut von uns geben und verwünschten den häßlichen, feindlichen Mann, der uns recht mit Bedacht und Absicht auch die kleinste Freude verdarb.*

[L] · *zugegen*: 'zu'는 비강세, 분명한 강세는 다음 음절의 모음인 'e'에 온다; anwesend

· *keinen Laut von sich geben*: nichts sagen, ruhig sein, schweigen

· *verwünschen*: verfluchen [영어의 to curse]

· *mit Bedacht und* [mit] *Absicht*: überlegt und absichtlich

· *verdarb*: *verderben*의 과거형

[S] 다음의 핵심 정보를 가진 두 개의 독립적 문장:

   1) *Er pflegte uns ··· Bestien zu nennen*

   2) *wir durften ··· keinen Laut von uns geben und verwünschten den ··· Mann ···*

구조 스케치:

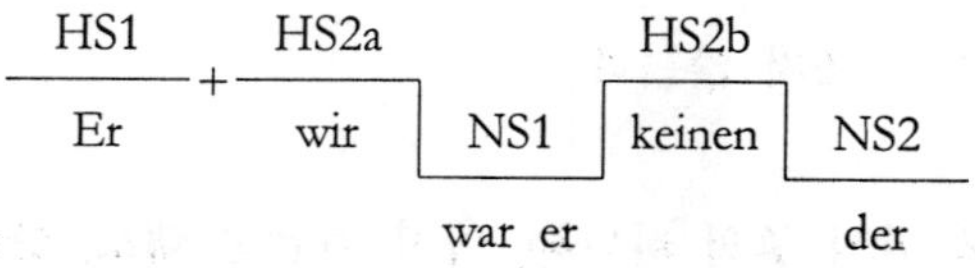

NS1은 도입부 없는 조건문: *war er zugegen* → wenn er zugegen war

> (57) *Die Mutter schien ebenso, wie wir, den widerwärtigen Coppelius zu hassen; denn sowie er sich zeigte, war ihr Frohsinn, ihr heiteres unbefangenes Wesen umgewandelt in traurigen, düstern Ernst.*

[L] · *widerwärtig*: sehr unangenehm

- *sowie er sich zeigte*: sobald er auftauchte/zu uns kam
- *unbefangen*: nicht gehemmt, nicht schüchtern, ohne Vorurteile
- *düster*: dunkel

[S] 두 개의 독립적 문장:

1) *Die Mutter schien ebenso ··· den ··· Coppelius zu hassen*

2) *sowie er sich zeigte, war ihr Frohsinn ··· umgewandelt ···*

*heiteres*와 *unbefangenes* 사이에는 쉼표가 있어야 마땅하다. 이들이 열거이기 때문이다: Die Mutter ist heiter *und* unbefangen.

[N] *Die Mutter schien ··· Coppelius zu hassen*에서 동사 scheinen은 한정된 지식의 동사이다; 의미는: Ich weiß es nicht genau, aber ich vermute ··· 그러한 축소된 확신의 징표는 일인칭-소설에서 흔히 등장하는데, 그것은 과거의 일을 회상하는 일인칭 서술자는 결코 전지적(全知的)일 수가 없기 때문이다: 첫째로 그는 자신의 생각만을 알뿐이며 — 다른 사람들의 생각은 그가 다만 추측할 수 있을 뿐 -, 둘째로 그의 기억은 한정되고 또 오류가 없을 수 없기 때문이다. 여기 이 경우에도 나타나엘은 자신의 진술을 추측으로서 말하고 있는 바, 이는 당연하게도 그가 어머니의 생각의 세계나 감정의 세계를 들여다 볼 수 없었고 지금도 역시 그러하기 때문이다. 그러므로 “그/그녀는 생각했다: ··· (Er/Sie dachte: ···)”와 같은 상투적 형식은 — 삼인칭 소설에서는 아주 정상적이나 — 일인칭 소설에서는 결코 등장하지 않는다.

그런데 나타나엘의 추측들은 신뢰성이 없다. 실제로 코펠리우스가 아버지와 함께 시행했었던 연금술 실험은 돈이 많이 들었을 것이다. 어머니는 그 일 때문에 어쩌면 “슬퍼했다(*traurig*)”기 보다는 오히려 근심스러워

(sorgenvoll) 했을지도 모른다. 나타나엘의 인지는 선택적이고 강박적이다. 그의 기억들도 이에 상응한다. 따라서 독자는 신뢰성이 없는 정보를 받게 된다.

> (58) *Der Vater betrug sich gegen ihn, als sei er ein höheres Wesen, dessen Unarten man dulden und das man auf jede Weise bei guter Laune erhalten müsse.*

[L] · sich betragen, *betrug* sich, hat sich betragen: sich benehmen, sich verhalten

· *Unart* f.: schlechte Gewohnheit

· *dulden*: ertragen

· jemanden *bei guter Laune erhalten*: alles tun, damit jemand gut gelaunt bleibt

[N] 다시 한번 언어 이전의 사건(Geschehen)과 이 사건의 서술자(Erzähler) 간의 긴장이 분명해 진다. 아버지가 코펠리우스에 대하여 느끼는 것은 이 사건의 틈새에 있다. 그러나 이 틈새를 우리는 (= 독자는) 아버지에게서 직접 듣는 것이 아니라 나타나엘을 통하여 간접적으로 들을 뿐이다. 나타나엘에게서 결정적인 심리학적 의문은 다음이다: 좋은 아버지가 사악한 코펠리우스와 무슨 관련이 있는가, 어떻게 해서 코펠리우스가 아버지를 제압하는가? 아버지는 왜 그다지도 약한가? 여기에서 암시되는 부자간의 갈등이 심리분석적 해석 시도의 중심을 이룬다. — 또한 아버지와 어머니의 긴장 관계도 암시되지만, 논의되지는 않는다.

> (59) *Er durfte nur leise andeuten und Lieblingsgerichte wurden gekocht und seltene Weine kredenzt.*

[L] · *Er durfte nur* ··· *andeuten* ··· : Nur ein kleiner Hinweis (von Coppelius) genügte ···

· *kredenzen*: jemandem einen Wein *kredenzen*: jemandem einen Wein *reichen*

[N] (58)과 (59)는 해결되지 않는 중대한 문제로 귀결된다: 아버지는 자신의 아이들을 마다하고 흉측한 코펠리우스에게 복종한다. 왜일까?

이 문장으로 진행중인 장면 중간에 삽입된 비일상적으로 길고 상세한 코펠리우스의 묘사가 끝난다 (나타나엘은 모래귀신이 노 변호사 코펠리우스임을 알게 된다는 장면).

인물묘사(Figurenbeschreibung)라는 테마에 관한 일반적 주의:
묘사(Beschreibung = Deskription)는 현상들(인물들과 대상들)을 공간 내에 제시한다. 이 현상들의 언어화 과정에는 시각적 인상의 동시성을 언어의 직선성으로 전이하는 문제가 발생한다. 이 경우 시각적 인상은 각인된 세부 사실들로 해체된다. 이 과제를 해결하는 데에는 두 가지의 가능성이 있다: 줄거리 재현을 중단하여 정적이거나, 세부묘사를 진행되는 줄거리 재현 속에 수렴함으로써 역동적인 방식이다. 코펠리우스의 묘사는 주로 정적이다. 왜냐하면 나타나엘이 코펠리우스를 상세하게 묘사하는 동안 줄거리의 재현은 중단되기 때문이다.

요약: [(47)에서 (59)에 이르는 부분에서의 체계적 요약]
나타나엘이 언급하고 묘사하는 인물들은 초점의 강도가 낮아지는 단계에 따르면 다음과 같다:
   a) 모래귀신 / 코펠리우스 → b) 아버지 → c) 어머니→ d) 누이들.

코펠리우스는 가까이에서 모방 수법으로-세부적으로 마치 확대경을 들여다보듯이 보고되며, 아버지에 대한 살짝 던지는 스케치나 어머니와 누이들에 대한 단순한 언급과는 대조를 이룬다.

코펠리우스의 묘사가 즉흥적이고 정신나간 것 같이 보이지만, 실은 대단한 엄밀성을 지니고서 수사학적 구조학을 따르고 있으며, 그 정통적 힘은 그리스 고전 이래 추적해낼 수 있다: 즉 상-하 묘사 구조를 말하며,[31] 여기에서는 이중의 시작점의 변형을 보여준다: 의상의 묘사에 이어 나타나엘은 다시 한 번 위를 향한다 (가발).

전체적 인상

   1 groß

   2 breitschultrig

머리 (세부 묘사의 순서에 따라)

   1 unförmig dick

   2 erdgelbes Gesicht

   3 buschigte graue Augenbrauen

   4 grünliche Katzenaugen, stechend, hervorfunkelnd

   5 große, starke Nase

   6 Oberlippe

   7 schiefes Maul, hämisches Lachen

   8 dunkelrote Flecken auf den Backen

   9 zischender Ton; zusammengekniffene Zähne

의상

   1 altmodisch zugeschnittener aschgrauer Rock

   2 altmodisch zugeschnittene Weste

---

31. 이 부분에 관해서는 다음을 참조: Wolfgang Brandt: Die Beschreibung häßlicher Menschen in höfischen Romanen. Zur narrativen Integration eines Topos. In: Germanisch-Romanische Monatshefte 35 (1985) Heft 3, S. 257-278.

3 altmodisch zugeschnittene Beinkleider

4 schwarze Strümpfe

5 schwarze Schuhe

6 mit kleinen Steinschnallen

가발

1 klein

2 kaum bis über den Kopfwirbel

3 Kleblocken

4 hoch über den großen roten Ohren

5 breiter verschlossener Haarbeutel

6 Nacken

7 silberne Schnalle

8 gefältete Halsbinde

전체적 인상

widrig / abscheulich

세부 묘사 (특별히 강한 인상을 지닌 것)

1 große knotigte haarigte Fäuste

2 Faust (Wiederholung)

3 blaue Lippen

전체적 인상 (abschließend)

1 häßlich

2 feindlich

> (60) *Als ich nun diesen Coppelius sah, ging es grausig und entsetzlich in meiner Seele auf, daß ja niemand anders, als er, der Sandmann sein könne, aber der Sandmann war mir nicht mehr jener Popanz aus dem Ammenmärchen, der dem Eulennest im Halbmonde Kinderaugen zur Atzung holt - nein! - ein häßlicher gespenstischer Unhold, der überall, wo er einschreitet, Jammer - Not - zeitliches, ewiges Verderben bringt.*

[L] · *es ging in meiner Seele auf*: 오늘날의 표현으로는: da erkannte ich, daß ⋯ oder: es wurde mir [plötzlich] bewußt, daß ⋯

· *Popanz* m.: Schreckgestalt für Kinder

· *Ammenmärchen* n.: die Amme + das Märchen; *die Amme*: die Kinderfrau; Ammenmärchen: unglaubwürdige Geschichte; 이러한 의미로 오늘날 다음과 같은 관용구로도 쓰인다: Erzähl doch keine Ammenmärchen!

· *Unhold m.*: bösartiger, grausamer Mensch; Teufel

· *einschreiten*: etwas gegen jemanden tun, 예) bei Demonstrationen *schreitet* die Polizei *ein* [영어의 to intervene]

· *Jammer* m.: laute Klagen; 동사로서도 쓰인다: jammern.

· *Verderben* n.: Untergang, Zerstörung, Vernichtung

[S] 'er war'(주어 + 동사)를 첨가하면 세 개의 독립적 문장이 된다:

1) *Als ich nun diesen Coppelius sah, ging es grausig ⋯ in meiner Seele auf ⋯*
2) *aber der Sandmann war mir nicht mehr jener Popanz ⋯*
3) [er war] *ein häßlicher gespenstischer Unhold ⋯*

daß ja niemand anders, als er ⋯ 에서의 쉼표를 무시하시오! 읽을 때에는 'er'에 분명하게 강세를 둔다.

문장 1)의 구조 스케치:

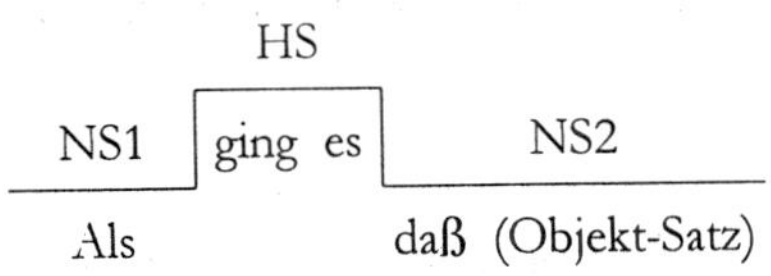

<pre>
                HS
┌──────┐ ┌──────┐ ┌──────────────┐
  NS1   │ ging es │   NS2
└──────┘ └──────┘ └──────────────┘
  Als   daß (Objekt-Satz)
</pre>

여기에서 *jener*라는 단어는 앞서의 텍스트(24 이하)를 가리킨다: *Was für ein Popanz (was für ein Schreckgespenst)? - Jener aus dem Ammenmärchen.*

위의 *nein*을 고려한다면 원문은 다음처럼 완벽해진다:
... aber der Sandmann war mir nicht mehr jener Popanz aus dem Ammenmärchen, der dem Eulennest im Halbmonde Kinderaugen zur Atzung holt - nein! [das war er nicht] - [er war (vielmehr)] *ein häßlicher gespenstischer Unhold ...*

*Unhold*라는 단어는 다음과 같이 상세하게 규정(형용)된다:
   a)   Ein *gespenstischer* Unhold (형용사)
   b)   Ein gespenstischer Unhold, *der ··· Jammer ··· Not - Verderben bringt* (부가어문)

Wo bringt der Unhold Unglück? - *überall, wo er einschreitet*

2), 3)의 구조 스케치:

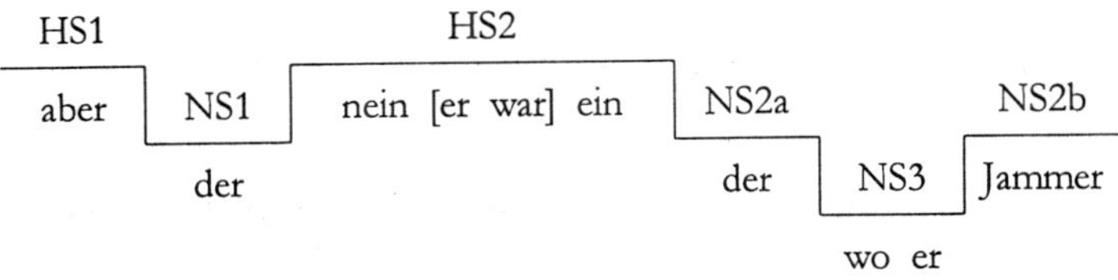

전체 문장은 요약해서 다음과 같이 이해할 수 있다: Er war kein Schreckgespenst der Phantasie, sondern eine böse Figur der Wirklichkeit, ein Unhold.

[N] 환상 (= Sandmann)과 현실 (= 코펠리우스)의 대결에서 환상이 승리를 거둔다.

시간적으로 거의 병행적으로 진행된 다음의 사건들에 유의하시오: a) Sandmann이 아버지의 방에 들어온다 (위의 44), 그리고 b) 나타나엘은 Sandmann이 실제로는 코펠리우스임을 인식한다. a)와 b) 사이에 전체적인 코펠리우스-묘사가 들어 있다. 이어서 직접 c) 아버지의 인사가 나오는데, 이는 텍스트 (63)번에 가서야 이야기된다.

눈-모티브의 8번째 언급

---

(61) *Ich war festgezaubert.*

[L] · *festzaubern*: fest + zaubern = durch magische Mittel jemanden bewegungslos machen; der Zauber [영어의 magic]. 동사 festzaubern은 일상적 메타퍼와 동화적 마술 사이를 묘사한다. — 나타나엘은 나중에 다시 한 번 올림피아와 관련하여 마술에 걸렸다는 기분을 체험하게 된다 (아래 참조).

[S] *Ich war festgezaubert* = Ich war [wie] festgezaubert (은폐된 비교문)

눈에 띄게 짧은 이 문장은 양식상으로 특별한 주의를 요하게 해준다.

> (62) *Auf die Gefahr entdeckt, und, wie ich deutlich dachte, hart gestraft zu werden, blieb ich stehen, den Kopf lauschend durch die Gardine hervorgestreckt.*

* 출처: Steinbach, 1984, S. 108.

[S] 이러한 문장은 결코 왼쪽에서 오른쪽으로 읽으려 해서는 안된다! 그 대신 주어와 술어를 찾아야 한다!

… *blieb ich stehen* → Ich blieb stehen = 주문장/핵심 문장

Auf die Gefahr ⋯ → Trotz der Gefahr → Obwohl Gefahr bestand, entdeckt ⋯ zu werden ⋯

의역: Ich blieb stehen, steckte den Kopf durch die Gardine und lauschte, obwohl Gefahr bestand, entdeckt und hart bestraft zu werden.

핵심 문장 *"ich blieb stehen"*을 찾은 사람, 그리고 하나 또는 두 개의 다른 부차적 정보를 이해한 사람은 전체적인 문장의 뜻을 이해할 수 있다.

[N] 「모래귀신」 소설의 줄거리는 수많은 장단편 소설들, 전설 그리고 동화의 근저에 놓여 있는 추상적 도식을 따른다:
- 금지 (모래귀신을 보는 것)
- 벌의 위협 (눈의 상실)
- 금지의 경시 (엿듣고 보다)
- 벌 (광증과 죽음)

(63) *Mein Vater empfing den Coppelius feierlich.*

[N] 사건의 차원에서 위 (61)에서는 세 개의 사건이 거의 하나의 시간적 통일을 이루고 있다:
- der Sandmann tritt durch die Tür
- Nathanael erkennt in dem Sandmann den Advokaten Coppelius
- Der Vater empfängt den Coppelius feierlich.

이렇게 직접 연속되는 사건들 사이에 텍스트는 약 1페이지를 할애하고 있다. 나타나엘은 그렇게 할 시간이 있는데, 그것은 *die Tür springt* [!] *rasselnd auf*라는 문장의 현재가 이미 과거의 사건의 시간대에 관계하고 있기 때문이다. 나타나엘은 시간적으로 수년이나 떨어진 간격을 두고 이야기하고 있다 (문법적으로는: 역사적 현재). 현재적인 것은 오로지 나타나엘의 기억과 서술의 과정 (= Erzählzeit, 반대는 erzählte Zeit) 뿐이다. 어쨌거나 이 기억들은 처음에서와 마찬가지로 고통하고 있는 현재의 것이다. 사건과 기억 사이의 시간적인 큰 간격은 아무런 결과가 없는 것 같다.

음악의 리타르단도와도 같이 긴장의 정점에 대한 묘사는 머뭇거려진다. 이 서술전략적 조처 뒤에는 등장인물(나타나엘)의 의도라기 보다는 작가(호프만)의 긴장 유발을 위한 기술적 의도가 숨어 있다.

(64) *"Auf! - zum Werk", rief dieser mit heiserer, schnarrender Stimme und warf den Rock ab.*

[L]　· *Auf! - zum Werk*: An die Arbeit! Beginnen wir mit der Arbeit!

　· *heiser*: wenn man erkältet ist oder zu viel gesprochen hat, dann ist die Stimme heiser

　· *schnarren*: 의성어; unschönes Geräusch; Enten und Gänse schnarren

　· *warf … ab*: ab + *werfen*의 과거형: (den Rock) ausziehen

(65) *Der Vater zog still und finster seinen Schlafrock aus und beide kleideten sich in lange schwarze Kittel.*

[L]　· *finster*: dunkel, 여기에서는 ohne Freude

　· *Kittel* m.: die Mutter trägt in der Küche einen *Kittel*.

[S] *und*로 연결된 두 개의 주문장으로 구성된 병렬문. 오늘날의 구두점

규칙에 의하면, *und*의 앞에 쉼표가 있어야 한다.

---

(66) *Wo sie <u>die</u>³² hernahmen, hatte ich übersehen.*

[N] *die*: 지시대명사. 이 대명사는 그에 상응하는 역점을 두고 읽어야 한다. 이 문장은 양식상 구어적 의사 소통의 상황에 경도한다. 사실적 묘사와 주관적 반응(놀라움)이 섞여 있다.

---

(67) *Der Vater öffnete die Flügeltür eines Wandschranks; aber ich sah, daß das, was ich so lange dafür gehalten, kein Wandschrank, sondern vielmehr eine schwarze Höhlung war, in der ein kleiner Herd stand.*

[L] · *Flügeltür* f.: zweiteilige Tür
· *Höhlung* f.: wie eine Höhle [영어의 cave]. 이탈리아어 coppo = die Augenhöhle → Coppelius
· *Herd* m.: ein Ofen spendet Wärme; einen *Herd* benutzt man zum Kochen

[S] 두 개의 문장으로 구성된 병렬문:
   1) *Der Vater öffnete die Flügeltür* ···
   2) *ich sah, daß das* ··· *eine schwarze Höhlung war* ···

··· *was ich so lange dafür gehalten* [hatte] = 과거완료

---

32. 이하 밑줄 친 단어는 이미 원문에 이탤릭체로 표기된 단어들이다.

위의 2)의 구조 스케치:

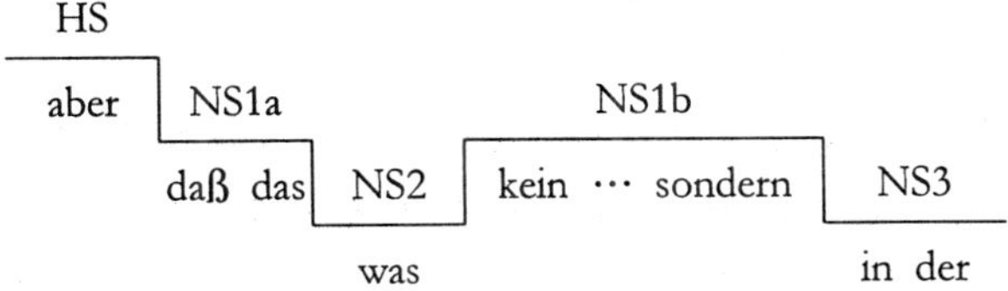

[N] schwarze *Höhlung.* 이러한 이상한 효과를 자아내는 특성 묘사 (소외 효과)는 곧 분자결합처럼 응축되어 나타나게 될 눈-모티브의 무의식적 선취라 하겠다 (79): *ohne Augen - scheußliche, tiefe schwarze Höhlen.* 이 "검은 구멍"은 한편으로는 연금술 실험실을 간직하고 있으며, 다른 한편으로는 나타나엘에게 "텅 빈 시선"이 응시하는 것처럼 보이는데, 20세기에 와서 Salvador Dali가 그리게 되는 마술적 수수께끼 그림을 생각나게 한다. 한편으로는 중앙에 부뚜막(Herd)을 보지만, 다른 한편으로는 중앙에 동공으로서 초점(독일어로는 역시 Herd)이 있는 거대한 안와를 보게 되는 것이다!

이 그림은 곧 있게 될 대 재난을 암시해 준다: 코펠리우스 — Sandmann — 는 나타나엘의 눈을 낚아챈다!

---

(68) *Coppelius trat hinzu und eine blaue Flamme knisterte auf dem Herde empor.*

[L] · *knistern:* 의성어; Holz knistert im Feuer.

[S] *und*로 연결된 두 개의 독립적 문장. 그러므로 생각 속에서는 *und*의 앞에 쉼표를 두어야 한다!

[N] *blaue Flamme*: 푸른색은 실제로 부뚜막 위에 놓인 가스 버너에 대한 암시이다. 지금 눈앞에서 벌어지고 있는 것에 대해 분명한 느낌이 빈약한 이유는 다음 세 가지 원인 때문이다:

- 첫째로 지금 일어나고 있는 것은 아무 것도 없다. 그 대신 무엇인가가 일어났었다. 서술된 사건은 이미 과거의 것이다.
- 둘째로 이 장면은 어린아이에 의해 관찰된다. 이 어린이는 실험실에서의 사건들을 이성적으로 정리할 수가 없다.
- 셋째 그 동안 그 어린아이는 지금 회상에 잠긴 젊은이가 되었다.

우리가 우리의 환상 속에서 장면적 서술을 바라보고 있는 것처럼 생각하게 되는 직접성은 항상 의사(擬似)적 직접성일 뿐이다. 왜냐하면 서술 텍스트에서는 사건과 사건의 언어화 사이에는 항상 서술자가 끼어들기 때문이며, 또한 대개의 경우 시간적 간격이 끼어들기 때문이다.[33] 소설에서는 우리는 사건을 원칙적으로 타인의 눈을 통해서, 즉 서술자의 눈을 통해서 보게 된다.

> (69) *Allerlei seltsames Geräte stand umher.*

[L] · *allerlei*: verschiedene

· das Gerät, die *Geräte*: das Instrument, die *Instrumente*; 여기에서는 das Geräte (집합명사의 단수)

---

33. 사건에 대한 시간적 간격이 없는 서술/보고는 비허구적 영역에서, 예를 들어 직접-보고문(Direkt-Reportage)의 형식 같은 데에서 나타나며, 허구적 영역에서는 예를 들어 소위 벽장면 연출(Mauerschau)에서나 가능하다. 여기에서는 한 명의 등장인물이 예를 들어 전장 같은 사건(무대에 직접 올릴 수 없는 사건)을 관찰하면서 동시에 보고하거나 또는 이야기하는 연출 기법이다. 현대 문학에서는 르뽀적 현재의 이야기가 과거의 이야기보다 우선되는 예를 많이 볼 수 있다. 일찍이 있었던 예로서는 Franz Werfel의 『Das Lied von Bernadette』(1940)를 들 수 있는데, 이 작품은 완전히 현재로 이야기된다.

> (70) *Ach Gott! - wie sich nun mein alter Vater zum Feuer herabbückte, da sah er ganz anders aus.*

[L] · *Ach Gott!*: 감탄사, 여기에서는 놀라움, 공포 그리고 고통을 나타낸다.

· mein *alter* Vater: alt는 여기에서는 존경의 의미

· *sich herabbücken*: sich bücken + herab [영어의 to bend down]

· *da sah er ganz anders aus*: da sah er ganz *verändert* aus

> (71) *Ein gräßlicher krampfhafter Schmerz schien seine sanften ehrlichen Züge zum häßlichen widerwärtigen Teufelsbilde verzogen zu haben.*

[L] · *krampfhaft* = 명사 der *Krampf* + 형용사 어미 -*haft*: wie ein Krampf; 의도적이 아닌 갑작스러운, 고통스러운 근육의 수축. 예) Muskelkrämpfe, Waden-, Magen-; 아래 (82) 참조.

· 부정적 영역의 형용사가 넷으로서, 긍정적 영역의 두 개의 형용사와 효과적인 대조를 이룬다:

gräßlich / krampfartig / häßlich / widerwärtig   대   sanft / ehrlich

· *Züge* ··· *verzogen*: das Gesicht/die Gesichtszüge *verziehen*; starke Mimik

[S] 핵심 문장:

Ein ··· *Schmerz schien seine* ··· *Züge* ··· *verzogen zu haben.*

> (72) *Er sah dem Coppelius ähnlich.*

[L] · *ähnlich sehen* + 3격: jemandem ähnlich sehen; 예) das Kind sieht seinem Vater oder seiner Mutter ähnlich

[N] "나타나엘은 아버지의 찌그러진 얼굴에 대해 두 번 놀라게 된다. 한 번은 아버지가 실험실의 부뚜막 위의 불 위로 몸을 굽힐 때, […] 다른 한 번은 아버지가 숨진 채 바닥에 누워 있을 때."[34] 이것은 나타나엘에게는 끔직하고 불가해한 광경이었을 것이다! 악마와의 계약-모티브가 암시된다. 다시금 두 가지 해석의 가능성이 생긴다: 아버지의 찌그러진 얼굴은 타오르는 불꽃에 의한 시각적 착각이거나, 또는 아버지가 실제로 악마의 특징을 지녔거나!

(73) *Dieser schwang die glutrote Zange und holte damit hellblinkende Massen aus dem dicken Qualm, die er dann emsig hämmerte.*

[L] · schwingen, *schwang*, geschwungen, [영어의 to swing, swang, swung]
· *hellblinkend*: hell + blinkend; *blinken*: aufleuchten, 자동차의 *Blinker* m. / *Blinklicht* n. 참조
· *Qualm* m.: dicker Rauch [영어의 smoke]
· *emsig*: fleißig
· *hämmern*: mit dem Hammer arbeiten

[N] 다시금 우리는 실제로 무엇이 일어났는지에 대해서는 매우 불분명하게 듣게 된다. 나타나엘은 여전히 — 이 사실을 모르는 채 — 그 자신이 이해하고 있는 것보다 더 많은 정보를 주고 있다: 코펠리우스와 아버지는 금속 합금을 실험하고 있다는 사실이다. 그들은 연금술의 실험에 전심하고 있다. 아마도 *hellblinkende Massen*은 금을 말하는지도 모른다. 그러나 또한 단순한 불타오르는 쇳덩이일 수도 있다.

---

34. Th. Koebner (1988), S. 275-279.

> (74) *Mir war es als würden Menschengesichter ringsumher sichtbar, aber ohne*
> *Augen - scheußliche, tiefe schwarze Höhlen statt ihrer.*

[L] ・ *Mir war es* [,] *als würden* → *Es war mir* [,] *als würden* → *Ich hatte den*
Eindruck [,] *als würden* ⋯
・ *ringsumher.* [rings] + [um + her]: von allen Seiten umgeben; 형태소적 구성
성분들은 마치 세 단어인 양 분명히 따로 떼어서 발음해야 한다;
rings: ringförmig, kreisförmig
・ *statt ihrer.* an ihrer Stelle

[N] *Augen* 뒤의 생각부호(—)는 실제로 생각(Gedanken-)부호이다. 나타나
엘은 일순간 망설이며 알맞은 표현을 찾는다. 그 다음에 그가 골라낸 표현
— *scheußliche, tiefe schwarze Höhlen* — 은 부분적으로는 동공(Augenhöhlen)-모
티브가 저변에서 마련되었던 "schwarze Höhlen"(67)이라는 표현과 동일하
다. 사건의 주관성은 여기에서 그 정점에 달한다: Ich sah Menschengesichter
라는 문장이 아니라 *Mir war* [,] *als würden Menschengesichter ⋯ sichtbar*라고 말하
기 때문이다. 첫째로 어린아이란 사건의 신빙성 있는 목격자가 아니고,
둘째로 그 자신도 무슨 일이 일어났는가 확실히 알지 못한다. 허구적 현
실은 두 가지 해석을 가능하게 한다: 어린아이의 시각적 인상은 공포와
(또는) 자기 최면적 정신질환에 의해 야기된 망상이거나, 아니면 나타나엘
이 실제로 인간의 얼굴들을, 아마도 단지 모델적 구조물 내지는 모방 시
도들이겠으나, 여하간 얼굴들을 보았다 라는 해석이 그것이다.

이미 고지된 눈-모티브는 이후 클러스터처럼 누적된다: 15행에 9회 언급.
눈-모티브의 9번째 언급

> (75) *"Augen her, Augen her!" rief Coppelius mit dumpfer dröhnender Stimme.*

[S] 형용사 *dumpf*와 *dröhnend* 사이에는 쉼표가 부가되어야 한다.

Er sagte: " ··· ". → " ··· ", sagte er. 발화 도입부와 인용문의 정상적 순서를 도치함은 원칙적으로 양식상의 효과를 갖는다. 여기에서는 직접적인, 빠른, 단도직입적 사태 접근의 효과를 지닌다. 이번의 긴장 맥락에서는 이 효과가 의도적으로 취해져 있다.

[N] 눈-모티브의 10, 11번째 언급

"*Augen her!*"라는 외침은 주어진 맥락에서 여러 가지 의미를 지닌다:
1. "화학적 기술 용어로서 '눈'은 야금학적 과정의 한 현상을 지칭한다."[35] (Fettaugen = die Fettstellen auf einer Suppe 참조).
2. "마성적 맥락에서 눈은 마술적 물체의 준비에 필요하다. 예를 들어서 모든 원하는 목표에 확실하게 도달하는 자유의 구슬을 불러내는 데에 필요하다. 라운 Friedrich Laun의 소설 『자유의 사수 Freischütz』(1811) 참조. Friedrich Kind는 Carl Maria von Weber를 위해 동명의 오페라를 작곡."[36]
3. 민속신앙에서는 눈은 "영혼의 거울"이다. 영혼은 다시 생명 그 자체이다. 이 세 번째 문제가 중심 의미를 지닌다. 눈과 더불어 코펠리우스는 영혼을, 즉 생명을 얻는다고 믿는다.

(76) *Ich kreischte auf von wildem Entsetzen gewaltig erfaßt und stürzte aus meinem Versteck heraus auf den Boden.*

[L] · *aufkreischen*: lautes, helles Schreien; auf + kreischen = 분리(전철) 동사;

---

35. Drux, Rudolf: E.T.A. Hoffmann. Der Sandmann. Erläuterungen und Dokumente. Stuttgart (1994), S. 15 (Reclam UB)
36. 같은 곳.

전철 auf는 고함의 시작 박자를 상징하며, 또한 그 고함이 쇼크와 같이 짧음을 상징한다. 예: a) atmen vs. b) aufatmen 의 경우, a)는 지속적이고 b)는 순간적이다.

[S] *Ich kreischte auf* (= 핵심 문장) 이 순간에 지배적인 병렬문 양식은 여기에 제시되어 있는 내용이 숨막히게 진행되고 있음과 일치한다. 이에 비해 복합문의 문장구조는 보다 작위적이며, 보다 고안된 그리고 보다 정적(靜的)인 효과를 갖는다.

---

(77) *Da ergriff mich Coppelius, "kleine Bestie! - kleine Bestie!" meckerte er zähnfletschend! - riß mich auf und warf mich auf den Herd, daß die Flamme mein Haar zu sengen begann: "Nun haben wir Augen - Augen - ein schön Paar Kinderaugen."*

[L] · *ergriff:* ergreifen, ergriff, hat ergriffen [영어의 to grip, to seize]
· *meckern:* Hunde *bellen,* und Ziegen *meckern*
· *zähn[e]fletschend:* 화가 나서 이를 드러내면, 이를 fletschen 한다고 한다. 개들의 경우 화가 나면 위협적으로 이빨을 갈며 으르렁거리는 것이 특징적이다 = sie *fletschen* mit den Zähnen
· aufreißen, *riß auf,* hat aufgerissen: etwas *hoch*reißen = etwas plötzlich und mit großer Energie nach oben reißen/heben/ziehen
· *sengen:* 예) die Sonne sengt = brennt sehr heiß; 한 여름에는 이러한 표현도 있다: *sengende* Hitze; die Haare *versengen,* wenn man zu nahe an ein Feuer kommt.

[S] *ein schön[es] Paar Kinderaugen:* 어형변화를 뺀 것은 코펠리우스가 외국인이라는 점을 시사해 준다.

[N] 우리는 여기에서 하나의 장면(Szene)에 — 보고(Bericht)와 대조 — 들어와 있다. 서술과정 중에 서술자는(서술자마다) 끊임없이 자신의 시각을 바꾼다, 즉 그는 서술되어야 할 것을 표현함에 있어 때로는 생생하고 세부적으로[장면] 제시하다가, 때로는 거리를 두고 총체적으로[보고] 제시하는 것이다. 장면적 서술과 보고적 서술은 결코 이원론적 반대개념이 아니라, 하나의 가치좌표에서 양극을 이룰 뿐이다. 이러한 가치좌표 위에서 서술자는 이리저리 활주하며, 그 가운데 어느 하나의 방향에 — 장면 제시이거나 보고이거나 — 보통 일정 기간 고정적으로 머물게 된다.

지금 논의되고 있는 장면에서 서술자 나타나엘의 시각은 특히 사건에 가까이 가 있다; 다른 말로 하면 그는 세부적-장면적으로 서술하고 있다. 행동과 사건진행의 촘촘한 순서에 유의하라:

- Coppelius *ergriff* mich
- er *meckerte*
- er *riß mich auf* (= *hoch*)
- er *warf* mich auf den Herd
- das Haar (hier = die Haare) Nathanaels begann(en) zu *sengen*

눈-모티브의 12~14번째 언급

(78) *So flüsterte Coppelius, und griff mit den Fäusten glutrote Körner aus der Flamme, die er mir in die Augen streuen wollte.*

[L] · das Korn, die *Körner.* Kern과 친족 [영어의 kernel, corn과도 친족]. 보통 합성어로서 많이 쓰인다: Getreidekörner, Pfefferkörner, Salzkörner, Hagelkörner 등, 무엇보다도 Sandkorn / Sandkörner가 있다!

· *streuen*: 예) wir *streuen* Salz in die Suppe

[S] *und* 앞의 쉼표는 오늘날의 시각으로는 무시되어도 좋다. 3)에서의 쉼표에 대한 규칙 참조.

[N] 나타나엘은 계속 '손' 대신 '주먹'이라는 단어를 사용한다. 이러한 (무의식적으로 수행되는) 소외 효과는 코펠리우스에게서 나오는 야만성과 폭력을 강조한다.

이 장면과 원래의 「Sandmann-Märchen」 사이에는 수많은 유사성이 존재하지만, 역시 차이점도 있다. 선한 모래아찌는 아이들을 잠들게 하려고 그들의 눈에다 모래(알)를 뿌린다. 나쁜 모래귀신, 그러니까 코펠리우스는 "타는 듯이 붉은 둥근 알들" 나타나엘의 눈에다 뿌려서, 눈들이 머리 위로 튀어나오게 하려고 한다.

눈-모티브의 15번째 언급

(79) *Da hob mein Vater flehend die Hände empor und rief: "Meister! Meister! laß meinem Nathanael die Augen - laß sie ihm!"*

[L] · *flehen*: Menschen in höchster Not *flehen* zu Gott; bitten의 강도 높은 형
· *emporheben*: empor + heben; heben, *hob*, hat gehoben; empor: von unten nach oben; emporheben = hochheben; empor는 발음할 때 분명하게 'o'에 강세를 둔다!

[N] 눈-모티브의 16번째 언급

(80) *Coppelius lachte gellend auf und rief: "Mag denn der Junge die Augen behalten und sein Pensum flennen in der Welt; aber nun wollen wir doch den Mechanismus der Hände und der Füße recht observieren."*

- [L] · *auflachen*: auf + lachen: 전치사 auf는 웃음의 시작을 강조하며, 또한 일종의 갑작스러움과 강렬함을 강조한다.
- *gellend*: durchdringend laut, 예) ein gellender Schrei; [영어의 to yell과 친족], 또한 Nacht*igall* [영어의 nightingale]의 뒷부분과 친족. 형태소 /gall/은 유일무이한 형태소이며, 독일어에서는 오직 한번, 그것도 /Nacht(i)-/ 와 단 한번의 연결에서만 나타난다.
- *Pensum* n.: Arbeit, Aufgabe, die in einer bestimmten Zeit zu erledigen ist. 여기에서의 의미: Der Junge soll seine Augen behalten, damit er im Laufe seines Lebens sein *Pensum* weinen kann (Pensum은 여기에서는 Menge의 의미).
- *flennen*: weinen에 대한 경멸적 표현
- *recht observieren*: sorgfältig beobachten/untersuchen [영어의 to observe]

[S] 단순화한 문장:
  1) *Coppelius lachte ··· auf und rief: "Mag ··· der Junge die Augen behalten ···*
  2) *nun wollen wir ···· den Mechanismus der Hände und der Füße ··· observieren."*

발화 도입부는 여기에서는 정상의 위치, 즉 발화 인용문의 앞에 있다. 쌍반점(;) 뒤에는 새로운, 완전한 문장이 따른다.

[N] 눈-모티브의 17번째 언급

(81) *Und damit faßte er mich gewaltig, daß die Gelenke knackten, und schrob mir die Hände ab und die Füße und setzte sie bald hier, bald dort wieder ein.*

[L] · *schrob*: schrauben, schraubte, hat geschraubt; schrob = schraubte의 별형 [영어의 to screw]

· *knacken*: ein kurzer, heller Laut, 나무가 부스러지는 듯한, 여기에서는 뼈가 부스러지는 듯한 소리

[N] 여기에서 벌써 나중에 나오는 인형(Puppe)-모티브가 마련되고 있다. 옛날에는 인형을 보통 나무로 만들었고, 움직이는 팔 다리를 만들어서 붙였다. 그렇기 때문에 관절인형이라는 이름이었다. 호프만의 소설 『최면술사(Der Magnetiseur)』에서는 악몽가운데 악마가 등장하는데, 그는 인간을 관절인형처럼 부분 부분 떼어 내었다가는 잘못 붙이기도 한다.

코펠리우스는 인간을 — 18세기의 기계론적 세계상과 일치하게 — 특별히 복잡하게 만들어진 인형이라고 상상하는데(아래 [359] 참조), 오늘날의 SF영화들에 나오는 로봇들과 비교된다. 나타나엘의 어린애다운 환상 속에서도 인간은 부분으로 쪼개어질 수 있는 기계이다. 그렇기 때문에 그는, 코펠리우스가 그를 가지고 실험을 하려는 것이며 그래서 그의 팔 다리를 돌려서 뽑고 잘못 집어넣기까지 한다고 믿을 수 있는 것이다. 이 소설의 환상적 요소가 세를 장악해서 나타나엘이 이제 정말 악마 같은 요술쟁이의 손아귀에 들어간 것인가 하는 추론도 배제할 수 없다. 어쨌거나 이 백일몽같은 장면은 소설이 시작될 때(4), 또 끝나는 부분(마지막 문장)의 분열(zerrissen)-모티브와 밀접한 관련을 지닌다. 우선 나타나엘은 영적으로 분열된 느낌을 갖게 되고, 이어서 육체적으로 분열 내지는

절단되는데, 두 번의 광증 발작이 그를 다시금 분열시키고 마지막에 가서는 자살이 기다린다.

> (82) *"'s steht doch überall nicht recht! 's gut so wie es war! - Der Alte hat's verstanden!" So zischte und lispelte Coppelius; aber alles um mich her wurde schwarz und finster, ein jäher Krampf durchzuckte Nerv und Gebein - ich fühlte nichts mehr.*

[L] · *"'s steht doch überall nicht recht! 's gut so [,] wie es war! Der Alte hat's verstanden"* : Es ist nicht gut so. Es ist gut, wie es ursprünglich war. Der Alte ('Gott'를 의미) hat es verstanden, wie man einen Menschen macht. 괴테의 『Faust』 I, V. 350, 악마 Mephistopheles가 신을 "der Alte"라 부르는 장면을 참조하시오.

· *zischte und lispelte*: 발화의 방식, 의성어, 결코 조용하다거나 자신을 향해 말하는 것일 수는 없는 방식. 뜨거운 부뚜막에 떨어지는 찬물은 zischen 소리를 낸다. 뱀 또한 그러한 소리를 낸다. 위의 인용문 (49) 참조. 위 문장의 시작일 Es 자리에 대신 쓰인 *'s* 또한 바로 이 치찰음이다. lispeln: 혀를 이에 부딪혀서 's'음이 제대로 분명히 발음되지 못하게 한다.

· *alles um mich her wurde schwarz und finster* (= dunkel): Nathanael wurde ohnmächtig

· *jäh*: plötzlich

· *durchzucken*: durch + zucken; Reaktion auf einen Schrecken

· *Gebein* n.: der ganze Körper에 대한 총괄 개념, 특히 die Glieder (Arme, Beine), 또한 Skelett

[S] 7개의 독립적인 문장들:

1) *'s steht doch* …

2) *'s gut so wie es war*

3) *Der Alte hat's verstanden*

4) *So zischte und lispelte Coppelius*

5) *aber alles um mich her* …

6) *ein jäher Krampf* …

7) *ich fühlte nichts mehr*

[N] 묘사된 사태는 독자에게는 혼란스럽다. 더구나 신빙성 없는 서술자 (나타나엘)로 인하여 혼란은 더한다. 실제로 코펠리우스가 "다만 주먹만으로" 그러니까 맨손으로 불길 속을 움켜쥐었다는 말인가? 코펠리우스의 실제 모습은 — 자연스럽거나 초자연적(마술적)이거나 — 원칙적으로 뜬구름 속에 머문다.

Der Alte hat's verstanden! 이라는 표현은 여전히 실험의 보다 깊은 의미를 드러낸다: 코펠리우스에게는 신의 모방이 문제시되고 있는 것이다. 그렇게 함으로써 그는 실제로 악마같은 것으로서 입증된다. 왜냐하면 기독교 신화에서는 "악마는 신과 같고자 한다"고 알려져 있기 때문이다. 그는 세계의 지배자가 되고자 한다. — 인조인간의 창조에 관해서는, 호프만의 「모래귀신」과 Mary Wollstonecraft-Shelley의 소설 『Frankenstein』이 거의 동시대에 발간되었음을 주목할 만하다. 「Der Sandmann」은 1815/6년에, 『Frankenstein or The Modern Prometheus』는 1818에 발간되었다.

> (83) *Ein sanfter warmer Hauch glitt über mein Gesicht, ich erwachte wie aus dem Todesschlaf, die Mutter hatte sich über mich hingebeugt.*

[L] · *glitt*: gleiten, glitt, ist geglitten [영어의 to glide]

· *hingebeugt*: hin + gebeugt; hin: 전치사, 방향의 부사 + beugen, beugte, hat gebeugt [영어의 to bend]

[S] 이 병렬문은 세 개의 주문장의 연결로 구성되어 있으며, 사이마다 마침표(.)를 고려해 봄직하다.

   1) *Ein ··· Hauch glitt über mein Gesicht*

   2) *ich erwachte ···*

   3) *die Mutter hatte sich über mich hingebeugt.*

[N] 여기에는 시간의 간격이 은폐되어 있다. 나타나엘이 얼마 동안 의식을 잃었는지에 대해서 정보가 없다. 이 부분은 나타나엘의 생애 중 몇 안되는 행복의 순간을 얘기해 준다. 어머니는 그에게 안전과 보호의 느낌을 부여한다.

> (84) *"Ist der Sandmann noch da?" stammelte ich. "Nein, mein liebes Kind, der ist lange, lange fort, der tut dir keinen Schaden!" - So sprach die Mutter und küßte und herzte den wiedergewonnenen Liebling.*

[L] · *stammeln*: nicht zusammenhängend reden; 흥분 또는 다른 심리적 압박을 받고 있을 때 말하는 것을 흔히 Man stammelt 라고 한다.

· *der Schaden*: 불행을 당하면 항상 손상(Schaden)을 입는다. 육체적 혹은 정신적 피해라고 할 때는 흔히 복수를 쓴다 (körperliche, seelische Schäden).

· *herzen*: *Herz*의 동사형이며, 이는 또한 *Gefühl*을 대신하기도 한다; die Mutter herzt das Kind = liebkost das Kind (in die Arme nehmen, streicheln, küssen 등)

[N] 기절에서 깨어날 때 나타나엘의 처음 생각은 모래귀신이다! 나타나엘의 고정관념: 모래귀신 = 코펠리우스는 사라지지 않았다. — 이 결정적 질문은 아래 (88)에서 문자 그대로 되풀이된다. 소설의 마지막쯤에서는 심지어 전 장면이 부분적으로 재현된다!

나타나엘은 자신을 굽어보는 어머니의 눈을 들여다본다는 점이 흥미롭다. 물론 그렇게 언급이 되어 있지는 않지만 내재되어 있다.

1.1.1.4 코펠리우스의 귀환

(85) *Was soll ich Dich ermüden, mein herzlieber Lothar! was soll ich so weitläuftig einzelnes hererzählen, da noch so vieles zu sagen übrig bleibt?*

[L] · jemanden *ermüden* (Akk.): jemanden langweilen
 · *mein herzlieber Lothar*: lieber Lothar의 감정적 극대화
 · *weitläuftig*: 오늘날에는 't'가 탈락해서 *weitläufig*: umständlich, mit vielen Details; kurz und präzise의 반대말
 · *hererzählen*: her + erzählen: erzählen과 분명한 차이는 없음

(86) *Genug! - ich war bei der Lauscherei entdeckt, und von Coppelius gemißhandelt worden.*

[L] · *Lauscherei* f.: *lauschen*의 명사화; horchen, konzentriert und intensiv hinhören
 · *gemißhandelt*: 오늘날에는 mißhandelt, gequält [영어의 tortured]

[S] 오늘날에는 쉼표(,)가 없다. 왜냐하면 쉼표 다음의 문장성분은 독립적이 될 수 없기 때문이다.

> (87) *Angst und Schrecken hatten mir ein hitziges Fieber zugezogen, an dem ich mehrere Wochen krank lag.*

[L] · *hitzig*: heiß ; 명사형 die Hitze 참조

· zuziehen, zuzog, hatte *zugezogen*: 3격보족어(mir), 단순한 표현은: (ich) hatte Fieber bekommen

[N] 불안과 공포가 고열의 원인이 되었다. 오늘날에는 심인성 증상이라고 할 것이다. — 그러나 모든 것이 반대로 일어났다고 생각해 볼 수도 있다. 즉 열의 발작이 그가 겪은 일에 앞서 일어났다고 가정해 볼 수 있다. 그러면 나타나엘은 — 자신은 예감하지 못하나 — 오직 열 속에 들뜬 나쁜 꿈을 기억하는지도 모른다!

> (88) - *"Ist der Sandmann noch da?"* - *Das war mein erstes gesundes Wort und das Zeichen meiner Genesung, meiner Rettung.*

[L] · *Genesung* f.: Gesundwerden

[N] 나타나엘의 질문(*Ist der Sandmann noch da?*)은 두 번 씩 인용되어 있다 (위 84 참조). 나타나엘의 심리학적 관점에서 볼 때, 이 표현의 위치설정은 충분한 동기를 지닌다. 특히 그는 이렇게 말하고 있기 때문이다: "그것은 나의 최초의 건강한(gesundes[!]) 말이자 나의 구원의 징표였다." 허구적 사건을, 그리고 서술자(여기에서는 나타나엘)의 창조자인 호프만의 입장에서 보면 이는 눈부신 착상이다. 나타나엘의 질문이 전혀 "건강한" 질문이 아니기 때문에, 나타나엘의 자화자찬과 독자들의 추측은 와해된다. 나타나엘의 질문은 Ist Coppelius noch da? 이었어야 한다. — 다음 문장이 보여주듯이 나타나엘은 스스로 자신의 구원을 믿지 못한다.

> (89) - *Nur noch den schrecklichsten Moment meiner Jugendjahre darf ich Dir erzählen;*
> *dann wirst Du überzeugt sein, daß es nicht meiner Augen Blödigkeit ist, wenn mir*
> *nun alles farblos erscheint, sondern, daß ein dunkles Verhängnis wirklich einen trüben*
> *Wolkenschleier über mein Leben gehängt hat, den ich vielleicht nur sterbend zerreiße.*

[L] · *Blödigkeit* f.: blöde(형용사); 오늘날에는 dumm, schwacher Verstand, 19
   세기에는 눈(Augen)과 관련하여 약한(schwach), 그러니까 시력이 약하
   다(schwachsichtig)는 의미, 즉 안경이 필요하다는 의미가 있다: *meiner*
   Augen Blödigkeit = die Sehschwäche meiner Augen
· *Verhängnis* n.: schlimmer Schicksalsschlag
· *trübe*: 일기가 축축하고 비가 올 것 같고 잿빛의 하늘을 하고 있으면,
   그때 암울한 날씨(trübes Wetter)라는 말을 한다. trübe Gedanken =
   traurige Gedanken; trübe: klar, hell, freundlich의 반대말.
· Wolkenschleier m.: Wolken f. + Schleier m.; Schleier: 여자들이 얼굴을 가
   리는 투명한 직물, 이를테면 장례식에서(schwarzer Schleier), 또는 결혼
   식에서(weißer Schleier); 여기에서는 가느다란 구름의 이랑.

[S] 두 개의 문장:

   1) *Nur noch den ··· Moment ··· darf ich Dir erzählen*
   2) *dann wirst Du überzeugt sein, daß ··· ein ··· Verhängnis ··· einen ···*
      Wolkenschleier über mein Leben gehängt hat ···

구조 스케치:

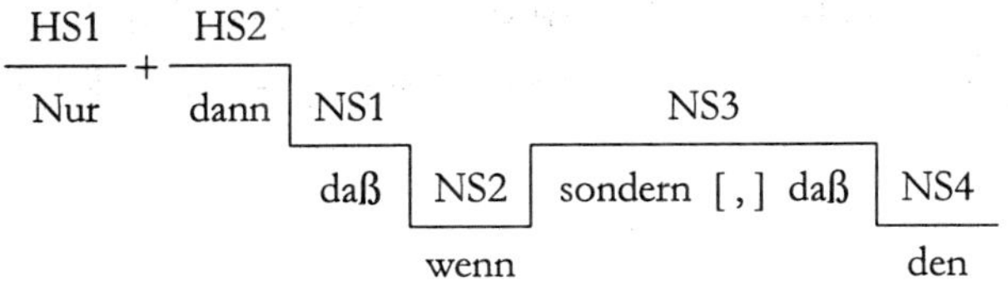

위의 접속사 *daß*와 *sondern daß*(쉼표 없이)는 같은 차원에 있다.

[N] 나타나엘이 이야기하는 끔찍한 사건이 점진적 효과를 지닐 것 같지는 않음에도 불구하고, 그는 또 하나의 끔찍한 순간을 고지한다. — 이러한 맥락에서 형용사 *wirklich*는 애매하고 이중적인 의미를 나타낸다.

눈-모티브의 18번째 언급

(90) *Coppelius ließ sich nicht mehr sehen, es hieß, er habe die Stadt verlassen.*

[L] · *es hieß*: die Leute sagten ⋯
· *sich nicht mehr sehen lassen*: verschwinden, nicht mehr auftauchen

[S] es hieß, er *habe* ⋯ = 간접 화법의 접속법 I식

(91) *Ein Jahr mochte vergangen sein, als wir der alten unveränderten Sitte gemäß abends an dem runden Tische saßen.*

[L] · *Sitte* f.: 여기에서는 Tradition, Gewohnheit

[S] *mochte* vergangen sein = *ungefähr*의 의미에서 추측의 표현

정관사는 보편적 기지의 사실 또는 텍스트 안에서 이미 언급된 것을 지시한다. 그와 반면에 부정관사는 새로이 도입되는 정보 앞에 쓰인다. 그러므로 양 관사의 정상적 순서는 다음과 같다: 부정관사 → 정관사 (결코 뒤바뀌는 일은 없다).

인용문 (18)과 여기 제시된 문장을 비교하면:

  a) *Nach dem Abendessen … setzten wir uns um einen runden Tisch* →

  b) *… als wir der alten unveränderten Sitte gemäß abends an dem runden Tische saßen.*

a)에서는 탁자(Tisch)라는 단어가 새로이 도입된다. 그러므로 부정관사로 쓴다. b)에서는 그것이 알려진 것을 전제로 하는데, 그것은 특정한 (bestimmt) 탁자이다. 그러므로 정관사이다. (텍스트 지시사, 여기에서는 '조응적 = 앞쪽으로 되돌아가는' 기능을 지닌다.)

[N] *Ein Jahr mochte vergangen sein.* 이것은 현현적 절약. 이는 정확히 표시된 시간 내에서는 사건들이 서술되지 않음이 분명할 때 쓰는 용어이다(시간 뛰어넘기: *Zeitsprung*). 이렇게 일년쯤 뛰어넘은 후 나타나엘은 곧 다시 장면적 서술 방식을 취한다.

> (92) *Der Vater war sehr heiter und erzählte viel Ergötzliches von den Reisen, die er in seiner Jugend gemacht.*

[L] · *viel Ergötzliches*: viel Unterhaltsames

[S] 기억할 것!: 호프만의 작품에서 과거완료 형식은 항상 제 1부만 쓰임: … *Reisen, die er in seiner Jugend gemacht* [hatte].

> (93) *Da hörten wir, als es neune schlug, plötzlich die Haustür in den Angeln knarren und langsame eisenschwere Schritte dröhnten durch den Hausflur die Treppe herauf.*

[L] · als es *neune* schlug: neune = neun Uhr의 옛 형식

[S] 두 문장의 단순화한 표현:

1)   *Da hörten wir ··· die Haustür ··· knarren*

2)   *Schritte dröhnten ··· die Treppe herauf*

[N] 나타나엘에게는 여기에서 이야기되는 코펠리우스의 등장과 그와 관련된 동반 상황은 고정된, 결코 사라지지 않을 기억의 콤플렉스가 된다.

- 코펠리우스의 등장을 알리는 둔중하고 형체 없이 위협적인 소리들
- 호기심과 벌에 대한 공포심 사이의 갈등

텍스트의 차원에서는 코펠리우스의 등장을 동반하는 소리들은 주도모티브 같은 효과를 갖는다. (39), (43), (75) 참조. "아홉 시"라는 시간도 이러한 맥락에서 얘기해야 할 것이다. (20), (33), (38)과 비교! 그리고 대문, 마루, 층계까지. 그러한 미묘한 반복은 독자의 마음속에서 언제인가 이미 마주쳤던 현상을 보는 듯한 감정, 즉 일종의 데자부(déjà-vu) 체험을 불러일으킨다.[37]

층계-모티브는 위협적인 효과를 갖는다.

> (94) *"Das ist Coppelius", sagte meine Mutter erblassend. "Ja! - es ist Coppelius", wiederholte der Vater mit matter gebrochener Stimme. Die Tränen stürzten der Mutter aus den Augen. "Aber Vater, Vater!" rief sie, "muß es denn so sein?" - "Zum letzten Male!" erwiderte dieser, "zum letzten Male kommt er zu mir, ich verspreche es dir. Geh nur, geh mit den Kindern! - Geht - geht zu Bette! Gute Nacht!"*

[L] · *erblassend: blaß*; 형용사 [영어의 pale]; erblassen: blaß werden

---

- *matt*: kraftlos
- Geh *nur* … !: 불변화사 *nur*는 여기에서는 영어의 only와 같은 뜻이 아니라, 명령에 뉘앙스를 준다: Geh und mach Dir keine Sorgen (달래는 듯이).

[S] 아버지는 어머니에게는 *Geh nur!*(단수), 누이들에게는 *geht!*(복수)라고 말한다.

[N] 코펠리우스의 등장에 대한 어머니의 행동은 위 (19)를 참조. *"muß es [!] denn so sein?"*이라는 어머니의 외침 속에 들어 있는 여러 가지 의미의 *es*는, 어머니가 두 사람의 실험에 대해서 알고 있다는 점을 시사한다. 어머니는 이 실험을 분명하게 반대한다. 그러나 나타나엘에게는 — 그리고 독자에게도 — 어머니가 정확히 무엇을 의미했는가가 불분명한 것으로 남는다. 독자는 사건의 재현에서 이러한 틈을 느끼지만, 나타나엘은 전혀 그렇지 못하다.

눈-모티브의 19번째 언급

양식에 관하여: 짧은 문장들을 누적하는 것은 기저에 깔려 있는 사건의 숨막힘과 소모성을 암시한다. 다음 장면들에서도 역시 그러하다.

> (95) *Mir war es, als sei ich in schweren kalten Stein eingepreßt - mein Atem stockte! - Die Mutter ergriff mich beim Arm als ich unbeweglich stehen blieb: "Komm Nathanael, komme nur!" - Ich ließ mich fortführen, ich trat in meine Kammer. "Sei ruhig, sei ruhig, lege dich ins Bette! - schlafe - schlafe", rief mir die Mutter nach; aber von unbeschreiblicher innerer Angst und Unruhe gequält, konnte ich kein Auge zutun.*

[L] · *einpressen*: ein + pressen, preßte, gepreßt [영어의 to press]
· der Atem *stockt*: man atmet eine kurze Zeitlang nicht mehr
· *zutun*: 여기에서는 schließen; kein Auge zutun können은 오늘날에도 사용되는 관용구 = man kann nicht schlafen

[N] 나타나엘은 완전한 마비의 백일몽적 감정을 언어로 암시하면서 묘사한다.

눈-모티브의 20번째 언급. 나타나엘의 상황 — 눈을 감을 수 없다 — 은 정말 위협적이다. 왜냐하면 노파의 이야기에 따르면, 모래귀신은 아이들이 '눈을 감지 않을' 때면, 즉 잠을 자지 않으면, 애들의 눈을 빼내어 가기 때문이다.

형용사 차가운(kalt)은 주도모티브로 발전한다. 아래 (325) 참조.

> (96) *Der verhaßte abscheuliche Coppelius stand vor mir mit funkelnden Augen und lachte mich hämisch an, vergebens trachtete ich sein Bild los zu werden.*

[L] · *trachten*: versuchen
· *loswerden*: 오늘날에는 복합어로 붙여쓴다, 그러므로 zu-부정사의 경우에도 마찬가지이다(loszuwerden), los에 분명한 강세! [영어의 to get rid of]

[N] 눈-모티브의 21번째 언급

특히 인상적 표현: "번쩍이는 눈(funkelnden Augen)"이 비밀에 싸인 듯, 사악하다.

텍스트 언어학에서는 우선 이웃에 인접한 문장들을 연결해 주는 문장론
적 내지는 의미론적 현상들에 대해서만 탐구되어 왔다. 문학 텍스트에서
는 그러나 상당한 범위의 텍스트 공간을 넘어서까지 사선(斜線)적 연관
이 발견되곤 한다. 이 문장의 경우 우리는 앞서 있었던 사건의 연속
(Sequenz)에서 사전적 재료들을 재수용하고 있음을 보게 된다. (49) 참조:
"ein Paar grünliche Katzen*augen* stechend hervor*funkeln*". 이제 이 부분에서는
코펠리우스가 "mit *funkelnden Augen*"으로 나타나엘의 앞에 서 있다고 한다
면, 반복되지 않은 부분, 즉 "grünlich", "stechend" 그리고 "Katzen-" 또한
메아리처럼 울려 퍼진다.

---

(97) *Es mochte wohl schon Mitternacht sein, als ein entsetzlicher Schlag geschah, wie wenn ein Geschütz losgefeuert würde.*

[L] · *Schlag* m.: 여기에서는 der Schlag (das Geräusch) einer Explosion

· *Geschütz* n.: Kanone f. [engl. canon]

· *losfeuern*: los + feuern, *feuern* = schießen; feuern 또는 schießen 같은 동사
는 특정한 시간의 정보를 주지 않는다. 반면에 복합동사 losfeuern은
사건의 시작을 강조한다.

[S] Es mag wohl … (현재); Es mochte wohl .. (과거); 추측의 표현
   wie wenn + 접속법 = 비교문을 이끈다; 오늘날에는 als wenn 또는 als ob

[N] "자정"은 모든 유령 이야기들에서 중심 역할을 한다.

---

(98) *Das ganze Haus erdröhnte, es rasselte und rauschte bei meiner Tür vorüber, die Haustüre wurde klirrend zugeworfen. "Das ist Coppelius!" rief ich entsetzt und sprang aus dem Bette.*

[L] · *erdröhnen*: er + dröhnen; *dröhnen*에 관해서는 (39), (43), (75) 그리고 (93)참조. 단순 동사 dröhnen은 사건의 진행을 나타내고, 반면에 전철이 붙은 동사 *erdröhnen*은 사건의 시작을 강조한다. 사건의 종결을 강조하는 전철도 있다. 이와 관련해서 다음을 참조하시오: blühen (중립적), *er*blühen (시작), *ver*blühen (종결).[38]

· *vorüberrauschen*: vorüber + rauschen; rauschen: 예) Regen rauscht, Wind rauscht (durch die Blätter der Bäume). 동사 *vorüber*rauschen은 빠른 움직임과 이 움직임을 야기하는 소리를 나타낸다.

· klirren: 비교적 맑은 소리, 예) Fensterscheiben klirren, wenn sie zerbrechen.

[S] 이 텍스트에서는 '두개의 쉼표 사이에 있는 것이 필연적으로 하나의 문장이 되는 것은 아니다'라는 점을 누차 고찰할 수 있다. 여기에 제시된 문장(병렬문)은 세 개의 독립문으로 구성되어 있다. 쉼표들(Kommata)의 선택은 무엇보다도 양식상의 효과를 지닌다.[39] 그것은 이 문장들 간 내지는 근저에 흐르는 사태들 간의 특별히 밀접한 관련성을 강조해 준다.

··· *bei* meiner Tür vorüber: 오늘날에는 *an* meiner Tür vorüber

[N] 이 전체의 문장에서는 소리(Geräusch)의 강한 강조가 눈에 띈다. 이 소리는 Sehen/Auge- 모티브와 관련하여 거의 매번 부정적인 맥락을 지닌다. 나타나엘이 긴장해서 귀를 기울일 때면, 그는 볼 수가 없다. 볼 수 없는 상황(Nicht-Sehen-Können) 또는 보아서는 안되는 상황(Nicht-Sehen-Dürfen)이 집요한 위협의 감정과 쌍을 이루며 나타나엘의 어린 시절의 끔찍한 경험으로 침투된다. 이 부분의 텍스트에서는 기본적인 사건이 감추

---

38. W. Jung: Grammatik (1990), S 239, §§ 532-534 und S. 417, § 1037.
39. Komma의 복수형은 정확하게는 Kommata이다. 이것은 적어도 문어에서 통용된다. 그러나 구어에서는 보통 Kommas로 사용한다.

어져 있다. 다시금 나타나엘은 무슨 일이 일어났는지 볼 수가 없었다. 그
와 더불어 독자 또한 재구성을 하지 않을 수 없다:

··· *es rasselte und rauschte bei meiner Türe vorüber, die Haustüre wurde klirrend zugeworfen.* 이러한 청각적 인상들은 'Coppelius flieht aus dem Haus.'라는 사
건의 반사이다.

(99) *Da kreischte es auf in schneidendem trostlosen Jammer, fort stürzte ich nach des Vaters Zimmer, die Türe stand offen, erstickender Dampf quoll mir entgegen, das Dienstmädchen schrie: "Ach, der Herr! - der Herr!"*

[L] · *aufkreischen*: auf + kreischen; *kreischen*: hell und laut schreien; 전철 auf는
사건의 시작을 강조한다.

· *fortstürzen*: fort + stürzen; *stürzen*: hinfallen, 여기에서는 schnell wie ein
Sturz; *fort*: 여기에서는 방향의 부사: in Richtung auf ···

· *ersticken*: ohne Luft muß man ersticken

· *quoll*: quellen, quoll, ist gequollen; 예) Rauch *quillt* aus dem Schornstein.

(100) - *Vor dem dampfenden Herde auf dem Boden lag mein Vater tot mit schwarz verbranntem gräßlich verzerrtem Gesicht, um ihn herum heulten und winselten die Schwestern - die Mutter ohnmächtig daneben!*

[L] · *heulen und winseln*: weinen의 여러 가지 형태

[S] 술어 "lag"를 첨가하면 세 개의 독립적 문장이 나온다:

1) *Vor dem ··· Herde ··· lag mein Vater*

2) *um ihn herum heulten und winselten die Schwestern*

3) *die Mutter* [lag] *··· daneben!*

1)에 대한 조직적 물음:

<table>
<tr><td>주어:</td><td>WER? -</td><td>Der Vater</td></tr>
<tr><td>술어:</td><td>WAS? -</td><td>lag tot</td></tr>
<tr><td>장소의 부사:</td><td>WO? -</td><td>a) vor dem dampfenden Herde
b) auf dem Boden</td></tr>
<tr><td>방법의 부사:</td><td>WIE? -</td><td>mit schwarz verbranntem [,] gräßlich verzerrtem Gesicht</td></tr>
</table>

vor (+ 3격) *dem Herde*: 오늘날의 독일어에서는 3격의 -e가 흔히 탈락되므로 vor dem Herd

[N] 모티브 증기(Dampf)는 주도모티브처럼 아버지와 연관되어 있다. 동시에 그것은 불과 지옥의 복합체의 한 부분이다. 이에 관해서는 다음 문장의 "악마(Satan)"이라는 표현과 비교하시오. 또한 (223)의 [N]을 보시오.

- [Er] blies starke *Dampf*wolken von sich (19)
- ein feiner seltsam riechender *Dampf* (34)
- erstickender *Dampf* quoll mir entgegen (99)
- Vor dem *dampf*enden Herde (100)

(101) - *"Coppelius, verruchter Satan, du hast den Vater erschlagen!" - So schrie ich auf; mir vergingen die Sinne.*

[L] · *verrucht*: schändlich, verworfen

· *Satan* m.: Teufel m.

· *aufschreien*: auf + schreien; schreien의 시작을 강조하는 분리(전철)동사

· *mir vergingen die Sinne*: ich wurde ohnmächtig

> (102) *Als man zwei Tage darauf meinen Vater in den Sarg legte, waren seine Gesichtszüge wieder mild und sanft geworden, wie sie im Leben waren.*

[L] · Sarg m.: 죽은 사람들(Tote)을 눕히는 곳 [영어의 coffin]
· *Gesichtszüge*: 복수로만 사용된다, edle / feine / harte / weiche / grausame Gesichtszüge 등으로 표현.

[N] 이틀이라는 시간을 현현적으로 절약. 그러므로 3일간에 걸친 이야기이다.

> (103) *Tröstend ging es in meiner Seele auf, daß sein Bund mit dem teuflischen Coppelius ihn nicht ins ewige Verderben gestürzt haben könne.*

[N] 이러한 관찰로서 나타나엘은 아버지에 대한 긍정적 상을 구할 수 있었다.

> (104) *Die Explosion hatte die Nachbarn geweckt, der Vorfall wurde ruchbar und kam vor die Obrigkeit, welche den Coppelius zur Verantwortung vorfordern wollte.*

[L] · *der Vorfall* (= das Ereignis) wurde *ruchbar*: wurde durch Gerücht bekannt
· *Obrigkeit* f.: Polizei, Gericht
· *vorfordern*: 오늘날에는 vor Gericht laden이라 한다, 그러므로 vorladen: man wird vorgeladen und hat sich dann für seine Taten zu *verantworten*.

> (105) *Der war aber spurlos vom Orte verschwunden.*

[L] · *vom Orte*: 전치사 von으로 인해 3격의 -e를 수반, 위에 말한 대로 오늘날의 독일어에서는 3격의 -e가 보통 탈락한다.

· *spurlos*: 명사 die Spur의 형용사형 [영어의 trace]; spurlos verschwunden sein은 오늘날에도 흔히 사용되는 구절이며, 비단 사람에게 뿐만 아니라 사물에 대해서도 쓴다.

[S] *Der aber* … : 지시대명사 (관사가 아님) dieser의 뜻으로, 그에 알맞게 강세를 주어 읽는다.

1.1.1.5 코폴라/코펠리우스

> (106) *Wenn ich Dir nun sage, mein herzlieber Freund! daß jener Wetterglashändler eben der verruchte Coppelius war, so wirst Du mir es nicht verargen, daß ich die feindliche Erscheinung als schweres Unheil bringend deute.*

[L] · *eben der*: genau der (dieser)
· du wirst es mir nicht *verargen*: du wirst mir das nicht übelnehmen = du wirst mir deshalb nicht böse sein
· *Erscheinung* f.: 여기에서는 das Sichtbarwerden von etwas Unerklärlichem; Geister und Gespenster erscheinen.
· *Unheil* n.: schlimmes, böses Geschehen
· *deuten*: interpretieren

[S] 이처럼 복잡한 문장의 경우에는 ― 언제나처럼 ― 우선 주문장(HS)을 찾는 것이 권장된다: *so wirst Du es mir nicht verargen* → Du wirst es mir nicht verargen.

구조 스케치:

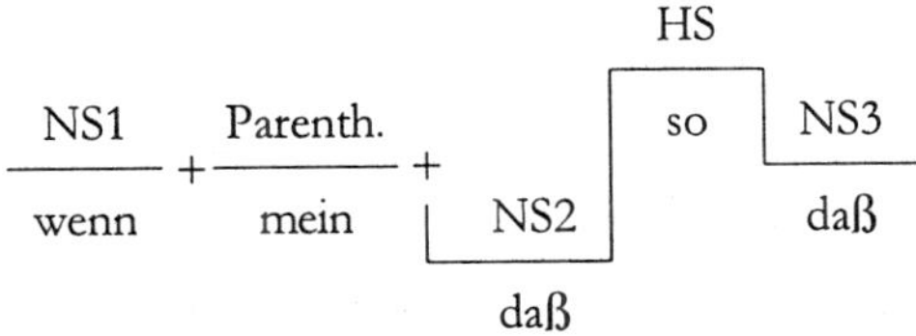

> (107) *Er war anders gekleidet, aber Coppelius' Figur und Gesichtszüge sind zu tief in mein Innerstes eingeprägt, als daß hier ein Irrtum möglich sein sollte.*

[S] *Coppelius' Figur.* 2격형태소 's' 대신에 생략부호()가 나온다. 그것은 Coppelius에서의 끝 's'가 함께 발음 될 수 없기 때문에 탈락되는 것이다.

의역: Er war anders gekleidet, aber Coppelius' Figur und Gesichtszüge sind tief in mein Innerstes eingeprägt. Deshalb ist hier kein Irrtum möglich.

과거형[war] → 현재형[sind]으로의 시칭 변화에 유의하라! 과거의 시간 단계는 과거의 사건과 관련된다. 반면에 눈앞의 현재는 서술자의 현재 내지는 그의 서술의 현재를 가리킨다. 이 문장만이 아니라 전체의 단락을 조사하면, 텍스트의 표면에 완전하게 서술 행위의 현장요소(Ich-Hier-Jetzt-Elemente)가 있음을 발견하게 된다:

   a) *ich* (106 / 109) = 나타나엘 = 편지를 쓰는 사람 = 서술자
   b) *hier* (108) = 나타나엘이 공부하는 고장; 편지의 두 번째 문장에서 언급한 "hier"라는 장소와 동일
   c) jetzt 내지는 *nun* (109): 발화계기-현재와 관련해서

[N] 나타나엘은 여기에서 편지의 시작부분과 관련을 짓는다: 한 안경행

상이 방문을 두드렸고, 지극히 이상한 반응을 불러 일으켰었다. 이 반응
이 이제야 이해가 된다.

> (108) *Zudem hat Coppelius nicht einmal seinen Namen geändert. Er gibt sich hier,*
> *wie ich höre, für einen piemontesischen Mechanikus aus, und nennt sich Giuseppe*
> *Coppola.*

[L] · *zudem*: außerdem, überdies; 읽을 때에는 항상 dem에 강세를 둔다!
· sich für jemanden *ausgeben*: so tun, als ob man jemand sei; 예) Er gibt sich
   als Italiener aus (= er ist es aber nicht)
· *piemontesisch*: 북 이탈리아 지방 Piemont의 형용사형 'i'와 'e'를 따로 발음
   한다!
· *Mechanikus* m.: heute: Mechaniker; jemand, der Geräte und Maschinen
   zusammenbaut

> (109) *Ich bin entschlossen es mit ihm aufzunehmen und des Vaters Tod zu rächen,*
> *mag es denn nun gehen wie es will.*

[L] · *entschlossen*: energisch, tatkräftig, nicht zögernd
· es mit jemanden *aufnehmen*: jemandem ebenbürtig sein (so stark sein wie ein
   anderer)
· *rächen*: 영어의 to revenge

> (110) *Der Mutter erzähle nichts von dem Erscheinen des gräßlichen Unholds -*
> *Grüße meine liebe holde Clara, ich schreibe ihr in ruhigerer Gemütsstimmung. Lebe*
> *wohl etc. etc.*

[L] · *Leb(e) wohl*: Auf Wiedersehen의 보다 집약적 표현

[S] 첫 번째 문장은 요구문으로, 명령 또는 부탁이다: Bitte erzähle der Mutter nichts …
생각 부호에 이어 쉼표로 연결된 두 개의 독립적 주문장이 있고, 이어서 인사말이 나온다.

[N] *etc.* = usw. 이러한 첨가는 나타나엘 자신에 의한 것이 아니다. 이것은 여기에 제시되지 않은 나타나엘의 서명 등, 이 편지의 생략을 말해 준다.

사적인 편지의 전형적 결말: 사람들은 수신자에게 다른 사람들에 대한 안부도 전해 줄 것을 부탁한다. 여기에서는 로타르로 하여금 클라라에게 안부를 전해 달라고 한다 (로타르는 클라라의 오라버니이다). 왜 나타나엘이 직접 클라라에게 편지를 쓰지 않는가, 여기에 대해 그는 그의 감정 상태 때문이라고 설명하고 있다. 그러나 나타나엘 자신이 꿰뚫어 보지 못하는 다른 이유가 있을 수도 있다.

나타나엘의 편지글 이야기의 구조적 자리매김 가치에 관해서는 "3 자료"의 도해 2를 참조하시오.

1.1.2 클라라가 나타나엘에게

> (111) *Wahr ist es, daß Du recht lange mir nicht geschrieben hast, aber dennoch glaube ich, daß Du mich in Sinn und Gedanken trägst.*

[S] 문장론적으로 클라라의 편지는 극심한 복잡성을 지닌다. 이 대화의 창조자인 에. 테. 아. 호프만의 입장에서 보자면, 이것은 우연이 아니라 아이러니이다: 하필이면 분명한 클라라(die klare Clara)가 가장 불분명한

표현을 한다!

두 개의 문장:
    1) *Wahr ist es* …
    2) *dennoch glaube ich.* ..

1)의 정상적 배어법: *Es ist wahr*, daß Du *mir* … nicht geschrieben hast.
Es ist wahr → *Wahr ist es*로의 변형은 *wahr*의 부각(강조) 효과를 갖는다. 이어서 선행문장의 가주어 es를 내용적으로 설명해 주는 주어문이 나온다. 이 es는 의미론적으로 아무런 상관없이 지워 버릴 수 있다: Wahr ist ___, daß Du … nicht geschrieben hast. 주어문도 변형을 포함하고 있다: … daß Du mir recht lange nicht geschrieben hast (정상 형식) → … *daß Du recht lange mir nicht geschrieben hast.*(양식상의 후퇴). 3격목적어 mir를 부사적 시간규정어 (recht lange) 뒤에 후치시킴은 시간규정어의 부각을 의도한다.

클라라는 "Sinn und Gedanken"이라는 표현으로 "Herz und Sinn"(인용문 2)이라는 나타나엘의 표현에 대해 패러디적인 연관을 준다.

[N] 정신적 압박 속에서 나타나엘은 클라라, 그의 "거룩한 천사의 상 (holdes Engelsbild)"에게 편지를 쓰지 않고 로타르에게 썼다.

쾨브너 Th. Koebner를 인용하면: "그[나타나엘]는 진지한 문제들을 남자들에게만 이야기하는 습관이 붙었다. 이러한 자세와는 반대로 그는 클라라에게 이야기를 건네고 싶어하며, 나중에는 그녀에게서 특별한 이해와 확고한 감정이입을 희망한다."[40]

---

40. Th. Koebner (1988), S. 275-279, 여기에서의 인용: R. Drux (1994), S. 97. 이러한 관찰은 어머니에 대한 나타나엘의 행동과도 관련된다. 원칙적으로 그는 어머니에게서 도움과

어쨌거나 그에게 답장을 한 것은 로타르가 아니라 클라라이다. 나타나엘은 무심코 자신의 편지에 클라라 앞으로 주소를 쓴 것이다. 이것은 오늘날 프로이트적 의미에서 고전적 실수이다.[41] 의식적으로는 나타나엘이 로타르에게 편지를 쓰고 있으나, 무의식적으로는 클라라에게 쓰는 것이다. 나타나엘이 오류에 굴함으로써 — 실제로는 오류가 아니다 — 무의식이 승리한다. 나타나엘은 은밀하게는 (아직까지) 클라라에게 깊은 신뢰를 보내고 있다. 그녀에게서 그는 도움과 이해를 구한다.

> (112) *Denn meiner gedachtest Du wohl recht lebhaft, als Du Deinen letzten Brief an Bruder Lothar absenden wolltest und die Aufschrift, statt an ihn an mich richtetest.*

[L] · *Aufschrift* f.: Anschrift f., Adresse f.

· an jemanden einen Brief *richten*: 과거형: ich richtete, du richtetest usw. (die Richtung 참조)

[S] *Denn meiner gedachtest Du wohl* → denn an mich dachtest Du wohl

[N] 클라라는 나타나엘의 실수를 아주 정확히 해석한다.

… an *Bruder* Lothar: 독자는 클라라와 로타르에 대하여 나중에 가서야 상세한 이야기를 듣게 된다. 이 편지의 수신인은 허구적 사건 외부에 존재하는 독자가 아니라, 이 사건 내부에 존재하는 인물이다.

> (113) *Freudig erbrach ich den Brief und wurde den Irrtum erst bei den Worten inne: "Ach mein herzlieber Lothar!"*

이해를 구하지만, 어머니는 그에게 대화 상대자로서는 문제되지 못한다.
41. Sigmund Freud: Psychopathologie des Alltagslebens 참조.

[L] · *erbrechen*: aufbrechen; 오늘날에는 편지를 풀로 붙이지만(zukleben), 옛날에는 뜨거운 액체의 라커로 봉납했다(versiegeln). 그러므로 개봉 시에는 밀랍을 뜯어낸다 (erbrechen).

· *innewerden*: bemerken

· *bei den Worten*: 여기에서는 als ich las.

[S] 오늘날의 독일어로 의역하면: Ich öffnete den Brief und bemerkte den Irrtum erst, als ich las: "Ach mein herzlieber Lothar!"

> (114) - *Nun hätte ich nicht weiter lesen, sondern den Brief dem Bruder geben sollen.*

[S] Irrealis(비현실의 접속법):

  a) ich hätte nicht weiter lesen sollen (aber ich habe es getan)

  b) ich hätte den Brief dem Bruder geben sollen (aber ich habe ihn trotzdem gelesen)

> (115) *Aber, hast Du mir auch sonst manchmal in kindischer Neckerei vorgeworfen, ich hätte solch ruhiges, weiblich besonnenes Gemüt, daß ich wie jene Frau, drohe das Haus den Einsturz, noch vor schneller Flucht ganz geschwinde einen falschen Kniff in der Fenstergardine glattstreichen würde, so darf ich doch wohl kaum versichern, daß Deines Briefes Anfang mich tief erschütterte.*

[L] · *Neckerei* f.: necken의 명사형, jemanden auf freundlich-harmlose Weise ärgern [영어의 to tease]

· jemandem etwas *vorwerfen*: 명사적 용법도 가능: jemandem einen Vorwurf machen. 비난의 전형으로는: Das hättest du nicht tun sollen!

- *besonnen*: ruhig und nachdenklich
- *ganz geschwinde*: ganz schnell
- *ein falscher Kniff*: eine nicht ordentlich gebügelte Stelle
- jemandem etwas *versichern*: das ist ganz bestimmt wahr 라고 말하다.

[S] 이 복합문은 양보구문(*wenn auch … so doch*-Konstruktion)으로 이루어져 있다. 예) *Wenn* er *auch* im Recht ist, *so* muß er *doch* verzichten."[42] 이 양보구문의 전반부는 '충분치 않은 반론'을 도입한다. *Aber, hast Du …* 사이의 쉼표는 옳지 않다! 접속사 wenn이 원문에 생략되어 있다: wenn Du mir auch sonst … vorgeworfen hast … → *hast Du mir auch … vorgeworfen.*

전체적으로:

- *hast Du mir auch sonst … vorgeworfen*
- *ich hätte* [ein] *… besonnenes Gemüt …*

$$[\cdots]$$

- *so darf ich doch wohl kaum versichern,*
- *daß Deines Briefes Anfang mich tief erschütterte.*

완전한 구조:

a) *hast Du mir auch sonst manchmal in kindischer Neckerei vorgeworfen*

b) *ich hätte solch ruhiges, weiblich besonnenes Gemüt*

c) *daß ich wie jene Frau*

d) *drohe das Haus den Einsturz*

e) *noch vor schneller Flucht ganz geschwinde einen falschen Kniff in der Fenstergardine glattstreichen würde,*

f) *so darf ich doch wohl kaum versichern,*

---

42. Ulrich Engel: Deutsche Grammatik. 2., verbesserte Auflage. Heidelberg (1991), S. 731.

g) *daß Deines Briefes Anfang mich tief erschütterte.*

구조 스케치:

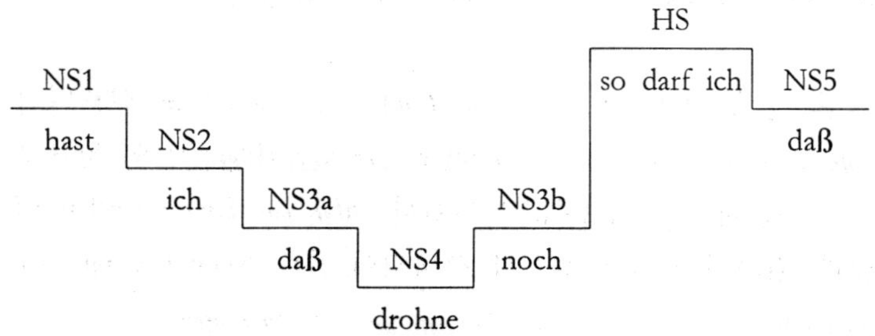

[N] 많은 이야기에는 전사(前史)가 있는 법이다. 모래귀신-소설에는 나중에 함축적으로 그려지는 (다음 189 참조) 이야기가 있다. 이 문장에는 그러한 전사의 일부분이 b)에서 e)까지의 간접화법의 형태로 암시되어 있다. 이 간접화법은 직접화법을 전제로 하며, 이는 다음과 같은 형태일 것이다:

> Nathanael sagt zu Clara: "Du bist so ruhig und besonnen wie jene Frau, die selbst dann noch die Gardinen glattstreicht, wenn das Haus (schon) über ihr zusammenstürzt!".

나타나엘은 이로써 무엇을 말하는 것인가? — 나타나엘과 클라라는 아주 반대되는 성격을 지니고 있다: ruhig/besonnen 대 zerrissen (위의 4). 이 대립은 과거에 적어도 한 번 이상 대화의 테마가 되었던 적이 있다. 부정대명사 *manchmal*은 보다 구체적으로 덜 무해하게 mehrmals로 대체될 것이다. 그 자체로서는 긍정적인 성격 특성에 속하는 안정과 침착함이 과장된 비교를 통해서 (so … wie) 부정적인 것으로 전환된다. 나타나엘은 클라라가 모든 깊은 것과 비밀스런 것에 완전히 맹목임을 비난한다.

(116) *Ich konnte kaum atmen, es flimmerte mir vor den Augen.*

[S] 쉼표로 분리된 두 개의 독립적 문장

[N] 눈-모티브의 22번째 언급

(117) *- Ach, mein herzgeliebter Nathanael! was konnte so Entsetzliches in Dein Leben getreten sein! Trennung von Dir, Dich niemals wiedersehen, der Gedanke durchfuhr meine Brust wie ein glühender Dolchstich. - Ich las und las!*

[L] · *durchfuhr:* durchfahren의 과거, 강음은 둘째 음절에 둔다.
 · *Dolch* m.: kurze Waffe zum Stechen

[N] 작열하다(glühen, glühend)는 주도모티브로서 확장된다. 이 부분에 관해서는 (281)의 [N]을 참조하시오.

(118) *- Deine Schilderung des widerwärtigen Coppelius ist gräßlich.*

[L] · *Schilderung* f.: lebhafte Erzählung; erzählen = schildern

(119) *Erst jetzt vernahm ich, wie Dein guter alter Vater solch entsetzlichen, gewaltsamen Todes starb.*

[L] · vernehmen, *vernahm,* habe vernommen: hören

[S] 핵심 정보:

Erst jetzt vernahm ich, wie Dein ⋯ Vater ⋯ starb.

> (120) *Bruder Lothar, dem ich sein Eigentum zustellte, suchte mich zu beruhigen, aber es gelang ihm schlecht.*

[L] · *zustellen*: liefern, überbringen; 분명하게 zu에 강세를 둔다!

· *suchte*: 여기에서는 versuchte

> (121) *Der fatale Wetterglashändler Giuseppe Coppola verfolgte mich auf Schritt und Tritt und beinahe schäme ich mich, es zu gestehen, daß er selbst meinen gesunden, sonst so ruhigen Schlaf in allerlei wunderlichen Traumgebilden zerstören konnte.*

[L] · *fatal*: verhängnisvoll, (fatal의 제 2음절에 강세); 라틴어 fatum에서: das Schicksal, [영어의 fate]

· jemandem *auf Schritt und Tritt folgen* (3격) 또는 jemanden *auf Schritt und Tritt verfolgen* (4격): jemanden ständig verfolgen의 뜻을 가진 관용구

· *selbst* meinen Schlaf = sogar meinen Schlaf

[S] 다음 핵심 정보를 지닌 두 개의 문장:

1) *Der ··· Wetterglashändler ··· verfolgte mich ···*

2) *beinahe schäme ich mich, es zu gestehen, daß er ··· meinen ··· Schlaf ··· zerstören konnte.*

[N] 등장인물의 성격묘사(Figurencharakterisierung)는 보통 텍스트 내재적 서술자를 통해 이루어진다. 그러나 등장인물들은, 여기에서의 클라라처럼, 부분적으로는 그들의 행동, 말, 생각을 통해 자신의 성격을 묘사하기도 한다: 그녀는 "건강하고 평온한 잠을" 잘 수 있다고 말한다 (아래 참조).

> (122) *Doch bald, schon den andern Tag, hatte sich alles anders in mir gestaltet.*

[L] · *schon den andern Tag:* schon am anderen Tag

[S] 의역: Doch schon am nächsten Tag dachte ich ganz anders darüber.

[N] 그러니까 코펠리우스가 그녀를 불안케 했던 것은 겨우 하룻밤 뿐이었다.

> (123) *Sei mir nur nicht böse, mein Inniggeliebter, wenn Lothar Dir etwa sagen möchte, daß ich trotz Deiner seltsamen Ahnung, Coppelius werde Dir etwas Böses antun, ganz heitern unbefangenen Sinnes bin, wie immer.*

[L] · *heiter[e]n Sinnes sein:* gut gelaunt, fröhlich sein

[S] 아주 단순화한 문장:

  Sei mir ··· nicht böse ··· , daß ich ··· heitern Sinnes bin ···

[S] 구조 스케치:

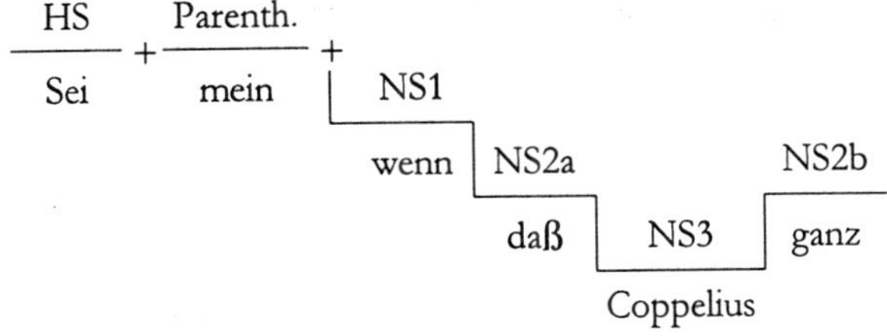

NS3은 도입부가 없는 형용사문이다: daß Coppelius Dir etwas Böses antun werde. 여기에서는 접속사 daß가 양식상의 이유로 회피되었다. NS2 참조.

[N] 클라라와 관련하여 지금까지 다음과 같은 인물 성격이 분명히 드러
난다:

    a) ruhiges, weiblich besonnenes Gemüt (위 참조)

    b) gesunder, ruhiger Schlaf

    c) heiterer[,] unbefangener Sinn

특히 쾌활성(heiter)이라는 특징은 클라라와 더불어 주도모티브가 된다.
클라라는 ― 나타나엘과는 반대로 ― 문제성 없는(unproblematisch) 인간
이다.

> (124) *Geradeheraus will ich es Dir nur gestehen, daß, wie ich meine, alles Entsetzliche und Schreckliche, wovon Du sprichst, nur in Deinem Innern vorging, die wahre wirkliche Außenwelt aber daran wohl wenig teilhatte.*

[L] · *geradeheraus*: direkt, offen, ehrlich, ohne Umschweife

· *nur*: 이것은 소위 허사(Füllwort)로서, 양식상의 가치만 있을 뿐 내용적
인 가치는 없다.

    비교: will ich es Dir *nur*₁ gestehen vs. *nur*₂ in Deinem Innern; *nur*₁ = 뉘앙
스불변화사, *nur*₂ = 부사 (영어 only의 뜻); *nur*₁은 의미를 크게 상실하
지 않으면서 생략할 수 있으나, *nur*₂의 경우는 안된다.

[S] 구조 스케치:

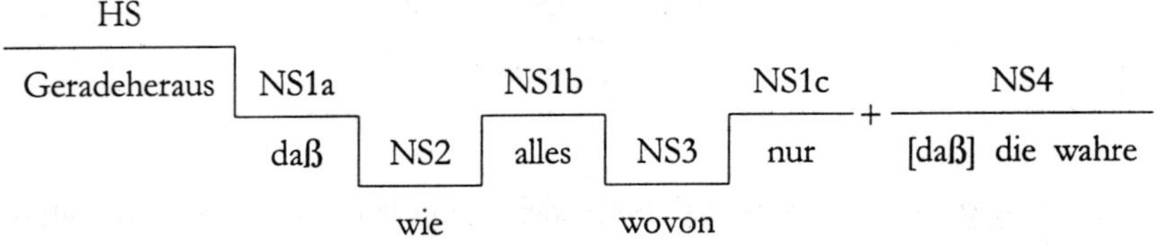

[N] 이 문장에 클라라의 결정적 이론이 포함되어 있다: 오직 가시적인 외계만이 실제라는 것. 다른 모든 것은 실제가 아니다. "*nur in Deinem Innern*"이라는 구절에서 불변화사 nur는 정신·영혼의 세계에 대한 일종의 과소평가를 나타내고 있다. — 나타나엘과 클라라는 극히 상이한 두 인물이다. 그럼에도 그들은 결정적인 관점에서 비슷하기도 하다: 나타나엘은 내면만을 응시하여 외부 세계에는 장님이 된다. 한편 클라라는 오직 외면만을 응시하여 내면세계의 현실을 간과한다.

(125) *Widerwärtig genug mag der alte Coppelius gewesen sein, aber daß er Kinder haßte, das brachte in Euch Kindern wahren Abscheu gegen ihn hervor.*

[L] · widerwärtig *genug*: *sehr* widerwärtig
· *mag ⋯ sein*: 추측(Vermutung)의 표현
· *hervorbringen*: hervor + bringen: schaffen, erzeugen, verursachen
· *Abscheu* f.: 극히 부정적인 반응; 여기에서는 widerwärtig (= abstoßend)의 강조.

[S] 의역:
 a) Der alte Coppelius war sehr widerwärtig.
 b) Er haßte Kinder.
 c) Das brachte in Euch Kindern Abscheu hervor.

[N] 클라라는 나타나엘의 감정을 심리학적으로 설명하려 한다.

> (126) *Natürlich verknüpfte sich nun in Deinem kindischen Gemüt der schreckliche Sandmann aus dem Ammenmärchen mit dem alten Coppelius, der Dir, glaubtest Du auch nicht an den Sandmann, ein gespenstischer, Kindern vorzüglich gefährlicher, Unhold blieb.*

[L] · *der Dir ··· ein ··· Unhold blieb*: der für Dich ein Unhold blieb

· *vorzüglich* gefährlich = *sehr* gefährlich

[S] 핵심 정보:

> *Natürlich verknüpfte sich ··· in Deinem ··· Gemüt der ··· Sandmann ··· mit ··· Coppelius, der Dir ··· ein ··· Unhold blieb.*

구조 스케치:

```
        HS
 ┌──────────┐
 Natürlich │ NS1a                        NS1b
          ┌──────────────────────┐ ┌──────────────────
           der Dir │ NS2          │ ein ··· Unhold blieb
                  └──────────┘
                    glaubtest
```


[N] *··· glaubtest Du auch nicht* [mehr] *an den Sandmann ···* 은 위의 (28)에서 나타나엘이 말하는 *Schon alt genug war ich geworden, um einzusehen, daß das mit dem Sandmann ··· nicht ganz seine Richtigkeit haben könne.*와 관련된다. 그러나 클라라로서는 나타나엘이 이 가상의 인식을 같은 문장에서(!) 다시 후퇴시키는 점을 간과하고 있다: *indessen blieb mir der Sandmann ein fürchterliches Gespenst.* 그리고 마침내 나타나엘이 코펠리우스를 보았을 때는 따라서 다음과 같은 말이 튀어나온다: *Der Sandmann, der fürchterliche Sandmann ist der alte Advokat Coppelius* (46). 클라라는 유모가 어느 정도 맞는 말을 했다는 점 또한 간과

한다: 나타나엘이 마침내 코펠리우스 (= 모래귀신)를 보았을 때, 이 자는 그에게서 정말로 눈을 빼앗아 가려고 한다!

클라라는 모든 신비에 싸인 것, 위협적인 것을 분석하고 합리화한다. 그녀는 이것을 철저하게 지적인 방식으로 행한다. 오늘날에도 사람들은 나타나엘의 정신 상태를 클라라의 의미에서 해석할 것이다.

> (127) *Das unheimliche Treiben mit Deinem Vater zur Nachtzeit war wohl nichts anders, als daß beide insgeheim alchimistische Versuche machten, womit die Mutter nicht zufrieden sein konnte, da gewiß viel Geld unnütz verschleudert und obendrein, wie es immer mit solchen Laboranten der Fall sein soll, des Vaters Gemüt ganz von dem trügerischen Drange nach hoher Weisheit erfüllt, der Familie abwendig gemacht wurde.*

- [L] · *Treiben* n.: undurchsichtige Aktivität; 예: (어머니가 아이에게) Was treibst du da? = Was machst Du da?
- Geld unnütz *verschleudern*: viel Geld sinnlos ausgeben
- *Laborant* m.: das Laboratorium과 비교, 이의 단축형은 das Labor (둘째 음절에 강세, 그러나 Laboratorium의 경우에는 'to'에 강세): 주로 화학자들이 Labor에서 일하며, Laboranten이라고 하면 Labor(atorium)에서 일하는 사람을 말한다.
- *des Vaters Gemüt*: 여기에서는 die Aufmerksamkeit des Vaters
- *der Familie abwendig machen*: von der Familie abwenden, ablenken

[S] 핵심 정보:

> *Das ··· Treiben mit Deinem Vater ··· war wohl nichts anders, als daß beide insgeheim alchimistische Versuche machten ···*

의역: Ich vermute, Dein Vater machte mit Coppelius alchimistische Versuche.

des Vaters Gemüt 다음에 생략된 쉼표도 유의해야 한다: *des Vaters Gemüt*[,] *ganz von dem trügerischen Drange nach hoher Weisheit erfüllt* (분사 구문) → des Vaters Gemüt, das ganz vom trügerischen Drange nach Weisheit erfüllt war

구조 스케치:

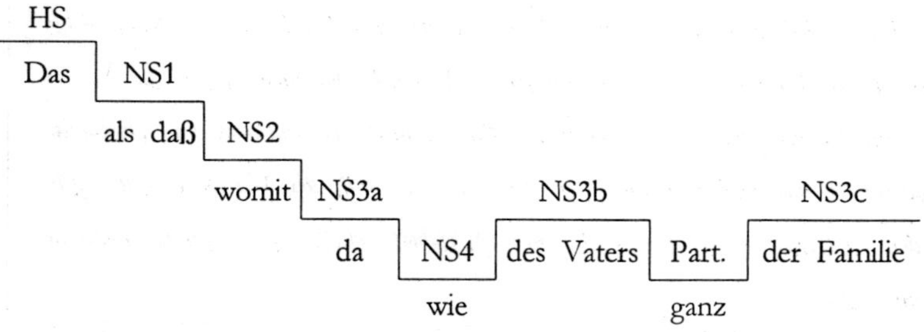

이 복합문의 난해성은 무엇보다 NS3이 두 번이나 크게 중단되어 그 맥락을 잃어버리기 십상이기 때문이다. NS3a-c는 맥락을 갖추면 다음과 같다: *da gewiß viel Geld unnütz verschleudert und* [da] *obendrein* ··· *des Vaters Gemüt* ··· *der Familie abwendig gemacht wurde.*

[N] 클라라는 나타나엘의 편지글에서 오늘날의 (실제) 독자가 끌어낼 결론을 끌어낸다 (위 34 참조).

(128) *Der Vater hat wohl gewiß durch eigne Unvorsichtigkeit seinen Tod herbeigeführt, und Coppelius ist nicht schuld daran: Glaubst Du, daß ich den erfahrnen Nachbar Apotheker gestern frug, ob wohl bei chemischen Versuchen eine solche augenblicklich tötende Explosion möglich sei?*

[L] · chemische *Versuche*: chemische *Experimente*; 자연과학적인 가정들은 시도/실험으로 확증되거나 거부된다.

[S] 세 개의 독립적 문장:

1) *Der Vater hat … seinen Tod herbeigeführt*

2) *Coppelius ist nicht schuld daran*

3) *Glaubst Du, daß ich … gestern frug, ob … bei chemischen Versuchen eine … Explosion möglich sei?*

den erfahr[e]nen Nachbar Apotheker = den erfahrenen Apotheker, der unser Nachbar ist

sei: 간접 의문문을 이끄는 종속 접속사 ob로 인한 접속법 1식.

[N] 클라라의 진술의 핵심은 다음과 같다: Coppelius ist nicht schuld am Tod des Vaters. 하필이면 자신의 약혼녀가 그가 묘사하는 것의 진정성을 그렇게도 확정적으로 의심하다니, 그것이 나타나엘에게는 얼마나 큰 실망이겠는가!

> (129) *Der sagte: "Ei, allerdings" und beschrieb mir nach seiner Art gar weitläuftig und umständlich, wie das zugehen könne, und nannte dabei so viel sonderbar klingende Namen, die ich gar nicht zu behalten vermochte.*

[L] · *Ei!*: 감탄사, 발화자의 정서적 관여를 표현한다.

· *allerdings*: 여기에서는 Ja, bestimmt!의 뜻

· *umständlich*: länger und komplizierter als nötig

· wie das *zugehen* könne: zu에 강세, wie das *passieren* könne

· vermögen, *vermochte*: können, *konnte*

[S] 핵심 문장:

Der sagte: "Ei, allerdings" und beschrieb mir ⋯ , wie das zugehen könne ⋯

(130) - *Nun wirst Du wohl unwillig werden über Deine Clara, Du wirst sagen: "In dies kalte Gemüt dringt kein Strahl des Geheimnisvollen, das den Menschen oft mit unsichtbaren Armen umfaßt; sie erschaut nur die bunte Oberfläche der Welt und freut sich, wie das kindische Kind über die goldgleißende Frucht, in deren Innerm tödliches Gift verborgen.*

[L] · *unwillig werden über*: sich ärgern über
· *das kindische Kind*: kindisch는 kindlich의 뜻, 여기에서는 das unvernünftige Kind, 위의 (23) 참조.
· *goldgleißend*: gold + gleißend; gleißend= glänzend; 예) 바다가 햇빛에 반사될 때, gleißendes Licht라고 한다.

[S] 핵심 정보:

1) *Nun wirst Du ⋯ unwillig werden ⋯*
2) *Du wirst sagen: "In dies kalte Gemüt dringt kein Strahl des Geheimnivollen ⋯*
3) *sie erschaut nur die bunte Oberfläche der Welt ⋯ "*

[N] 1)에는 나타나엘의 반응이 미리 나타난다. 클라라는 2)에서 과거에 자주 들어보았음직한 나타나엘의 비난을 재구성한다. 그것은 그들의 사적인 지난 이야기들의 일부분이기도 하다. 결정적인 구절은: "이 차가운 감정(dies kalte Gemüt), 세상의 화려한 외관(die bunte Oberfläche der Welt)" 등이다. 독자는 이 두 가지 표현을 이 소설이 진행되는 동안 다시 마주

치게 될 것이다.

> (131) *Ach mein herzgeliebter Nathanael! glaubst Du denn nicht, daß auch in heitern - unbefangenen - sorglosen Gemütern die Ahnung wohnen könne von einer dunklen Macht, die feindlich uns in unserm eignen Selbst zu verderben strebt?*

[L] · *unbefangen*: offen und ohne Vorurteile
 · *streben*: 여기에서는 versuchen

[S] 핵심 정보:
… *glaubst Du denn nicht, daß auch in heiter[e]n … Gemütern die Ahnung wohnen könne von einer dunklen Macht … ?*

die Ahnung wohnen könne von einer dunklen Macht → die Ahnung von einer dunklen Macht wohnen könne (정상 배치)

[N] *in heiter[e]n - unbefangenen - sorglosen Gemütern*: 여기에서 클라라는 자신의 성격을 간접적으로 말하고 있다. 그러나 또한 그런 사람들에게도 — 그러므로 클라라에게도 — 그러한 "어두운 힘 (dunkle Macht)"에 대한 예감이 생소하지는 않다. 그녀는 자신이 나타나엘에 대해 피상적이거나 이성이 결여된 것이 아님을 보이기 위해 그러한 내용을 쓴다.

> (132) - *Aber verzeih es mir, wenn ich einfältig Mädchen mich unterfange, auf irgend eine Weise anzudeuten, was ich eigentlich von solchem Kampfe im Innern glaube.*

[L] · *Aber verzeih es mir* = Verzeih mir [영어의 forgive me!]
 · *einfältig Mädchen* = einfältiges Mädchen. 이 형용사 *einfältig*(명사형 Einfalt f.)

는 괴테 시대까지는 주로 단순한(einfach), 인위적이 아닌(ungekünstelt), 거짓이 없는(ohne Falschheit) 이라는 긍정적 의미로 쓰였다. 반면에 오늘날에는 주로 제한적(beschränkt), 평범한(albern), 아둔한(dumm)이라는 부정적 의미로 변했다.

· *sich unterfangen*: wagen, etwas zu tun

(133) - *Ich finde wohl gar am Ende nicht die rechten Worte und Du lachst mich aus, nicht, weil ich was Dummes meine, sondern weil ich mich so ungeschickt anstelle, es zu sagen.*

[L] · *gar*: 불변화사 *wohl*의 강조. 번역의 경우 *wohl gar*이라는 전체적 표현의 등가를 알아야 한다. 여기에서는 단순히 vielleicht의 뜻: Ich finde vielleicht am Ende nicht die rechten Worte.

· *sich anstellen*: sich verhalten, machen, tun; 다음의 비난적인 관용어 참조: Was habt ihr da wieder angestellt? = Was habt ihr da wieder gemacht/getan?

· *ungeschickt*: (320)에서 반대말 geschickt 참조.

[S] 두 핵심 문장을 분리해 내면 전체 문장의 이해는 충분하다:

   1) *Ich finde* ⋯ *nicht die rechten Worte*

   2) *Du lachst mich aus* ⋯

*sondern*은 병렬접속사(대조)이나, 여기서는 두개의 weil-문장을 같은 차원에서 서로 연결해 주는 역할을 한다.

이 문장의 구두점은 다시 상당히 혼란스럽다: *und* 앞에는 쉼표가 있어야 한다; 반면에 *nicht*와 *weil* 사이의 쉼표는 지워야 한다.

구조 스케치:

HS1 + HS2
Ich   und Du │ NS1 + NS2
               nicht weil   sondern weil │ Inf.-Konstr.
                                            es zu sagen

> (134) *Gibt es eine dunkle Macht, die so recht feindlich und verräterisch einen Faden in unser Inneres legt, woran sie uns dann fortpackt und fortzieht auf einem gefahrvollen verderblichen Wege, den wir sonst nicht betreten haben würden - gibt es eine solche Macht, so muß sie in uns sich, wie wir selbst gestalten, ja unser Selbst werden; denn nur* <u>*so*</u> *glauben wir an sie und räumen ihr den Platz ein, dessen sie bedarf, um jenes geheime Werk zu vollbringen.*

[L] · *fortpacken*: fort + packen; packen: energisch greifen; fortpacken과 fortziehen은 이 맥락에서는 거의 동의어이다: Die dunkle Macht packt/ zieht uns fort auf einem gefahrvollen Weg.

· *gestalten*: Gestalt annehmen, Form annehmen

· *einen Platz einräumen*: Platz machen/schaffen

[S] 이 문장 구조는 통찰하기 어렵다. 이는 두 개의 독립적 문장으로 구성되어 있다. 그리고 이 문장들을 핵심으로 단축시키면:

1) *Gibt es eine dunkle Macht* ··· *, so muß sie* ··· *sich* ··· *unser Selbst werden*

2) *nur so glauben wir an sie* ···

내용적인 설명: 어두운 힘은 우리의 근원적인 자신으로 밀려들어와서 자신의 자리를 차지한다. 이 인격의 교환은 여기에서는 상당히 긴 과정으

로 설명된다: 그 힘이 차차로 우리의 내부에서 형성되며, 그러나 이것은 단지 우리가 그것을 믿을 때 한해서이다. - 한편 영혼 안으로의 낯선 힘의 침입은 공상과학영화의 모티브로서 애호된다.

문장 1)은 도입부가 없는 조건문으로 시작된다:

   Gibt es eine dunkle Macht → Wenn/falls es eine dunkle Macht gibt ⋯

부문장과 주문장은 wenn-dann (so) 구문에 근거한다. 이 구조에 관한 헬비히의 견해는: "우선 전치하는 조건문의 경우 접속사 없이 (정형동사가 문장 처음에) 시작되는 수가 있다. 이 경우에는 상관사 so가 쓰이는 것이 보통이다."[43]

이 조건문의 복잡성은 다음과 같이 구축된다:

   a) *Gibt es eine dunkle Macht* ⋯

   b) *Gibt es eine dunkle Macht, die so recht feindlich und verräterisch einen Faden in unser Inneres legt*

   c) *Gibt es eine dunkle Macht, die so recht feindlich und verräterisch einen Faden in unser Inneres legt, woran sie uns dann fortpackt und fortzieht auf einem gefahrvollen verderblichen Wege*

   d) *Gibt es eine dunkle Macht, die so recht feindlich und verräterisch einen Faden in unser Inneres legt, woran sie uns dann fortpackt und fortzieht auf einem gefahrvollen verderblichen Wege, den wir sonst nicht betreten haben würden*

여기까지 부문장들의 사슬은 도입하는 조건문이 다시 한번 언급되어야 할만큼 길게 연결되어 있다: *gibt es eine solche Macht* ⋯

---

43. G. Helbig / J. Buscha (1984), S. 690.

그리고 이어서 *sie* (= die Macht)를 주어로 하고 *muß ⋯ sich gestalten*을 술어로 하는 주문장이 나온다. 이 문장의 복잡성은 다음과 같이 구축된다:

    e) *so muß sie ⋯ sich ⋯ gestalten ⋯*

    f) *so muß sie in uns sich ⋯ gestalten ⋯*

    g) *so muß sie in uns sich, wie wir selbst gestalten, ja unser Selbst werden*

단축한 의역: Wenn wir an eine dunkle Macht glauben, dann wird sie uns zunächst fortziehen auf einen gefahrvollen Weg und schließlich zu unserem eigenlichen Ich (Selbst) werden.

문장의 계속 부분 — *ja*[, sie muß] *unser Selbst werden* — 은 점층으로 읽어야 한다. 우선 "낯선 힘(eine fremde Macht)"이 우리의 내면에 침투한다. 다음에는 우리의 내부에서 형상을 만들고, 마침내는 우리 자신이 되고 만다.

다음에 나오는 문장 2):

    ⋯ denn nur so glauben wir an sie und räumen ihr den Platz ein, dessen sie bedarf, um jenes geheime Werk zu vollbringen.

구조 스케치:

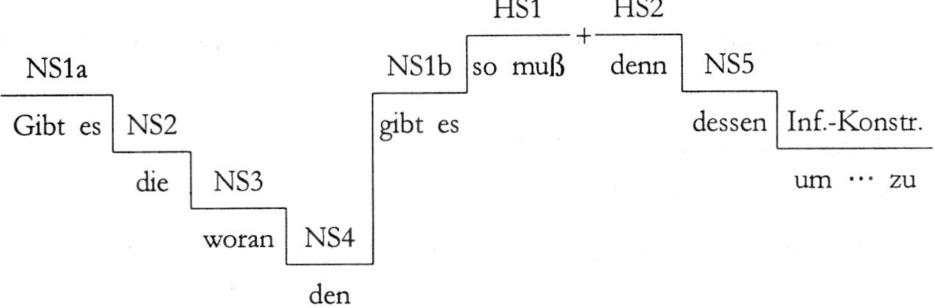

NS1 (gibt es: 도입 없는 조건문) + NS2 (die: 관계문) + NS3 (woran = an dem: 관계문) + NS4 (den: 관계문) + HS1 (so muß: 주문장) + HS2 (denn: 등위접속사) + NS5 (dessen: 관계문) + Inf. (um-zu: 부정사 구문)

이 문장의 마지막 um-zu-구문 역시 이해의 난맥상을 가져다준다: "um *jenes Werk zu vollbringen*"이라는 구절은 문장의 시작 부분과 관련된다: *dunkle Macht, die ⋯ uns ⋯ fortpackt und fortzieht auf einem gefahrvollen[,] verderblichen Wege ⋯*

> (135) *Haben wir festen, durch das heitre Leben gestärkten, Sinn genug, um fremdes feindliches Einwirken als solches stets zu erkennen und den Weg, in den uns Neigung und Beruf geschoben, ruhigen Schrittes zu verfolgen, so geht wohl jene unheimliche Macht unter in dem vergeblichen Ringen nach der Gestaltung, die unser eignes Spiegelbild sein sollte.*

[L] · *fester Sinn* m.: 여기에서는 starker Charakter의 뜻
· *Beruf* m.: 여기에서의 개략적 의미는 Berufung, natürliche Begabungen und Neigungen의 뜻.
· *untergehen*: verschwinden; besiegt, vernichtet werden

[S] 주요 정보로 축약하면, 이 문장 또한 이해된다.

　　Haben wir festen ⋯ Sinn genug ⋯, so geht wohl jene unheimliche Macht unter ⋯

앞 문장과 마찬가지로 이 문장 또한 도입부가 없는 조건문으로 시작되며, 이어서 주문장이 나온다:

　　Haben wir festen ⋯ Sinn genug → Wenn wir festen ⋯ Sinn genug haben

의역: Haben wir einen starken Charakter, so kann man diese Macht besiegen.

또는 Sind wir stark genug, kann uns die unheimliche Macht nicht
schaden.

첫 번째 주문장(HS1)에 앞선 부문장의 복잡성은 다음과 같이 구축된다:

a) *Haben wir ⋯ Sinn ⋯*

b) *Haben wir ⋯ Sinn genug*

c) *Haben wir festen ⋯ Sinn genug*

d) *Haben wir festen, durch das heitre Leben gestärkten, Sinn genug*

e) *Haben wir festen, durch das heitre Leben gestärkten, Sinn genug, um fremdes feindliches
Einwirken als solches stets zu erkennen*

f) *Haben wir festen, durch das heitre Leben gestärkten, Sinn genug, um fremdes feindliches
Einwirken als solches stets zu erkennen und den Weg ⋯ ruhigen Schrittes zu verfolgen*

g) *Haben wir festen, durch das heitre Leben gestärkten, Sinn genug, um fremdes feindliches
Einwirken als solches stets zu erkennen und den Weg, in den uns Neigung und Beruf
geschoben, ruhigen Schrittes zu verfolgen*

주문장: *so geht ⋯ jene unheimliche Macht unter* → jene unheimliche Macht[주어]
geht unter[술어]

구조 스케치:

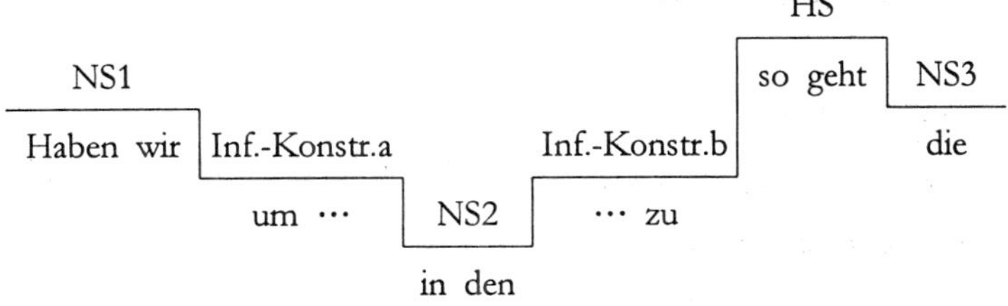

[N] 특히 이해하기 힘든 부분은 다음인데, 문장론적으로가 아니라 내용 상 그러하다.

> ··· *in dem vergeblichen Ringen nach der Gestaltung, die unser eignes Spiegelbild sein sollte*

*Ringen*은 두 상대자 사이에서 발생하는, 여기에서는 고유의 자아와 낯설고 어두운 힘 사이에서 발생하는 싸움이다. 중심어 *Spiegelbild*는 우리의 참된 본질의 정직한 재현을 대표한다. 그에 반해서 낯설은 힘이 승리한다면 우리는 이 형상을 "환상/허깨비(Phantom)", 즉 우리의 자아의 허상이라고 한다.[44]

(136) *Es ist auch gewiß, fügt Lothar hinzu, daß die dunkle psychische Macht, haben wir uns durch uns selbst ihr hingegeben, oft fremde Gestalten, die die Außenwelt uns in den Weg wirft, in unser Inneres hineinzieht, so, daß wir selbst nur den Geist entzünden, der, wie wir in wunderlicher Täuschung glauben, aus jener Gewalt spricht.*

[L] · *durch uns selbst*: 여기에서는 freiwillig
· *sich hingeben*: sich passiv jemandem überlassen
· *so, daß*: 오늘날에는 so daß
· *entzünden*: entflammen, in Flammen setzen (주도모티브, 172 [N] 참조)

[S] 복잡한 문장론적 구조:
  a) *Es ist ··· gewiß ··· , daß die dunkle[,] psychische Macht ··· oft fremde Gestalten ··· in unser Inneres hineinzieht*

---

44. 이러한 해석에 관한 한 Hohoff의 견해를 따른다: Ulrich Hohoff: E.T.A. Hoffmann: Der Sandmann. Textkritik, Edition, Kommentar. Berlin (1988), S. 248.

b) *Es ist auch gewiß, fügt Lothar hinzu, daß die dunkle psychische Macht, haben wir uns durch uns selbst ihr hingegeben, oft fremde Gestalten ⋯ in unser Inneres hineinzieht*

c) *Es ist auch gewiß, fügt Lothar hinzu, daß die dunkle psychische Macht, haben wir uns durch uns selbst ihr hingegeben, oft fremde Gestalten, die die Außenwelt uns in den Weg wirft, in unser Inneres hineinzieht ⋯*

d) *⋯ so[,] daß wir selbst nur den Geist entzünden, der ⋯ aus jener Gewalt spricht.*

e) *⋯ so[,] daß wir selbst nur den Geist entzünden, der, wie wir in wunderlicher Täuschung glauben, aus jener Gewalt spricht.*

NS1(daß-문절)은 주어문이다. 헬비히에 따르면 주어문의 경우 "다음에 나오는 주어문의 상관사로서 es가 주문장의 첫째 자리에 나온다."[45] HS는 바로 그 경우에 해당한다: *Es ist auch gewiß* ⋯에서 이 es는 가주어이며, 부문장의 형태로 다음에 나오는 원래의 주어를 대신한다.

구조 스케치:

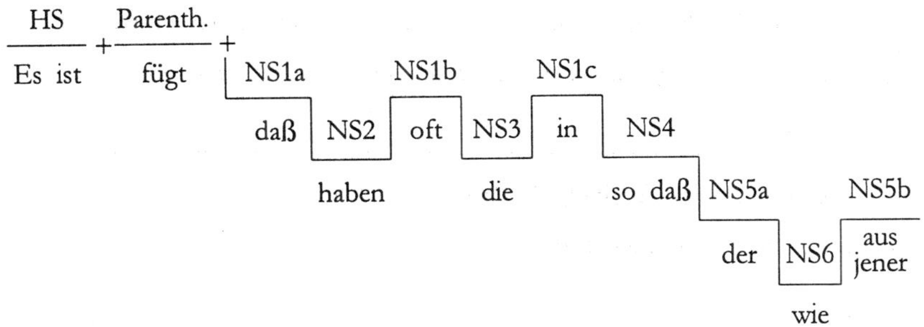

HS + 삽입구 + NS1a (daß: 주어문) +) NS2 (haben: 도입 없는 조건문) +

---

45. G. Helbig / J. Buscha (1984), S. 396.

NS1b (oft: 첫 번째 계속) + NS3 (die: 관계문) + NS1c (in: 두 번째 계속) + NS4 (so daß: 결과문) + NS5a (der: 관계문) + NS6 (양태문) + NS5b (계속)

의역(단순화)

- Wir können uns einer dunklen psychischen Macht freiwillig hingeben (*durch uns selbst*)
- Ist diese Macht einmal in uns, dann kann sie wiederum andere fremde Mächte und Gestalten in uns hineinziehen, 예를 들어 Sandmann
- Die Macht dieser bösen Geister müssen wir aber stets in uns selbst *entzünden*, das heißt wirksam werden lassen.

더욱 단축한 의미 내용: 사악한 힘에 자신을 내맡기느냐 아니냐의 문제는 결국 스스로 결정하는 것이다. (Man kann letztlich selbst darüber bestimmen, ob man sich einer bösen Macht hingibt oder nicht.)

> (137) *Es ist das Phantom unseres eigenen Ichs, dessen innige Verwandtschaft und dessen tiefe Einwirkung auf unser Gemüt uns in die Hölle wirft, oder in den Himmel verzückt.*

[L] · *Phantom* n.: ein Trugbild, Zerrbild
· *verzücken*: in Extase versetzen

[N] *Das Phantom unseres eigenen Ichs* …는 우리 내부의 낯선 힘이다. 우리는 그 힘에 자리를 내어 주었고, 그것은 이제 우리의 제2의 거짓 자아가 된다. 이 제 2의 자아는 우리를 천국으로도 데려갈 수 있고, 그러나 또한 지옥으로 곤두박질 내닫게 할 수도 있다. 우리는 이제 우리 자신의 주인

이 아니다. 어느 정도까지는 클라라 내지 로타르의 논리가 타당한 듯 하다: 나타나엘이 모래귀신 (= Coppelius = Coppola = 사악한, 적의에 찬 원칙)에게 자신의 정서 내부에 자리를 내어 줌으로써, 그는 그의 고유의 참된 자기를 잃는다. 클라라의 혼란스러워 보이는 표현 방식은 상당히 분명한 이해를 담은 핵심을 지니고 있다.

> (138) - *Du merkst, mein herzlieber Nathanael! daß wir, ich und Bruder Lothar uns recht über die Materie von dunklen Mächten und Gewalten ausgesprochen haben, die mir nun, nachdem ich nicht ohne Mühe das Hauptsächlichst aufgeschrieben, ordentlich tiefsinnig vorkommt.*

- [L] · *wir haben uns ausgesprochen*: wir haben uns [über dunkle Mächte und Gewalten] unterhalten
- *ordentlich* tiefsinnig = *sehr* tiefsinnig

[S] 핵심 정보:

> *Du merkst, ··· daß wir ··· uns ··· über die Materie von dunklen Mächten ··· ausgesprochen haben ···*

구조 스케치:

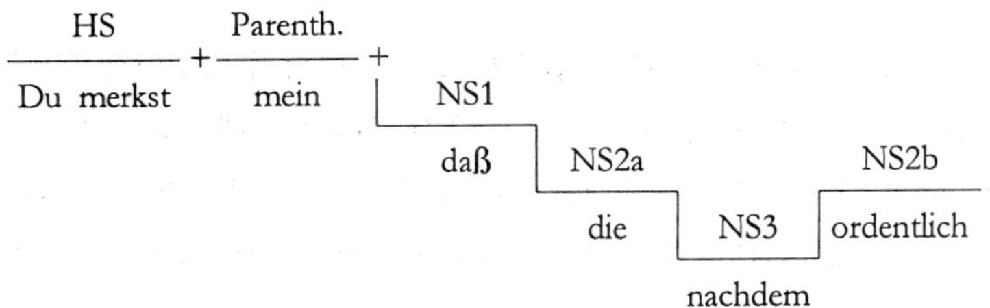

HS + Parenthese + NS1 (daß: 목적어문) + NS2a (die: 관계문) + NS3 (nachdem: 시간의 부사문) + NS2b (ordentlich)

*ich und Bruder Lothar*는 설명적 부연이다. 관련어 *wir*는 수식되는 것이 아니라 다른 단어로 반복된다. *wir, das heißt, ich und Bruder Lothar* 라고 설명할 수도 있다. - 인용문에서는 *Lothar* 다음에는 쉼표가 덧붙여져야 한다!

[N] 이 문장에서 나타난 것은 클라라가 자신의 고유의 생각을 말하고 있는 것이 아니라 로타르오빠의 생각을 말하고 있다는 사실이다. 대화가 이루어졌지만, 우리는 그 반향을 클라라의 입을 통해서 듣게 되는 것이다. 다음 문장에서는 심지어 몇 가지는 잘 이해하지 못했노라고 시인한다. 이 점이 그녀의 장황한(서투른) 표현을 설명해 준다.

> (139) *Lothars letzte Worte verstehe ich nicht ganz, ich ahne nur, was er meint, und doch ist es mir, als sei alles sehr wahr.*

[S] 이 복합문은 세 개의 주문장으로 되어 있다:

1) *Lothars letzte Worte verstehe ich nicht ganz*

2) *ich ahne nur, was er meint*

3) *und doch ist es mir, als sei alles sehr wahr.*

위의 3)에서 강세를 두고 발음되는 접속사 *doch*는 긍정적-대조라는 의미 기능을 가진다.[46] 주어진 맥락 속에서는 접속사 *dennoch*로 대치될 수도 있다: 그렇게 되면 클라라의 말은 다음과 같다(쉬운 의역으로): Lothars Worte verstehe ich nicht. *Dennoch* ist (= scheint) es mir, als sei alles wahr →

---

46. Gerhard Wahrig: Deutsches Wörterbuch. Mit einem "Lexikon der deutschen Sprachlehre". Herausgegeben in Zusammenarbeit mit zahlreichen Wissenschaftlern und anderen Fachleuten. Gütersloh / Berlin / München / Wien 1975.

··· trotzdem scheint mir alles wahr zu sein

[N] 클라라의 느낌은 아이러니적으로 독자의 느낌과 일치한다. 독자 또한 많은 것을 이해하지 못한다. 그럼에도 불구하고 독자는 클라라/로타르의 본질적인 진술이 맞는 것 같다는 생각을 한다. 그것은 오늘날의 독자들이 나타나엘의 낭만적-비합리적 세계상보다는 클라라/로타르의 개명된(aufgeklärt) 세계상을 공유하고 있는 데에서 기인할 것이다.

> (140) *Ich bitte Dich, schlage Dir den häßlichen Advokaten Coppelius und den Wetterglasmann Giuseppe Coppola ganz aus dem Sinn.*

· [L] · sich etwas aus dem *Sinn* schlagen: 오늘날에는 sich etwas aus dem *Kopf* schlagen이라는 표현이 일반적이다; vergessen; schlag es Dir aus dem Sinn/Kopf! = vergiß es!

[S] 핵심 문장:
  ··· *schlage Dir* ··· *Coppelius und* ··· *Coppola* ··· *aus dem Sinn.*

[N] 이것은 의심할 바 없이 선의의 충고이다. 클라라는 인간의 자주성을 전제로 한다. 인간은 자기 자신의 주인이다. '원칙적으로 불가해한 것'이란 전제되지 않는다. 클라라에 의하면, 외부 세계와 내부 세계의 조화는 자신의 노력으로 생성될 수 있다. 시민적 교양 소설 또한 이러한 사고의 전제에 기인한다. 반면에 나타나엘의 세계상은 어두운 것, 비합리적인 것, 불가해한 것의 영역에서의 돌출을 솔직하게 인정한다. 클라라는 확신에 잠겨 있고, 나타나엘은 깊이 위협당한다고 느낀다.

> (141) *Sei überzeugt, daß diese fremden Gestalten nichts über Dich vermögen; nur der Glaube an ihre feindliche Gewalt kann sie Dir in der Tat feindlich machen.*

[L]　·　*in der Tat*: tatsächlich

　·　*vermögen*: können; diese fremden Gestalten vermögen nichts über Dich = diese fremden Gestalten können Dir nicht schaden

[N] 이 두 문장은 지금까지 이야기 된 것들의 분명한 요약이다.

> (142) *Spräche nicht aus jeder Zeile Deines Briefes die tiefste Aufregung Deines Gemüts, schmerzte mich nicht Dein Zustand recht in innerster Seele, wahrhaftig, ich könnte über den Advokaten Sandmann und den Wetterglashändler Coppelius scherzen.*

[L]　·　*ein Scherz*: ein Witz; scherzen: etwas Lustiges sagen

[S] 단순화한 표현:

　Spräche nicht aus jeder Zeile Deines Briefes ⋯ Aufregung ⋯ , ich könnte über den ⋯ Sandmann und ⋯ Coppelius scherzen.

$$\longrightarrow$$

　Wenn nicht aus jeder Zeile Deines Briefes ⋯ Aufregung spräche, *dann* könnte ich ⋯ scherzen.

주문장: *ich könnte ⋯ scherzen*

[N] 클라라는 자신이 나타나엘의 깊은 고뇌를 느끼기 때문에 농담을 할 수 없다고 주장한다. 그럼에도 불구하고 그녀는 농담을 한다. 클라라는 공포의 형상들의 이름을 열거할 때 마구 혼동해서 부르는데, 그것은 그

녀가 얼마나 걱정 따위를 하지 않고 있나를 증명하기 위해서이기도 하다. 그녀는 "변호사 모래귀신(Advokat Sandmann)"이라고 말함으로써 모래귀신을 변호사 코펠리우스와 섞어 쓰며, 청우계 행상은 코펠리우스가 아니라 코폴라인 것을 알고 있으면서도 "안경행상 코펠리우스(Wetterglashändler Coppelius)"라고 말한다. 나타나엘에게는 이 인물들이 실제로 모두 동일인이다. 그럼에도 불구하고 [클라라에게는] 이 이름들의 혼합이 진지하게 느껴지지 않는 것이다. 나타나엘은 깊은 상처를 입었다고 느낄 것이다. 처음부터 그는 진지하게 받아들여지지 않을 것을 두려워했었지 않은가!

> (143) *Sei heiter - heiter! - Ich habe mir vorgenommen, bei Dir zu erscheinen, wie Dein Schutzgeist, und den häßlichen Coppola, sollte er es sich etwa beikommen lassen, Dir im Traum beschwerlich zu fallen, mit lautem Lachen fortzubannen.*

[L] · *Schutzgeist*: 기독교적 표상에서 수호천사(Schutzengel)와 비교.

· *sollte er sich beikommen lassen, Dir im Traum beschwerlich zu fallen*: sollte er sich einfallen lassen, Dich im Traum zu stören.

· *etwa*: 여기에서는 뉘앙스불변화사로서, 불찬성의 기능을 한다.
예: a) Will er ＿＿ mitkommen? vs. b) Will er etwa mitkommen? 그러면 a)는 중립적 의문문이며, b)는 발화자가 'er'라는 인물이 실제로 함께 가려는지에 하등의 가치를 부여하고 있지 않음을 암시한다.

· *fortbannen*: fort + bannen; unschädlich machen, fortjagen; 비슷한 의미의 ver + bannen과 비교: politisch mißliebige Menschen werden in ferne Gegenden *verbannt*.

[S] 핵심 정보:

1) *Sei heiter - heiter! -*

2) *Ich habe mir vorgenommen, ⋯ Coppola ⋯ fortzubannen.*

구조 스케치:

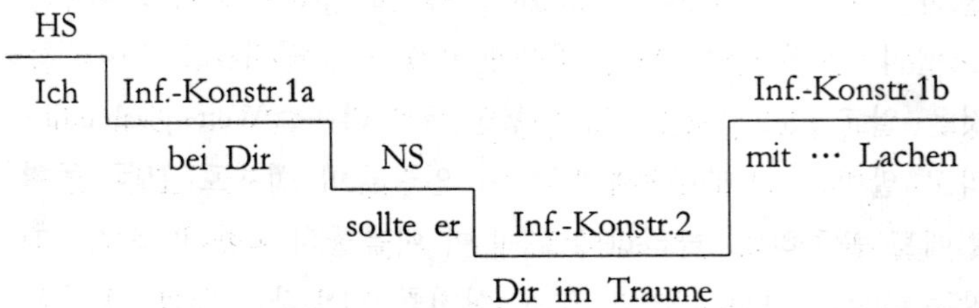

wie 앞의 쉼표는 삭제되어야 한다. 문장론적으로 정상형식의 문장을 참조
하시오: Ich habe mir vorgenommen, bei Dir wie Dein Schutzgeist zu
erscheinen. *und* 앞의 쉼표도 과잉이다.

이러한 문장구조 스케치의 가치는 무엇보다도 이 그림이 어떠한 정보가
문장론적으로 같은 평면에서 전달되고 있는가를 보여주는 데에 있다. 마
지막 두 단계를 제거하면, 다음과 같은 문장을 얻을 수 있다: *Ich habe mir
vorgenommen, bei Dir zu erscheinen[,] wie Dein Schutzgeist[,] und den häßlichen Coppelius
··· mit lautem Lachen fortzubannen.*

다른 말로 하면: Clara hat sich zweierlei vorgenommen:
                        - bei Nathanael zu erscheinen und
                        - Coppelius fortzubannen (zu vertreiben).

이것은 이 복합문 전체의 핵심 정보와 일치한다.

[N] *Sei heiter - heiter!* 이것은 클라라가 그녀의 약혼자에게 마지막 좋은 말
로서 보내는 추천의 말이다. 클라라는 항상 쾌활한 것 같다. 쾌활성이 그
녀의 인식표이다. 이미 (123)에서도 그녀는 자신에 대하여 말하기를, 자

신은 "쾌활한 … 감각(heiter[e]n … Sinnes)"의 소유자라고 했다. 이는 (131)에서 이는 다시금 강조된다. (135)에서는 "쾌활한 생(das heitere Leben)"이 "낯선, 적의에 찬 작용(fremdes[,] feindliches Einwirken)"에 대항하는 무기로서 추천된다. 그러므로 *Sei heiter - heiter!* 라는 주술적 요청은 정교하게 준비된 것인데, 클라라의 입장에서 보자면 무의식적으로, 작가 호프만의 입장에서 보자면 의식적으로 준비된 것이다. 우리는 지금까지 클라라와 관련하여 *heiter*라는 형용사를 총 6회 대면했다. 심지어 이 소설의 마지막 문장에도 다시 한번 나오게 된다. 그것은 하나의 주도모티브이다.

어머니 또한 *heiter*라고 지칭될 때가 한 번 있었고 (57), 아버지도 한 번 있었다 (92). 나타나엘에 관해서도 한 번 나오는데, 그가 "학문과 예술에 힘차고 쾌활하게(kräftig und heiter) 심취했다"에서 나온다 (198 참조). 그러나 이들 인물들과 관련해서 *heiter*가 나오는 일은 더 이상 없다.

(144) *Ganz und gar nicht fürchte ich mich vor ihm und vor seinen garstigen Fäusten, er soll mir weder als Advokat eine Näscherei, noch als Sandmann die Augen verderben. Ewig, mein herzinnigstgeliebter Nathanael etc. etc.*

[L] · *ganz und gar nicht*: überhaupt nicht

· *garstig*: häßlich, abstoßend

· *Näscherei* f.: eine Süßigkeit

· *mein herzinnigstgeliebter* … : herz + innigst + geliebter = innigst von Herzen geliebter

· *innigst*: innig의 최상급

[S] 두 개의 주문장:

  1) *Ganz und gar nicht fürchte ich mich vor ihm* …

2) *er soll mir weder ⋯ eine Näscherei[,] noch ⋯ die Augen verderben.*

문장 2)는 weder-noch 구문이며, 사이의 쉼표는 삭제해야 한다.

[N] 이 문장은 다시금 허구의 인물들의 세계와 실제 작가의 세계 사이의 차이를 유의해 볼 수 있는 계기를 제공한다. 강조된 텍스트 부분 — 즉 텍스트의 결미 부분에 다시 한 번 눈-모티브가 나온다. 클라라의 입장에서는 이것이 우연이다. 적어도 그녀는 이러한 언급을 "효과 면의 전략상으로 실행하거나 계산한" 것이 아니다. 그와 반면에 호프만의 입장에서 관찰하자면 의식적으로 계산된, 지극히 예술적인 기교임이 드러난다.

눈-모티브의 23번째 언급. 강박상태의 인물인 나타나엘에게서는 21회나 등장하지만, 그와 반면에 "개명되었기(aufgeklärt)" 때문에 공포심이 없는 클라라의 경우에는 오직 2회 등장하는 것이다.

다음은 세 편지 모두에 통용된다: 나타나엘은 사악한 힘에 위협 당하고 있다. 클라라는 사람이란 그러한 힘에 대해 무시할 수 있다고 주장한다.

결론과 전망:
클라라의 세계상은 나타나엘의 그것만큼 일방적이다. 클라라에게는 외면 세계와 내면 세계가 일치한다. 그런데 나타나엘은 내면 세계만을 알고 있을 뿐이다.

1.1.3 나타나엘이 로타르에게 II

표면적으로 언급되지는 않으나 전체 소설에 잘못된 의사소통의 테마가 흐르고 있다. 첫 번째 편지의 (4)에 나오는 "Zerrissenheit"라는 용어 또한 이 현상에 꼭 들어맞는다:

   a) 나타나엘은 로타르에게 편지를 쓰는데, 잘못해서 클라라에게 보낸다.

   b) 클라라는 로타르 대신에 답장을 쓴다.

   c) 나타나엘은 답신을 하되, 클라라에게 하지 않고 다시금 로타르에게 한다.

---

(145) *Sehr unlieb ist es mir, daß Clara neulich den Brief an Dich aus, freilich durch meine Zerstreutheit veranlaßtem, Irrtum erbrach und las.*

[L]   · *Sehr unlieb ist es mir.* Ich finde es sehr unangenehm

· *freilich*: 여기에서는 wie ich zugeben muß

· *Zerstreutheit*: zerstreut, nicht konzentriert

· *veranlaßt*: 여기에서는 verursacht

· *erbrach*: (113) 참조.

[S] 혼란스러운 구두점을 정리하고 요약해 보면 쉽게 이해된다:

   Sehr unlieb ist es mir, daß Clara ··· den Brief ··· aus ··· Irrtum [= irrtümlich] *erbrach* [= öffnete].

어떠한 잘못에 의해서인가? *durch ··· meine Zerstreutheit veranlaßtem Irrtum* → durch einen Irrtum, der durch meine Zerstreutheit veranlaßt worden war → irrtümlich, weil ich zerstreut war

[N] 나타나엘의 편지들을 주의 깊게 보는 독자들은 다시금 의식과 무의식간의 갈등을 목격하게 된다. 그는 자신의 오류를 "방심"탓이라고 변명

한다. 그러나 오늘날의 독자, 즉 프로이트의 이론을 아는 독자는 이 오류를 다르게 해석할 것이다: 그가 (아직은) 믿고 있는 사랑과 그가 배제하고자 하는 착란 사이의 갈등으로 해석할 수 있는 것이다.

> (146) *Sie hat mir einen sehr tiefsinnigen philosophischen Brief geschrieben, worin sie ausführlich beweiset, daß Coppelius und Coppola nur in meinem Innern existieren und Phantome meines Ich sind, die augenblicklich zerstäuben, wenn ich sie als solche erkenne.*

[L] · *beweiset* = beweist

· *Phantome*: 여기에서는 Trugbilder

· *zerstäuben*: in winzige Tröpfchen verteilen, versprühen, 여기에서는 verschwinden

[S] 핵심 정보:

> *Sie hat mir einen ⋯ Brief geschrieben, worin sie ⋯ beweiset, daß Coppelius und Coppola nur in meinem Innern existieren ⋯⋯*

[N] 나타나엘은 클라라를 정확하게 이해했다. 누구라도 클라라의 장황한 논증을 더 엄밀하게 더 간결하게 요약할 수는 없을 것이다!

> (147) *In der Tat, man sollte gar nicht glauben, daß der Geist, aus solch hellen holdlächelnden Kindesaugen, oft wie ein lieblicher süßer Traum, hervorleuchtet, so gar verständig, so magistermäßig distinguieren könne.*

[L] · *holdlächelnd*: hold + lächelnd; hold = lieblich, anmutig (오늘날에는 거의 쓰이지 않는다)

· so *gar* verständig: so *durch und durch* verständig

- *magistermäßig*: wie ein Magister, wie ein Gelehrter
- *distinguieren*: unterscheiden, analysieren

[S] 핵심 정보:

> ··· *man sollte ··· nicht glauben, daß der Geist, der aus solch hellen ··· Kindesaugen ··· hervorleuchtet, so ··· verständig ··· distinguieren könne.*

[N] 나타나엘의 새로운 편지에서 눈-모티브가 곧 다시 등장하는 것은 놀라운 일이 아니며, 그것도 클라라 주변을 맴도는 주도모티브인 밝음(hell)과 조합을 이루고 있다 (aus solch *hellen* Kinde*saugen*). 세 번째 모티브인 꿈(Traum)도 이 문장 안에 밀착되어 있다: 이것은 총 텍스트에 11회 등장하는데, 개별적으로 보자면: Traum(5회), Träume(2회), Träumer(1회), Träumereien(1회), Traumgebilde(1회), träumerisch(1회)이다. — 나타나엘에게 "꿈"이라는 단어는 낭만주의 시대에 어울리는 대단히 중요한 의미를 지니고 있다. 그와는 정반대로 클라라는 그것을 오직 아이러니로 사용할 줄밖에 모른다. (143) 참조: *sollte er es sich etwa beikommen lassen, Dir im Traum beschwerlich zu fallen.*

눈-모티브의 24번째 언급

> (148) *Sie beruft sich auf Dich. Ihr habt über mich gesprochen. Du liesest ihr wohl logische Kollegia, damit sie alles fein sichten und sondern lerne. - Laß das bleiben!*

[L] · *sichten und sondern*: prüfen und ordnen

[S] *Du liesest ihr wohl logische Kollegia*: Du hältst ihr wohl logische / wissenschaftliche Vorlesungen liesest = liest

[N] 겉보기에 평범한 문장 *Ihr habt über mich gesprochen*은 당황함과 상처 입은 자긍심을 말해 준다. *Laß das bleiben!*이라는 문장은 공격성을 거의 은폐하지 않고 드러낸다.

> (149) - *Übrigens ist es wohl gewiß, daß der Wetterglashändler Giuseppe Coppola keineswegs der alte Advokat Coppelius ist.*

[S] 핵심 정보:

> *Übrigens ist es wohl gewiß, daß ··· Giuseppe Coppola keineswegs ··· Coppelius ist.*

[N] *Übrigens ist es wohl gewiß*라는 문장은 배반적 모순을 지닌다: 'es ist gewiß' (= ich bin sicher)라는 확신은 그 의미론적으로 확실성(Gewißheit)을 약화시키는 기능을 지닌 wohl이라는 불변화사와 어울리지 않는다. 그것은 나타나엘이 내심 확신하고 있지 않는 무엇인가를 내키지 않게 시인하는 것 같은 면모를 보여준다.

> (150) *Ich höre bei dem erst neuerdings angekommenen Professor der Physik, der, wie jener berühmte Naturforscher, Spalanzani heißt und italienischer Abkunft ist, Kollegia.*

[L] · *Abkunft* f.: Herkunft f.

[S] 핵심 문장: *Ich höre ··· Kollegia.*
이 핵심 문장은 다음과 같이 단계적으로 확장된다:

- Ich höre bei dem Professor der Physik Kollegia.
- Ich höre bei dem erst neuerdings angekommenen Professor der Physik Kollegia.
- Ich höre bei dem erst neuerdings angekommenen Professor der Physik, der Spalanzani heißt und italienischer Abkunft ist, Kollegia.
- Ich höre bei dem erst neuerdings angekommenen Professor der Physik, der, wie jener berühmte Naturforscher, Spalanzani heißt und italienischer Abkunft ist, Kollegia.

구조 스케치:

```
   HSa              HSb
 ┌─────────┐    ┌─────────
 Ich höre │  NS  │ Kollegia
          └──────┘
             der
```

주어와 술어(Ich höre) 그리고 목적어(Kollegia)가 서로 멀리 떨어져 있음에 유의하시오. 동격은 부가정보의 성격을 갖는다.

[N] 이탈리아인 Lazzaro Spalanzani(1729-1799)는 역사적 인물이다. 그는 당대의 괄목할 만한 자연과학자 중의 한 사람이었다. 의학(Medizin: 당시에는 의학 분야에 동식물학도 포함되어 있었다) 교수로서 그는 의학과 심리학의 수많은 기초적 사실들을 발견해냈다. 호프만의 스팔란짜니가 인조 인간의 구성을 위해 노력하는 반면에, 실제의 스팔란짜니는 원천적으로 보다 이성적이었다. 그는 생명은 생명에서만 발생할 수 있음을 증명했다. 바꿔 말하면 생명이 없는 물질에서는 생명이 생성되지 않는다.[47]

---

47. Das Neue Lexikon. Hrsg. von Gerd Seibert und Erhard Wendelberger. Herrsching (1979). Bd. 14, S. 4506 참조.

그런데 학문적 성공은 가끔 이면을 지닐 때가 있다. 스팔란짜니의 실험들은 가끔 끔직하고 혐오스러웠다. 그의 생애는 오늘날 감탄보다는 경악을 전한다.

> (151) *Der kennt den Coppola schon seit vielen Jahren und überdem hört man es auch seiner Aussprache an, daß er wirklich Piemonteser ist. Coppelius war ein Deutscher, aber wie mich dünkt, kein ehrlicher.*

[L] · *überdem*: außerdem
· man *hört* es seiner Aussprache *an*, daß er Deutscher / Koreaner / Piemonteser usw. ist: man *erkennt* es an seiner Aussprache
· *Piemonteser*: jemand aus Piemont, einem Gebiet in Norditalien.
· *mich dünkt*: ich glaube/vermute
· *ehrlich*: 여기에서는 echt, wirklich의 뜻

[N] 나타나엘은 다시금 그가 같은 문장 내에서 돌이키게 되는 말을 한다: 코폴라는 피에몬테사람(이탈리아인)이고, 반면에 코펠리우스는 독일인이다. 이것은 두 사람의 동일성을 배제한다. 어쨌거나 — 나타나엘에 의하면 — 코펠리우스가 진짜가 아닌 것 같다. 즉 순수한, 진정한 독일인이 아닌 것 같다. 이것은 두 사람의 동일성에 대한 가능성을 다시금 포함한다. 게다가 문장 (77)에서 코펠리우스가 말할 때 어형 변화의 실수를 참조하면: *Ein schön* [!] *Paar Kinderaugen* ('schönes'라고 했어야 했다). 그러한 문법적 실수는 발화자가 독일인이 아니라는 암시가 된다.

나타나엘은 스팔란짜니에게 코폴라에 관해서 물어 보았노라고 부차적으로 이야기한다. 거기에 대해 스팔란짜니는 두 가지의 결정적인 정보를 준다.

- 그가 코폴라와 수년간 알고 지내 온 사이라는 것,
- 그러나 코폴라가 그 도시를 떠났었다는 사실 (153 참조).

그러므로 나타나엘은 이제 안심해도 좋으리라. 그러나:

(152) *Ganz beruhigt bin ich nicht.*

[N] 이 문장은 짧기 때문에 양식(Stil)상 강한 인상을 준다.

(153) *Haltet Ihr, Du und Clara, mich immerhin für einen düstern Träumer, aber nicht los kann ich den Eindruck werden, den Coppelius' verfluchtes Gesicht auf mich macht. Ich bin froh, daß er fort ist aus der Stadt, wie mir Spalanzani sagt.*

[S] 두 개의 독립적 문장: 1) 감탄문, 2) 평서문:

1) *Haltet ihr ⋯ mich ⋯ für einen ⋯ Träumer* [das macht mir nicht aus!]

2) *aber nicht los kann ich den Eindruck werden* ⋯ → ich kann den Eindruck nicht loswerden ⋯

Coppelius': 이미 있는 어미 -s로 인해 발음되지 않는 2격 어미 -s의 생략을 나타낸다.

[N] ⋯ *aber nicht los kann ich den Eindruck werden, den Coppelius'[!] verfluchtes Gesicht auf mich macht. Ich bin froh, daß er[!] fort ist* ⋯ : 떠난 사람은 코폴라인데도, 나타나엘은 다시금 코펠리우스에 관해 이야기한다.

(154) *Dieser Professor ist ein wunderlicher Kauz. Ein kleiner rundlicher Mann, das Gesicht mit starken Backenknochen, feiner Nase, aufgeworfenen Lippen, kleinen stechenden Augen.*

[L] · *wunderlicher Kauz*: 이상한 (seltsam) 사람, 기인(Sonderling)이라는 의미
의 관용적 표현. 단어 그대로 Kauz는 올빼미 종류로서, 짧고 가로로
퍼진 모습으로 인해 정말로 이상한 느낌을 준다.

  · *aufgeworfene Lippen*: dicke Lippen

[N] 지금까지는 스팔란짜니가 배경에 머물고 있었지만, 이제 그는 전면
으로 부상한다. 스팔란짜니의 가장 눈에 띄는 특성은 그의 "조그맣고 찌
를 듯한 눈(kleinen, stechenden Augen)"이다. 그것은 결코 좋은 것을 말해
주지 않는다. 코펠리우스의 눈도 "찌를 듯한(stechend)" 눈이었다 (48)!

눈-모티브의 25번째 언급

(155) *Doch besser, als in jeder Beschreibung, siehst Du ihn, wenn Du den
Cagliostro, wie er in Chodowiecki in irgendeinem berlinischen Taschenkalender steht,
anschauest. - So sieht Spalanzani aus.*

[S] 처음의 두 쉼표는 지워야 한다.

[N] Cagliostro [kal'jostro]: 칼요스트로는 변화무쌍한 모험의 인물이다. 그
는 자신을 백작이라 했고, 그러나 실제로는 Giuseppe Balsamo(1743-95)라
고 불리웠다. 발사모 (= 칼요스트로)는 그러므로 코폴라와 같은 이름자
를 지녔고, 두 사람은 이탈리아인이다. 발사모는 자신의 성씨를 바꿨는
데 코폴라 (= 코펠리우스?) 역시 그것이 가능하다. 발사모 또한 코폴라와
마찬가지로 극도로 애매한 인물이다. "그의 명성은 초자연적인 힘들을
지닌 기적의 치료사, 예언자, 마술사, 무면허 의사의 명성이었다."[48] 그는
중세의 마지막 마술사라 불렸다. — 스팔란짜니 역시 이중적 인물이다.

---

48. U. Hohoff (1988), S. 251.

반쯤은 마술사요, 반쯤은 물리학자로서, (코폴라와 더불어) 인조인간을
창조했다. 이 인간을 그는 나타나엘에게 시험해 보려는 것이다.

Daniel Chodowiecki [xodovi'etski, Bach에서의 'ch'처럼 발음하며, 그러나 'k'
발음도 가능]: 효도비예츠키(1726-1801)는 폴란드 혈통의 독일의 동판조각
가요, 화가였다. 그는 한 때 베를린 미술아카데미 원장을 지내기도 했으
며, 2,000점 이상의 동판화와 약 4,000점의 스케치를 남겼다.[49] — 효도비
예츠키는 칼요스트로의 동판화도 만들었다. 이것은 1789년 베를린의 화
보달력에 등장했으며, 나타나엘은 이 그림 내지는 이 달력을 두고 말한
것이다. 교육적이며 대중적인 화보달력(연감: Almanache)은 오늘날의 포
켓판 책들의 선구이다.

> (156) *Neulich steige ich die Treppe herauf und nehme wahr, daß die sonst einer*
> *Glastüre dicht vorgezogene Gardine zur Seite einen kleinen Spalt läßt.*

[L] · *wahrnehmen* (die Wahrnehmung): bemerken
· *Spalt* m.: sehr schmale Öffnung; die Tür oder das Fenster steht einen Spalt
weit offen = ein paar Zentimeter.

[S] 문장론적 복잡성을 약분하면 문장의 기본구조가 드러난다:
··· *ich* ··· *nehme wahr, daß die* ··· *Gardine* ··· *einen* ··· *Spalt* [offen] *läßt.*

[N] 시간의 부사 *neulich*는 과거를 암시한다. 그럼에도 불구하고 나타나엘
은 아직은 — 앞의 텍스트와 상응하게 — 시칭을 현재에 국한하여 말한
다. 물론 이것은 역사적 현재형(historisches Präsens)이다. 객관적 과거의

---

49. 상세한 것은 다음을 참조: Michael Rohrwasser: Coppelius, Cagliostro und Napoleon. Der
verborgene politische Blick E.T.A. Hoffmanns. Ein Essay. Frankfurt am Main 1991.

것이 (그러므로 역사적이라 한다) 서술 행위에서는 — 특히 동적-장면적 서술(bewegt-szenisches Erzählen)에서는 — 주관적 현재적인 것이 된다. 이러한 연유에서 서술자는 원칙적으로 지극히 눈에 띄지 않게 과거와 현재 사이를 넘나들 수 있다. 과거형(Präteritum)이 시사하는 점은 다음과 같다: 서술의 시간적 관점에서 볼 때, 서술된 것(das Erzählte)은 (아득한 또는 가까운) 과거에 놓여 있다. 역사적 현재형은 다른 엑센트를 지닌다: 그 서술된 것이 서술자의 체험 및 상상의 세계 속에서는 현재임을 표명한다. 그러나 그것은 언제라도 과거로 대체될 수 있다.

데자부-체험과 비슷하게 여기서는 옛 체험들이 새로운 형상으로 되돌아온다: 커튼, 층계, 호기심, 시선, 시선의 방해. 그러나 볼 수 없는(Nicht-Sehen-Können) 고통은 이제는 완화되었다. 커튼과 문이 비록 조그마한 틈새의 넓이로나마 방안을 들여다 볼 수 있게 한다.

(157) *Selbst weiß ich nicht, wie ich dazu kam, neugierig durchzublicken.*

[S] *Selbst weiß ich nicht* → Ich weiß selbst nicht. 이 현재형 구문 Ich weiß는 편지를 쓰는 나타나엘의 순간적 현재를 말한다. 그러므로 '진짜(echtes)' 현재형이자, 발화계기-현재형 (= 발화 또는 서술의 순간에 적용됨)이다. (44) 참조. 이어지는 부문장 (*wie es* [damals] *dazu kam* …)에서는 서술자가 다시금 서술시칭을 과거형(Präteritum)으로 넘긴다.

[N] 눈-모티브는 '보다(Sehen)'의 어휘장으로의 집중을 통해 확장된다: Augen - Blick - blicken - sehen 그리고 그에 상응하는 복합어들. 주도모티브에서 모티브 복합체가 생겨나는 것이다. 그러나 간단 명료하게 하기 위해서 앞으로 계속 다만 눈만을 이 복합체의 중심요소로 간주하고 그 수를 열거하겠다.

(158) *Ein hohes, sehr schlank im reinsten Ebenmaß gewachsenes, herrlich gekleidetes Frauenzimmer saß im Zimmer vor einem kleinen Tisch, auf den sie beide Ärme, die Hände zusammengefaltet, gelegt hatte.*

[L] · *hoch*: 여기에서는 aufrecht, relativ groß

· *im reinsten Ebenmaß*: in makelloser Schönheit; Ebenmaß: Gleichmaß, Regelmäßigkeit, Harmonie

· *Frauenzimmer n.*: 원래 이 단어는 여성용 방을 일컫는 데에 사용되었다. 17세기에 와서는 그것이 개인을 지칭하는 말로서 전이되었고, 그로부터 원래의 의미를 잃게 되었다. 나중에는 이 단어는 의미의 손상을 거친 뒤에 오늘날에는 다만 이이러니로서 혹은 '여자(Frau)'에 대한 아주 경멸적인 뜻으로 사용되고 있다. 물론 나타나엘의 시대에는 아직 그러한 뜻이 없었다.

· *Ärme*: Arm m.의 옛 복수형, 오늘날에는 Arme

[S] 핵심 문장은 단순하다:

   Ein ··· Frauenzimmer saß im Zimmer ···

[N] 나타나엘이 받은 첫 번째 시각적 인상은 특별히 강하다 (*herrlich*).

(159) *Sie saß der Türe gegenüber, so, daß ich ihr engelschönes Gesicht ganz erblickte.*

[N] 나타나엘은 그녀의 아름다움에 매혹된다 (*engelschönes Gesicht*).

(160) *Sie schien mich nicht zu bemerken, und überhaupt hatten ihre Augen etwas Starres, beinahe möcht ich sagen, keine Sehkraft, es war mir so, als schliefe sie mit offnen Augen.*

[S] 세 개의 문장:

1) *Sie schien mich nicht zu bemerken*

2) *überhaupt hatten ihre Augen etwas Starres* ···

3) *es war mir so, als schliefe sie mit offnen Augen.*

möcht = möchte; 인칭어미의 탈락은 구어체에서는 보통이며, 사적인 서한 같은 강제성 없는 양식의 경우에도 사용 가능하다.

[N] 눈-모티브의 포도송이 같은 팽창: 주도모티브 응고(starr)와 연합을 이루어, 눈-시력-눈.

눈-모티브의 26, 27번째 언급

> (161) *Mir wurde ganz unheimlich und deshalb schlich ich leise fort ins Auditorium, das daneben gelegen.*

[L] · *fortschleichen*: fort + schleichen; *schleichen*: ganz leise gehen

· *Auditorium* n.: Hörsaal; 그러므로 이 장면은 대학의 건물 내에서 발생하며, 유리문 뒤의 방은 다름 아닌 스팔란짜니의 연구실이다.

[S] *Mir wurde ganz unheimlich* = Es wurde mir ganz unheimlich.

> (162) *Nachher erfuhr ich, daß die Gestalt, die ich gesehen, Spalanzanis Tochter, Olimpia war, die er sonderbarer und schlechter Weise einsperrt, so, daß durchaus kein Mensch in ihre Nähe kommen darf.*

[L] · *sonderbarer und schlechter Weise*: 오늘날에는 sonderbarerweise und schlechterweise, 또는 auf sonderbare und schlechte Weise

[S] 구두점을 변경해서 보면 문장론적 분석이 더 쉬워진다:

- *Spalanzanis Tochter*[,] *Olimpia*: 이 쉼표를 지운다!
- *so*[,] *daß*: 이 쉼표 역시 지운다!

현재동사 "einsperrt"는 세 시점으로 펼쳐진다. 1) 나타나엘이 올림피아를 처음으로 보다(erblickt), 2) "nachher", 3) 서술의 시간(이야기 시점).

구조 스케치:

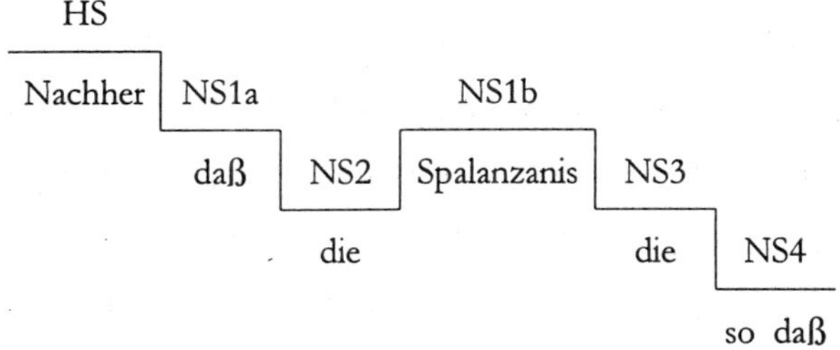

[N] Olimpia는 오늘날에는 Olympia라고 쓰며, — 그리스 신화에 따르면 — "천상의 여인(die Himmlische)"라고 번역된다.[50]

---

(163) - *Am Ende hat es eine Bewandtnis mit ihr, sie ist vielleicht blödsinnig oder sonst.*

[L] · *damit hat es eine* (besondere/eigene) *Bewandtnis*: 오늘날에도 사용되는 관용구; 의역: damit sind besondere/eigene Umstände verbunden

· *blödsinnig*: schwachsinnig

· *oder sonst*: irgend etwas

---

50. U. Hohoff (1988), S. 252 f. 참조.

(164) *Weshalb schreibe ich Dir aber das alles?*

[N] 지식의 이면(裏面)은 무지이다. 나타나엘은 이미 (157)에서 여기에서와 비슷하게 자문했다:

   a) *Selbst weiß ich nicht, wie ich dazu kam, neugierig durchzublicken.*

그리고 여기에서:

   b) *Weshalb schreibe ich Dir aber das alles?*

주의 깊은 독자라면 나타나엘의 호기심을 나타나엘 자신 보다 더 잘 해석할 수 있을 것이다. 이 올림피아-체험에서는 이미 오래 전부터 그를 강박관념처럼 따라다니던 외상성 충격이 암시적으로 되풀이 되고 있는 것이다: 그의 눈에는 허용되지 않는 비밀. 이번에는 이러한 시각 장애 — 드리워진 커튼 — 를 극복하는 데에 성공하긴 하나, 그것은 다만 올림피아를 바라보기 위한 것으로 한정되며, 그 올림피아 또한 그에게 다시금 비밀일 따름이다. 모래귀신의 경우 비밀의 발견은 경악에 가까운 공포로 끝난다. 이번에는 무엇이 그를 기다리는 것일까? — 뿐만 아니라 독자는 나타나엘의 약혼녀에 대한 관계가 위협됨을 예감한다. 두 사람은 상반된 세계관을 지니고 있기 때문이다. 나타나엘이 자신을 보다 잘 이해해 줄 수 있을 누군가를 만나게 된다 해도, 그것은 놀랄 일이 아니다.

(165) *Besser und ausführlicher hätte ich Dir das mündlich erzählen können.*

[N] 나타나엘의 자기비판적 질문은 쉽게 대답된다: 올림피아-체험이 그를 너무도 집중시켰기에 그는 무조건 누군가에게라도 당장 이야기를 해야 한다. '이야기하는 것(Erzählen)' 자체가 나타나엘에게는 치유적 기능을 갖는다.

---

(166) *Wisse nämlich, daß ich über vierzehn Tage bei Euch bin.*

[L] · *über* vierzehn Tagen: *in* vierzehn Tagen

[S] *Wisse nämlich*: wisse: 접속법 제 1식 = Du sollst nämlich wissen

---

(167) *Ich muß mein süßes liebes Engelsbild, meine Clara, wiedersehen.*

[N] 나타나엘은 이미 그의 첫 번째 편지의 서장에서 클라라를 "내 사랑스런 천사의 상(mein holdes Engelbild)"이라고 표현했다 (2). 이제 그 화법이 반복되어, "내 달콤한 사랑스런 천사의 상(mein süßes liebes Engelsbild)"이라고 부른다. 이 표현은 그 사이 미사여구의 상투어나 스테레오판 같은 투로 반복된다. 거기에 정서적 무게는 별로 느껴지지 않는다. 그러나 나타나엘이 올림피아를 묘사하면서 그녀의 "천사처럼 아름다운 얼굴(engelschönes Gesicht)"을 언급할 때는 전혀 다르게 행동한다 (159).

---

(168) *Weggehaucht wird dann die Verstimmung sein, die sich (ich muß das gestehen) nach dem fatalen, verständigen Briefe meiner bemeistern wollte.*

[L] · *weggehaucht*: weg + hauchen; Hauch m.: leichter, aber hörbarer Atem
· eine Verstimmung, *die sich meiner bemeistern wollte*: eine Verstimmung, *die mich erfassen wollte*
· *fatal*: 여기에서는 unangenehm
· *verständig*: vernünftig

[S] 핵심 문장:
   Weggehaucht wird dann die Verstimmung sein, die sich ⋯ meiner bemeistern wollte.

[N] *fatal*과 *verständig*의 결합은 정말 독특하다: 형용사 *fatal*은 원칙적으로 부정적 의미를 지녔고, 형용사 *verständig*는 어쨌거나 긍정적 의미를 지녔다. 그러니 어떤 편지가 과연 숙명적이자 이성적일 수 있는가? 대답은 단어유희로서 밝혀질 수 있을 것이다: 클라라의 이성적 편지가 사실은 몰이해하다. 나타나엘의 언짢은 기분은 충분히 이해될 만하다.

> (169) *Deshalb schreibe ich auch heute nicht an sie. Tausend Grüße etc. etc. etc.*

[L] · *etc.*: 라틴어 'et cetera'의 축약형; und das übrige = usw. = und so weiter

[N] 함축적으로 설명하자면: 그는 언짢은 기분 때문에 클라라에게 편지를 쓰지 않으려는 것이다.

요약:

첫 번째 편지를 읽으면서 독자는 곧 흔들리는 땅에 들어서게 된다. 무엇을 믿고 무엇을 믿지 말아야 하는가? 클라라의 편지는 나타나엘의 편지 중에 나오는 많은 불일치의 사실들을 해명해 주는 것 같다. 그렇지만 클라라의 해석도 신용할게 못된다. 세 번째 편지는 일종의 중간층을 제시해 준다. 그렇지만 나타나엘이 안심한 것은 아니다. 결말의 상황은 고도로 불안정하다. 해결되지 않은 긴장들이 다음에 전개될 이야기의 동인이 된다. 그러니까 무엇인가가 일어나리라!

1.2 이야기

1.2.1 나타나엘-클라라 이야기

1.2.1.1 첫 번째 서술자 해설

도입으로서의 세 편지글에 이어서 이제는 무엇인가 새로운 것이 시작된다. 처음으로 상위에 존재하는 원 서술자가 입을 연다. 나타나엘은 더 이상 이야기를 하지 않고, 그와 그의 인생이 이야기되는 것이다. 이 서술자의 전환은 극명하게 연출된다. 이야기가 계속되어야 할 자리에, 이제 서술의 특이성과 난점들에 관해 논의하는, 거창하게 구상된 서술자 해설이 들어온다. 여기에서 서술자는 여러 다른 표현으로 직접 수신자(독자)에게 이야기를 건넨다.

> (170) *Seltsamer und wunderlicher kann nichts erfunden werden, als dasjenige ist, was sich meinem armen Freunde, dem jungen Studenten Nathanael, zugetragen, und was ich dir, günstiger Leser! zu erzählen unternommen.*

[L] *seltsamer und wunderlicher:* 이 두 형용사가 여기에서는 서로를 강조해 준다. 내용상으로는 서로 다르다기 보다는 비슷하다.

es hat sich etwas *zugetragen:* es hat sich etwas *ereignet;* es ist etwas *geschehen/ passiert*

günstiger Leser: lieber Leser

[S] 핵심 정보:

Seltsamer ⋯ kann nichts erfunden werden, als dasjenige ist, was sich ⋯ [dem] Nathanael, zugetragen ⋯

두 개의 완료형을 보충해서 읽으시오:

- *··· was sich mit meinem armen Freunde ··· zugetragen* [hat],
- *was ich dir ··· zu erzählen unternommen* [habe].

[N] 이 문장은 서술의 과정에서 요청되는 요소 일체를 다 갖추고 있다.

    a)　사건(Geschehen)

    b)　서술자(Erzähler)

    c)　청자/독자(Hörer/Leser)

서술자란 허구적 사건의 언어화 기관이다. 그가 사건의 차원에 등장하면, 그는 일인칭 서술자(ICH-Erzähler)가 되고, 사건에 등장하지 않으면 그는 삼인칭 서술자(ER-Erzähler)가 된다.[51] 첫 번째 경우 그는 무엇보다도 자기 자신에 관해 이야기하며, 두 번째 경우 그는 다만 타인들에 관해서만 이야기한다. 두 경우 모두 그는 사건을 결코 객관적으로 이야기하지 않는데, 즉 시점에 따라 이야기하는 것이다. 나타나엘의 시점은 이미 그의 첫 번째 편지에서 알려졌고, 클라라와 로타르의 시점은 답장에서 알려졌다. 두 시점은 이제 제 3의 시점으로 보충된다.

새로운 서술자는 나타나엘을 자신의 친구라고 주장한다. 이것은 어떤 일인칭 서술자를 암시하며, 그는 줄거리의 평면 어딘가에 적어도 관망하는 주변 인물로서라도 (주요 인물이 아니라) 등장해야 할 것이다. 그렇지만 그는 줄거리 중에 나오지 않는다. 그래서 이 서술자는 — 본인의 주장과는 다르게 — 타인들에 관해서만 이야기할 뿐 자신에 관해서

---

51. 이 ER-Erzähler의 "ER"는 남성(vs. 여성)의 특징을 포함하지 않는다. 영어에서는 이와 관련하여 "삼인칭 서술자(Third Person Narrator)"라는 표현을 쓴다. 이 경우 혼동을 줄 수 있을 "er"를 피할 수 있다. 그러나 이 표현이 독일어에 전이될 때는 복잡한 감이 있다. 그러므로 독일어로는 앞으로도 계속 이러한 약간의 오해의 소지가 있는 이 표현을 계속 사용하기로 한다. 단 한글 용어는 영어에 준해서 "삼인칭 서술자"라 한다.

는 한 마디도 하지 않는 (익명의) 삼인칭 서술자인 것이다. 다시 말하면 그는 전지적 삼인칭 서술자이다. 전지적 서술자라 함은 이야기하면서 동시에 이야기된 것을 문제시하고 평가하는, 간단히 말해서 해설·주석하는(kommentieren) 서술자를 일컫는다. 새로운 서술자는 바로 그러한 해설로 이야기를 시작한다. 이 해설의 전반부는 내면의 상들을 외면의 형상으로, 여기에서는 언어로 변형함에서 발생하는 일반적 문제점을 논의한다. 후반부는 텍스트의 효과적인 시작에 관한 특정한 문제를 논의한다. 이 부분은 아래 (183)에서 참조하시오.

첫 문장은 '사실과 허구'에 관한 토포스[= 전통적 모티브]를 포함하고 있다. 때로는 실제 인생이 꾸며낸 사건들보다 "더 기이하고 더 놀라울 수 있다"는 것이다. 이 문장의 기이함은 패러독스 같은 것을 낳는다. 나타나엘이 체험한 것은 꾸며낸 이야기가 아니라 사실이라고 주장되어 있다. 이것은 작품 내재적 서술자에게는 실제 들어맞는 말이다. 그에게는 사건이 '현실'인 것이다. 그는 사건을 꾸며내지 않고 단순히 재현할 뿐이다. 이 현실이 '허구적' 현실이라는 사실은 실재하는 작가의 입장에서 볼 때 비로소 인식되는 것이다. 작가는 이야기할 사건들만 창작하는 것이 아니라, 이 사건의 서술자도 창작한다. 작가와 서술자가 두 개의 다른 기관이라는 사실은 해설의 첫 문장에서도 이미 나타나 있다. 서술자는 자신이 주인공의 친구라고 주장할 수 있다 (그것이 맞건 아니건). 에. 테. 아. 호프만은 그 같은 주장을 할 수 없다. 호프만의 현실에는 나타나엘도 코펠리우스도 존재하지 않는다. ― 서술자가 여기에서 내놓는 문제는 나타나엘에게 중요한 의미가 있다: 나타나엘은 끊임없이 사실과 허구의 경계를, 체험과 꿈의 경계를, 광증과 현실의 경계를 넘나들기 때문이다.

이 문장의 의문문 형식은 독자와의 가능한 접촉을 위한 매우 직접적이고 암시적인 태도를 나타낸다. (여기에서 언급된 서술 구조의 시각적 도표는 "3 자료"의 도해 3을 참조하시오.)

서술된 사태의 차원에서 시간 관계는 매우 복잡 미묘하다. 앞서의 편지에서 나타나엘은 2주 후에 집에 돌아가겠다고 썼다. 이 미래의 사건과 관련해서 지금 이야기되고 있는 시간은 불분명하다. 그러나 현재완료형 (*zugetragen* [hat])은 우리가 엄청난 시간의 간격을 예상해야 함을 암시한다. 나타나엘에 관해서 이야기되는 모든 것은 이미 일어나 버린 사건이다! 서술 시간 (vs. 서술된 시간)에 나타나엘은 이미 살아 있지 않다! 나타나엘이 사건들 자체에서 방향을 잃었듯이, 독자는 서술된 사건들에서 방향을 잃게 된다.

> (171) *Hast du, Geneigtester! wohl jemals etwas erlebt, das deine Brust, Sinn und Gedanken ganz und gar erfüllte, alles andere daraus verdrängend?*

[L] · *Geneigtester*: 19세기의 작가라면 그의 독자들에게 운을 떼곤 하던 용어 "geneigter Leser"의 강조.
· *Brust*: 여기에서는 Herz, Gefühl

[S] 핵심 정보:

　　Hast du ⋯ jemals etwas erlebt, das deine Brust ⋯ ganz und gar erfüllte ⋯?

> (172) *Es gärte und kochte in dir, zur siedenden Glut entzündet sprang das Blut durch die Adern und färbte höher deine Wangen.*

[L] · *gären*: 포도즙이 포도주가 되기 위해서는 발효/부글부글 끓어야 (gären)한다. 전이된 의미로서: Es gärt im Volk: das Volk ist sehr unzufrieden; 감정들이 폭발 전야와 같다.

· *sieden*: auf kleiner Flamme kochen
· *Adern*: Blut fließt durch die Adern

[S] 두 개의 문장:

1) *Es gärte und kochte in dir*

2) *zur ··· Glut entzündet[,] sprang das Blut durch die Adern ···*

[N] 이 문장의 주제는 서술의 동기(Erzähl*motivation*)이다. 왜 한 사람의 서술자가 하나의 사건 또는 자신의 사건을 이야기하는가? 서술 과정은 언어로 표현하지 않을 수 없는 체험으로 인해서 야기된다. 덧붙여 그는 관심을 가진 청자/독자(수용자)로부터 자극을 받는데, 왜냐하면 서술자는 원칙적으로 누군가에게 이야기하기 때문이다. 익명의 서술자 — 그를 "모래귀신-서술자"라고 부르기로 하자 — 는 그의 생각들을 처음부터 완전한 의사소통 상황에 설정한다: 그 자신은 서술자이고, 나타나엘의 운명은 이야기할 내용에 해당하며, 관심 있는 독자는 수취인이다. — 첫 번째 편지에서 나타나엘은 자기 자신의 체험을 이야기하며, 로타르가 수취인이다. 이 편지이야기에서 다시금 아이들에게 이야기를 해주는 아버지가 삽입되어 나타난다. — 결론적으로 나타나엘도 즐겨 이야기를 하는데, 다만 그는 관심 있는 청자를 만나지 못한다. 특히 클라라는 그의 이야기들을 좋아하지 않는다.

동사 불붙이다(entzünden)는 주도모티브로서 텍스트단위 (136), (176), (228: 2회)와 (267)에 등장한다. 특히 (228)을 참조하시오: 클라라의 차가운 정서는 불붙지 않는다.

> (173) *Dein Blick war so seltsam als wolle er Gestalten, keinem andern Auge sichtbar, im leeren Raum erfassen und die Rede zerfloß in dunkle Seufzer.*

[S] 두 개의 핵심 문장:

   1) *Dein Blick war … seltsam …*

   2) *die Rede zerfloß …*

[N] 비유적 표상들은 말로 표현되어야 한다. 상(Bild)들을 언어로 전이시키는 것과 그로부터 ― 독자에게서 ― 언어에 의해 다시금 상으로 전이되는 것은 원칙적인 서술의 문제점에 속한다. 이것이 여기에서 언급되는데, 무엇보다도 이 과정의 실패가 묘사되어 있다.

눈-모티브의 28번째 언급

> (174) *Da frugen dich die Freunde: "Wie ist Ihnen, Verehrter? - Was haben Sie, Teurer?" Und nun wolltest du das innere Gebilde mit allen glühenden Farben und Schatten und Lichtern aussprechen und mühtest dich ab, Worte zu finden, um nur anzufangen.*

[L] · *frugen*: fragen, fragte (= frug), hat gefragt에서 옛 과거형, 여기에서는 복수 3인칭 -en.

· *Verehrter, Teurer*: 독자에 대한 호칭이며, 여기에서는 약간 유머적으로 들린다.

· *sich abmühen*: sich sehr anstrengen

[S] 단축형:

   Und nun wolltest du das innere Gebilde … aussprechen und mühtest dich ab, Worte zu finden …

[N] *das innere Gebilde*: 상들을 언어로 전이시키는 과정에서 원칙적으로 찌

그러뜨리기, 축소, 회화가 나타난다. "내면의 형상" 대 "표현" 즉 "밖으로 표출하기"의 대비는 아래 (177)에서 분명히 드러난다.

das innere Gebilde: 형상(Gebilde)은 3차원적이고, 상(Bild)은 2차원적이다. 내면의 상의 표현(Aussprechen = Erzählen)은 다양한 문제점을 지니고 있다. 하나의 상(또는 형상)의 인상적 개관은 서술의 과정에서 해체될 수밖에 없다. 그럼으로써 원래의 상의 통일적인 영향의 효과는 사라져 버릴 수 있다. — "내면의 형상" 대 "표현, 즉 밖으로 표출하기"의 대비는 아래 (177)에서 분명히 드러난다.

> (175) *Aber es war dir, als müßtest du nun gleich im ersten Wort alles Wunderbare, Herrliche, Entsetzliche, Lustige, Grauenhafte, das sich zugetragen, recht zusammengreifen, so daß es, wie ein elektrischer Schlag, alle treffe.*

[L]　·　*es war dir*: es schien dir = es hatte den Anschein

[S] 단축한 표현:

　　⋯ *es war dir, als müßtest du ⋯ alles Wunderbare ⋯ zusammengreifen, so daß es ⋯ alle treffe.*

나중의 두 번의 쉼표는 지워도 된다.

구조 스케치:

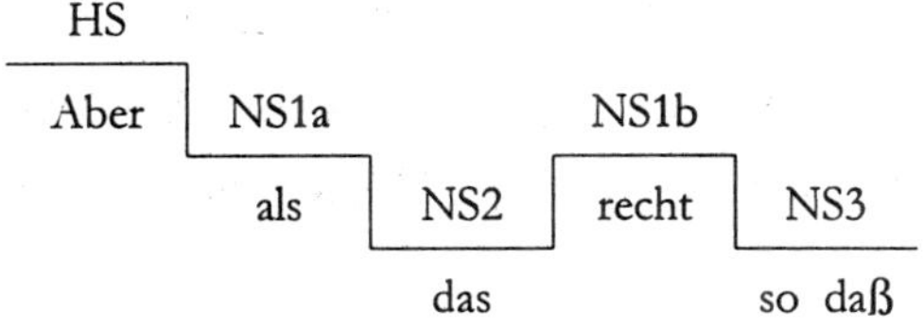

[N] 이 문장의 주제는 희망하는 서술 효과와 그것을 획득하는 데에 따르는 어려움이다. 문제는 동시적으로 관조할 수 있는 상(Bild) 또는 한 사건의 맥락을 어떻게 언어의 단선적(linear) 구조로 전환시키는가 하는 것이다. 상에서는 동시에 통일적 인상으로서 있었던 것이, 언어화 과정에서는 최소한의 정보단위들로 나뉘어서 차례로 제시되어야 한다. 거기서 두 가지의 원칙적인 서술기법의 문제가 발생한다: 첫째는 세부사항의 밀도의 문제요, 둘째는 순서의 문제이다. 얼마나 많이 서술할 것인가, 그리고 어디에서 시작할 것인가?

---

(176) *Doch jedes Wort, alles was Rede vermag, schien dir farblos und frostig und tot. Du suchst und suchst, und stotterst und stammelst, und die nüchternen Fragen der Freunde schlagen, wie eisige Windeshauche, hinein in deine innere Glut, bis sie verlöschen will.*

[L] · *Rede*: 여기에서는 Sprache

[S] 단축형:

1) *Doch jedes Wort* ··· *schien dir farblos und frostig und tot.*

2) *Du suchst und suchst* [nach Worten]

3) *die* ··· *Fragen* ··· *schlagen* ··· *in deine* ··· *Glut* ···

*wie eisige Windeshauche*의 앞과 뒤의 쉼표는 지워도 된다.

[N] 이 장면은 표현 불능의 주제를 표현하고 있다.[52] 이들은 그러나 나타나엘에게 "얼음장같은 바람의 입김처럼(*wie eisige Windeshauche*)" 작용했을 클라라의 냉정한 편지에 대한 경고이기도 하다. 내면적으로 관조한 것을

---

52. U. Hohoff (1988), S. 255.

밖으로 표출하기는 실패한다.

> (177) *Hattest du aber, wie ein kecker Maler, erst mit einigen verwegenen Strichen, den Umriß deines innern Bildes hingeworfen, so trugst du mit leichter Mühe immer glühender und glühender die Farben auf und das lebendige Gewühl mannigfacher Gestalten riß die Freunde fort und sie sahen, wie du, sich selbst mitten im Bilde, das aus deinem Gemüt hervorgegangen!*

[L] · *verwegen*: kühn, wagemutig

[S] 핵심 정보:

1) *Hattest Du ⋯ den Umriß ⋯ hingeworfen, so trugst du mit leichter Mühe ⋯ die Farben auf*

2) *das ⋯ Gewühl mannigfacher Gestalten riß die Freunde fort*

3) *sie sahen ⋯ sich selbst mitten im Bilde ⋯*

이 문장의 거짓 복잡성을 유발하는 책임은 길고도 도입부 없이 시작되는 조건문(*so*까지) 때문이며, 또한 계속 연결되면서 혼란한 구두점을 사용하는 두 개의 주문장 때문이다. *so* 앞의 모든 쉼표는 지워도 된다. 반대로 제2 주문장과 제3 주문장은 쉼표로 서로 구분되어야 한다 (매번 *und* 앞에 쉼표). 문장성분 "*wie du* [dich]"는 동격으로 파악되어야 한다. 그렇다면 두 개의 쉼표는 정당성을 지닌다. 이어지는 관계문의 현재완료형은 조동사 sein이 생각 속에서 보충되어야 한다: *das aus deinem Gemüt hervorgegangen* [ist]*!*

구조 스케치:

```
            HS1       HS2       HS3
         ┌────────+────────+────────┐
  NS1    │  so       und      und   │  NS2
 ────────┘                          └────────
  Hattest                              das
```

이 문장의 단순화한 의역:

  Hattest Du erst einmal eine Skizze angefertigt, dann konntest du später
  die Farben hinzufügen.

[N] 상(Bild)과 형상(Gebilde) 또한 텍스트의 진행에 따라 주도모티브로 성
장한다. 그것들은 총 18회 등장하며, 개별적으로는 Engelsbild (2회), Bild
(6회), Bilder (2회), Bilderbücher (1회), Spiegelbild (1회), Bildsäule (1회),
Gebilde (2회), Traumgebilde (1회), Schattengebilde (1회), Teufelsbild (1회) 이
다. 단어사적으로 보아서 이 두 단어는 가까운 친족관계에 있다:

Bild: 고고독일어 bilidi. 게르만어의 어간 bil-은 마성적 의미를 가졌을 것
이다. 그래서 Bild라고 하면 우선 징조를 의미한다. 계속된 발전에서는
추측하건대 Gestalt와 Gebilde가 있었다. 괴테 참조: kein schöner[es] Bild
sah ich in meinem Leben [= keinen schöner gestalteten Menschen …]. 최근에
야 비로소 이 단어는 화가의 작업(그림)으로 한정되었다. — 뿐만 아니라
Bild는 상상 속에서만 형상되는 것과 관련되며, 그래서 Erinnerungsbild,
Phantasiebild, Traumbild, Schreck(ens)bild 등의 복합어에 나온다. Bild는 가
끔 무엇인가 다른 것의 모사를 지칭하기도 한다.[53] — 그런 의미에서 모
래귀신-서술자는 그의 환상의 상과 회상의 상들을 표현하려고 시도한다.

---

53. H. Paul (1981), S. 98 f.

데터링에 따르면 여기에는 "내적 현상의 객관화된 형상으로의 전이"가 묘사된다.54 이 변형의 예술적 목표는 절대적 환영(Illusion)이다. 청자/독자는 모든 거리감을 잃고 서술된 세계 속으로 함께 들어가야 한다. 후일 브레히트 B. Brecht는 이러한 목표 설정에 의문을 제기하게 된다(소외를 통한 환영의 파기). 그러나 우리는 아이러니처럼 브레히트적 환영 파기의 선(先)형태를 이미 이 소설에서 보게 된다. 첫째, 이야기를 그때그때 중단시키는 서술자 해설이요, 둘째로는 내면의 상들을 외면적 형상으로 전환시키는 일이 완전히 성취될 수 없다고 하는 고백이며, 셋째로는 이어지는 다음 문장의 아이러니로 인해서이다.

> (178) - *Mich hat, wie ich es dir, geneigter Leser! gestehen muß, eigentlich niemand nach der Geschichte des jungen Nathanael gefragt; du weißt ja aber wohl, daß ich zu dem wunderlichen Geschlechte der Autoren gehöre, denen, tragen sie etwas so in sich, wie ich es vorhin beschrieben, so zu Mute wird, als frage jeder, der in ihre Nähe kommt und nebenher auch wohl noch die ganze Welt: "Was ist es denn? Erzählen Sie Liebster?"*

[L] · du weißt *ja* aber wohl: 뉘앙스불변화사, 비강세: 이러한 *ja*는 사태를 논의의 여지가 없는, 보편적 동의(Konsens)로 생각되는 것으로 표시해 준다.55 (23)에서의 ja4와 같음.

· *wunderliches Geschlecht* n.: seltsame Gruppe von Menschen

· *zu Mute werden*: 오늘날의 표기법으로는 zumute; Mute의 'u'에, 즉 제 2음절에 분명한 강세가 있다: in eine Stimmung sein oder geraten, 예) mir

---

54. Klaus Detering: Die Poetik der inneren und äußeren Welt bei E.T.A. Hoffmann. Zur Konstruktion des Poetischen in den Werken und Selbstzeugnissen. Frankfurt am Main / Bern / New York / Paris (1991), S. 33 (Berliner Beiträge zur neueren deutschen Literaturgeschichte. Bd. 15).
55. U. Engel (1991), S. 235.

ist (wird) seltsam/ängstlich/unheimlch zumute; Stimmung을 의미하는 영어의 mood와 친족. 또 다른 예) Mir wird ganz traurig zumute = ich werde ganz traurig

[S] 핵심 정보:

1) *Mich hat … niemand nach der Geschichte … gefragt*

2) *du weißt … aber …, daß ich zu dem … Geschlechte der Autoren gehöre …*

2)의 구조 스케치:

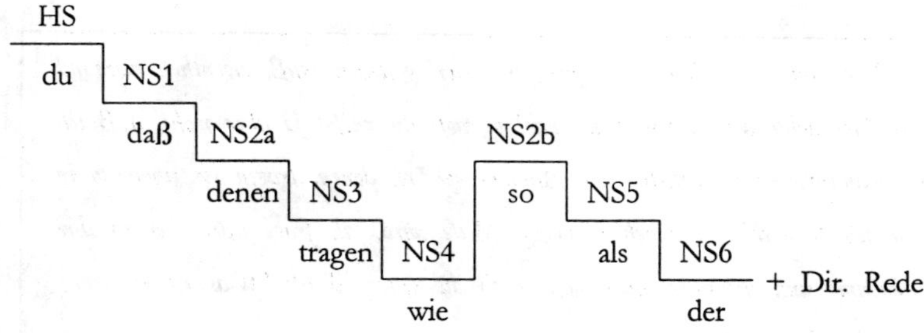

문장 2)의 복잡성은 다음과 같이 구축된다:

- *du weißt ja aber wohl* (HS)

- *daß ich zu dem wunderlichen Geschlechte der Autoren gehöre* (NS1: 목적어문)

- *denen* (NS2a: 관계문 1부)

- *tragen sie etwas so in sich* (NS3: 도입부 없는 조건문)

- *wie ich es vorhin beschrieben* [habe] (NS4: 양태문)

- *so zu Mute wird* (NS2b: 관계문 2부)

- *als frage jeder* (NS5: 비현실적 비교문, 접속법 제 I식)

- *der in ihre Nähe kommt und nebenher auch wohl noch die ganze Welt* (NS6: 관계문)

- *"Was ist es denn? Erzählen Sie Liebster?"* (NS5에 이은 직접화법)

[N] 아이러니의 신호는 진술된 것의 진정성을 늦춘다. 1)에서는 놀라는 기분의 저하로 인해서 아이러니가 발생한다: *Mich hat … eigentlich niemand nach der Geschichte gefragt.* 2)에서는 과장법 양식의 형태로 인해서 발생한다: *und nebenher auch noch die ganze Welt* 같은 구절을 참조하시오.

---

(179) *So trieb es mich denn gar gewaltig, von Nathanaels verhängnisvollem Leben zu dir zu sprechen.*

[S] 단순화한 표현:

    So trieb es mich …, von Nathanaels … Leben … zu sprechen.

[N] 서술자-해설의 첫 문장처럼 이 문장도 서술의 모든 의사소통에 필요한 기본 사항을 가지고 있다:

    a)   서술자: *So trieb es mich*

    b)   서술되어야 할 사건: *von Nathanaels verhängnisvollem Leben*

    c)   청자/ 독자: *zu dir*

---

(180) *Das Wunderbare, Seltsame davon erfüllte meine ganze Seele, aber eben deshalb und weil ich dich, o mein Leser! gleich geneigt machen mußte, Wunderliches zu ertragen, welches nichts Geringes ist, quälte ich mich ab, Nathanaels Geschichte, bedeutend - originell, ergreifend, anzufangen:*

[L] · *weil ich dich … geneigt machen mußte:* weil ich dich darauf vorbereiten mußte

· *welches nichts Geringes ist:* was nicht so einfach ist

· *sich abquälen:* mühsam arbeiten

[S] 두 개의 문장:

    1)   *Das Wunderbare* ⋯ *erfüllte meine* ⋯ *Seele*

    2) ⋯ *deshalb* ⋯ *quälte ich mich ab, Nathanaels Geschichte* ⋯ *anzufangen:*

[N] 독자로 하여금 "신기한 것(das Wunderbare)"을 기대하게 만들기란 어렵다고 하는 서술자의 전제는 계몽적 사고의 한계와 관련된다. 서술자는 자신의 동시대인 수신자에게 신기한 이야기를 마련해 주는 것이 어렵다고 생각하는 것이다.

---

(181) *"Es war einmal"* - *der schönste Anfang jeder Erzählung, zu nüchtern!* - *"In der kleinen Provinzialstadt S. lebte"* - *etwas besser, wenigstens ausholend zum Klimax.* - *Oder gleich medias in res: '"Scher er sich zum Teufel,' rief, Wut und Entsetzen im wilden Blick, der Student Nathanael, als der Wetterglashändler Giuseppe Coppola"* - *Das hatte ich in der Tat schon aufgeschrieben, als ich in dem wilden Blick des Studenten Nathanael etwas Possierliches zu verspüren glaubte; die Geschichte ist aber gar nicht spaßhaft.*

[L] · *medias in res*: 라틴어, 원래는 in medias res: Mitten in die Sache hinein, 그러므로 ohne Einleitung

· a) *Scher er sich zum Teufel!* = b) Scher dich zum Teufel! = c) Geh zum Teufel! a)에서의 인칭대명사 *er*는 2인칭 *du*를 대신한다. 옛날에는 낮은 계층의 사람들에 대해서 "er/sie"로 호칭했다. b)와 c)는 오늘날에도 사용되는 관용구이다. 의역: Du (= Coppola) sollst auf der Stelle verschwinden (und zwar zum Teufel / in die Hölle).

· *possierlich*: lustig. 문학 형식 Posse 소극(笑劇) 참조.

· *verspüren*: spüren

[N] 서술자는 서술 텍스트의 시작에 관하여 세 종류의 관행적 가능성을 논의한다:

　1) 많은 동화에서의 상투적 서언: *Es war einmal*

　2) 우선 사건의 장소를 칭하고 그 다음에 곧 바로 주인공을 소개하는 텍스트의 시작

　3) medias-in-res 시작

세 번째의 시작(*Scher er sich zum Teufel*)을 서술자는 "재미있다(spaßhaft)"고 생각한다; 이 말로써 — 호호프에 의하면[56] — 나타나엘은 코폴라를 "악마에게로" 쫓아낸다는 것이 하필이면 코폴라의 제2의 자아인 코펠리우스에게로 보내게 되는데, 나타나엘은 이미 코펠리우스를 "악마 같다(teuflisch)"라고 했기 때문이다 (특히 103 참조).

(182) *Mir kam keine Rede in den Sinn, die nur im mindesten etwas von dem Farbenglanz des innern Bildes abzuspiegeln schien.*

[L]　·　*abspiegeln*: spiegeln은 여기에서는 sprachlich wiedergeben

[N] 이 문장으로 서술자는 호프만의 시학의 근본적 요청을 표현한다: 예술가는 현실을 반영 내지 모사하려 하지 않고 이 현실이 지닌 내면의 상을 반영하려 한다는 것!

(183) *Ich beschloß gar nicht anzufangen.*

[S] 이 문장에는 무조건 쉼표가 들어가야 한다: *Ich beschloß[,] gar nicht anzufangen.* 읽을 때에는 부정(不定) 'gar nicht'에 강세를 두어야 한다.

---

56. U. Hohoff (1988), S. 256.

[N] "서술로써 시작하지 않고서 서술한다"는 말은 얼핏 보아서 역설이지만, 실제로 그렇게 실현된다! 이 소설이 시작되는 세 통의 편지글은 줄거리의 등장인물들이 쓴 것이고, 지금 우리에게 말하고 있는 서술자가 쓴 것이 아니기 때문이다. 다음에 이어지는 문장은 이 문장의 해설을 확인해 준다.

(184) *Nimm, geneigter Leser! die drei Briefe, welche Freund Lothar mir gütigst mitteilte, für den Umriß des Gebildes, in das ich nun erzählend immer mehr und mehr Farbe hineinzutragen ich mich bemühen werde.*

[L] · *mitteilen*: 여기에서는 geben, aushändigen

[S] 핵심 정보: *Nimm ··· die drei Briefe ··· für den Umriß des Gebildes ···*
이 말은 독자더러 세 편지글을 전체 이야기의 윤곽으로 해석하라는 말이다.

[N] 우리는 다음을 알게 된다:
- 서술자는 나타나엘과 친구(170 참조)일 뿐만 아니라, 로타르와도 친구이다.
- 서술자는 편지들을 로타르에게서 입수했다.
- 그는 나중에 클라라 또한 개인적으로 알았었노라고 주장한다.

이 모든 주장들은 모래귀신-서술자가 일인칭 서술자임을 암시한다. 연구서들에 보면 그러한 유형으로 해석된 것도 있다 (Hohoff, Drux 참조).[57]

---

57. 그와 반대 의견으로는 Klaus Oettinger: Die Inszenierung des Unheimlichen. Zu E.T.A. Hoffmanns Erzählung "Der Sandmann". In: Anke Ehlert (Hrsg.): Das Wort. Germanistisches Jahrbuch der GUS-Staaten 1996. Deutscher Akademischer Austauschdienst. Bonn. Ohne Jahrgang, S. 24-35. 여기에서는 S. 30 참조. 저자는 이 서술의 구상에서 모순성을 분명히

서술자가 자신에 관해 주장하는 것과 그가 실제로 누구인가는 두 개의 다른 사안이다(역시 170 참조). 분명하지 않는 이야기가 분명하지 않은 서술자에 의해 생산되는 것이다. 그렇게 됨으로써 분열의 원칙이 전체의 소설에 작용하는 것이 이상하지 않다. 소설은 서로 동떨어진 듯 하며 잘못해서 다시 조합된 것처럼 보인다: a) 세 통의 편지글, b) 서술자의 해설, c) 텍스트 내면 깊이에서의 전개 (187). 이것은 자연스러운 순서에 어긋난다.

> (185) *Vielleicht gelingt es mir, manche Gestalt, wie ein guter Portraitmaler, so aufzufassen, daß du es ähnlich findest, ohne das Original zu kennen, ja daß es dir ist, als hättest du die Person recht oft mit leibhaftigen Augen gesehen.*

[L] · *manche Gestalt so aufzufassen*: so in Worte zu fassen

· ~~*mit leibhaftigen Augen*: mit eigenen Augen~~

[S] 불변화사 *ja* 뒤에는 반드시 쉼표가 있어야 한다: *ja[,] daß es dir ist.* 이 불변화사는 문장을 두드러지게 하는 기능을 갖는다. *daß es dir ist, als hättest du …* 또는 *daß es dir so vorkommt, als hättest du …*

핵심 정보:

Vielleicht gelingt es mir, manche Gestalt … so aufzufassen, daß du es [= das Portrait] ähnlich findest, ohne das Original zu kennen …

… manche Gestalt[,] wie ein guter Portraitmaler[,] so aufzufassen: 괄호 속의 두 쉼표는 지워야 한다.

인식하고 있다.

구조 스케치:

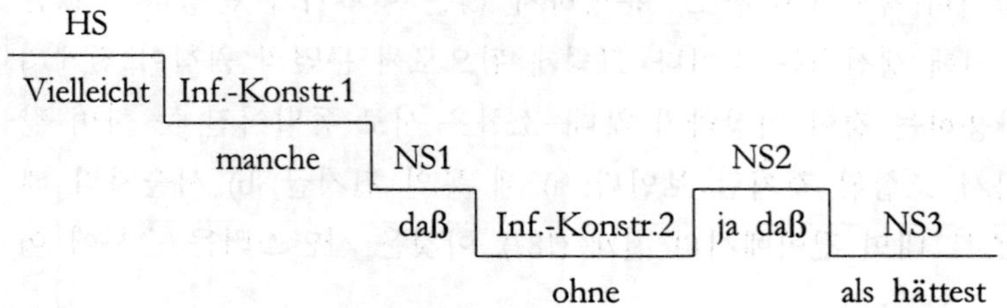

[N] 서술자는 그의 예술이상을 간추린다: 모방은 원래의 원전과 똑같이 조각적이며 실제 같아야 한다. 그것은 원전을 대체할 수 있어야 한다.

눈-모티브의 29번째 언급

> (186) *Vielleicht wirst du, o mein Leser! dann glauben, daß nichts wunderlicher und toller sei, als das wirkliche Leben und daß dieses der Dichter doch nur, wie in eines matt geschliffnen Spiegels dunklem Widerschein, auffassen könne.*

[L] · *matt*: klar, glänzend의 반대어; matt geschliffen: schleifen, schliff, geschliffen; glatt, glänzend gemacht; 거울을 완전히 매끄럽게 가는 것은 옛날에는 쉬운 작업이 아니었다.

· *Widerschein* m.; gespiegeltes Licht

[S] 이 복합문은 몇몇 필요없는 쉼표의 사용이 들어 있다:

   ··· daß nichts wunderlicher und toller sei[,] als das wirkliche Leben und daß dieses der Dichter doch nur[,] wie in eines matt geschliffnen Spiegels dunklem Widerschein[,] auffassen könne.

핵심 정보:

> *Vielleicht wirst du ··· dann glauben, daß nichts wunderlicher ··· sei[,] als das ··· Leben···*

단순화한 의역:

1)   Nichts ist wunderlicher als das wirkliche Leben.
2)   Der Dichter kann dieses Leben nur undeutlich wiedergeben.

구조 스케치:

$$\underset{\text{Vielleicht}}{\underline{\text{HSa}}} + \underset{\text{o mein}}{\underline{\text{Parenth.}}} + \underset{\text{dann}}{\underline{\text{HSb}}} \left[\underset{\text{daß}}{\underline{\text{NS1}}} + \underset{\text{und daß}}{\underline{\text{NS2}}} \right.$$

[N] 이 문장은 다음의 유명한 메타퍼를 포함하고 있다: *eines matt geschliffenen Spiegels dunklem Widerschein* → der dunkle Widerschein [= die Reflexion] der Realität in einem matt geschliffnen [polierten] Spiegel. 현실과 서술된(erzählt) 현실 — 즉 원전과 모방 — 은 서로 비교된다. 이때 서술자는 모방이란 근저에 놓인 원전만큼 명명백백할 수가 없다고 체념적으로 확언한다. 그러므로 앞에서 요청된 모방의 이상, 원전을 대체할 수 있는 모방이라는 이상은 도달될 수 없는 것이다.

한편으로는 이 서술자 해설은 '나타나엘/코펠리우스'라는 줄거리의 끈을 중단한다. 다른 한편 그러나 기본적으로는 그 끈과 연결되어 있다: 나타나엘이 이야기한 *"Die leuchtenden Bilder"*(14)는 표현상 비슷하고 의미상 동등하게 서술자 해설에 다시 등장한다: *"innere[s] Gebilde"*(174) 내지는 *"Farbenglanz des innern Bildes"*(181). 뿐만 아니라 서술자나 나타나엘이나 다

같이 비일상적인 것을 보고하고 있으며, 그것의 신빙성을 염려한다: 나타나엘은 생각 속에서 이미 그의 독자들이 "웃는"(15) 것을 듣고 있으며, 서술자 또한 본의 아닌 코미디에 대한 두려움에서 "사건 안으로의 시작 (medias-in-res-Anfang)"을 비난한다. 다음 문장 또한 결국은 나타나엘을 상기시켜 준다: *Hast du … jemals etwas erlebt, das deine Brust, Sinn und Gedanken ganz und gar erfüllte, alles andere daraus verdrängend?* (171) — 나타나엘은 이 질문에 "ja"라고 대답할 수밖에 없을 것이다.

둘의 생각은 결국 집중적으로 관찰한 내면의 상들을 의사소통적 외면의 형상들로 변화시키는 것을 맴돌고 있다. 서술자에게는 이것이 무엇보다도 주로 시학적인 문제이며, 반면에 나타나엘에게는 실존적 문제이다. 이것으로써 서술자의 발언과 나타나엘의 그것의 차이가 특징 지워진다. 나타나엘은 극도의 흥분상태와 개인적으로 당사자로서 글을 쓴다. 반면에 서술자는 회고적으로 서술하면서 이야기의 외부에 존재한다. 그리하여 그의 산발적으로 번쩍이는 아이러니도 놀랄 일이 아니다 (차 모임 에피소드 참조).

1.2.1.2 추가 해설 및 클라라 묘사

(187) *Damit klarer werde, was gleich anfangs zu wissen nötig, ist jenen Briefen noch hinzuzufügen, daß bald darauf, als Nathanaels Vater gestorben, Clara und Lothar, Kinder eines weitläuftigen Verwandten, der ebenfalls gestorben und sie verwaist nachgelassen, von Nathanaels Mutter ins Haus genommen wurden.*

[L] · *ein weitläuftiger Verwandter.* ein entfernter Verwandter, ein naher Verwandter의 반대

· *verwaist.* ohne Vater und Mutter; 부모가 없는 아이들 = Waisenkinder.

· *nachgelassen*: zurückgelassen

[S] **핵심 정보**:

> [Es] *ist ⋯ noch hinzuzufügen, daß ⋯ Clara und Lothar ⋯ ins Haus genommen wurden.*

주의: 아래 NS3과 같은 주어문의 경우 상위의 나머지 부분이 주문장(HS)으로 해석될 수 있다. 주문장과 부문장의 차이는 이 경우에 통하지 않는다. "*daß ⋯ Clara und Lothar ⋯ ins Haus genommen*"이라는 주어문과 상위의 문장 나머지 부분인 "*ist ⋯ noch hinzuzufügen*"에는 다음과 같은 문장 순서가 깔려 있다: 1) Clara und Lothar wurden ins Haus genommen. 2) Das muß noch hinzugefügt werden.

구조 스케치:

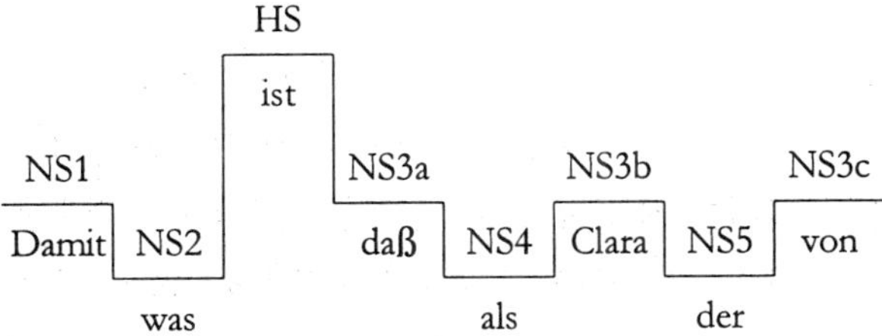

[N] 이 문장은 서술상의 새로운 일련의 사건(Sequenz)을 도입한다. 이것은 '서술자의 시간적 세계(A: 서술순간-현재형)'를 '서술해야 할 사건과 사태(B: 과거형/과거완료형)'와 연결해 준다.

A는 서술자(Erzähler)의 평면에, 서술과정의 여기 그리고 지금(Hier und Jetzt)에 있다:

Damit klarer werde, was gleich anfangs zu wissen nötig [ist], *ist jenen Briefen noch hinzuzufügen* ⋯

B는 사건(Geschehen)의 평면에 있다:

⋯ *daß bald darauf, als Nathanaels Vater gestorben* [war], *Clara und Lothar, Kinder eines weitläuftigen Verwandten, der ebenfalls gestorben* [war] *und sie verwaist nachgelassen* [hatte], *von Nathanaels Mutter ins Haus genommen wurden.*

서술자의 시간 A와 기저에 놓인 줄거리(Handlung)의 시간 B의 관계는 정말 복잡하다. 나타나엘의 자전적 이야기는 아버지의 죽음과 더불어 끝난다. 서술자가 추가하려고 하는 것들은 나타나엘과 클라라 그리고 로타르가 함께 체험한 것들이다. 그렇기 때문에 그것들은 나타나엘의 편지에서는 언급되지 않는다. 새로움의 가치(Neuigkeitswert)를 지닌 어떤 것만이 이야기되는 것이다.

was gleich anfangs zu wissen nötig [ist]라는 부문장은 섬세한 아이러니를 숨기고 있다. 왜냐하면 이 지점에서 볼 때 어느 새 벌써 전체 텍스트의 45%가 앞서 있기 때문이다. 그럼에도 불구하고 이 문장은 정당하다. 왜냐하면 「모래귀신」서술자가 그것을 책임지는 한에서의 서술(Narratio)은 실제로는 비로소 이 문장으로부터 처음 시작되기 때문이다. — 바로 앞의 단락은 협의의 서술이 아니고 서술자의 해설·주석(Erzählerkommentar)이기 때문이다 (여기에서는 소설에 대한 서술자의 명상).

(188) *Clara und Nathanael faßten eine heftige Zuneigung zueinander, wogegen kein Mensch auf Erden etwas einzuwenden hatte; sie waren daher Verlobte, als Nathanael den Ort verließ um seine Studien in G. - fortzusetzen.*

[L] · *Zuneigung* f.; Sympathie; zueinander eine Zuneigung fassen = sich gegenseitig sympathisch finden.

 · *einwenden*: widersprechen

[S] 두 개의 문장:

   1) *Clara und Nathanael faßten eine* ⋯ *Zuneigung zueinander*

   2) *sie waren* ⋯ *Verlobte* ⋯

[N] 일목요연하게 말한다면 간단히 Sie verliebten sich ineinander 라고 하겠다. 서술자가 이 표현을 피한 이유는 의미심장하다: 이미 세 통의 편지를 읽는 동안에 분명해 진 사실은 두 주인공이 별로 어울리지 않는다는 점이다. 서술자는 그의 말들을 면밀하게 잰다.

(189) *Da ist er nun in seinem letzten Briefe und hört Kollegia bei dem berühmten Professor Physices, Spalanzani.*

[L] · *Professor Physices*: Professor der Naturkunde

[S] 핵심 정보: *Da ist er* ⋯ *und hört Kollegia* ⋯

nun (= jetzt)이라고 하는 지칭과 더불어 제시된 시간은 나타나엘이 2주 후에 집에 가겠노라고 한 말과 실제의 도착 사이 어디엔가 위치한다. — 귀향의 제시는 세 번 씩 망설여진다: 첫 번째는 장황한 서술자의 해설로, 두 번째는 여기에서 언급된 추가 이야기로, 그리고 세 번째로는 이제 상세하게 계속될 클라라에 관한 묘사로 인해서이다.

> (190) *Nun könnte ich getrost in der Erzählung fortfahren; aber in dem Augenblick steht Claras Bild so lebendig mir vor Augen, daß ich nicht wegschauen kann, so wie es immer geschah, wenn sie mich holdlächelnd anblickte.*

[L] · getrost: 여기에서는 ohne weiteres

[S] 두 개의 문장:

1) *Nun könnte ich ⋯ fortfahren*
2) *in dem* [= diesem] *Augenblick steht Claras Bild ⋯ mir vor Augen ⋯*

2)의 구조 스케치:

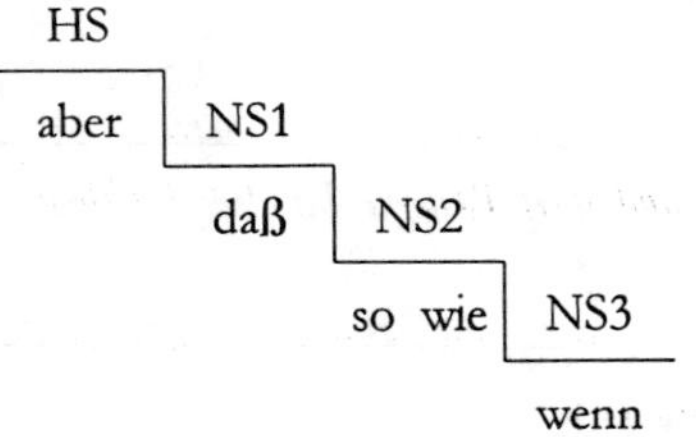

두 개의 시간의 부사 *nun*과 *in dem Augenblick*은 현재형(*steht*)과의 관련 속에서 서술자의 현재를 가리킨다. 문장의 제 2부분 — 그것은 과거형(*geschah, anblickte*)에서 식별된다 — 은 서술해야 할 사건의 과거를 가리킨다.

[N] 눈-모티브의 30번째 언급. 비밀스럽지 않은 클라라는 서술자의 눈앞에 조상처럼 서 있기 때문에, 그가 다른 곳으로 눈을 돌릴 수 없다. 그렇게 해서 예술적 과정을 위한 결정적인 전제가 주어진다: 내면적으로 관찰한 상은 외부로 전이되어야 한다는 것이다. 아이러니의 등장: 그러나 곧 전혀 다른 것이 나오게 된다! 서술자는 — 모든 기대를 저버리고 —

내면적으로 관찰한 것을 독자에게 전달하지 않는다. 그 대신 그는 클라라를 여러 다른 사람들의 시점에서 만화경처럼 포착해 낸다. 결과적으로, 단편적이고 모순적인, 지극히 신빙성 없는 클라라의 묘사가 된다. 연구 문헌들에서도 오늘날까지 클라라에 대한 평가를 두고 어떤 합의점이 지향되고 있지 못하다.

> (191) - *Für schön konnte Clara keinesweges gelten; das meinten alle, die sich von Amtswegen auf Schönheit verstehen.*

[L] · *keinesweges*: keineswegs의 고어형
· *von Amtswegen*: offiziell und berechtigt. 여기에서는 아이러니로서 건축가, 화가, 문인들, 그리고 공직에 의거하며 (= 공직으로 인하여), 즉 직업상 뭔가 미(美)에 대해 식견을 가진, 또 그래야 할 사람들을 지칭한다.
· *sich auf etwas verstehen*: ein Experte sein auf diesem Gebiet; *sich auf Schönheit verstehen*: Schönheit wahrnehmen und beurteilen können

[N] 이 문장들 가운데 첫 번째 문장은 일반적 평가를 말해 주고 있다: Clara war nicht schön. 이 판단은 전문가들 — *die sich von Amtswegen auf Schönheit verstehen* — 에게서 나온다. 그런데 "*von Amtswegen*"이라는 표현은 관료계의 산물이다. 이 세계야말로 일반적으로 '예술과는 극히 관계없는 것(kunstfern)'으로 통용되고 있다. 따라서 이 전문가들의 능력에 대해서는 신뢰할 수가 없다. 복잡 미묘한 시점의 관계들이 드러난다: 올림피아는 나타나엘의 단독시점(monoperspektivisch)에서 묘사되고, 클라라는 여러 사람들의 복합시점(polyperspektivisch)에서 묘사된다.

> (192) *Doch lobten die Architekten die reinen Verhältnisse ihres Wuchses, die Maler fanden Nacken, Schultern und Brust beinahe zu keusch geformt, verliebten sich dagegen sämtlich in das wunderbare Magdalenenhaar und faselten überhaupt viel von Battonischem Kolorit.*

[L] · *Wuchs* m.: wachsen의 명사화

· *keusch*: 여기에서는 unerotisch

· *sämtlich*: alle

· *Magdalenenhaar* n.: 바로크 시대의 화가 바토니 Pompeo Battoni(1708-1787)의 『속죄하는 막달레나 (Die büßende Magdalena)』에 대한 암시인데, 호프만은 이 그림을 드레스덴의 화랑에서 보고 감탄했었다.

· *faseln*: Unsinn reden

· *Kolorit* n.: Farbe [영어의 colour]

[S] 두 개의 문장:

   1) *die Architekten* [lobten] *die ⋯ Verhältnisse ihres Wuchses*

   2) *die Maler fanden Nacken, Schultern und Brust ⋯ zu keusch geformt ⋯*

> (193) *Einer von ihnen, ein wirklicher Fantast, verglich aber höchstseltsamer Weise Claras Augen mit einem See von Ruisdael, in dem sich des wolkenlosen Himmels reines Azur, Wald- und Blumenflur, der reichen Landschaft ganzes buntes, heitres Leben spiegelt.*

[L] · *Fantast* 또는 Phantast m.: jemand, der unrealistisch ist

· *höchstseltsamer Weise*: 오늘날의 표현으로는 höchst seltsamerweise(형용사) [영어의 strangely enough]

· *Salomon van Ruisdael*: 발음은 [roisdal]; 네덜란드의 풍경화가(1603-1670 경)

- *Azur* n.: himmelblau; 제 2음절에 강세
- *Blumenflur* f.: Blumen + Flur; Flur는 기본적으로 두 가지의 뜻이 있다;
  1. *der* Flur oder Korridor in einem Haus, 2. *die* Flur: Felder, Wiesen und
  Äcker
- *reiche Landschaft*: vielfältige, abwechslungsreiche, blühende Landschaft

[S] 핵심 문장:

> *Einer ⋯ verglich ⋯ Claras Augen mit einem See ⋯*

이 눈 속에 반영되고 있는 것은:

1) *des wolkenlosen Himmels reines Azur* ⟶ das reine Azur des wolkenlosen
   Himmels
2) *Wald- und Blumenflur*
3) *der reichen Landschaft ganzes buntes, heitres Leben* ⟶ das ganze bunte, heitre
   Leben der reichen Landschaft

[N] 눈을 호수와 비교한 것은 깊이의 차원을 기대하게 한다: 호수처럼
깊은 눈. 그렇지만 그 정반대가 주장되었다, 그것도 클라라 자신의 편지
에서. 클라라는 나타나엘이 자신을 어떻게 평가할지 아는 듯 했다: *sie*
[Clara] *erschaut nur die bunte Oberfläche der Welt* (130). 그에 걸맞게 클라라의 눈
은 신비한 깊이 (거울- 또는 호수-메타퍼)를 반영하지 못하고, 다만 화려
한 외부세계만을 반영한다. 심하게 말하자면, 그녀의 눈은 결코 내면적
인 것을 반영하지 못하고, 오직 외부세계만이 참된 것이라는 그녀의 신
조에 따라 외면적인 것만을 반영한다. 이러한 시태는 다음 문장에서 다
른 사람들에 의해 확언되고 강조된다. 이 몽상가는 나타나엘이 클라라에
대해 생각하고 있는 바를 단어의 선택에서까지 일치하게 확언한다! ―
뷔르커 A. Würker는 다음 문장에서 다시 한번 사용되는 거울-모티브의

다른 시점에 관심을 둔다: 클라라에 대한 판단은 클라라 자신에게보다는 평가하는 사람 자신의 성격에 달려 있다.[58] 그녀의 내면세계의 결핍은 그녀로 하여금 외면세계의 거울이 되게 한다.

눈-모티브의 31번째 언급. 눈-모티브가 이번에는 클라라와 관련된 변형에서 나온다. 클라라와 관련된 쾌활성(heiter)과 화려함(bunt) 등의 주도모티브 또한 계속된다.

> (194) *Dichter und Meister gingen aber weiter und sprachen: "Was See - was Spiegel! - Können wir denn das Mädchen anschauen, ohne daß uns aus ihrem Blick wunderbare himmlische Gesänge und Klänge entgegenstrahlen, die in unser Innerstes dringen, daß da alles wach und rege wird?*

[L]　·　*daß* = so daß (결과를 나타내는 접속사)
·　*rege*: lebendig, beweglich; 장음의 'e'로 발음

[S] 단축한 표현:

Dichter und Meister ⋯ sprachen: ⋯ Können wir denn das Mädchen anschauen, ohne daß uns ⋯ Gesänge und Klänge entgegenstrahlen ⋯ ?

[N] 눈-모티브의 변형은 작품 전체에 흐르고 있다. 여기에서는 anschauen, Blick.

---

58. Achim Würker: Das Verhängnis der Wünsche. Unbewußte Lebensentwürfe in Erzählungen E.T.A. Hoffmanns. Mit Überlegungen zu einer Erneuerung der psychoanalytischen Literaturinterpretation. Frankfurt am Main (1993), S. 101.

> (195) *Singen wir selbst dann nichts wahrhaft Gescheutes, so ist überhaupt nicht viel an uns und das lesen wir denn auch deutlich in dem um Claras Lippen schwebenden feinen Lächeln, wenn wir uns unterfangen, ihr etwas vorzuquinkelieren, das so tun will als sei es Gesang, unerachtet nur einzelne Töne verworren durcheinander springen."*

[L] · *selbst dann*: sogar dann

· *Gescheutes*: 오늘날에는 Gescheites; Vernünftiges. 오늘날에도 er ist sehr gescheit = er ist sehr intelligent

· *so ist überhaupt nicht viel an uns*: 의역: so (= dann) haben wir nicht viel Geist und Gefühl

· *sich unterfangen*: etwas unternehmen, etwas tun

· *vorquinkelieren*: vor + quinkelieren; jemandem etwas vorsingen, aber schlecht

· *unerachtet*: obwohl, wenn auch. 에. 테. 아. 호프만과 관련하여 다른 예문들: "unerachtet mir der Registrator Heerbrand versicherte [⋯]"[59]

· *verworren*: unklar, unsystematisch, nicht zusammenhängend

[S] 언제나처럼 덜 중요한 것들에서 중요한 것을 먼저 분리하시오.

   1) *Singen wir selbst dann nichts* ⋯ *Gescheutes, so ist* ⋯ *nicht viel an uns* [,]

   2) *das lesen wir* ⋯ *in dem* ⋯ *feinen Lächeln* [Claras] ⋯

쉼표를 첨가하시오: *das so tun will*[,] *als sei es Gesang.*

의미에 따르면: ⋯ das vortäuscht, als sei es Gesang.

---

59. H. Paul (1981), S. 707 f.

2)의 구조 스케치:

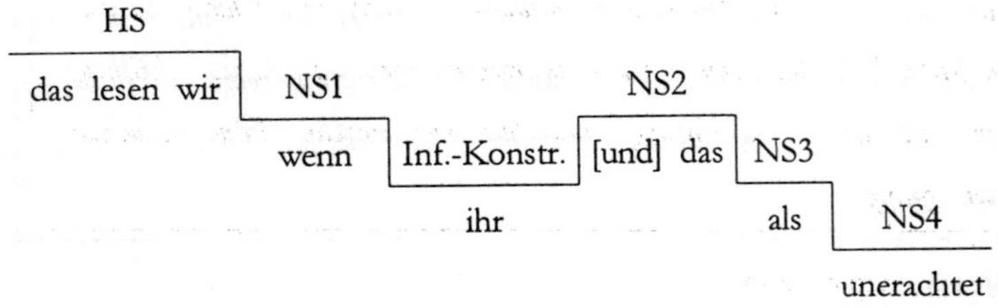

[N] *Dichter und Meister*라는 과장된 복잡한 표현은 억지 웃음을 자아낸다. 사람들은 지적이다(geistreich)고 하나 실은 그러하지 못하다. 사치스러운 표현들은 단순한 생각을 전달할 뿐이다: 클라라는 영리하다. 그녀를 속이는 것은 불가능하다. 만일 우리가 노래를 틀리게 한다면, 그녀는 곧 알아차린다. 이런 뜻이 되기도 한다: 우리가 허튼 소리를 하면 그녀는 우리를 꿰뚫어 본다.

클라라의 미소(Lächeln)는 이미 인물의 전형적 특성으로 언급되었다 (주도모티브). 나타나엘이 이러한 빼어난 또한 아이러니적인 미소를 속으로 두려워하고 있음을 우리는 상상할 수 있다.

> (196) *Es war dem so. Clara hatte die lebenskräftige Fantasie des heitern unbefangenen, kindischen Kindes, ein tiefes weiblich zartes Gemüt, einen gar hellen scharf sichtenden Verstand.*

[L] · *Es war dem so*: Es war genau so = Genau so war es

· *unbefangen*: natürlich, ohne Hemmungen

· *kindisch*: 여기에서는 kindlich

· *gar*: 여기에서는 durchaus; 이 분사는 강조의 기능을 갖고 있음

· scharf *sichtend*: scharf *analysierend*

[N] 쾌활성(Heiterkeit)-모티브(주도모티브)를 여기에서 개괄하자. 클라라 자신도 그녀의 편지에서 이 말을 적어도 5회 사용했다.

- *heiterer* unbefangener Sinn (123)

- *heitere* - unbefangene - sorglose Gemüter (131)

- das *heitre* Leben (135)

- "Sei *heiter* - *heiter*!" (2회, 143)

서술자는 이 형용사를 건네 받아 그 나름대로 반복을 통해서 클라라의 중심적 인식표가 되게 한다.

- Claras Augen ähneln einem See, *in dem sich* ··· *der reichen Landschaft ganzes buntes, heitres* [!] *Leben spiegelt.* (193)

- Clara hatte *die Fantasie* ··· *des heitern* [!] *Kindes* (196)

밝음(hell)과 미소(lächeln[d])"라는 두 비슷한 인식표와 더불어 모티브-복합체 heiter/hell/lächeln이 생성된다. 이 복합체는 다음 문장에도 나온다.

(197) *Die Nebler und Schwebler hatten bei ihr böses Spiel; denn ohne zu viel zu reden, was überhaupt in Claras schweigsamer Natur nicht lag, sagte ihnen der helle Blick, und jenes feine ironische Lächeln: Lieben Freunde! wie möget ihr mir denn zumuten, daß ich eure verfließende Schattengebilde für wahre Gestalten ansehen soll, mit Leben und Regung?*

[L] · *Nebler und Schwebler*: Menschen, die sich immer unklar ausdrücken

· *hatten bei ihr böses Spiel*: hatten bei ihr kein Glück

· *Lieben* [!] *Freunde*: 바른 표현은 Liebe Freunde! [영어의 Dear friends!]

- *zumuten*: [zu에 분명한 강세를 두고 읽는다!], von jemandem etwas verlangen, was sehr schwer ist. 이 표현법은 오늘날에는 mögen과 더불어 쓰지 않고 können과 더불어 쓴다: 예) Wie könnt ihr mir zumuten, eure Phantasiegebilde ernst zu nehmen? 그러한 표현은 항상 일종의 항의의 뜻으로 이해된다.
- *eure verfließenden Schattengebilde*: 여기에서는 eure Phantasiegebilde
- *Gestalten ⋯ mit Leben und Regung*: lebendige Gestalten

[S] 이 복합문은 상당한 길이에도 불구하고 문장론적으로는 비교적 단순한 구조를 지닌다:

1)   *Die Nebler und Schwebler hatten bei ihr böses Spiel*
2)   *ohne zu viel zu reden ⋯ , sagte ihnen der helle Blick:*
3)   [직접화법] *" ⋯ wie möget ihr mir ⋯ zumuten, daß ich eure ⋯ Schattengebilde für wahre Gestalten ansehen soll ⋯?"*

전치사구 *mit Leben und Regung*은 문장론적으로 문역의 경계를 넘어서 문장 말미에 추가로 붙어 있다. 이러한 구는 문장 내에 삽입될 수도 있다:

⋯ daß ich eure verfließenden Schattengebilde für wahre Gestalten *mit Leben und Regung* ansehen soll.

[N] 이 문장에서 밝음(hell)의 모티브는 두 번 나오는데 이번에도 역시 미소(lächeln)-모티브와 연결되어 있다. 이러한 복합체는 다시 시선(Blick)-모티브와 연결된다. 시선(또는 Sehen)은 눈의 기능이다. — 시선-모티브는 본래의 모래귀신-서술자가 서술(Narratio)을 위임받는 것을 계기로 더욱 빈번해 진다. 지금까지 서술자는 이것을 5회나 썼으며, 평균적으로 한 면에 2회 정도를 할애하고 있다. 그것은 이미 나타나엘의 첫 번째 편지에서 명시적으로 "눈/보다"라는 단어의 영역과 그 표현 가능성들을 펼침으

로써 시작되었다:

- mit Gewalt mich ermannend *gucke* ['sehen'의 일상어] ich ··· hervor (45)

- als ich nun diesen Coppelius *sah* (60)

그리고 두 번째로는 함축적으로 나타나엘의 보고(Bericht) 전체를 꿰뚫고 흐르는 보는 것의 금지(Sehverbot)라는 모티브를 통해서였다.

> (198) - *Clara wurde deshalb von vielen kalt, gefühllos, prosaisch gescholten; aber andere, die das Leben in klarer Tiefe aufgefaßt, liebten ungemein das gemütvolle, verständige, kindliche Mädchen, doch keiner so sehr, als Nathanael, der sich in Wissenschaft und Kunst kräftig und heiter bewegte.*

[L] · *prosaisch*: poetisch의 반대말; praktisch, nüchtern, ohne viel Gefühl

· *gescholten*: schelten, schalt, hat gescholten: schimpfen, schimpfte, hat geschimpft

· *auffassen*: verstehen

· sie liebten *ungemein*: sie liebten *sehr*

[S] 핵심 정보:

1) *Clara wurde ··· von vielen kalt ··· gescholten*

2) *··· andere ··· liebten ··· das ··· Mädchen ···*

doch keiner so sehr, als Nathanael → 오늘날에는: doch keiner [liebte Clara] so sehr wie Nathanael. 쉼표는 불필요!

[N] 약간 수수께끼 같은 부분은 andere, die das Leben *in klarer Tiefe* aufgefaßt [hatten] 이다. "투명한 깊이(klare Tiefe)"란 표현은 자체 내에 모순을 내포한다. 깊은 곳은 적어도 낭만주의적 해석에서는 투명하다라고

해석되는 적이 없고, 오히려 어둡고 신비에 싸여 있다. 깊은 내면에서 여전히 투명하게 바라보는 사람은 아직 그리 깊게 보지 않는 것이다.

---

(199) *Clara hing an dem Geliebten mit ganzer Seele; die ersten Wolkenschatten zogen durch ihr Leben, als er sich von ihr trennte.*

[L]   ·   *hing*: hängen, hing, hat gehangen; an jemandem hängen: jemanden sehr gern haben, immer bei ihm bleiben wollen

[N] 이 근저에 놓인 사건들에서 시간의 체계는 통찰하기가 쉽지 않다. 시간의 부문장 *als er von ihr trennte*는 그가 대학에서의 학업을 시작했던 시점을 가리키고 있으나 정확히 재구성할 수는 없다. — 호프만이 이 지점에서 새로운 단락을 고려하고 있지 않지만, 나타나엘의 귀향이라는 새로운 이야기가 이어진다.

1.2.1.3 나타나엘-클라라

---

(200) *Mit welchem Entzücken flog sie in seine Arme, als er nun, wie er im letzten Briefe an Lothar es verheißen, wirklich in seiner Vaterstadt ins Zimmer der Mutter eintrat.*

[L] *verheißen*: versprechen

[S] 단순화한 표현:

   Mit welchem Entzücken flog sie in seine Arme, als er nun ⋯ wirklich ⋯ ins Zimmer ⋯ eintrat.

[N] (184), (189)와 (190)에 이어 여기에서 네 번째 *nun*이라고 하는 시점이 정리된다. 그것은 나타나엘이 고향집에 돌아와 어머니의 방에 들어가는 순간을 지칭한다. 이 순간은 곧 이어 정점의-장면적 서술로 들어갈 수 있을 것이다. 그러나 우선은 축시적-보고적 서술유형이 계속된다.

> (201) *Es geschah so wie Nathanael geglaubt; denn in dem Augenblick, als er Clara wiedersah, dachte er weder an den Advokaten Coppelius, noch an Claras verständigen Brief, jede Verstimmung war verschwunden.*

[S] 이 문장은 세 개의 독립적 문장으로 구성되어 있다:

1) *Es geschah so* [,] *wie Nathanael geglaubt* [hatte]

2) *in dem* [= diesem] *Augenblick* ··· *dachte er weder an* ··· *Coppelius, noch an Claras* ··· *Brief*

3) *jede Verstimmung war verschwunden*

문장 1)은 나타나엘의 마지막 편지의 끝행을 가리킨다. 흥미로운 것은 나타나엘의 생각의 재현이다(*er dachte*). 이것은 나타나엘을 실제로 개인적으로 알고 있으며 따라서 공동으로 체험한 친구의 시점에서 서술하는 그런 서술자와는 모순된다. 그러한 서술자라면 그의 친구가 무슨 생각을 하고 무슨 생각을 하지 않는지 보고할 수가 없을 것이다. 그러므로 여기에서는 자신의 지식의 한계를 입증해야 할 필요가 없는 서술자, 즉 익명의 추상적인 삼인칭 서술자가 관건인 것이다.

여기에서 한 가지 이상한 대치에 유의할 필요가 있다: *weder* an den Advokaten Coppelius, *noch* an Claras verständigen Brief. 이 weder-noch 구문은 코펠리우스가 퍼뜨린 공포를 클라라의 편지가 그에게 준 모욕감과 연결시켜 준다. — 이 구조 내의 쉼표는 제거할 것.

> (202) *Recht hatte aber Nathanael doch, als er seinem Freunde Lothar schrieb, daß des widerwärtigen Wetterglashändlers Coppola Gestalt recht feindlich in sein Leben getreten sei.*

[S] 단순화한 표현:

> *Recht hatte aber Nathanael doch* → Aber Nathanael hatte doch Recht, als er ⋯ schrieb, daß ⋯ Coppola ⋯ in sein Leben getreten sei.

서술자가 보고하는 기분의 상승은 양식상 큰 효과를 지니며 묘사되어 있다. 양식상의 정상적 형태 a)와 해설자가 택한 형태 b)를 비교하시오:

> a) Aber Nathanael hatte doch recht, als er seinem Freunde ⋯ schrieb, daß ⋯
>
> b) *Recht hatte aber Nathanael doch, als er seinem Freunde ⋯ schrieb, daß* ⋯

a)는 중립적이고, 반면에 b)는 정서적이며 인상적이다.

*sei*는 접속법 I식으로, 이는 간접화법에 꼭 필수적인 표시기능은 아니다. 다음의 비교:

> 직접화법: Coppola ist feindlich in mein Leben getreten.
>
> 간접화법: ⋯ daß Coppola feindlich in sein Leben getreten sei.

[N] 지금까지 있었던 본래의 서술(협의의 서술)의 분류:

> 1. 대 해설
> 2. 클라라와 로타르에 대한 추가 해설
> 3. 클라라에 대한 상세한 묘사
> 4. 나타나엘의 귀향에 대한 간단한 보고

> 5. 이제 나타나엘의 귀향과 그의 글쓰기, 그리고 그에 대한 클라라의

반응 등에 관한 에피소드가 이어진다.

> (203) *Alle fühlten das, da Nathanael gleich in den ersten Tagen in seinem ganzen Wesen durchaus verändert sich zeigte. Er versank in düstre Träumereien, und trieb es bald so seltsam, wie man es niemals von ihm gewohnt gewesen.*

[L] · *düster.* dunkel; düst[e]re Träumereien

· treiben, *trieb,* hat getrieben: *er trieb es so seltsam.* er handelte und redete so seltsam

[S] 첫 번째 문장은 다음과 같이 단순화할 수 있다:

1) *Alle fühlten das,. da Nathanael ··· verändert sich zeigte* → sich verändert zeigte.

2) *Er versank ··· in Träumereien ···*

두 번째 문장에는 과거완료형 완성: ··· *gewohnt gewesen* [war]

> (204) *Alles, das ganze Leben war ihm Traum und Ahnung geworden; immer sprach er davon, wie jeder Mensch, sich frei wähnend, nur dunklen Mächten zum grausamen Spiel diene, vergeblich lehne man sich dagegen auf, demütig müsse man sich dem fügen, was das Schicksal verhängt habe.*

[L] · *Traum und Ahnung.* 낭만주의의 공식 중의 하나

· *sich frei wähnend*(분사): er wähnt sich frei: er glaubt, daß er frei ist (또는 접속법 I식: ··· daß er frei sei)

· *demütig.* bescheiden, gehorsam sein

· *sich fügen.* gehorchen

· das Schicksal *verhängt* etwas: man kann sich nicht dagegen wehren; man sagt
auch: das Gericht *verhängt* eine Strafe

[S] 이 과정에는 2개의 독립적 문장과 문장 2)에 따르는 간접화법들이 들
어 있다.

   1) *Alles ··· war ihm Traum und Ahnung geworden*

   2) *immer sprach er davon* 1. *wie jeder Mensch ··· diene*

                         2. *vergeblich lehne man sich dagegen auf*

                         3. *demütig müsse man sich dem fügen ···*

문장 2)는 간접적인 발화의 재현을 도입하고 있다. 간접적인 발화의 재
현은 주로 (그러나 꼭 필수적인 것은 아니되) 접속법 I식을 사용한다. 이
복합문에서는 다음의 접속법 동사들이 나온다:

   - diene

   - lehne man sich ··· auf (sich auflehnen)

   - müsse man

   - habe

a) Alles = b) das ganze Leben. b)는 a)에 대한 상세한 의역이다.

구조 스케치:

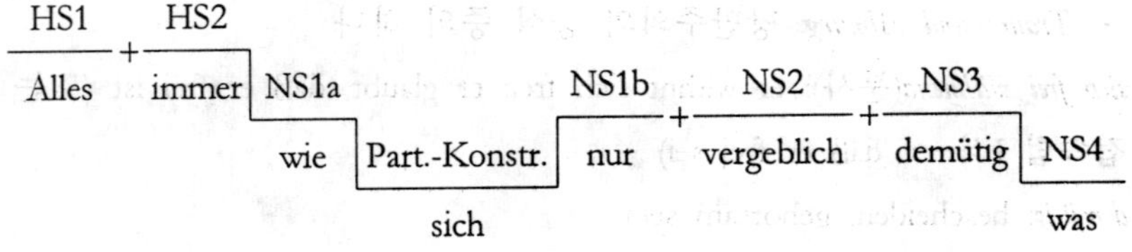

동격 *das ganze Leben* 다음에는 쉼표가 있음직 하다: *Alles, das ganze Leben*[,] *war* …

> (205) *Er ging so weit, zu behaupten, daß es töricht sei, wenn man glaube, in Kunst und Wissenschaft nach selbsttätiger Willkür zu schaffen; denn die Begeisterung, in der man nur zu schaffen fähig sei, komme nicht aus dem eignen Innern, sondern sei das Einwirken irgend eines außer uns selbst liegenden höheren Prinzips.*

[L] · *nach selbsttätiger Willkür schaffen*: 여기에서는 aus eigener Kraft und in voller Freiheit schaffen

[S] 이 복합문은 다음과 같은 두 개의 문장으로 단축된다:

1) *Er ging so weit*[,] *zu behaupten, daß es töricht sei* … *nach selbsttätiger Willkür zu schaffen*

2) *die Begeisterung* … *komme nicht aus dem eignen Innern* ……

단순부정법 앞의 쉼표는 지워야 한다:

Er ging so weit[,] *zu behaupten, daß* …

구조 스케치:

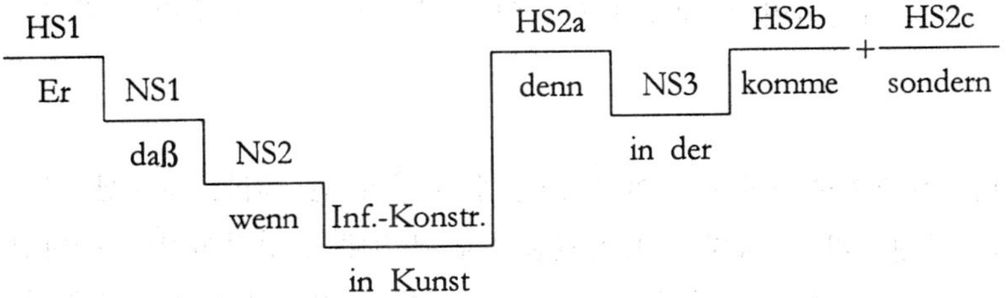

첫 번째 문장의 동사 *behaupten*이 간접화법을 도입한다. 다음에 이어지는 이 접속법 동사들은 다음의 인상을 준다: 서술자(해설자)는 나타나엘의 발언에 대해 거리를 둔다. 그는 동일시의 어떠한 인상도 회피한다.

> (206) *Der verständigen Clara war diese mystische Schwärmerei im höchsten Grade zuwider, doch schien es vergebens, sich auf Widerlegung einzulassen.*

[L] · *Schwärmerei* f.: *Schwärmer*에서 파생; ein *Schwärmer* ist jemand, der sich leicht begeistert, dabei aber nicht auf dem Boden der Tatsachen bleibt, 동사형은 schwärmen

· *sich nicht auf Widerlegung einlassen*: eine Widerlegung erst gar nicht versuchen

[S] 이 복합문은 두 개의 독립적 문장으로 이루어져 있다:
   1) ··· *Clara war diese* ··· *Schwärmerei* ··· *zuwider*
   2) *doch schien es vergebens, sich auf Widerlegung einzulassen*

[N] 여기에서 우리는 클라라에 대한 서술자의 가벼운 조롱을 엿볼 수 있다: 그는 클라라를 "이성적"이라고 규정하는데, 사실은 그녀가 약혼자의 백일몽에 대하여 조금도 이해하지 못하고 있기 때문이다. 그렇지만 그녀를 아무도 비난할 수 없다는 사실만큼은 인정해야 마땅하다! 그녀는 매우 정상적인 처녀이며, 반대로 나타나엘은 부단히 광증의 주변을 감돌고 있다.

서술자는 등장인물들에 대하여 다소간에 분명히 인식되는 일정한 입장을 갖기 마련이다. 서술자는 등장인물들을 예컨대 동정적이거나 아니면 그 반대로 제시한다. 이 입장은 다시금 독자에게 전이되기 마련이고, 물론 이 과정에서 독자는 자기가 다른 어떤 사람의 판단에, 즉 서술자의

판단에 맹목적으로 따르고 있다는 것을 보통은 의식하지 못한다. —「모
래귀신」-서술자가 이 등장인물들에 대해 지닌 입장은 불분명하며, 그것
도 끝까지 그러하다. 그는 인물들에 대해 정서적 거리감을 지니고 있지
만, 결코 그들을 직접적으로 비난하거나 또는 (도덕적으로) 평가절하하
지 않는다. 독자는 이러한 사태에 직면하여 자신의 불확실성을 지닌 채
반응하게 된다.

> (207) *Nur dann, wenn Nathanael bewies, daß Coppelius das böse Prinzip sei, was ihn in dem Augenblick erfaßt habe, als er hinter dem Vorhange lauschte, und daß dieser widerwärtige <u>Dämon</u> auf entsetzliche Weise ihr Liebesglück stören werde, da wurde Clara sehr ernst und sprach: "Ja Nathanael! du hast recht, Coppelius ist ein böses feindliches Prinzip, er kann Entsetzliches wirken, wie eine teuflische Macht, die sichtbarlich in das Leben trat, aber nur dann, wenn du ihn nicht aus Sinn und Gedanken verbannst. Solange du an ihn glaubst, <u>ist</u> er auch und wirkt, nur dein Glaube ist seine Macht."*

[L]　· *sichtbarlich*: /bar/와 /lich/는 두 개의 형용사 어형의 형태소이며, 오
　　늘날에는 그러한 것이 용인되지 않는다. 그러므로 간단히 sichtbar로
　　쓴다.

· Solange du an ihn glaubst, *ist* er auch = Solange du an ihn glaubst, existiert
　er auch

[S]　핵심 정보:

　　Nur dann … wurde Clara sehr ernst:

　　1) *wenn Nathanael bewies, daß Coppelius das böse Prinzip sei …*

　　2) *und [wenn er bewies,] daß dieser … Dämon … ihr Liebesglück stören werde.*

이 복합문의 주문장 — 전체의 구조가 걸려있는 대들보 문장:

   a) *Nur dann … da wurde Clara … ernst.*

이 문장은 문장론적으로 바르지 못하다. 이것은 문장의 단절이다. 문장의 단절은 구어체에서 흔히 발생한다. 이 경우에는 표현의 길이와 복잡성에 이유가 있다. 서술자의 기억이 무리였던 것이다.

이 문장은 불변화사 *da*를 삭제함으로써 분명해 진다:

   b) *Nur dann … ______ wurde Clara … ernst.*

만일 여기에서 *da* 대신에 처음의 *nur dann*을 다시 한 번 되풀이 했더라면 이 구조가 더욱 분명했을 것이다:

   c) *Nur dann, wenn Nathanael bewies, daß Coppelius das böse Prinzip sei, [nur dann] wurde Clara sehr ernst und sprach …*

구조 스케치:

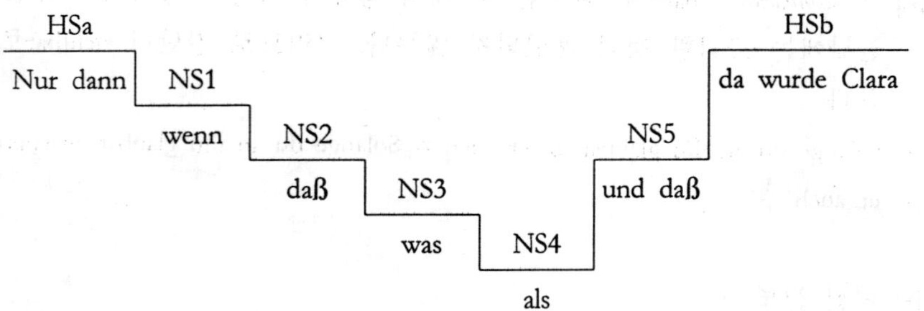

클라라의 직접 발화는 — 대부분의 구두 발화가 그러하듯이 — 병렬적으로 구성되었다 (병렬문). 쉼표들에도 불구하고 여기에는 별로 복잡하지 않은 3개의 주문장이 들어 있다:

   1) Ja, Nathanael, Du hast recht ···

   2) Coppelius ist ein böses Prinzip

   3) er kann Entsetzliches wirken

다음에 이어서 새로이 복잡한 문장이 나온다:

   a) Solange du an ihn glaubst, *ist* er auch ···

   b) nur dein Glaube ist seine Macht

[N] 나타나엘은 계속 그의 신비적 시점을 고집한다: 악의 원칙은 그가 커튼 뒤에서 훔쳐보던 바로 그 순간 그를 사로잡고 말았다는 것이다. 반면에 클라라는 여기에서 전에 이미 그녀의 편지에서 전개했던 합리주의적 이론을 역설한다. 특히 그녀의 마지막 문장은 그녀의 분석적 현명함을 입증한다.

(208) - *Nathanael, ganz erzürnt, daß Clara die Existenz des <u>Dämons</u> nur in seinem eignen Innern statuiere, wollte dann hervorrücken mit der ganzen mystischen Lehre von Teufeln und grausen Mächten, Clara brach aber verdrüßlich ab, indem sie irgend etwas Gleichgültiges dazwischen schob, zu Nathanaels nicht geringem Ärger.*

[L] · *erzürnt*: wütend

· *statuieren*: feststellen, festsetzen, bestimmen

· *hervorrücken mit*: 여기에서는 endlich erzählen

· *abbrechen*: nicht mehr weitersprechen

· *verdrüßlich*: 오늘날에는 verdrießlich; schlecht gelaunt, verärgert

[S] 두 개의 독립적인 복합문이 쉼표로 분리되어 있다. 1)은 주어-술어-전치사구의 도식을 따른다.

1) *Nathanael ··· wollte ··· hervorrücken mit der ··· Lehre von Teufeln ···*
2) *Clara brach ··· ab*

[N] 이 복합문 전체는 나타나엘과 클라라 사이의 갈등과 그들의 감정에 대해서 보고해 준다. "나타나엘의 적지 않은 분노에도 불구하고(*zu Nathanaels nicht geringem Ärger*)"는 이 상황의 심각성을 약간 감소시킨다. 중요하고 다급한 문제들을 얘기하고 있는데 상대가 냉담한 것 이상으로 사람을 모욕하는 것은 없을 것이기 때문이다. 또 다른 의문점은 "*der Dämon sei ein Teil seines eigenen Inneren*"이라는 클라라의 추측에 대해서 나타나엘이 왜 그토록 격렬하게 저항감을 가지는가? 다음 답이 그럴싸하다: 마성·악령(Dämon)이 자신의 심리의 일부라면 그는 미쳐 있다.

나타나엘이 그의 마성·악령에 의해 그 자신의 밖으로 밀려남으로 해서 그는 자신을 '정상'이라고 간주할 수 있는 것이다. 그 자신이 광증의 주변에 머물고 있을 가능성을 전혀 고려하고 있지 않음은 나타나엘 탓이라 할 수 없다.

> (209) <u>*Der*</u> *dachte kalten, unempfänglichen Gemütern erschließen sich nicht solche tiefe Geheimnisse, ohne sich deutlich bewußt zu sein, daß er Clara eben zu solchen untergeordneten Naturen zähle, weshalb er nicht abließ mit Versuchen, sie in jene Geheimnisse einzuweihen.*

[L] · *jemanden in ein Geheimnis einweihen*: jemandem ein Geheimnis verraten/ erklären/ anvertrauen

 · *eben solche*: genau solche

[S] 핵심 정보:

Der dachte[,] kalten ⋯ Gemütern erschließen sich nicht solche tiefe Geheimnisse ⋯

다음에 이어지는 것은 상당히 어렵다. 구조 스케치:

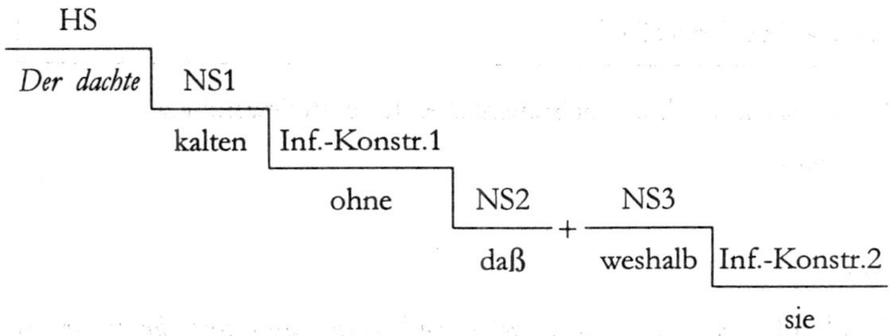

(210) *Am frühen Morgen, wenn Clara das Frühstück bereiten half, stand er bei ihr und las ihr aus allerlei mystischen Büchern vor, daß Clara bat: "Aber lieber Nathanael, wenn ich dich nun das böse Prinzip schelten wollte, das feindlich auf meinen Kaffee wirkt?*

[L] · *das Frühstück bereiten*: das Frühstück *machen*
 · *allerlei*: einige
 · *bat*: ['a'는 장음], bitten의 과거형
 · *schelten*: schimpfen

[S] 핵심 정보:

stand er bei ihr → er stand bei ihr [und las ihr aus ⋯ mystischen Büchern vor]

[N] 이 직접화법의 희극성은 나타나엘의 신비주의와 클라라의 일상세계

사이의 낙차에서 발생한다.

> (211) - *Denn, wenn ich, wie du es willst, alles stehen und liegen lassen und dir,*
> *indem du liesest, in die Augen schauen soll, so läuft mir der Kaffee ins Feuer und*
> *ihr bekommt alle kein Frühstück!"*

[L] · *alles ̈stehen und liegen lassen*: gebräuchliche, feste Redewendung

· *du liesest*: du liest

[S] 핵심 정보:

a) *Denn*[쉼표 없이!] *wenn ich* ⋯ *alles stehen und liegen lassen und dir* ⋯ *in die*
   Augen schauen soll, so läuft mir der Kaffee ins Feuer ⋯

b) *Denn*[,] *wenn ich, wie du es willst, alles stehen und liegen lassen und dir* ⋯ *in die*
   Augen schauen soll, so läuft mir der Kaffee ins Feuer ⋯

wie du es willst ⟶ *deinem Wunsch gemäß*

구조 스케치:

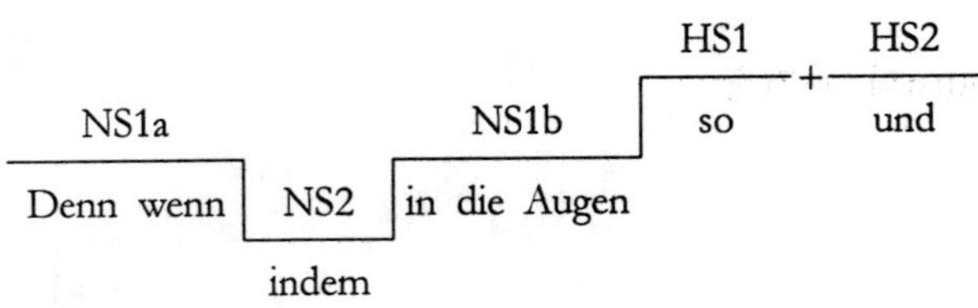

HS2의 *und* 앞에는 쉼표가 있어야 한다: [,] *und ihr bekommt alle* ...

[N] 눈-모티브의 32번째 언급.

나타나엘에게는 **눈**은 마성적이며 신비에 가득 찬 것이다. 그것은 내면세계를 반영한다. 클라라에게는 그것은 오직 외면세계를 반영한다. 어떤 것도 그녀에게서 일상의 단순한 것들에서 눈을 돌리게 하지 않는다. ─ 이 장면은 비극적이고 동시에 희극적이다: 결국 그로테스크하다.

> (212) - *Nathanael klappte das Buch heftig zu und rannte voll Unmut fort in sein Zimmer.*

[L] · ein Buch *aufklappen*/zuklappen: aufmachen/zumachen

[N] 서술자는 부분적으로는 아주 비관조적으로 보고한다. 냉정히 말하자면: *Nathanael ··· rannte ··· auf sein Zimmer.* 그러나 근저에 놓인 사건은 이 사건의 내용 재현 이상으로 훨씬 풍부하며 복잡하다. 그러니까 나타나엘은 그의 방에 가서 무엇을 했을까, 무엇을 생각하고 느꼈을까, 그리고 이 비판적 순간에 클라라는 어떻게 행동했을까? 해설자의 심한 축약적 보고 양식은 많은 중요한 세부사실을 희생하고 만다.

> (213) *Sonst hatte er eine besondere Stärke in anmutigen, lebendigen Erzählungen, die er aufschrieb, und die Clara mit dem innigsten Vergnügen anhörte, jetzt waren seine Dichtungen düster, unverständlich, gestaltlos, so daß, wenn Clara schonend es auch nicht sagte, er doch wohl fühlte, wie wenig sie davon angesprochen wurde.*

[L] · jemanden *schonen*: jemanden rücksichtsvoll behandeln
· *ansprechen*: 1. 능동: ich spreche jemanden an, 2. 수동: Ich werde von jemandem angesprochen, 또는 ich werde von etwas [innerlich] angesprochen, 예) von einer Erzählung, einem Musikstück, einem Bild, einer Landschaft 등등.

[S] 두 개의 독립적 문장:

　　1) *Sonst hatte er eine besondere Stärke in anmutigen, lebendigen Erzählungen* ⋯

　　2) *jetzt waren seine Dichtungen düster* ⋯

2)의 구조 스케치:

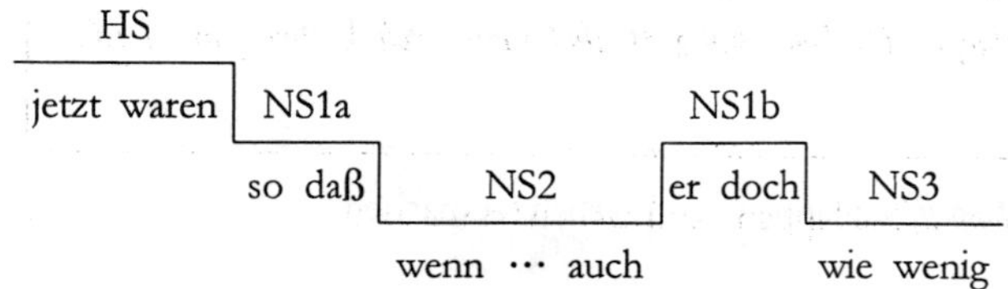

이 문장의 의미는 '이전 대 지금'의 반대에 근거한다. 이전에는 나타나엘의 작품이 만족스러웠고, 지금은 음울하다.

> (214) *Nichts war für Clara tötender, als das Langweilige; in Blick und Rede sprach sich dann ihre nicht zu besiegende geistige Schläfrigkeit aus.*

[L] *Nichts war für Clara tötender* [쉼표 없이!] als das Langweilige: 잘 쓰이는 형용사 totlangweilig 참조.

[S] 두 개의 독립적 문장. 문장론적으로 문제성이 없다.

[N] 서술자의 말 뒤에 숨어있는 장면은 다음처럼 상상해 볼 수 있다: 나타나엘은 ― 거친 제스처를 쓰며 ― 악마와 마성들에 대해서 이야기한다. 클라라는 권태에 지친 눈길로 하품을 참는다. 다시 한번 실제사건과 근소한 보고에 의한 재현 사이의 차이가 드러난다. 눈에 띄는 것은 시선-모티브(함축적으로는 눈-모티브)인데, 클라라와 관련해서는 진부한 것과 연결해서 사용된다.

> (215) *Nathanaels Dichtungen waren in der Tat sehr langweilig.*

[N] 보통 때 같으면 다른 사람들의 판단 뒤로 숨곤 하는 서술자가 이번에는 분명하게 입장을 취한다. 그 또한 나타나엘의 작품들을 "권태롭다(langweilig)"고 생각한다는 것이다.

> (216) *Sein Verdruß über Claras kaltes prosaisches Gemüt stieg höher, Clara konnte ihren Unmut über Nathanaels dunkle, düstere, langweilige Mystik nicht überwinden, und so entfernten beide im Innern sich immer mehr voneinander, ohne es selbst zu bemerken.*

[L] · *Verdruß / Unmut* m.: 둘 다 Ärger의 뜻

[S] 이 복합문은 세 개의 독립적 문장으로 구성되어 있다:

1) *Sein Verdruß … stieg höher*
2) *Clara konnte ihren Unmut … nicht überwinden*
3) *so entfernten beide im Innern sich*

> (217) *Die Gestalt des häßlichen Coppelius war, wie Nathanael selbst es sich gestehen mußte, in seiner Fantasie erbleicht und es kostete ihm oft Mühe, ihn in seinen Dichtungen, wo er als grauser Schicksalspopanz auftrat, recht lebendig zu kolorieren.*

[L] · *grauser Schicksalspopanz*: grauenhaftes Schreckgespenst
· *kolorieren*: 백색 사진에다가 나중에 채색하는 것 [영어의 colour와 비교]; 여기에서의 의미: … ihn[Coppelius] getreu und in allen Einzelheiten zu beschreiben.

[S] 반드시 쉼표로 끊어야 할 두 개의 문장:

   1) ··· *Coppelius war* ··· *in seiner Fantasie erbleicht* [,]

   2) *und es kostete ihm* ··· *Mühe, ihn* ··· *zu kolorieren*

*wie Nathanael selbst es sich gestehen mußte*는 삽입문이다. 이 삽입문은 쉼표나 삽입부호(—   —)로 주변과 구분되어야 한다.

[N] 이 문장은 나타나엘이 망각에 저항하고 있음을 함축적으로 말해 준다. 그에게 코펠리우스의 모습이 왜 그리 중요한가? 그 모습이 그의 기억 속에서 점점 더 희미해 가는 것이 그에게 기쁜 일이 아닐까? 그 문제에 대한 답변을 시도하자면: 나타나엘은 모래귀신에게서 코펠리우스에 대한 불안 상황을 전이하며, 나중에는 코펠리우스에게서 코폴라에 대한 불안으로 전이한다. 나타나엘은 그의 감정을 위해서 매번 새로운 주체를 발견한다. 다음과 같이 말할 수도 있다: 나타나엘의 감정과 코펠리우스의 모습은 언어에서의 내용(의미)과 형태(기표)로 작용한다: 즉 같은 내용이 다른 형태들로 표현될 수 있다. 말하자면 나타나엘의 불안이 그 내용이며, 그것이 항상 다시금 새로운 형태를 찾는다. 변환되는 형태들 내지는 모습들을 통해서 나타나엘의 불안은 매번 새롭고 조형적으로 윤곽을 그리며, 의인화되고 그렇게 함으로써 손에 잡히는 듯하다. 이 윤곽이 희미해짐은 그의 불안이 무형화(형태 또는 표현없는 내용)되는 것이며, 그렇게 함으로써 더욱 불길해진다. 우선 그렇게 되면 그는 싸울 수가 없는 것이다! 그러나 코펠리우스나 코폴라를 향해서는 그가 저항을 할 수 있다!

다른 가능한 해석은, 나타나엘의 평가가 아주 정확하다는 것이다 ("teuflisch"). 소설 전체는 이런 해석이나 저런 해석에 무수한 논쟁의 여지를 제공한다. 이 소설의 특이한 점은: 나타나엘의 생의 상황뿐만 아니라 나타나엘이 그 속에서 하나의 역할을 수행하고 있는 소설 자체도 출구가 없다는 것이다. 소설은 독자로 하여금 끊임없이 새로운 의미찾기 작업을 강요한다.

---

(218) *Es kam ihm endlich ein, jene düstre Ahnung, daß Coppelius sein Liebesglück stören werde, zum Gegenstande eine Gedichts zu machen.*

[L] · *Es kam ihm endlich ein*: es fiel ihm endlich ein, es kam ihm endlich die Idee

· *zum Gegenstande machen*: zum Thema machen

· *Gedicht*: 여기에서는 Dichtung의 의미

[S] 구조 스케치:

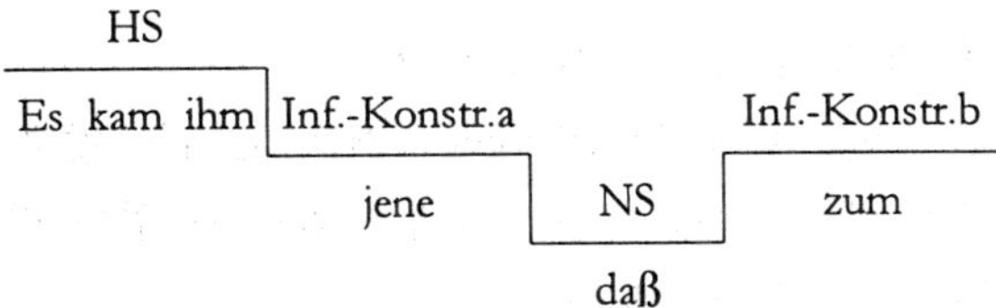

---

(219) *Er stellte sich und Clara dar, in treuer Liebe verbunden, aber dann und wann war es, als griffe eine schwarze Faust in ihr Leben und risse irgend eine Freude heraus, die ihnen aufgegangen.*

[L] · *darstellen*: 여기에서는 beschreiben, erzählen, in Worten gestalten

· *dann und wann*: ab und zu

· *griffe / risse*: greifen과 reißen의 접속법

· Freude와 동사 aufgehen의 결합(eine Freude ⋯ , die ihnen aufgegangen [war])은 오늘날에는 약간 이상하게 들린다.

[S] 이 복합문은 다시 두개의 독립적 문장으로 구성되어 있다:

1)   *Er stellte sich und Clara dar* ⋯

2)   *dann war es, als griffe eine schwarze Faust in ihr Leben* ⋯

[N] 코펠리우스의 인식표로서 "주먹(Faust)"을 유의하시오!

> (220) *Endlich, als sie schon am Traualtar stehen, erscheint der entsetzliche Coppelius und berührt Claras holde Augen; die springen in Nathanaels Brust wie blutige Funken sengend und brennend, Coppelius faßt ihn und wirft ihn in einen flammenden Feuerkreis, der sich dreht mit der Schnelligkeit des Sturmes und ihn sausend und brausend fortreißt.*

[L] · *Traualtar:* die Trauung = die Eheschließung; 기독교 문화권에서는 결혼이 이중으로 실행된다. 첫 번째는 호적정리를 위해 관청에서, 두 번째는 교회식으로 제단 앞에서 (혼배성사의 제단).

· *sengend:* sengen의 분사형. sengen = leicht anbrennen, 불이 붙지는 않고. 예) 머리카락이 불 가까이 가면 그렇게 된다. 날씨가 참을 수 없이 더울 때 sengende Hitze라는 표현을 쓰기도 한다.

· *Feuerkreis* m.: 불 또는 불꽃의 원형을 이룬 덩어리로, 원형은 끝이 없음, 즉 빠져나오기 어려움을 상징. 의역: 나타나엘을 에워싸고 있는 불덩이 [영어의 surrounded by fire].

· *sausen und brausen:* 거칠게 움직이는 물소리를 나타내는 관용적 표현.

[S] 이 복합문은 세 개의 독립적 문장으로 구성되어 있으며, 다음과 같은 핵심 문장으로 축약해 볼 수 있다:

1)   *Endlich* ⋯ *erscheint* ⋯ *Coppelius und berührt Claras* ⋯ *Augen*

2)   *die springen in Nathanaels Brust* ⋯

3)   *Coppelius faßt ihn* ⋯

위의 문장 1)에서부터 동사의 시제는 현재형으로 되어있다. 이것은 내용 소개의 특징적 시제이다. — 그러나 나타나엘의 시점에서 보아 이 문장들은 예언적-미래적 성격을 갖는다. 클라라는 그의 작품에서 나타나엘 자신이 지닌 공포심, 즉 그의 눈의 상실에 대한 불안감에 굴복하고 만다. 나중에 이 운명은 올림피아에게서 성취된다: 아래 (347) 참조.

불의 원, 즉 끝이 없는 불덩이(Feuerkreis)는 마성과 광증과 출구없는 상황의 상징이다. 그 속에 포함된 불-모티브는 코펠리우스 그리고 그의 연금술 실험과 불가분의 관계에 있다. *"blutige Funken"* 같은 세부묘사는 곧 코펠리우스를 연상시킨다: 1) Der Sandmann wirft Kindern Sand in die Augen, *daß sie blutig*[!] *zum Kopf herausspringen,* 2) Coppelius = der Sandmann *griff* ⋯ *glutrote Körner* [위의 *blutige Funken*과 비슷하게] *aus der Flamme, die er mir in die Augen streuen wollte.* 주도모티브로서 불덩이는 모두 7회 등장한다.

눈-모티브의 33번째 언급

(221) *Es ist ein Tosen, als wenn der Orkan grimmig hineinpeitscht in die schäumenden Meereswellen, die sich wie schwarze, weißhauptige Riesen emporbäumen in wütendem Kampfe.*

[L] · *ein Tosen*: 동사의 명사화; das Geräusch wild bewegten Wassers
· *Orkan* m.: [분명하게 제2음절에 강세!]; 최강도의 바람, 매우 격심한 폭풍우.
· *grimmig*: wütend, zornig
· *hineinpeitschen*: 명사 die Peitsche 참조 [영어의 whip]
· *schwarze, weißhauptige Riesen*: schwarze Riesen mit weißen Häuptern (= Köpfen); *Riese* m.: übergroße Märchengestalt [영어의 giant]

· *sich emporbäumen*: empor + bäumen: sich (wie ein Baum) erheben, 예) ein Pferd bäumt sich auf = es stellt sich auf seine Hinterbeine

[N] "물보라치는 바다의 파도(*die schäumenden Meereswellen*)"는 추측컨대 "하얀 머리통의 검은 거인(*schwarze, weißhauptige Riesen*)"처럼 우연히 창안된 것이 아닐 것이다. 검은 색은, 그런데 흰색도 마찬가지이며, 코폴라/코펠리우스와 밀접하게 관련되어 있다:

- *schwarze Wolkenschatten* (5)

- *Coppelius trug schwarze Strümpfe* (50)

- *beide* [Vater und Coppelius] *kleideten sich in lange schwarze Kittel* (65)

- *eine schwarze Höhlung* (67)

- ··· *ohne Augen* - ··· *schwarze Höhlen statt ihrer* (74)

- *alles* ··· *wurde schwarz und finster* (82)

- *lag mein Vater tot mit schwarz verbranntem Gesicht* ··· (100)

- *eine schwarze Faust* [des Coppelius] ··· (219)

형용사 "weißhauptig"는 코펠리우스의 가발을 연상시킨다. 그리고 마침내 파도의 "거인같은" 모습은 나타나엘이 코펠리우스에 대하여 "그가 컸다(*groß*)"고 묘사했던 최초의 세부사항과 일치한다 (48). 뿐만 아니라 그는 코도(51), 귀도(51), 주먹도(52) 컸다. 소설의 끝에 가서 다시 한번 코펠리우스는 "거인같이 큰(*riesengroß*)" 모습으로 등장한다 (397).

> (222) *Aber durch dies wilde Tosen hört er Claras Stimme: "Kannst du mich denn nicht erschauen? Coppelius hat dich getäuscht, das waren ja nicht meine Augen, die so in deiner Brust brannten, das waren ja glühende Tropfen deines eignen Herzbluts - ich habe ja meine Augen, sieh mich doch nur an!"*

[L]   ·   *erschauen*: erblicken, sehen

[N] 여기에서 다시 클라라의 이론이 꿈같은-상징적 형식 속에서 되풀이
된다. 클라라는 주장한다: 외부로부터의 위험은 존재하지 않는다. 모든
공포는 나타나엘의 내면에서 일어나고 있다. 그리하여 클라라가 코펠리
우스로 인하여(그러니까 "외부"에 의해) 시력을 잃게 되는 이 환영과 같
은 꿈속에서도 그녀는 언제나처럼 나타나엘을 정정하러 든다: 이것은 착
각이다. 그녀의 눈인 것으로 나타나엘의 가슴에서 불타고 있는 것처럼
보이는 것은 실제로는 단지 그 자신의 "심장의 핏방울(Herzblut)", 즉 나
타나엘 자신이 만든 환상에 불과한 것이다. — 어쨌거나 나타나엘의 꿈
은 나중에 올림피아와 관련해서 현실이 된다. (347) 참조.

눈-모티브의 34, 35번째 언급

---

(223) - *Nathanael denkt: Das ist Clara, und ich bin ihr eigen ewiglich.*

[L]   ·   *ich bin ihr eigen ewiglich*: ich gehöre ihr für immer, ich werde sie nie verlassen

---

(224) - *Da ist es, als faßt der Gedanke gewaltig in den Feuerkreis hinein, daß er
stehen bleibt, und im schwarzen Abgrund verrauscht dumpf das Getöse.*

[L]   ·   *Abgrund* m.: scheinbar bodenlose Tiefe; 이 단어는 독일어에서는 'das
Unheimliche und das Furchteinflößende'의 심층 의미를 내포하고 있다.
·   *verrauschen*: Wasser rauscht, Bäume im Wind rauschen; 낭만주의에서는
'rauschende Wälder'에 대한 표현이 많다고 한다. 명사 Rauschen과
Geräusch를 참조할 것; ver + rauschen = das Rauschen wird immer
schwächer.

[S] 이 복합문은 두 개의 독립적 문장으로 구성되어 있다:

1)   *Da ist es, als faßt[e] der Gedanke ··· in den Feuerkreis hinein*

2)   *im ··· Abgrund verrauscht ··· das Getöse*

[N] 클라라의 이성적 사고(思考)가 나타나엘의 환상의 산물에 승리하는 것같이 보인다. 불덩이가 소멸된다. 그러나 이야기의 결미부에서는 불끄기에 성공하지 못한다!

> (225) *Nathanael blickt in Claras Augen; aber es ist der Tod, der mit Claras Augen ihn freundlich anschaut.*

[N] 이 부분이 소설 전체를 통해서 가장 수수께끼 같은 부분이다. 우리가 잊어서는 안될 것은: 지금 이것은 서술자(Narrator)가 훗날 — 매우 축약적으로 — 회고해서 들려주는 나타나엘의 작품(Dichtung)이 문제되고 있다는 점이다. 그는 이것을 처음에는 서사적 과거형으로(예: dann und wann *war es*), 나중에는 역사적 현재형으로(예: Coppelius *erscheint*) 이야기한다. 서술자는 이제 주석에서 이 작품의 의미에 대해 생각해 볼 수도 있으리라. 그러나 그는 침묵한다. 이 암울한 (나타나엘의) 작품을 이해하려는 독자는 아무런 도움을 받지 못한다. 마지막에 클라라의 눈에서 바라보고 있는 것이 왜 하필 죽음인가? 이러한 의문은 다만 명상적으로 대답될 수 있을 뿐이다: 클라라는 나타나엘을 광증의 세계에서 끄집어낸다. 그렇지만 그녀는 그를 결국 어디에다 집어넣는가? — 일상의 진부성에다 쳐넣는다! 나타나엘은 그 점에 대해 그녀에게 감사할 수가 없다. 이는 그의 인간성에 위배되기 때문이다. 그것이 클라라가 지닌 꿈을 파괴하는 힘이며, 바로 그것을 나타나엘이 두려워하며 혐오하는 것이다! 일상의 간단명료함과 신비성 부재는 그에게는 죽음이다.

그 점에서 볼 때 이 꿈의 작품은 어떻게 광증이 이미 잠재적으로 그의
내부에 존재하고 있는가, 또 그가 현실에 얼마나 장님인가를 보여준다:
나타나엘은 생명력에 넘치는 클라라의 눈을 들여다보면서 죽음을 본다.
반면에 다음 (267)에서 자동인형의 눈을 들여다보면, 그 때는 생명이 그
에게 비추어오는 것이다. 이것은 문학적으로 인식에 대조되는 오인이라
고 하는 오랜 전통적 모티브와 일치한다.

눈-모티브의 36, 37번째 언급

---

(226) *Während Nathanael dies dichtete, war er sehr ruhig und besonnen, er feilte und besserte an jeder Zeile und da er sich dem metrischen Zwange unterworfen, ruhte er nicht, bis alles rein und wohlklingend sich fügte.*

[L] · *feilen*: glatt machen, z.B. nach dem Schneiden der Fingernägel feilt man
sie glatt, und zwar mit einer Feile; 전이된 의미: man feilt an einem Text
od. einem Satz = man verbessert ihn (무엇보다도 양식상).
· *sich dem metrischen Zwange unterwerfen*: in Versen dichten
· *sich fügen*: 원래 gehorchen

[S] 이 복합문은 세 개의 독립적 문장으로 구성되어있다:
1) *Während Nathanael dies dichtete, war er sehr ruhig* ···
2) *er feilte* ··· *an jeder Zeile*
3) *ruhte er nicht* → er ruhte nicht, *bis alles* ··· *sich fügte*

[N] 나타나엘의 작품 원본은 우리에게 보고되지 않는다. 서술자는 우리
에게 짧은 요약만을 들려준다. 원작의 운율형식에 대한 암시는 은밀한
비평으로 파악해도 좋을 것이다: 나타나엘은 비일상적 체험들을 일상적
이고 인습적인 운문형식에 담는다. 그는 분명히 위대한 시인은 아니다!

> (227) *Als er jedoch nun endlich fertig worden, und das Gedicht für sich laut las, da faßte ihn Grausen und wildes Entsetzen und er schrie auf: "Wessen grauenvolle Stimme ist das?"*

[L] · *worden* = geworden: 여기에서는 geworden war (과거 완료)

[S] 두 개의 문장 + 직접화법:

   1) *Als er ⋯ fertig* [ge]*worden* [war], ⋯ *faßte ihn Grausen und* ⋯ *Entsetzen*
   2) *er schrie auf* + 직접화법

[N] *Wessen grauenvolle Stimme ist das?*라는 질문은 극도의 자기소외, 자아 분열, 광증의 단계를 암시한다. 마치 어떤 다른 사람, 어쩌면 코펠리우스같은 사람이 그의 내부에서 말하는 듯하다.

> (228) - *Bald schien ihm jedoch das Ganze wieder nur eine sehr gelungene Dichtung, und es war ihm, als müsse Claras kaltes Gemüt dadurch entzündet werden, wiewohl er nicht deutlich dachte, wozu denn Clara entzündet, und wozu es denn nun eigentlich führen solle, sie mit den grauenvollen Bildern zu ängstigen, die ein entsetzliches, ihre Liebe zerstörendes Geschick weissagten.*

[L] · *wiewohl*: obwohl
 · *wozu*: 목적을 물어보는 의문대명사이며, 여기에서는 부문장을 도입한다.[60]
 · *weissagen*: voraussagen, prophezeien

[S] 이 복합문은 두 개의 독립적 문장으로 구성되어 있다. 두 번째의 문장은 문장론적으로 상당한 복잡성을 지니고 있다:

---

60. 이 부분에 관해서는 다음을 참조: Johannes Erben: Deutsche Grammatik. Ein Abriß 12. Aufl. Ismaning (1980), S. 232, 425 f.

1) *Bald schien ihm ⋯ das Ganze ⋯ eine ⋯ gelungene Dichtung* [zu sein]

2) *es war ihm, als müsse Claras kaltes Gemüt ⋯ entzündet werden* ⋯

구조 스케치:

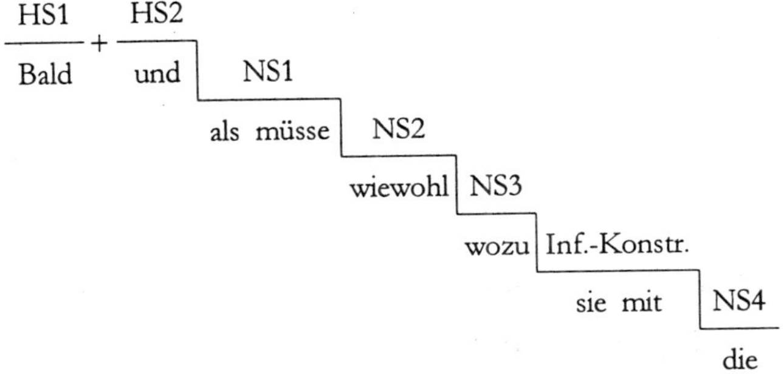

[N] '클라라가 차갑다(*kalt*)'라는 판단은 나타나엘에게서만 이해될 수 있을 뿐이다 (등장인물 시점). '나타나엘이 클라라를 불안하게 하고 있다'라는 비판은 서술자에게서 나온다 (서술자 시점). 그러므로 나타나엘은 클라라를 비판하고 있고, 서술자는 나타나엘을 비판하고 있다 (물론 아주 분명히는 아니다.)

주도모티브 차가운(kalt)에 관해서는 종합적으로 (325)를 참조하시오! — 주도모티브인 불붙이다는 흥미로운 사용을 보이고 있다: 나타나엘은 클라라를 "불붙이는" 데에 성공하지 못한다. (267) 참조.

(229) *Sie, Nathanael und Clara, saßen in der Mutter kleinem Garten, Clara war sehr heiter, weil Nathanael sie seit drei Tagen, in denen er an jener Dichtung schrieb, nicht mit seinen Träumen und Ahnungen geplagt hatte.*

[L] · plagen, plagte, hat *geplagt*: quälen

[S] 두 개의 독립적 문장:

  1) *Sie ··· saßen in der Mutter ··· Garten* → Sie saßen ··· in dem ··· Garten
     der Mutter

  2) *Clara war ··· heiter.*

구조 스케치:

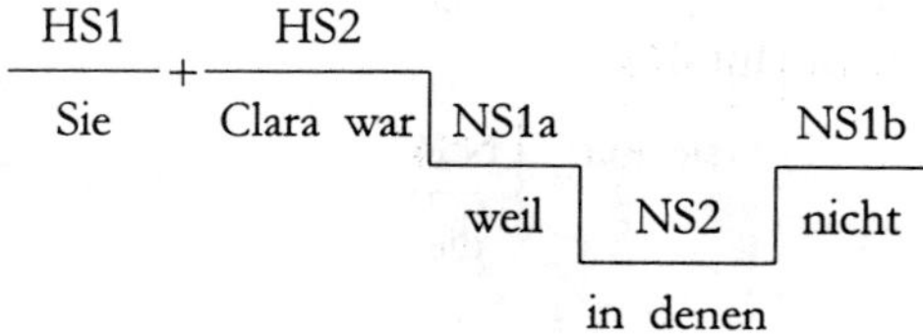

[N] 이 문장은 3일 동안에 일어난 사건과 상태를 보고한다 (결코 좋은 것
을 가져다주지 않는 마성적 숫자 3에 유의). 어머니집 앞 작은 정원에서
쾌활하고 평화스러운 자리는 이 소설에 아주 드문 전원 장면이다.

주도모티브같은 클라라의 쾌활성에 유의하시오. 이것은 나타나엘의 음
울한 성격과 불길하게 대조를 이룬다.

> (230) *Auch Nathanael sprach lebhaft und froh von lustigen Dingen wie sonst, so,*
> *daß Clara sagte: "Nun erst habe ich dich ganz wieder, siehst du es wohl, wie wir*
> *den häßlichen Coppelius vertrieben haben?" Da fiel dem Nathanael erst ein, daß er*
> *ja die Dichtung in der Tasche trage, die er habe vorlesen wollen.*

[N] 하필이면 클라라가 나타나엘에게 코펠리우스를 상기시켜준 장본인

이라는 사실은 [서술자가 아니라] 근저에 놓여있는 사건이 만들어 내는 악의적 아이러니이다. 이것은 숙명적 결과를 가져온다.

> (231) *Er zog auch sogleich die Blätter hervor und fing an zu lesen: Clara, etwas Langweiliges wie gewöhnlich vermutend und sich darein ergebend, fing an, ruhig zu stricken.*

[L] · *darein*: darin

· *sich in etwas ergeben*: sich in etwas fügen, etwas ohne Widerstand erdulden

> (232) *Aber so wie immer schwärzer und schwärzer das düstre Gewölk aufstieg, ließ sie den Strickstrumpf sinken und blickte starr dem Nathanael ins Auge. Den riß seine Dichtung unaufhaltsam fort, hochrot färbte seine Wangen die innere Glut, Tränen quollen ihm aus den Augen.*

[L] · *Gewölk*: Wolken

· *Strickstrumpf* m.: Strumpf, den man aus Wolle strickt

[S] 다음의 문장들을 분리해낼 수 있다:

- ··· *ließ sie den Strickstrumpf sinken* → sie ließ den Strickstrumpf sinken
- *Den riß seine Dichtung* ··· *fort* → seine Dichtung [주어] riß ihn fort [술어]
- *hochrot färbte seine Wangen die innere Glut* → die innere Glut [주어] färbte [술어] seine Wangen [목적어] hochrot [방법의 부사]
- *Tränen quollen ihm aus den Augen.*

[N] "응고된(*starr*)"이라는 표현은 여기에서 처음 나오는 것이 아니다. 나

타나엘의 편지에서 수수께끼 같은 올림피아와 관련해서 튀어 나왔었다: *und überhaupt hatten ihre Augen etwas Starres* … (160). 여기에서 서술자는 이 두 여성 인물들 사이에 섬세하고 숨은 연관성을 만들어 낸다. — 이 비판적 위치에 — 다시금 *blicken*과 *starr*와 관련해서 — 숙명적인 눈-모티브가 나온다. 주도모티브 응고(starr)에 관해서는 아래 (251) 참조.

나타나엘과 클라라의 대조는 곤혹스러운 코미디 같다: 나타나엘은 자신의 작품에 감격해 있는데, 클라라는 하필이면 '양말'을 뜨고 있다! 실존적 고통과 극도의 진부성이 충돌하며 그로테스크의 효과를 생성한다. 여기에 주어진 장면과 관련해서 우리는 해설자의 다음 말을 상기하게 된다: *Hast du, Geneigtester! wohl jemals etwas erlebt, das deine Brust, Sinn und Gedanken ganz und gar erfüllte, alles andere daraus verdrängend? Es gärte und kochte in dir, zur siedenden Glut entzündet sprang das Blut durch die Adern und färbte höher deine Wangen.* (171-172) 이 두 텍스트의 부분적 평행성 뒤에는 악의적 아이러니가 숨어 있다: 그림같은 상상들을 독자나 청자에게 전달한다는 문제에서, 나타나엘은 클라라를 청자로 놓고 볼 때 절대적으로 실패한 것이다.

눈-모티브의 38, 39번째 언급

(233) - *Endlich hatte er geschlossen, er stöhnte in tiefer Ermattung - er faßte Claras Hand und seufzte wie aufgelöst in trostlosem Jammer: "Ach! - Clara - Clara!" - Clara drückte ihn sanft an ihren Busen und sagte leise, aber sehr langsam und ernst: "Nathanael - mein herzlieber Nathanael! wirf das tolle - unsinnige - wahnsinnige Märchen ins Feuer."*

[L]   · Endlich hatte er *geschlossen*: schließen, schloß, hat geschlossen; Endlich war er am Ende (mit seiner Dichtung)

- *Ermattung* f.: sich matt fühlen 또는 sich kraftlos fühlen 참조. 'müde und matt' 같이 두운을 맞춘 관용구도 쓰인다: Nach einem anstrengenden Tag fühlt man sich müde und matt.
- *toll*: wild, verrückt

[S] *wirf*: werfen의 명령형

병렬적 양식이 지속된다. 세 문장은 서로 연이어 일어나며; 세 번째 문장에 직접화법이 연결된다.

[N] 불-모티브는 아이러니로서 사용되고 있다. 클라라는 자신이 — 물론 지극히 무심코 — '코펠리우스 - 악마 - 지옥 - 불'이라는 연상의 복합체를 발언하고 있음을 의식하지 못한다. 클라라가 나타나엘의 작품을 하필이면 "전설(Märchen)"이라고 칭하는 것도 그에게는 기쁜 일이 아니다.

클라라가 나타나엘에게 대할 때 놀라울 정도로 인간적으로 처신하고 있지만, 그녀는 (다음 몇 행에서도 드러나듯이) 그 반대의 결과만을 야기한다. 그것은 마치 숙명과도 같다.

1.2.1.4 언쟁, 결투, 화해

(234) *Da sprang Nathanael entrüstet auf und rief, Clara von sich stoßend: "Du lebloses, verdammtes Automat!" Er rannte fort, bittre Tränen vergoß die tief verletzte Clara: "Ach er hat mich niemals geliebt, denn er versteht mich nicht", schluchzte sie laut.*

[L] · *Automat* m.: 그리스어의 autó-matos에서 유래; sich selbst bewegend; Automat라는 단어는 18세기 프랑스의 영향하에 퍼져 나아갔다. 호프만의 시대에는 아직 신선하고 신비에 반향을 지니고 있었을 것이다. — 단어의 성은 당시에는 미정이었고, 여기에서는 das Automat였다가 나중에 die Automate로도 쓰였고, 오늘날에는 규칙에 따라 der Automat 라고 쓰인다.

· *schluchzen*: leise weinen [영어의 to sob]

[N] 기계적인 자동인간 — 공상과학 소설에 등장하는 오늘날 우리의 로봇의 선조 — 은 18세기 계몽주의 시대에 매우 유명했다. 코펠리우스의 실험도 "온 세상을 기계의 원칙(Prinzipien der Mechanik)으로 설명할 수 있다"는 18세기의 신앙에 근거한다.[61]

나타나엘의 반응은 아무도 놀라게 하지 않는다. 그의 작품, 그의 심장의 피는 무의미한 것인가? 그는 클라라를 밀쳐낸다, 극도의 격분과 거부의 제스처이다. 클라라에게서의 나타나엘의 소외는 세 단계를 거친다:

　　1) 클라라에 대한 분노, 그가 로타르에게 쓴 편지의 끝부분에서 표현된다.

　　2) 이제 그는 그녀를 밀쳐낸다. 이것은 마지막 단계의 전조이다.

　　3) 나타나엘은 클라라를 탑에서 떨어뜨리려 한다.

나타나엘은 진짜 생명력에 넘치는 클라라를 "생명이 없는 자동인형 (*lebloses Automat!*)"이라고 칭하고, 곧 이어 그는 실제로 생명이 없는 자동인형 — 올림피아 — 에게 사랑에 빠지게 된다, 물론 그 자신은 그녀를 생

---

61. Lienhard Wawrzyn: Der Automaten-Mensch. E.T.A. Hoffmanns Erzählung vom "Sandmann". Mit Bildern aus Alltag und Wahnsinn. Berlin 1987, Neuausgabe 1990 (Wagenbachs Taschenbücherei 177).

명력에 넘친다고 간주한다. 클라라는 분별력 있게 그들의 문제점을 집어
낸다: *er versteht mich nicht*. 그러나 그녀로서는 자신도 나타나엘을 이해하지
못한다는 생각에는 이르지 못한 것으로 보인다.

불덩이(Feuerkreis)가 결정적 역할을 하는 나타나엘의 작품을 클라라가
하필이면 불 속에 던지려고 하는 점에도 일종의 곤혹스러운 코미디가
들어 있다.

---

(235) - *Lothar trat in die Laube; Clara mußte ihm erzählen was vorgefallen; er
liebte seine Schwester mit ganzer Seele, jedes Wort ihrer Anklage fiel wie ein
Funke in sein Inneres, so, daß der Unmut, den er wider den träumerischen
Nathanael lange im Herzen getragen, sich entzündete zum wilden Zorn.*

[L] · *Laube* f.: kleines Gartenhaus aus Holz

· *wider*: gegen

· *Unmut* m.: Ärger

· *Funke* m.: 불이 타면, 불티들(Funken)이 떨어진다. 독일어로는 비유적
  으로 다음과 같이 말할 수 있다: *ein Funke fällt* auf Lothars Unmut und
  entzündet ihn zum wilden *Zorn*. 분노는 보통 폭발처럼 표현되기 때문에,
  '불붙은 불티(entzündenden Funken)'에 관한 상징은 그럴듯하다.

[S] 과거완료의 형식에 유의하시오: *was vorgefallen* [war], 그리고 *der Unmut,
den er … im Herzen getragen* [hatte].

---

(236) *Er lief zu Nathanael, er warf ihm das unsinnige Betragen gegen die geliebte
Schwester in harten Worten vor, die der aufbrausende Nathanael ebenso erwiderte.*

[L] · jemandem etwas *vorwerfen*: jemandem sagen, er sei schuld. jemanden tadeln
 · *Betragen* n.: Benehmen, Verhalten, Manieren [영어의 manners, behaviour]

> (237) *Ein fantastischer, wahnsinniger Geck wurde mit einem miserablen, gemeinen Alltagsmenschen erwidert.*

[L] · *Geck* m.: Narr

[N] 근저에 놓인 구두적 장면을 매우 축약적으로 재현한다. 로타르는 나타나엘에게 욕을 하며 그를 "어리석은 놈(Geck)"이라 하였고, 나타나엘은 로타르에게 욕을 하며 그를 "천박한 일상적 인간(gemeiner Alltagsmensch)"라 칭한다. 이 장면의 대부분은 서술자의 선택적 서술 기법에 의해 희생되고 만다.

각자는 다른 사람을 너무도 심하게 모욕했기 때문에 19세기의 윤리 규범에 의하면 둘의 결투만이 명예를 회복시킬 수 있다.

> (238) *Der Zweikampf war unvermeidlich. Sie beschlossen, sich am folgenden Morgen hinter dem Garten nach dortiger akademischer Sitte mit scharfgeschliffenen Stoßrapieren zu schlagen.*

[L] · *sich schlagen*: 여기에서는 sich duellieren
 · *Stoßrappiere*: 타격과 찌르기를 통해서 상대를 치명적으로 상처 입히고자 하는 용도의 특수한 검

[N] 무기의 종류는 상대간의 합의로 결정되거나, 여기에서처럼 전통에 따라 정해져 있기도 한다. — 위대한 러시아 시인 푸쉬킨 Alexander

Puschkin은 38세로 결투의 결과로 인해 죽었다 (1837). 예를 들면 폰타네 Theodor Fontane의 장편소설 『Effi Briest』나 슈니츨러 Arthur Schnitzler의 『구스틀 소위 Leutnant Gustl』에서의 결투는 더 이상 시대에 어울리지 않기 때문에 비판적으로 공격당했다. — 20세기에는 그러한 결투는 영화의 한 장르, 즉 서부극(Wild-West-Film)의 고전적 요소가 되었다.

> (239) *Stumm und finster schlichen sie umher, Clara hatte den heftigen Streit gehört und gesehen, daß der Fechtmeister in der Dämmerung die Rapiere brachte. Sie ahnte was geschehen sollte.*

[L] · *Fechtmeister* m.: Lehrer der Fechtkunst, fechten mit Schwertern oder Säbeln

[S] 쉼표로 분리된 두 개의 독립적 문장. 바로 앞 단락의 비교적 짧게, 접속사 없이 연결된 많은 문장들은 극적으로 첨예화되어 가는 사건의 기능을 지닌다. 긴장과 액션이 문장론적으로 복잡한 문장들을 소화할 수가 없다.

[N] 그러한 결투는 확고한 규칙에 의해서 시행되었고, 보통 새벽의 여명에 이루어지곤 했다. 입회인, 여기에서는 펜싱 사범이 규정에 따른 결투의 진행을 감시했다.

> (240) *Auf dem Kampfplatz angekommen hatten Lothar und Nathanael soeben düsterschweigend die Röcke abgeworfen, blutdürstige Kampflust im brennenden Auge wollten sie gegeneinander ausfallen, als Clara durch die Gartentür herbeistürzte. Schluchzend rief sie laut: "Ihr wilden entsetzlichen Menschen! - stoßt mich nur gleich nieder, ehe ihr euch anfallt; denn wie soll ich denn länger leben auf der Welt, wenn der Geliebte den Bruder, oder wenn der Bruder den Geliebten ermordet hat!"*

[L] · *gegeneinander ausfallen*: 오늘날에는 sich gegenseitig anfallen [클라라는 anfallen동사를 사용한다], übereinander herfallen, sich bekämpfen
· *herbeistürzen*: herbei + stürzen; sehr schnell hinzukommen
· *niederstoßen*: 여기에서는 mit dem Degen töten

[S] 첫 번째의 독립적 문장에 쉼표를 더해야 한다:

Auf dem Kampfplatz angekommen[,] hatten Lothar und Nathanael ··· die Röcke abgeworfen

두 번째 문장에서도 마찬가지이다:

blutdürstige Kampfeslust in brennenden Augen[,] wollten sie gegeneinander ausfallen ···

[N] 클라라의 반응에서 우리는 그녀가 "차가운(*kalt*)" 것과는 거리가 먼 사람이라는 것을 알 수 있다.

눈-모티브의 40째 언급. 눈은 여기에서 내면세계를 반영하는 기능을 갖는다 (외면세계를 반영하는 클라라의 눈 대신).

> (241) - *Lothar ließ die Waffe sinken und sah schweigend zur Erde nieder, aber in Nathanaels Innern ging in herzzerreißender Wehmut alle Liebe wieder auf, wie er sie jemals in der herrlichen Jugendzeit schönsten Tagen für die holde Clara empfunden.*

[L] · *Wehmut* f.: Sehnsucht nach Vergangenen

[S] 두 개의 문장:
1) *Lothar ließ die Waffe sinken ···*
2) *in Nathanaels Innern ging ··· alle Liebe wieder auf ···*

in der herrlichen Jugendzeit schönsten Tagen → in den schönsten Tagen der herrlichen Jugendzeit

empfunden [hatte]: 과거완료

[N] 조연인 로타르는 외부에서 관찰되어 묘사되어 있다: *er ließ die Waffen sinken* [외부 시각]. 반면에 주인공 나타나엘은 내면에 관해서도 조명이 되어 있다: 그가 무슨 생각을 하는지 무엇을 느끼고 있는지에 관해서 [내부 시각].

> (242) *Das Mordgewehr entfiel seiner Hand, er stürzte zu Claras Füßen. "Kannst du mir denn jemals verzeihen, du meine einzige, meine herzgeliebte Clara! - Kannst Du mir verzeihen, mein herzlieber Bruder Lothar!"*

[L] · *Mordgewehr* n.: der Mord + das Gewehr; Gewehr는 오늘날 총(eine Schußwaffe)의 뜻. [영어의 rifle, gun], 비교: Maschinengewehr [영어의 mashine gun]. 18세기와 19세기초에는 Gewehr가 일반적으로 "모든 종류의 무기"에 사용되었다고 한다.[62] 재귀동사 sich wehren 참조 = sich verteidigen [영어의 to defend oneself].

> (243) - *Lothar wurde gerührt von des Freundes tiefem Schmerz; unter tausend Tränen umarmten sich die drei versöhnten Menschen und schwuren, nicht voneinander zu lassen in steter Liebe und Treue.*

[L] · *gerührt* (sein): 관용구 er/sie ist zu Tränen gerührt 참조
  · schwören, *schwur*, hat geschworen: durch Eid feierlich versprechen [영어의

---

62. H. Paul (1981), S. 259.

to take an oath]

· *nicht voneinander lassen*: sich niemals trennen

· in *steter* Liebe: (장음의 닫힌 'e'로 발음할 것!); in gleichbleibender, anhaltender Liebe. 다음 속담 참조: *Steter* Tropfen höhlt den Stein.

(244) *Dem Nathanael war es zu Mute, als sei eine schwere Last, die ihn zu Boden gedrückt, von ihm abgewälzt, ja als habe er, Widerstand leistend der finstern Macht, die ihn befangen, sein ganzes Sein, dem Vernichtung drohte, gerettet.*

[L] · *zu Mute sein*: 오늘날에는 zumute sein; in einer bestimmten Stimmung sein, ein bestimmtes Gefühl haben

· *sein ··· Sein*: seine ··· Existenz

[S] 단순화한 표현:

    Dem Nathanael war es ··· , als sei eine ··· Last ··· von ihm abgewälzt ··· [und] als habe er ··· sein ganzes Sein ··· gerettet.

Dem Nathanael war es zu Mute → Es war dem Nathanael zu Mute

비교문 + 접속사 als sei ··· 는 이 복합문의 가장 어려운 문제점이다; 이것이 여러 번 중단되기 때문이다. — 관계문 *die ihn zu Boden gedrückt* [hatte] 에서 과거완료에 유의하시오.

그러므로 "나타나엘이 어떠한 기분이었는지 *dem Nathanael zu Mute* [zumute] *ist*"는 이중으로 특징 지워진다. 여기에서 감탄사 *"ja"* 는 점증의 신호로 사용된다. 이 불변화사 다음에 쉼표 첨부.

구조 스케치:

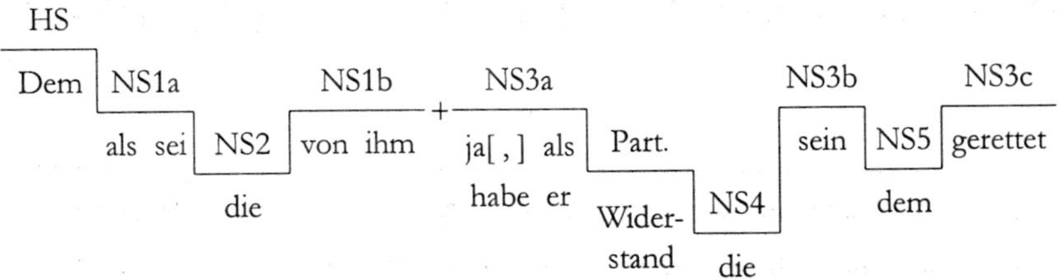

이어지는 부문장들은 문장론적으로 동등한 차원에 놓여있다: *als sei eine schwere Last ⋯ von ihm abgewälzt, ja[,] als habe er ⋯ sein ganzes Sein ⋯ gerettet*

> (245) *Noch drei selige Tage verlebte er bei den Lieben, dann kehrte er zurück nach G., wo er noch ein Jahr zu bleiben, dann aber auf immer nach seiner Vaterstadt zurückzukehren gedachte.*

[L]　· *selig*: sehr glücklich
· *zu bleiben / zurückzukehren gedenken*: bleiben/zurückkehren wollen

[S] 두 개의 문장:
1) *Noch drei ⋯ Tage verlebte er bei den Lieben*
2) *dann kehrte er zurück nach G., wo er noch ein Jahr zu bleiben ⋯ gedachte*

[N] "*noch drei selige Tage*"는 정밀한 시간의 부사이다. 그러나 그 사이 총 얼마간의 시간이 경과했는지는 불분명하다. 아마도 6주 또는 8주 정도였을 것이다. — 마성적 모티브 **3**은 소설 전체에 흐르고 있다!

또 다른 시간의 부사에 "*noch ein Jahr*"가 있다. 나타나엘의 입장에서 볼 때

이 일년은 아직 미래의 시점에 놓여있다. 그러나 서술자의 입장에서 볼 때는 이미 과거에 위치한다. 서술자-입장은 서사적 과거형을 정당화 시켜준다.

> (246) *Der Mutter war alles, was sich auf Coppelius bezog, verschwiegen worden; denn man wußte, daß sie nicht ohne Entsetzen an ihn denken konnte, weil sie, wie Nathanael, ihm den Tod ihres Mannes schuld gab.*

[S] 두 개의 문장:

1) *Der Mutter war alles ··· verschwiegen worden*
2) *man wußte, daß sie nicht ohne Entsetzen an ihn denken konnte ···*

weil sie ··· ihm den Tod ihres Mannes schuld gab → weil sie ihm (die) Schuld am Tod ihres Mannes gab

위의 문장 2)는 다음의 구조를 갖고 있다. 구조 스케치:

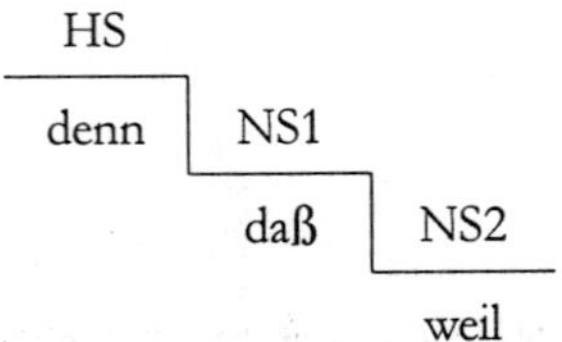

[N] 이 연속적 상황의 첫째 문장에서는 어머니가 — 클라라 이외에도 — 언급되고(··· *als er nun ··· ins Zimmer der Mutter eintrat*), 이 마지막 문장에서도 그러하다. 어머니는 자주 언급되고 있음에도 불구하고 수수께끼적인 그림자적 존재가 된다.

이 단락의 마지막 문장 — *weil sie, wie Nathanael, ihm den Tod ihres Mannes schuld gab* — 은 고도로 기교적이다. 그것은 거짓을 내포하지는 않으나, 진실의 절반을 은폐한다: 나타나엘은 코펠리우스에게서 악의 원칙의 현신을 본다. 반면에 어머니는 코펠리우스에게서 자신의 남편을 위험한 연금술 실험으로 유혹한 사기꾼을 본다. 코펠리우스의 죄과에 대해 어머니와 아들은 극히 다르게 해석한다.

이 장면에서 나타나엘-클라라 이야기가 끝난다. 이 이야기는 희망에 넘쳐 기쁘게 시작되었으나, 위기상황으로 계속되다가, 불화에서 정점을 이루었고, 조화 속에서 끝난다. 이 조화 또한 지속적이지는 않을 것이다.

1.2.2 나타나엘-올림피아 이야기
1.2.2.1 올림피아

새로운 서술상황이 시작된다: 시각적으로는 텍스트 안에서 한 줄을 떼고 씀으로써, 내용적으로는 사건의 장소를 전환함으로써. 나타나엘이 다시금 대학도시로 돌아간 것이다. 이 장소에 관해서 맨 처음 나타나엘 자신이 직접 보고했었다 (편지에서). 이제 서술자가 말을 맡는다.

> (247) *Wie erstaunte Nathanael, als er in seine Wohnung wollte und sah, daß das ganze Haus niedergebrannt war, so daß aus dem Schutthaufen nur die nackten Feuermauern hervorragten.*

[L] · *Schutthaufen* m.: Schutt m. + Haufen m., Schutt: Gesteinsreste

· *Feuermauer* f. oder Brandmauer f.: starke Mauer zwischen zwei Häusern, die im Falle eines Feuers das Nachbarhaus schützen soll

[S] 핵심 정보:

Nathanael ⋯ sah, daß das ⋯ Haus niedergebrannt war ⋯

이 문장을 아무런 감정없이-중립적으로, 문장론적인 정상 위치로 쓴다면: Als Nathanael in seine Wohnung wollte, sah er, daß das ganze Haus niedergebrannt war, was ihn erstaunte. 여기에서 훨씬 더 효과적인 것은 실제 단어이다. 놀라움의 정서적 사실은 효과적으로 문장의 처음에 배치되어 있다: *Wie erstaunte Nathanael, als er in seine Wohnung wollte* ⋯ 이 문장으로 총체적 서술사건은 비밀에 가득찬 음조를 지니게 된다.

[N] 이 문장에서는 코펠리우스를 경고하는 불-모티브가 이중의 암시를 던지고 있다. 첫째는 집이 불타버렸다는 단순한 사실로서, 둘째는 방화벽이라는 단어를 통해서이다. 다음 문장에서 불-모티브가 계속된다.

> (248) *Unerachtet das Feuer in dem Laboratorium des Apothekers, der im untern Stocke wohnte, ausgebrochen war, das Haus daher von unten herauf gebrannt hatte, so war es doch den kühnen, rüstigen Freunden gelungen, noch zu rechter Zeit in Nathanaels im obern Stock gelegenes Zimmer zu dringen, und Bücher, Manuskripte, Instrumente zu retten.*

[L] · *ausbrechen*: Ein Feuer *bricht aus* = es beginnt zu brennen

 · *kühn*: tapfer

 · *rüstig*: frisch, tatkräftig

 · gelingen, gelang, ist *gelungen*: etwas erfolgreich tun

[S] 단순화한 표현:

Unerachtet das Feuer ⋯ ausgebrochen war, ⋯ [so] war es doch den ⋯ Freunden gelungen, [erstens] *in Nathanaels ··· Zimmer zu dringen* [쉼표 없이] *und* [zweitens] *Bücher, Manuskripte, Instrumente zu retten.*

두 개의 이어지는 부문장들은 문장론적으로 같은 차원에 있으며 und로 연결할 수 있다:

Unerachtet das Feuer ··· ausgebrochen war [und unerachtet] *das Haus ··· gebrannt hatte*

구조 스케치:

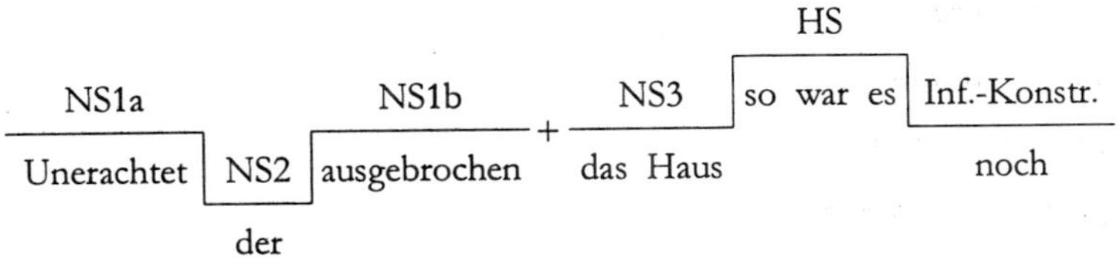

[N] 묘한 우연들의 사슬이 끊어지지 않는다: 클라라가 나타나엘 아버지의 실험실에 있었던 폭발에 관해 문의했던 곳이 바로 약국이었다. — 불-모티브는 확고해지며 강화된다.

> (249) *Alles hatten sie unversehrt in ein anderes Haus getragen, und dort ein Zimmer in Beschlag genommen, welches Nathanael nun sogleich bezog.*

[L] · *unversehrt*: 형용사, 사람에게 쓸 때는: nicht verletzt; 사물에게는: nicht zerstört

· *in Beschlag nehmen*: nehmen, sich aneignen

· *sogleich*: sofort

· beziehen, *bezog*, hat bezogen: eine Wohnung beziehen = in eine Wohnung ziehen

[S] 핵심 정보:

Alles hatten sie ··· in ein anderes Haus getragen → Sie hatten alles ··· in ein anderes Haus getragen

주문장의 *und* 앞의 쉼표를 지울 것!

다음의 과거완료에 유의:

- *ausgebrochen war*
- *gebrannt hatte*
- *war ··· gelungen*
- *hatten ··· getragen*
- [hatten] ··· *genommen*

이 과거완료는 나타나엘이 돌아오기 전에 일어났던 사건들은 가리킨다. 이 회고담은 다시금 과거형의 차원으로 머무는 마지막 부문장에서 끝난다.

> (250) *Nicht sonderlich achtete er darauf, daß er dem Professor Spalanzani gegenüber wohnte, und ebensowenig schien es ihm etwas Besonderes, als er bemerkte, daß er aus seinem Fenster gerade hinein in das Zimmer blickte, wo oft Olimpia einsam saß, so, daß er ihre Figur deutlich erkennen konnte, wiewohl die Züge des Gesichts undeutlich und verworren blieben.*

[L] · *Züge des Gesichts*, Gesichtszüge: der Schnitt, die Ausprägung des Gesichts
  · *verworren*: unklar, 예) seine Rede war verworren, die Lage (Situation) ist verworren; verworrene Träume

[S] 두 개의 문장:

1) *Nicht sonderlich achtete er darauf* → Er achtete nicht sonderlich darauf

2) *ebensowenig schien es ihm etwas Besonderes* [zu sein], *als er bemerkte, daß er* ···
   in das Zimmer blickte ···

구조 스케치:

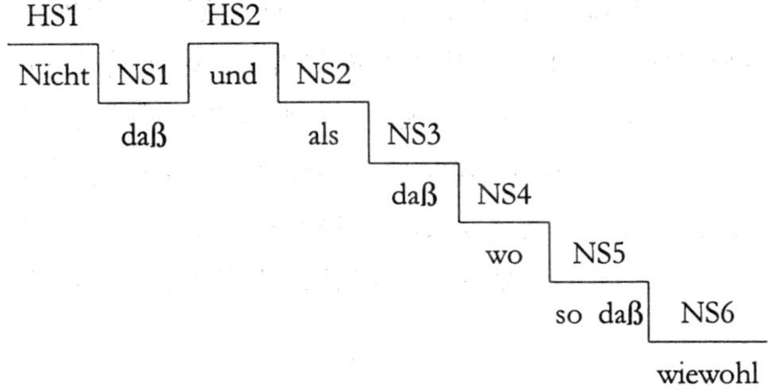

이 단락 처음의 문장(*Wie erstaunte Nathanael*)과 마찬가지로, 이 문장도 정교한 양식 선택의 의지가 확실히 반영되어 있다. 정상적 내지는 중립적 형식:

a) Er achtete nicht sonderlich darauf

그 대신에 해설자는 문장이 비밀에 가득찬-억제하는 듯한 어조를 띠게 되는, 변화된 어순을 취한다:

b) *Nicht sonderlich achtete er darauf* ···

[N] 그럼에도 불구하고 이 억제의 느낌은 지극히 속임수 같다: 첫째 나타나엘의 시선이 자주 올림피아에게로 넘어가기 때문이며, 둘째로 그는 심지어 그녀에게 감정이입을 하고 있는 것 같기 때문이다(홀로), 그리고

셋째 그는 그녀의 얼굴 특징을 해석하려고 시도한다. 이 얼굴에 관한 한 서술자(내지는 그 뒤에 숨어 있는 작가)는 여기에서 기이한 기교에 성공한다. 결정적으로 운명적인 단어인 눈 — 올림피아의 눈은 시선의 언급을 통해 준비되어 있기는 하지만, 그러나 시각적 인상의 애매성과 복잡성으로 인해서 아직 언급되지는 않는다.

나타나엘은 그의 유년 시절의 체험에 반대되는 것을 체험한다. 당시에는 그는 보는 것을 금지당했었다. 그럼에도 불구하고 그가 그 일을 했을 때, 그는 호된 벌을 받았었다. 이제는 어느 누구도 그에게 욕망의 대상을 바라보는 것을 금하지 않는다: 은밀하게, 아무런 위험없이 그리고 발견되는 일도 없이 그는 올림피아의 방으로 시선을 보낸다. 지금 그는 역시 이 시선의 대가로 치러야 할 것이 무엇인지는 예감하지 못하고 있다: 그의 생명을.

시선-모티브(*bemerken, hineinblicken, erkennen*) 주변에 눈-모티브의 회귀가 준비되고 있다. — 창문-모티브와 방-모티브도 마치 강요당하듯 끊임없이 되풀이된다. (262)의 [N] 참조할 것.

(251) *Wohl fiel es ihm endlich auf, daß Olimpia oft stundenlang in derselben Stellung, wie er sie einst durch die Glastüre entdeckte, ohne irgend eine Beschäftigung an einem kleinen Tische saß und daß sie offenbar unverwandten Blickes nach ihm herüberschaute; er mußte sich auch selbst gestehen, daß er nie einen schöneren Wuchs gesehen; indessen, Clara im Herzen, blieb ihm die steife, starre Olimpia höchst gleichgültig und nur zuweilen sah er flüchtig über sein Kompendium herüber nach der schönen Bildsäule, das war alles.*

[L]   · *einst.* vor einiger Zeit, damals

- *unverwandten Blickes*: immer in die gleiche Richtung blicken
- *sich etwas gestehen*: zugeben [영어의 to admit]
- *Wuchs* m.: Figur; nominale Ableitung von wachsen, 위의 "im reinsten Ebenmaß gewachsen" 참조.
- *gleichgültig*: uninteressant, egal
- *zuweilen*: ab und zu
- *flüchtig*: kurz und ohne großes Interesse
- *Kompendium* n.: Lehrbuch
- *Bildsäule* f.: Bild + Säule [영어의 Statue]; 상(Säule)은 돌로 되어 있다. 돌은 무생물이다.

[S] 이 방대한 복합문은 다음 문장들로 구성되어 있다:

1) *Wohl fiel es ihm … auf, daß Olimpia … in derselben Stellung … saß …*

2) *er mußte sich … gestehen, daß er nie einen schöneren Wuchs gesehen* [hatte]

3) *Clara im Herzen, blieb ihm … Olimpia … gleichgültig*

4) *nur zuweilen sah er flüchtig … herüber* [zu ihr]

5) *das war alles.*

문장 1)의 구조는 다음과 같다. 구조 스케치:

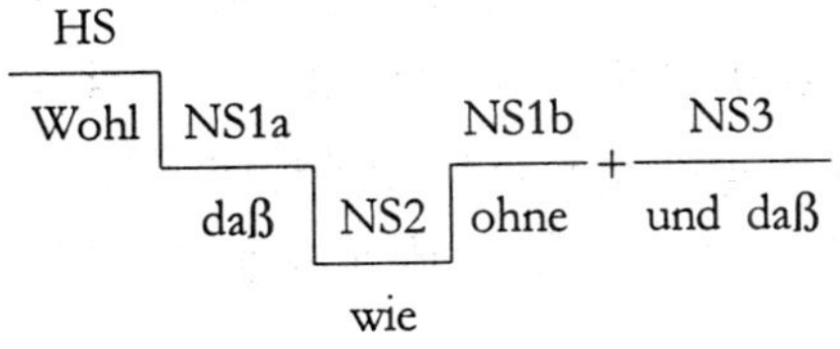

```
     HS
 ┌──────┬─────────────┬───────┬────────
 Wohl │ NS1a        NS1b      NS3
      │        ┌────────┬──+──────────
      │  daß  │ NS2  │ ohne   und daß
      └────────┘
           wie
```

NS1a는 매우 멀리 우측으로 이동된 동사 후치 때문에 이해의 어려움을 수반하고 있다: 주어 *Olimpia*와 술어 *saß* 사이에는 무려 22단어가 들어 있

는 것이다! 그런 의미에서 지금까지 추천해 왔던 주의사항이 새롭게 언급되어야 하겠다:

> 문장론적으로 복잡한 문장의 경우에는 우선 필수적인 문장성분(주어, 술어, 목적어)을 찾아보고, 다음에 무엇이 의미상으로 함께 소속되는가를 짜 맞추어 보시오: 예컨대 "Olimpia … saß". 그 다음에 비로소 모든 다른 정보들을 구축해 볼 수 있을 틀을 세우시오.

NS2는 직접적인 텍스트 맥락과 관련된 선(先)과거로 인해 과거완료형으로 쓰여져야 마땅하다: "*entdeckte*"가 아니라, wie er sie einst durch die Glastüre entdeckt hatte라야 한다.

부문장 *wie er sie einst durch die Glastüre entdeckte*는 나타나엘의 두 번째 편지를 암시한다: *ich … nehme wahr, daß die … einer*[!] *Glastüre … vorgezogene Gardine … einen kleinen Spalt* [offen] *läßt* (156); 이제 그 특정한 문이 언급되며 그에 알맞게 정관사를 쓴다.

[N] 시간의 부사 *endlich*와 *stundenlang*은 폭로적이다. 그것들은 나타나엘이 올림피아를 매우 자세히 관찰하고 있다는 사실은 암시해 주는데 ― 확실한 건 그 자신도 그 사실을 의식하고 있지 않다는 점이다. 그는 그녀의 복잡하고 애매한 윤곽을 그 사이 이미 상당히 분명하게 탐구한 것으로 보인다. 그는 그녀의 시선의 방향이 바로 그 자신을 향해 있음을 인식한다.

이 문장은 다시금 시각적 인지의 표현으로 이루어져 있다. 도입부의 주문장(*Wohl fiel ihm endlich auf* …)에 이미 함축적으로 시선-모티브를 (따라서 눈-모티브를) 포함하고 있는데, 그 이유는 이 문장이란 그가 그녀를 '보았다(*sah*)'고 하는 바로 그것을 말해 주는 데 지나지 않기 때문이다. NS2 (*wie er sie einst durch die Glastüre entdeckte* 또는 entdeckt hatte)에서도 바로 같은 점이 적용되는데, 동사 *entdeckte* 또한 근저에 놓인 단어 'sah' 내지는 'erblickte'를 감추어 주고 있을 뿐이기 때문이다. 이러한 정교한 서술기법을 통해서 서술자는 나타나엘의 인상들을 고수하며, 동시에 그 인상들을 인식적으로 가공하기가 망설여짐을 암시한다. 그러나 마침내 "보다 (눈)"의 단어 영역이 튀어나온다:

- *unverwandten Blickes*
- *herüberschaute*
- *gesehen* [hatte]
- *sah er flüchtig herüber*

어떤 주도모티브도 눈-모티브만큼 인접한 여러 표현들과 더불어 자주 반복되는 것은 없다. 별로 눈에 띄지 않으나 형태소 /starr/ 또한 주도모티브의 기능을 발휘한다:

1) *überhaupt hatten ihre Augen etwas Starres* (160: 나타나엘이 로타르에게 쓴 편지 중)
2) [Clara] *blickte starr dem Nathanael ins Auge* (232)
3) *blieb ihm die ··· starre Olimpia ··· gleichgültig*

형태소 /starr/는 무생물의 특징을 지니고 있다. 이러한 관점에서 볼 때 그것은 나타나엘이 자신의 약혼녀에게 쓰곤 하는 형용사 "차가운(kalt)"과 관련된다(228). 이것은 나타나엘이 클라라에게 다음과 같이 말하는 장면에서 정점을 이룬다: *Du lebloses, verdammtes Automat!* (234). 아직까지는 올림피아 역시 "응고된(*starr*)" 존재로 여겨지는 듯 하다. 그렇지만 그의 시선 속에서 그녀는 곧 생명으로 꽃피어나며, 더구나 그녀의 아름다움은 더 이상 무관심을 허용하지 않는다.

*das war alles*라는 서술자의 마지막 말은 애매한 이중성을 띄고 있다. 사건 당시의 나타나엘의 시각에서는 이 문장은 정당하다. 서술의 시점에 선 서술자는 더 나은 정보를 갖고 있을 것이다. 그 점을 독자는 예감한다. 그러나 결정적인 점은, 올림피아의 시선도 그가 자신의 눈으로 바라다보는 한에서는 눈에 띄는 결과가 없는 채로 머문다. 그러나 곧 그는 코폴라의 망원경으로 그녀를 관찰하게 될 것이다!

1.2.2.2 망원경 구입

> (252) - *Eben schrieb er an Clara, als es leise an die Türe klopfte; sie öffnete sich auf seinen Zuruf und Coppolas widerwärtiges Gesicht sah hinein.*

[N] 나타나엘의 방문을 나직이 두드리는 소리는 (주어진 맥락에서는) 마치 불행의 신호와 같다. 그리고 실제로 "코폴라의 얼굴이 들여다보았다 (*Coppolas … Gesicht sah hinein*)." 이 문장에서 두 가지의 사실이 눈에 띈다. 첫째: 코폴라의 등장과 더불어 새로이 눈(보는 것)-모티브가 열린다. 둘째: 노회한 말의 조작으로 인해서 중심 모티브는 우선은 억제되고 있다는 점인데: 눈이 본다/바라본다(Augen, die sehen/blicken)라고 하는 대신에, "얼굴이 들여다본다(das *Gesicht sah hinein.*)"는 표현을 쓰고 있다.

두 가지 사건이 시간적으로 평행하게 진행된다: a) 나타나엘이 클라라에게 편지를 쓴다. b) 코폴라가 나타나엘의 문을 두드린다. 그러므로 a)는 b)에 의해 중단된다. 이것은 코펠리우스의 전형적 행위, 즉 관계를 파괴하는 행위들을 상기시킨다 (코펠리우스가 나타나면 아이들은 아버지로부터 쫓겨난다거나, 어머니가 슬퍼하는 것 등). 문-모티브 역시 코펠리우스와 뗄 수 없는 연관으로 맺어져 있다(우선 28문장 그리고 28의 [N]을 참조할 것). 여기에서는 나타나엘의 환영이 실현되기 시작한다: *die ein entsetzliches, ihre Liebe zerstörendes Geschick weissagten* (228 참조). 이 텍스트의 환상적 독서방식에 대한 정당화는 이 에피소드로서 강화된다. 그럼에도 불구하고 코폴라가 다만 "우연히" 바로 이 순간에 나타나엘의 문을 두드렸음을 배제할 수는 없다. 이것은 사실주의적 독서방식에 들어맞는다. 우리가 가끔 관찰할 수 있었듯이, 「모래귀신」은 이런 독서방식이건 저런 독서방식이건 간에, 둘 다 서로를 배제함에도 불구하고, 끊임없이 논쟁거리를 제공해준다. 「모래귀신」의 의미론적 구조는 역설적이다.

(253) *Nathanael fühlte sich im Innersten erbeben; eingedenk dessen, was ihm Spalanzani über den Landsmann Coppola gesagt und was er auch rücksichts des Sandmanns Coppelius der Geliebten so heilig versprochen, schämte er sich aber selbst seiner kindischen Gespensterfurcht, nahm sich mit aller Gewalt zusammen und sprach so sanft und gelassen, als möglich: "Ich kaufe kein Wetterglas, mein lieber Freund! gehen Sie nur!"*

[L] · *erbeben*: er + beben; 전철 er-는 동사의 시간적 관점을 사건의 시작에 둔다. 비교: (Blumen) blühen / erblühen; blühen은 시간적으로 중립적인 사건이다, 반면에 erblühen은 blühen의 시작을 강조한다.

· *eingedenk dessen*: 2격지배 부사, daran denkend, indem er daran dachte

· *rücksichts*, 2격지배 전치사, 오늘날에는 거의 사용되지 않는다: was er *rücksichts* des Sandmanns … versprochen [hatte] = was er *hinsichtlich* des Sandmanns … versprochen [hatte]

· *heilig versprochen*: etwas heilig versprechen = etwas fest und mit Nachdruck versprechen

· *sich zusammennehmen*: innerlich alle Kräfte zusammennehmen, sich beherrschen

· *gelassen*: ruhig [영어의 relaxed]

[S] 핵심 문장:

1)   *Nathanael fühlte sich ··· erbeben*

2)   *··· schämte er sich → er schämte sich*

3)   직접화법

왜 그는 부끄러움을 느끼는가? 한없이 ··· 두려워하기 때문인가? (아래 [N] 참조)

"Er schämte sich *selbst*"는 다음과 같이 해설할 수 있을 것이다: 아무도 그를 비난하지 않는다. 아무도 그가 부끄러워해야 한다고 말하는 사람은 없다. 그러므로 그는 스스로 부끄러워하고 있다:

Er schämte sich seiner ··· Gespensterfurcht → Er schämt sich wegen seiner Gespensterfurcht.

[N] 나타나엘은 클라라에게 "변함없는 사랑과 충절을 지키며 서로 헤어지지 말자(*nicht voneinander zu lassen in steter Liebe und Treue*)"고 맹세했었다 (243). 추측하건대 이 경우 그는 클라라에게 더 이상 코펠리우스를 생각하지 않겠노라고 약속했을 것이다. 그러나 이제 그는 다시금 그를 생각하지 않을 수 없다. 그는 그를 다시 보게 된 것이다! 그렇기 때문에 그는 일각에 "청우계(Wetterglas)"를 사지 않겠노라고 거절한다. 코폴라는 아직 아무 것도 권하지 않았는데! 이 부분은 (10)~(11)에서의 처음의 만남을 참조하시오.

> (254) *Da trat aber Coppola vollends in die Stube und sprach mit heiserem Ton, indem sich das weite Maul zum häßlichen Lachen verzog und die kleinen Augen unter den grauen langen Wimpern stechend hervorfunkelten: "Ei, nix Wetterglas! - hab' auch sköne Oke - sköne Oke!"*

[L] · *vollends*: ganz, völlig; voll / ends를 분명하게 따로 발음, 강세는 제 2 음절에 있다!

· *nix*: nichts

· *sköne oke*: schöne Augen: 호프만은 여기서 아마도 이탈리아어 occhi (Augen)를 생각하고 썼을 것이다.

[N] *Da trat … Coppola vollends in die Stube*: 서술의 관심은 코폴라에 관해 어떠한 세부묘사가 인지되고 있는가 하는 점이다. 모든 세부사실이 — 마치 데자부 체험처럼 — 새로이 우리 곁을 스쳐간다. 이것들은 나타나엘의 코펠리우스 묘사에서 나온다 ([59]의 목록 참조). 이 세부사실이 이제 코폴라에게서 인지된다. 이 경우 인지의 순서 또한 각별히 흥미로운 점이다. 나타나엘은 곧 그가 말하는 방식을 알아차린다: *mit heisrem Ton*. 전체 장면에서 쉰 목소리(Heiserkeit)의 특징은 정확하게 3회 나온다: 여기, 그리고 (259)와 (279)에서. 그것은 또한 이 장면의 시작과 중간 그리고 마지막쯤에 해당된다. 이점에 대해 레만은 이렇게 말한다: "코펠리우스의 목소리(Stimme)는 — 그 점은 코폴라의 경우에도 똑같이 해당되는데 — 상세한 특징묘사가 없이 언급되는 적이 한 번도 없다는 점이 눈에 띈다. 그것은 쉰 소리, 달그락거리는 소리 그리고 째지는 소리이며, 속삭이고, 쉿소리를 내며, 속살거리고, 염소 울음소리가 나며, 꿩꿩 울리며, 무딘 소리이다."[63]

레만은 또한 코펠리우스/코폴라에게서 나오는 모든 소리가 무형의 것(das Gestaltlose)의 영역에 속함을 증명해 낸다. — 그러나 반복되고 있는 것은 음성적 인상들 만이 아니라 시각적 인상들도 포함되어 있다:

---

63. Hans-Thies Lehmann: Exkurs über E.T.A. Hoffmanns "Sandmann". Eine texttheoretische Lektüre. In: Giesela Dischner / Richard Faber (Hrsg.): Romantische Utopie. Utopische Romantik. Hildesheim (1979), S. 301-323. 이 부분은 특히 S. 305.

Coppelius: *das schiefe Maul verzieht sich oft zum hämischen Lachen*

Coppola : *indem sich das weite Maul zum häßlichen Lachen verzog*

Coppelius: [die] *grauen Augenbrauen, unter denen ein paar grünliche Katzenaugen stechend hervorfunkeln*

Coppola : *… und die kleinen Augen unter den grauen langen Wimpern stechend hervorfunkelten*

특별한 주의를 요하는 것이 회색(grau)인데, 이는 코펠리우스의 색이자 코폴라의 색이다.

코펠리우스와 코폴라간의 일치는 너무도 확신을 주기 때문에, 우리는 실제로 코폴라라는 인물에서 예의 적대자 코펠리우스를 재인식하는 면에서 나타나엘 쪽으로 기울게 될 수도 있다. 그러나 주의할 것이 있다: 실제로 동일한 인물이 문제되고 있는가, 그 결과 당연히 동일하게 묘사된 인물인가, 아니면 다른 인물인데, ─ 병적인 의식으로 인해서 일방적이자 선별적으로 파악함으로 인해서 ─ 다만 동일하게 보일 뿐인가? 서술자는 그에 대해 어떠한 해답도 주지 않는다. 따라서 독자 또한 의심에 싸인다.

눈-모티브의 41~43번째 언급(코폴라의 말에서 2회)

(255) - *Entsetzt rief Nathanael: "Toller Mensch, wie kannst du Augen haben? - Augen - Augen? -" Aber in dem Augenblick hatte Coppola seine Wettergläser beiseite gesetzt, griff in die weiten Rocktaschen und holte Lorgnetten und Brillen heraus, die er auf den Tisch legte. - "Nu - Nu - Brill - Brill auf der Nas su setze, das sein meine Oke - sköne Oke!"*

[L]　·　*Lorgnette* f.: 발음 [lor'njette]; Stielbrille, 바로크 시대에 유행.

·　*Nu - Nu - Brill - Brill auf der Nas su setze, das sein meine Oke - sköne Oke!* →
Nun, nun, [eine] Brille - [eine] Brille auf die[!] Nase zu setzen. Das sind
meine Augen - schöne Augen.

[N] 안경(Brille)은 연상적으로 '보는 것(Sehen) / 눈(Auge)'의 영역과 관련되
어 있다. 코폴라는 안경을 환유적으로 '눈'이라 칭한다.[64] 이 지칭은 특히
이탈리아어에서는 의미를 갖는데, 그것은 이탈리아어에서는 눈은 'occhi'
이며, 안경은 'occhiali'이기 때문이다.[65] 두 단어는 이탈리아어에서는 내용
적으로나 음성학적으로 비슷하다. 외팅어 K. Oettinger는 표현의 형태와
관련해서 "Oke라는 표현은 Auge를 음성학적으로 일그러뜨린 형태"라고
한다.[66] — 훼손된 것의 사실적 근접이 (모래귀신 신화, 실험실 장면, 나
중에는 올림피아의 훼손에 이르기까지) 집요하게 파고든다. 나타나엘은
공포심에서 이 숙명적 단어를 세 번이나 말하게 된다. 이 세 번의 지칭을
언어적으로 실현하게 된 것에 대해 상상해 볼 수 있는 점은: 한 번 한 번
거듭될 때마다 놀라움이 점증하리라. 그렇지만 여기에서 본질적인 것은
애매한데, 즉 코폴라가 나타나엘을 의도적으로 패닉의 상황에 몰아넣으
려 했을까 하는 점이다. 어쨌거나 결과적으로는 그렇게 성공했다.

[N] 눈-모티브의 44~46번째 언급 (나타나엘의 말에서)
눈-모티브의 47, 48번째 언급 (코폴라의 말에서)

---

64. 환유(換喩)의 어법은 단어의 교환에 있다. a대신에 b가 사용되며 그때 a와 b는 사실적
　　으로 가까운 관계에 있어야 한다. 예를 들어 신문에 "Wie Bonn meldet … "라고 한다
　　면, 그때 Bonn은 'Deutsche Bundesregierung'을 대신한다.
65. U. Hohoff, S. 264.
66. K. Oettinger, S. 31.

> (256) - *Und damit holte er immer mehr und mehr Brillen heraus, so, daß es auf dem ganzen Tisch seltsam zu flimmern und zu funkeln begann.*

[L] · *flimmern und funkeln*: 예를 들어 빛이 비칠 때의 보석들, Juwelen flimmern und funkeln. 또는 Es flimmert und funkelt, wenn Sonnenlicht durch das Laub von Bäumen fällt.

[S] 단순한 주문장:

    Und damit holte er ⋯ *Brillen heraus* ⟶ Er holte Brillen heraus.

[N] 서술자(내지 그의 뒤에 있는 작가)는 여기에서 특이한 방법으로 독자에게 마술적 정취를 전이하는 데에 성공한다. — 마술적 행위는 죽은 사물이 살아있는 것으로 보이게 하는 데 있다. 비슷한 현상이 나중에 생명이 없는 올림피아가 나타나엘의 시선에서 (가상의)생명을 얻어 소생하는 장면에서 반복된다.

> (257) *Tausend Augen blickten und zuckten krampfhaft und starrten auf zum Nathanael; aber er konnte nicht wegschauen von dem Tisch, und immer mehr Brillen legte Coppola hin, und immer wilder und wilder sprangen flammende Blicke durcheinander und schossen ihre blutrote Strahlen in Nathanaels Brust.*

[S] 정점의-장면적 행위의 연출에 의거한 병렬적 양식으로, 종속문 양식을 허용치 않는다. 이 병렬문은 모두 4개의 독립적 문장들로 구성되어 있다.

    1) *Tausend Augen blickten* ⋯ *auf zum Nathanael*

    2) ⋯ *er konnte nicht wegschauen* ⋯

    3) *Coppola* [legte] *hin* ⋯⋯

4) *flammende Blicke* [sprangen] *durcheinander*

[N] 매우 인상적인 것은 "수천의 눈*(Tausend Augen)*"에 이르는 눈-모티브의 눈사태같은 증식과 그것을 문두에 위치하게 한 점이다. 다음에서 나타나엘의 환상적 작품에 있었던 a)와 이 순간에 일어나고 있는 사건 b)를 비교하시오:

a) *die* [Augen] *springen in Nathanaels Brust wie blutige Funken sengend und brennend* (220)

b) *und immer wilder und wilder sprangen flammende Blicke durcheinander und schossen ihre blutroten Strahlen in Nathanaels Brust*

게다가 a)에서의 *sengend und brennend*와 b)에서의 *flammend* 사이에는 의미의 유사성이 있다.

a)나 b) 모두 나타나엘의 이론과 일치한다: 그의 내부에 침투하려고 하는 외부세계의 힘이 존재한다는 것이다. 어쨌거나 신중을 요한다. 여기에서 재현되고 있는 것은 나타나엘의 인상들이며, 중립적인 신빙성을 지닌 서술자의 인상이 아니라는 것이다.

형태소 /blut/를 특히 유의하시오. 이것은 어린아이들에게 "눈에다가 한 움큼 모래를 뿌리는, 그래서 그게 그냥 피를 흘리며 머리로 튀어나게 하는*(Händevoll Sand in die Augen [wirft], daß sie blutig*[!] *zum Kopf herausspringen)*"(25) 모래귀신과 떼놓을 수 없이 관련되어 있다.

[N] 눈-모티브의 49번째 언급

> (258) *Übermannt von tollem Entsetzen schrie er auf: "Halt ein! halt ein, fürchterlicher Mensch!" - Er hatte Coppola, der eben in die Tasche griff, um noch mehr Brillen herauszubringen, unerachtet schon der ganze Tisch überdeckt war, beim Arm festgepackt.*

[S] 주문장:

  1) ··· *schrie er auf* → Er schrie auf

  2) 직접화법

  3) *Er hatte Coppola* ··· *beim Arm festgepackt.*

문장 3)의 구조 스케치:

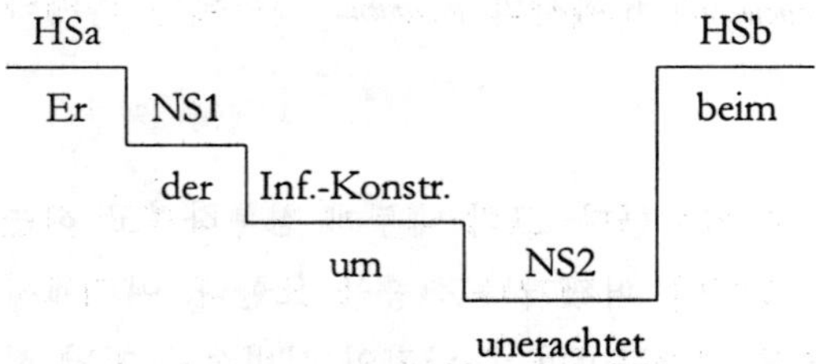

> (259) *Coppola machte sich mit heiserem widrigen Lachen sanft los und mit den Worten: Ah! nix für Sie - aber hier sköne Glas" - hatte er alle Brillen zusammengerafft, eingesteckt und aus der Seitentasche des Rocks eine Menge großer und kleiner Perspektive hervorgeholt.*

[L] · *hier sköne Glas*: hier sind schöne Gläser (= Brillen)

 · *zusammenraffen*: zusammen + raffen; raffen: schnell etwas an sich nehmen; raffen은 독일어에서는 분명히 부정적인 느낌을 준다.

 · *Perspektiv* n.; kleines Fernrohr. 여기에서 Perspektive와 비교하시오:

Perspektive f. = 공간에 있는 대상들을 서있는 장소와 관련해서 인지하는 것을 말하며, 멀리 떨어질수록 작아지는 성질이 있음. 전의적 의미로 인간의 정신태도를 말하기도 한다.

[S] 핵심 문장:

1) *Coppola machte sich … los*

2) *… hatte er alle Brillen zusammengerafft* → er hatte alle Brillen zusammengerafft …

und 앞에는 쉼표가 있어야 한다. 왜냐하면 문법적으로 완전한 새로운 문장이 시작되기 때문이다. - *heiser*와 *widrig* 사이에도 쉼표가 있어야 하는데, 이것은 열거이기 때문이다.

[N] 나타나엘이 방안에 있는 올림피아를 관찰한다면, 그는 시각적 관점에서 그렇게 한다. 그러나 이 시각적 관점 뒤에 정신적 관점도 자리한다. 그와 관련해서는 "시점(point of view)"라는 개념을 참고하시오.67 이제 시점의 현상이 물질화하여 하나의 대상, 즉 망원경이 된다. 이 망원경은 이제 다시금 새로운 시점을 야기한다.

> (260) *Sowie die Brillen fort waren, wurde Nathanael ganz ruhig und an Clara denkend sah er wohl ein, daß der entsetzliche Spuk nur aus seinem Innern hervorgegangen, sowie daß Coppola ein höchst ehrlicher Mechanikus und Optikus, keineswegs aber Coppelii verfluchter Doppeltgänger und Revenant sein könne.*

---

67. Manfred Markus: Point of view im Erzähltext. Eine angewandte Typologie am Beispiel der frühen amerikanischen Short story, insbesondere Poes und Hawthornes. Innsbruck 1986 (Innsbrucker Beiträge zur Kulturwissenschaft / Sonderheft) 참조. 이 논문은 학생들만이 아닌 독문학자들에게도 유용하다.

[L]   · *Sowie* die Brillen: *als* die Brillen

· *wohl*: 이 단어는 이중적 의미를 지닌다: 뉘앙스불변화사로서 비강세로 발음되며 vielleicht/ vermutlich의 뜻, 그리고 부사로서 강세로 발음되며 bestimmt/ durchaus의 뜻. 여기에서는 부사적 의미를 취한다. 그러므로: Das merkte er durchaus.

· *Spuk* m.: 'u'는 장음으로 발음! Erscheinung von Gespenstern

· *sowie daß*: und daß

· *Mechanikus und Optikus*: 오늘날에는 Mechaniker und Optiker

· *Coppelii*: Coppelius의 라틴어 2격 어미

· *Revenant* m.: 프랑스어 revenier = zurückkommen: der Geist eines Verstorbenen, ein Gespenst, ein Wiedergänger[68]

[S] 핵심 정보:

   1) *Sowie die Brillen fort waren, wurde Nathanael ganz ruhig*

   2) *an Clara denkend* [,] *sah er* ⋯ *ein, daß der* ⋯ *Spuk nur aus seinem Innern hervorgegangen* [war] ⋯

[N] 여기에서 클라라의 이론이 요약되어 나온다: *der entsetzliche Spuk* sei *nur aus seinem Innern hervorgegangen*. 나타나엘은 이성적인 클라라를 믿으려는 선의를 갖고 있다. 그렇지만 그가 최소한 그러한 준비가 되어있을 때, 새로운 숙명이 그에게 덮쳐온다.

---

68. E. Laaths는 이 단어를 직접 에. 테. 아. 호프만에게 사용하며 그를 "einen zeitlosen Revenant, einen magischen Poeten"이라 함. Erwin Laaths: Geschichte der Weltliteratur. Unveränderter Nachdruck der sechsten Auflage. Bindlach (1988), S. 544.

> (261) *Zudem hatten alle Gläser, die Coppola nun auf den Tisch gelegt, gar nichts Besonderes, am wenigsten so etwas Gespenstisches wie die Brillen und, um alles wieder gutzumachen, beschloß Nathanael dem Coppola jetzt wirklich etwas abzukaufen.*

[L] · *zudem*: außerdem; 분명하게 dem에 강세!

[S] 이 복합문의 문장론적 명료성은 *Brillen* 다음 내지는 *und* 앞에 있어야 될 쉼표가 없는 관계로 어렵게 된다. 거기서부터는 새로운 문장론적으로 독립적인 문장(자체적 주어와 자체적 술어를 지닌)이 시작된다.

  1) *Zudem hatten alle Gläser ⋯ gar nichts Besonderes ⋯*

  2) *Nathanael [beschloß], dem Coppola ⋯ etwas abzukaufen.*

[N] 나타나엘은 외관상 불안을 극복하고 있을 따름이다. 왜냐하면 지금은 사라진 안경들은 실제로 그에게는 뭔가 "유령적인 것"이기 때문이다.

> (262) *Er ergriff ein kleines sehr sauber gearbeitetes Taschenperspektiv und sah, um es zu prüfen, durch das Fenster. Noch im Leben war ihm kein Glas vorgekommen, das die Gegenstände so rein, scharf und deutlich dicht vor die Augen rückte.*

[S] 핵심 정보:

  1) *Er ergriff ein ⋯ Taschenperspektiv ⋯*

  2) *Noch im Leben war ihm kein Glas vorgekommen, das die Gegenstände so ⋯ dicht vor die Augen rückte.*

[N] 여기에서 우리에게 밀려드는 격정성은 나타나엘의 것이다. 우리는 감각적 인지 이외에 — 여기서는 시각적 관점 — 또한 나타나엘의 인식

적이고 정서적인 세계에 동참하게 된다 (= 등장인물 시점).

전체 장면은 시각적인 것의 단어영역으로 점철되어 있다: *Lorgnetten, Brillen, Gläser, Perspektive, Augen, Blicke; blicken, starren, schauen*. 이제부터는 그 망원경의 인공적 눈으로 바라보는 것이 나타나엘의 눈이다. 이 망원경은 a) 긍정적이자 b) 부정적인 효과를 갖는다. a): 그것은 갈망하던 객체를 눈앞으로 가까이 당겨준다. b): 그것은 시각의 각도를 좁힌다. — 나타나엘은 여기에서 지금 실제로 그의 눈이 도둑질당한 것을 예감하지 못한다. 비록 상징적인 도둑질이라 해도! 그 자신의 시각은 이제 망원경의 시각으로 대체된다.

또한 특별한 관심을 끄는 것은 바라보는 행위의 방향과 목표물이다. 창 (Fenster)-모티브 — 독일 낭만주의의 애호되는 모티브의 하나 — 는 통례적인 사용과는 반대로 거꾸로 사용된다: 다른 낭만주의 작품들(예: Eichendorff)과 그림들(예: C. D. Friedrich)에서는 사람들이 넓은 곳으로 향해 밖으로 내다보는 반면[69], 나타나엘은 방안 좁은 곳으로 안으로 들여다본다.

눈-모티브의 50번째 언급

> (263) *Unwillkürlich sah er hinein in Spalanzanis Zimmer; Olimpia saß, wie gewöhnlich, vor dem kleinen Tisch, die Ärme darauf gelegt, die Hände gefaltet.*

[L]   · *unwillkürlich*: ohne Wille, ohne es zu wollen, von selbst
· *die Ärme* = die Arme

---

69. 예를 들어 Caspar David Friedrich의 유화 『Frau am Fenster』(1822).

[S] 핵심 정보:

1)   *Unwillkürlich sah er hinein* ···

2)   *Olimpia saß* ··· *vor dem* ··· *Tisch* ···

[N] 우리는 여기에서 아버지 방의 커튼 뒤에서 있었던 그 숙명적 장면을 상기하게 된다. 여기에서 결정적인 것이 반복된다: 금지된 시선. 그 당시에 그의 시선을 차단한 것은 부모님들이었다. 이제는 나타나엘이 다른 사람의 은밀한 영역에 침투하는 것을 막을 수밖에 없는 것이 미풍 양속이다. 이러한 금기를 넘어선 대가 또한 그가 쓰라리게 갚아야 하리라!

이 장면의 시각적 관점은 정확하게 고정되어 있다: 나타나엘의 방으로부터 망원경을 통해서 올림피아의 방안으로만 고정된다. 이제 본 것은 나타나엘이 본 것이다 (등장인물 시점).

오늘날에도 사용되는 무해한 단어 "무심코(*unwillkürlich*)"는 주어진 맥락에서는 신비에 가득찬-불길한 성질을 갖는다. 만일 그로 하여금 올림피아의 방안을 들여다보게 한 것이 나타나엘 자신의 의지가 아니었다면, 그렇다면 그것은 누구의 의지란 말인가?

커튼 뒤 다른 사람의 방안을 들여다보려는 나타나엘의 내면의 충동 뒤에는 블로흐 Ernst Bloch가 말한 바 있는 "전혀 다른 것에 대한 동경 (die Sehnsucht nach dem ganz anderen)"이 숨어있다. 이 동경은 우리들 대부분에 내재해 있다. 인간은 일반적으로 평형을 느끼고 있는 경우가 매우 드물다. 조화의 감정은 지속적인 상황으로서는 상상할 수 없다! 인간은 끊임없이 무언가 결핍에서 도피하고자 몰두한다! 이 결핍은 육체적 유형일 수도 있고 (예: 배고픔, 아픔) 또는 정신적-영적 유형일 수도 있다 (예: 고독, 권태). — 그러므로 나타나엘의 행동은 그렇게 기이한 것은 아니다.

단지 비일상적인 것은 세상으로부터의 도주에 있어 그 강도가 심한 것이다. 신비에 찬 무엇인가를 향한 그의 달랠 길 없는 동경은 그가 자기 자신의 실존의 협소함에서 느끼는 불만을 말해 준다.[70]

---

(264) - *Nun erschaute Nathanael erst Olimpias wunderschön geformtes Gesicht.*

[L] · *erschauen*: er + schauen: schauen은 지속적(durativ)이지만, erschauen은 기동적(inchoativ)이다. 즉 최초로 일어나는 시점과 관계된다.

[N] *wunderschön*이라는 정서적 표현은 나타나엘의 감정을 재현해 준다. 원래의 소설 시작부에 거창한 해설을 달았던 서술자는 이번에는 자신의 판단을 완전히 유보한다.

---

(265) *Nur die Augen schienen ihm gar seltsam starr und tot.*

[N] 응고(starr)-모티브와 관련하여 눈-모티브의 51번째 언급[71]

주도모티브 응고성은 역시 주도모티브인 죽음(tot)과 의미상 친족으로 드러난다. /tot/ 시리즈는 (100)과 (109)에서 시작된다.

---

70. 오늘날 눈덩이처럼 불어나는 통속문학, 코미디, 대중 영화, 가족 영화들, 팝음악 그룹들 등을 생각해 보시오. 산업화의 온갖 분야는 - 소위 향락산업 - 소비자들을 생의 단조로움으로부터 기분 전환시키는 것을 목적으로 한다.

71. 독일어에서 starren은 보다(sehen)의 단어영역에 속하며, starr는 운동(Bewegung)의 영역에 속한다. 이처럼 이 두 단어는 서로 다른 단어영역에 속하지만, 그 부동성(Unbeweglichkeit)으로 인해서 서로 밀접히 연관된다: starren의 경우 "움직이지 않고" 한 방향으로 바라보는 것을 말하며, starr 역시 "움직이지 않고" 서있거나 앉아 있는 상태를 지칭한다. 이것은 또한 모래귀신-텍스트 내에서 무생명(Leblosigkeit)의 특징과 연결되어 나타난다.

> (266) *Doch wie er immer schärfer und schärfer durch das Glas hinschaute, war es, als gingen in Olimpias Augen feuchte Mondesstrahlen auf.*

[N] 동사 *hinschauen*과 명사 *Glas* (= optisches Gerät)와 더불어, 눈-모티브의 52번째 언급

'es gingen feuchte Mondesstrahlen auf'라는 문장 대신에 *es war, als gingen feuchte Mondesstrahlen auf* 라고 쓰고 있다. 여기에서 재현되고 있는 것은 나타나엘의 인상이다 (등장인물 시점).

나타나엘의 두 눈은 올림피아의 두 눈에 고정되어 있고, 그 둘 사이를 망원경이 중재하고 있다. 코펠리우스/코폴라의 결정하기 힘든 신분 — 인간인가 악마인가 — 은 이제 망원경 문제로 전이된다. 망원경이 마술적 영향력을 지니고 있는 것일까, 아니면 나타나엘이 오직 자신의 소망의 상상을 올림피아에 투영하고 있는 것일까?

올림피아의 눈은 왜 하필이면 "축축한 달빛(*feuchte Mondesstrahlen*)"을 발하는가, 비유럽권의 독자에게라면 이런 의문이 생길 것이다. 해답은 이 상(Bild)의 내포적이며 연상적인 잠재력에 있다: 달은 밤과 신비스러운 것의 대표자이며, 형용사 축축함은 살아있는 것, 쾌적한 것, 어쩌면 또한 에로틱한 것의 특징을 덧붙여 준다.

> (267) *Es schien, als wenn nun erst die Sehkraft entzündet würde; immer lebendiger und lebendiger flammten die Blicke.*

[N] 시적 순간인 'flammender Blicke'는 조금 전 "⋯ *und immer wilder und wilder sprangen flammende Blicke durcheinander und schossen ihre blutrote Strahlen in Nathanaels*

Brust."(257)에서의 장면으로 인해 불안한 배경을 지니고 있다. 뿐만 아니라 불(Feuer) 또는 불꽃(Flammen)이라는 단어 영역은 코펠리우스의 지옥같은 실험과 밀접한 연관을 지니고 있다. 그것은 또한 나타나엘의 백일몽같은 작품에서의 "불덩이(*Feuerkreis*)"를 상기시킨다 (220).

이 문장은 주도모티브 불붙이다로 인해서 (228)과 연관되어 있다. 나타나엘이 당시에 클라라를 불붙이지 못했었던 것을, 이제는 올림피아에게서 성공한다.

(268) *Nathanael lag wie festgezaubert im Fenster, immer fort und fort die himmlisch-schöne Olimpia betrachtend.*

[N] *Nathanael lag wie festgezaubert im Fenster,* 즉 그가 망원경을 통해서 바라보는 한 그는 의지가 없다(willenlos)!

여기에도 불길한 반복이 나온다: 나타나엘이 코펠리우스/모래귀신을 맨 처음 바라보았을 때, 이러한 표현이었다: *Ich war festgezaubert* (61). 그 당시에 그를 이러한 상태로 내몬 것은 코펠리우스의 모습이었다.

(269) *Ein Räuspern und Scharren weckte ihn, wie aus tiefem Traum.*

[L] · *Räuspern*: 동사의 명사화, sich räuspern (동사로서는 재귀동사); 가벼운 기침으로 목을 다듬다; 헛기침으로 자신이 있음을 알리다.
   · *Scharren*: 동사의 명사화, scharren, 의성어; 시끄러운, 문지르는 소리, 긁는 소리, 발로 바닥을 긁는 듯한 소리; 예) ein Hund scharrt (mit seinen Pfoten) an der Tür

[N] 코폴라에게서 들리는 소리는 다시금 추하고 변형된 소리이다.

(270) *Coppola stand hinter ihm: "Tre Techini - drei Dukat"*

[L] · *Tre Zechini - drei Dukat*[en]: drei Zechinen, 원래 이탈리아어 zecchini (복수), zechino (단수) — 독일어 Zechine — 이탈리아의 금화로서 1284년 베니스에서 처음 주조되었고, Dukaten의 전신인 셈인데, Dukaten은 16세기에 유럽 여러 나라에서 가장 귀한 금화로 통용되었다. 코폴라에게는 Zechinen이나 Dukaten이나 그 가치가 같다.

(271) - *Nathanael hatte den Optikus rein vergessen, rasch zahlte er das Verlangte: "Nick so? - sköne Glas - sköne Glas!" frug Coppola mit seiner widerwärtigen heisern Stimme und dem hämischen Lächeln."*

[L] · *rein vergessen*: total/völlig vergessen.

· *Nick so*: 아마도 nicht wahr?의 의미일 것.

· *hämisch*: bösartig, schadenfroh

[N] 이 문장에는 두 개의 주도모티브가 함께 나오고 있다, 즉 hämisch와 heiser이다.

- Das schiefe Maul [des Coppelius] verzieht sich oft zum *hämischen* Lachen (49)

- Der verhaßte abscheuliche Coppelius stand vor mir mit funkelnden Augen und lachte mich *hämisch* an (96)

- frug Coppola mit ⋯ dem hämischen Lächeln. (271)

- "Auf! - zum Werk", rief dieser [Coppelius] mit *heiserer* ⋯ Stimme (64)

- mit *heiserem* Ton (254)

- mit *heiserem* widrigen Lachen (259)

- mit seiner widerwärtigen *heisern* Stimme (271)

이 주도모티브들의 기능은 쉽게 통찰된다: 그것들은 코펠리우스와 코폴라가 동일인이라는 함축적인 확인에 기여한다. 그렇지만 여기에서 간과해서는 안될 것이, 서술자는 단지 나타나엘의 인상들과 기억들만을 재현(등장인물 시점)하고 있다는 사실이다. 그것들이 실제와 동일하다고는 아무도 보증하지 못한다.

---

(272) *"Ja, ja, ja!" erwiderte Nathanael verdrießlich. "Adieu, lieber Freund!"* - *Coppola verließ nicht ohne viele seltsame Seitenblicke auf Nathanael, das Zimmer.*

[L] · *verdrießlich*: ärgerlich
 · *Adieu*: 프랑스어[a'djö]; Auf Wiedersehen

[S] 핵심 문장:
   Coppola verließ ··· das Zimmer.

das Zimmer 앞의 쉼표는 지울 것.

Wie verließ er das Zimmer (방법과 방식)? ··· *nicht ohne viele seltsame Seitenblicke auf Nathanael.*

[N] 서술자는 때로는 나타나엘의 인지영역에 동참하기도 하고 (등장인물 시점), 때로는 — 여기에서처럼 — 나타나엘이 느끼지 못하는 것을 분리해내서 독립적으로 관찰한다 (고유의 시점).

결핍된 내면의 시각으로 인하여 — 서술자는 (그러므로 독자도 또한) 코폴라가 무슨 생각을 하는지 알지 못한다 — 이 장면은 위협적인 성격을 갖게 된다.

> (273) *Er hörte ihn auf der Treppe laut lachen.*

[N] 주도모티브들도 절정에 달한다. 여기에서는 웃음(Lachen)과 층계 (Treppe)의 모티브이다.

> (274) *"Nun ja", meinte Nathanael, "er lacht mich aus, weil ich ihm das kleine Perspektiv gewiß viel zu teuer bezahlt habe - zu teuer bezahlt!"*

[N] *teuer bezahlen*이라는 표현에서 독일어에서는 위협적 관용구가 공명(共鳴)한다: Das wirst du mir teuer bezahlen!의 의미는 Das wirst du noch *bereuen!* 이다. 그러므로 독자는 나타나엘이 코폴라의 웃음을 잘못 해석하고 있음을 예감한다. 그는 망원경을 산 일로 해서 결국에는 자신의 생명을 치르게 될 것이다 (소설의 계속되는 진행을 참조하시오).

> (275) *- Indem er diese Worte leise sprach, war es, als halle ein tiefer Todesseufzer grauenvoll durch das Zimmer, Nathanaels Atem stockte von innerer Angst.*

[L] · *hallen*: 크고 텅 빈 공간에서는 소리가 울린다(hallen); 비교: Das Echo hallt von den Bergen.
 · *stocken*: unterbrechen; 예) der Atem stockt = man kann einen Moment lang nicht atmen; er spricht *stockend* = er spricht nicht fließend

[S] 두 개의 독립적 문장:
 1) ··· *war es* → Es war, *als halle ein* ··· *Todesseufzer* ··· *durch das Zimmer*
 2) *Nathanaels Atem stockte* ···

[N] *Todesseufzer*라는 표현은 다시금 나타나엘의 청각적 관점에서 파악되고 있다.

> (276) - *Er hatte ja aber selbst so aufgeseufzt, das merkte er wohl.*

[L] · *ja*: 여기서는 강세없이 발음되며 뉘앙스불변화사. 이 불변화사는
하나의 사태가 확실하고 논의의 여지가 없는 것이라는 확인을 한다.

· *aufseufzen*: auf + seufzen; 전철 auf는 한숨(Seufzen)의 시간적 외견, 즉 갑
작성을 강조한다; seufzen [영어의 to sigh]

· *wohl*: 여기에서는 durchaus의 의미로 강조된다.

[S] 두 개의 독립적 문장으로 구성된 병렬문:

1) *Er hatte … aufgeseufzt*

2) *das merkte er …*

문장의 의미론적 중점과 그에 따른 읽을 때의 강세도 *selbst*에 있다.

[N] 뭔가 낯설은 요소가 벌써 그를 사로잡았고, 이제 그것이 그의 내부
에서 그런 말을 내뱉는가? 그는 자신의 한숨을 뭔가 낯설은 것으로 인지
한다! 그러나 곧 클라라의 경고가 우위를 차지한다.

> (277) *"Clara", sprach er zu sich selber, "hat wohl recht, daß sie mich für einen*
> *abgeschmackten Geisterseher hält; aber närrisch ist es doch - ach wohl mehr, als*
> *närrisch, daß mich der dumme Gedanke, ich hätte das Glas dem Coppola zu teuer*
> *bezahlt, noch jetzt so sonderbar ängstigt; den Grund davon sehe ich gar nicht ein."*

[L] · jemanden oder etwas *halten für*: denken, daß es sich um eine bestimmte
Sache oder Person handelt, 예) Ich habe dich immer für meinen Freund
gehalten = Ich habe immer geglaubt, du seist mein Freund = daß du mein
Freund seist

- *abgeschmackt*: kein Geschmack, geschmacklos; 전의적 의미로 "geistlos" (albern, dumm); 이 의미가 여기에서는 알맞다. 이 단어는 뚜렷하게 멸시적(부정적) 심층의미를 내포한다.
- *närrisch*: wie ein Narr [영어의 fool, foolish]
- *doch*: 여기에서는 강세를 지님; trotzdem
- *wohl*: 여기에서는 위의 (276)과는 반대로 비강세; vermutlich
- *einsehen*: verstehen

[S] 이 복합문은 다음과 같은 문장으로 구성되어 있다:

1) *Clara … hat … recht*
2) *sprach er zu sich selber* ⟶ er sprach zu sich selber
3) *närrisch ist es doch* ⟶ es ist doch närrisch
4) *den Grund … sehe ich gar nicht ein* ⟶ ich sehe gar nicht den Grund … ein

ach wohl mehr, als närrisch, daß … 에서는 감탄사 *ach* 뒤에 쉼표를 해도 좋다. 반면에 *wohl mehr* 다음의 쉼표는 무조건 지울 것: ach, wohl mehr als närrisch 가 옳다.

[N] 나타나엘의 말은 일종의 독백이다. 독백은 보통 커다란 정서적 압박을 느낄 때 하게 된다. — 나타나엘을 "이상하리만치 불안하게 하는 것 (*so sonderbar ängstigt*)"은 그가 "너무 비싼 값을 치른다(*zu teuer bezahlt*)"는 표현의 위협적인 이중적 의미를 예감하는 것 같은 데에서 연유한다. 물론 그는 그것을 의식하고 있지는 않다. 그렇기 때문에 그는 이렇게 생각하고 말한다: *den Grund dazu sehe ich gar nicht ein.*

(278) - *Jetzt setzte er sich hin, um den Brief an Clara zu enden, aber ein Blick durchs Fenster überzeugte ihn, daß Olimpia noch dasäße und im Augenblick, wie von unwiderstehlicher Gewalt getrieben, sprang er auf, ergriff Coppolas Perspektiv und konnte nicht los von Olimpias verführerischem Anblick, bis ihn Freund und Bruder Siegmund abrief ins Kollegium bei dem Professor Spalanzani.*

[L] · *dasäße*: 여기에서는 Winkler-Ausgabe에 따라 한 단어로 표기함. Reclam-Ausgabe에는 오늘날의 표기법대로 "da säße"라고 표기되어 있다.[72]; da sitzen의 접속법 II식 3인칭 단수.

· *Freund und Bruder*: 진짜 Bruder가 아니라 brüderlicher Freund를 지칭, 즉 ein sehr enger Freund

· *abrief*: abrufen의 과거형, 여기에서는 abholen의 뜻

· *Kollegium* n.: Vorlesung f.

[S] 세 개의 독립적 문장으로 구성된 복합문:

   1) *Jetzt setzte er sich hin* …

   2) *in Blick … überzeugte ihn* …

   3) *im* (= in diesem) *Augenblick … sprang er auf* …

er … konnte nicht los von Olimpias verführerischem Anblick. 특히 형용사 *verführerisch* 는 에로틱한 심층의미를 지니고 있다. 그러한 심층의미는 클라라의 경우에는 전혀 없었다.

---

72. E.T.A. Hoffmann: Sandmann (1993), S. 28, Zeile 18.

> (279) *Die Gardine vor dem verhängnisvollen Zimmer war dicht zugezogen, er konnte Olimpia ebensowenig hier, als die beiden folgenden Tage hindurch in ihrem Zimmer, entdecken, unerachtet er kaum das Fenster verließ und fortwährend durch Coppolas Perspektiv hinüberschaute.*

[L] · *fortwährend*: ständig, immer

[S] 이 복합문은 두 개의 독립적 문장으로 구성되어 있다. 문장론적으로 단축하면:

 1) *Die Gardine ··· war ··· zugezogen*
 2) *er konnte Olimpia* [nicht] *··· entdecken*

위 2)번의 [nicht] 대신에 실제로는 "··· *ebensowenig hier*[,] *als die beiden folgenden Tage hindurch in ihrem Zimmer ···* "로 되어 있다. 쉼표는 삭제해야 한다.

오늘날의 표현: ··· ebensowenig hier *wie* an den beiden folgenden Tagen ··· 보다 명시적 표현: er konnte sie heute nicht hier im Kollegium entdecken und auch nicht an den beiden folgenden Tagen von seinem Zimmer aus.

[N] 심한 축약적 보고에 근거해 보자면 다음 사실들이 서술되지 않은 것이다: 스팔란짜니 교수에게서 듣는 강의와 나타나엘이 집으로 돌아온 이야기.

"숙명적(*verhängnisvoll*)"이란 표현은 해설자의 우월한 의식을 나타낸다. 나타나엘은 이 방이 그에게 숙명적이 되리라는 것을 아직 알 수 없다.

망원경을 사는 장면은 끝났다. 새로운 장면 ─ 나타나엘-올림피아 장면

― 이 시작된다. 이 두 장면간의 연관은 이 축시적 보고로서 드러나며, "3일간"의 이야기되어야 할 시간이 저변에 깔려 있다. 숫자 3에 관해서는 다음 문장의 각주를 참고하시오. 마성적이고 불길함은 비밀에 찬 숫자 3이 다시금 등장한 것만이 아니라, 외상성 경험같은 모티브들의 반복도 그러하다: 창문, 커튼 그리고 이어서 나중에 층계.

커튼(Gardine)-모티브는 나타나엘의 첫 번째 편지에서 이미 시작된다 (42, 62). 창문-모티브는 순전히 사물적으로도 이미 커튼-모티브와 연관되며, 둘은 다시금 눈/시선-모티브와 연관된다. 왜냐하면 창문이나 커튼이 언급되는 곳에서는 항상 나타나엘의 비밀의 시선이 함께 하기 때문이다. 층계-모티브에 관해서는 나중을 참조하시오.

> (280) *Am dritten Tag wurden sogar die Fenster verhängt.*

[S] 정점의-장면적 서술방식에 따라 상대적으로 간단한 문장구조가 우선된다.

[N] *Am dritten Tage*: 이것은 함축적 시간의 제시이다. 소설 「모래귀신」을 심리학적 소설로 보는 사람은 올림피아의 방이 하필이면 셋째 날에 닫혀있는 것이 하나의 우연일 것이다. 반면에 이 소설을 환상적 소설로 읽는 사람이라면 3이라는 숫자는 결코 우연이 아니다. 숫자 3은 마성적 숫자이다.

> (281) *Ganz verzweifelt und getrieben vor Sehnsucht und glühendem Verlangen lief er hinaus vors Tor.*

[N] 장소의 전환: 나타나엘은 문 밖으로 뛰어 나간다. 추측하건대 성문일 것이다. 이는 다음에 이어지는 "Lüften", "Gebüsch" 그리고 "Bach"의 장면들을 설명해 준다. 나타나엘의 의혹은 매우 명료하다. 그의 은밀한 동경

의 목표에 거의 이른 것 같은 순간 다시금 그가 갈망하던 목표물이 시야
에서 사라진 것이다.

작렬하다 또한 주도모티브이다. 그것이 전체 텍스트에 흩어져 있음은 전
체 이야기의 발전을 반영한다. 생(Leben)과 정열(Leidenschaft)과 관련해서
10회 등장하며, 2회는 — 그것도 마지막 2회는 — 광증(Wahnsinn)과 눈물
(Träne)과 관련해서 나온다.

> (282) *Olimpias Gestalt schwebte vor ihm her in den Lüften und trat aus dem Gebüsch, und guckte ihn an mit großen strahlenden Augen, aus dem hellen Bach.*

[N] 드룩스가 적확하게 표현한 바에 의하면: "충동의 만족이 채워지지
않을 때 쾌락대상에 대한 갈망은 상승한다. 나타나엘은 섬망증의 막다른
곳으로 빠져들고 있다."[73]

눈-모티브의 53째 언급

> (283) *Claras Bild war ganz aus seinem Innern gewichen, er dachte nichts, als Olimpia und klagte ganz laut und weinerlich: "Ach du mein hoher herrlicher Liebesstern, bist du mir denn nur aufgegangen, um gleich wieder zu verschwinden, und mich zu lassen in finstrer hoffnungsloser Nacht?"*

[L] · weichen, wich, ist *gewichen*: 여기에서는 과거완료 war gewichen; war
verschwunden
· *finster*: dunkel

---

73. E.T.A. Hoffmann: Erläuterung (1994), S. 36.

[S] *er dachte nichts, als Olimpia* = er dachte an nichts anderes als an Olimpia

[N] 이 문장은 다음 문장 *Als er zurückkehren wollte in seine Wohnung*과 연결된다. 그는 그러므로 아직 거리에 서 있으며 거기서 — 분명하게 언급되지는 않았지만 — 스팔란짜니의 집을 바라보는 것이다.

"herrlich", "Liebe", "Stern" 등의 어휘들은 나타나엘의 소망의 세계를, "finster", "hoffnungslos", "Nacht" 등은 현실을 대변한다.

1.2.2.3 스팔란짜니

(284) *Als er zurückkehren wollte in seine Wohnung, wurde er in Spalanzanis Hause ein geräuschvolles Treiben gewahr.*

[L] · *gewahrwerden*, wurde er gewahr: bemerkte er

(285) *Die Türen standen offen, man trug allerlei Geräte hinein, die Fenster des ersten Stocks waren ausgehoben, geschäftige Mägde kehrten und stäubten mit großen Haarbesen hin und her fahrend, inwendig klopften und hämmerten Tischler und Tapezierer.*

[L] · *ausheben*, aushob, hat ausgehoben: aus + heben
 · *geschäftige Mägde*: fleißige Dienstmädchen
 · *kehren*: man *kehrt* mit dem Besen
 · *stäuben*: Staub wischen, der Staub [영어의 dust]
 · *Haarbesen* m.: 간단히 Besen
 · *inwendig*: innen, im Haus

- *Tischler* m.: Handwerker, der Möbel herstellt
- *Tapezierer* m.: Handwerker, der Tapete [영어의 wallpaper] an die Wand klebt

---

(286) *Nathanael blieb in vollem Erstaunen auf der Straße stehen; da trat Siegmund lachend zu ihm und sprach: "Nun, was sagst du zu unserem alten Spalanzani?"*

[L] treten, *trat*, hat getreten: S. trat zu ihm = S. kam zu ihm

[S] 핵심 정보:

   1) *Nathanael blieb ⋯ stehen*

   2) *da trat Siegmund ⋯ zu ihm ⋯* + 직접화법

[N] 지크문트는 나타나엘의 대척자이다: 그는 나타나엘의 내적 투쟁에 대해서 아무런 예감이 없이 웃음을 짓고 무사태평이다. 그의 표현 *was sagst du zu unserem alten Spalanzani?*는 그가 교수에 대해 갖고 있는 존경과 사랑에 찬 관계를 드러낸다. 그는 교수에게서 어떠한 비밀스러운 점을 느낄 수 없는 듯 하다. 나타나엘의 고립은 이러한 대조로 인해 더욱 분명하게 느낄 수 있다.

---

(287) *Nathanael versicherte, daß er gar nichts sagen könne, da er durchaus nichts vom Professor wisse, vielmehr mit großer Verwunderung wahrnehme, wie in dem stillen düstern Hause ein tolles Treiben und Wirtschaften losgegangen; da erfuhr er denn von Siegmund, daß Spalanzani morgen ein großes Fest geben wolle, Konzert und Ball, und daß die halbe Universität eingeladen sei.*

[L] · *Nathanael versicherte*: 여기에서는 간단히 Nathanael sagte + 직접화법

· (von jemandem etwas) erfahren, *erfuhr*, hat erfahren: von jemandem Informationen bekommen

· *Ball* m.: Tanzfest n.; 라틴어 ballare에서 유래; tanzen: Ballett, Ballerina와 친족; 원래 Tanzlied였던 Ballade와도 친족. 유복한 집안의 부모들은 과년한 딸들을 선보이려고 무도회를 연다.

[S] 두 개의 독립적 문장으로, 두 번 다 간접화법에 접속법 I식 사용:

   1) *Nathanael versicherte, daß er* ··· *nichts sagen könne, da er* ··· *nichts* ··· *wisse* ···

   2) *da erfuhr er* ···, *daß Spalanzani* ··· *ein* ··· *Fest geben wolle* ····

접속법 I식:

- *könne*

- *wisse*

- *wahrnehme*

- *losgegangen* [sei]

- *wolle*

- *eingeladen sei*

> (288) *Allgemein verbreite man, daß Spalanzani seine Tochter Olimpia, die er so lange jedem menschlichen Auge recht ängstlich entzogen, zum erstenmal erscheinen lassen werde.*

[L] · jemandem etwas *entziehen*: entziehen, entzog, *entzogen* hatte; jemandem etwas wegnehmen

· *erscheinen lassen*: 여기에서는 vorstellen

[S] 핵심 정보:

Allgemein verbreite man, daß Spalanzani ⋯ Olimpia ⋯ erscheinen lassen werde.

접속법 I식: verbreite, werde.

[N] 추측하건대 올림피아가 스팔란짜니의 딸이라고 소문을 퍼뜨린 장본인은 스팔란짜니와 코폴라일 것이다. 그들은 자신들의 창조물이 살아 있는 것처럼 보이는가 알아보려고 한 것이다.

눈-모티브의 54번째 언급

> (289) *Nathanael fand eine Einladungskarte und ging mit hochklopfendem Herzen zur bestimmten Stunde, als schon die Wagen rollten und die Lichter in den geschmückten Sälen schimmerten, zum Professor.*

[L] · *geschmückt*: 영어의 decorated
· der Saal, die *Säle*: großes, repräsentatives Zimmer, in dem man auch tanzen kann
· *schimmern*: schwach glänzen, 예) schimmerndes Gold; der Morgenschimmer = das erste, schwache Tageslicht

[S] 첫 번째 문장의 단축된 형태는:
Nathanael fand eine Einladungskarte und ging ⋯ zum Professor.

[N] 나타나엘은 다른 손님들에 비해서 예외적 상황에 처해 있다. 왜 그의 가슴이 뛰고 있는지를 아는 사람은 오직 그 뿐이다. 그는 올림피아를 가까이에서 볼 수 있을 것이고, 어쩌면 말을 나누게 될 것이다!

중간 설명: 장면적 서술(szenisches Erzählen)에 따라서 문장의 복잡성이 현저히 줄어진다. 그러므로 이후는 몇 개의 문장들을 함께 묶는다.

> (290) *Die Gesellschaft war zahlreich und glänzend. Olimpia erschien sehr reich und geschmackvoll gekleidet. Man mußte ihr schöngeformtes Gesicht, ihren Wuchs bewundern. Der etwas seltsam eingebogene Rücken, die wespenartige Dünne des Leibes schien von zu starkem Einschnüren bewirkt zu sein. In Schritt und Stellung hatte sie etwas Abgemessenes und Steifes, das manchem unangenehm auffiel; man schrieb es dem Zwange zu, den ihr die Gesellschaft auflegte.*

[L]   · *Die Gesellschaft war* ··· *glänzend*: es kamen viele bedeutsame Gäste
· *wespenartig*: wie eine Wespe; Wespe, f.; Bienen [영어의 bee]과 친족. 가는 허리 [영어의 waist] - eng wie ein 'Wespe' = Wespentaille
· *die Dünne*: dünn의 명사화
· *eingebogen*: ein + biegen, bog, gebogen; 간단히 gebogen
· *Einschnüren* n.: einschnüren의 명사화; Schnur f. [영어의 string]. 18, 19세기에는 허리를 가늘게 꼭 조여매는 것이 유행이었다. 그런 이유로 기절하기도 했다: 숙녀들은 공기를 접할 수가 없었다!
· *etwas Abgemessenes*: (움직임에서) etwas Gleichförmiges, Unnatürliches
· *etwas Steifes*: steif[영어의 stiff]의 명사화
· jemandem etwas *zuschreiben*: jemanden für etwas verantwortlich machen

[N] 장면적 서술에도 불구하고 상당한 축약(Raffung)이 확인된다. 예를 들어 올림피아의 등장에 관한 상세한 상황은 건너뛰고 있다 (서술되지 않고 있다).

서술시점은 나타나엘에 있지 않고, 익명의 손님들에게 있다 (부정 대명

사 mancher, man 참조)

> (291) *Das Konzert begann. Olimpia spielte den Flügel mit großer Fertigkeit und trug ebenso eine Bravour-Arie mit heller, beinahe schneidender Glasglockenstimme vor. Nathanael war ganz entzückt; er stand in der hintersten Reihe und konnte im blendenden Kerzenlicht Olimpias Züge nicht ganz erkennen. Ganz unvermerkt nahm er deshalb Coppolas Glas hervor und schaute hin nach der schönen Olimpia. Ach! - da wurde er gewahr, wie sie voll Sehnsucht nach ihm herübersah, wie jeder Ton erst deutlich aufging in dem Liebesblick, der zündend sein Inneres durchdrang.*

[L] · *Flügel*: großes Klavier, Piano

· *Bravour-Arie* f.: glänzende, virtuose Arie

· *Glasglockenstimme* f.: Glas + Glocke [영어의 bell] + Stimme; Glasglocke, eine Glocke aus Glas; 의미하는 바는 그녀가 인공적인 — 즉 영혼이 베어 있지 않은 — 유리와 같은 목소리를 지녔다는 점이다.

· *blendend*: helles Gegenlicht, das das Sehvermögen beeinträchtigt

· *Kerzenlicht* n.: engl.: candle light

· *unvermerkt*: DUDEN[74]에 의하면 "veraltet für unbemerkt", 여기에서는 부차적 의미인 'unwillkürlich, ohne zu überlegen'

· *zünden*: in Brand setzen, vgl. Zündhölzer = Streichhölzer

[N] *Das Konzert begann*: 이 문장은 이 장면의 결정적 단계를 열어 준다. 이제서야 나타나엘은 서술자의 시각에 들어온다. 나타나엘은 올림피아의 얼굴 모습을 긴장해서 주시하고 있다. 그러나 그는 그것을 자세히는 식별할 수 없다.

---

74. DUDEN. Deutsches Universalwörterbuch A-Z. Mannheim / Leipzig / Wien / Zürich 1992.

지금까지 54회의 눈-모티브에 대한 언급이 있었다. 어쨌거나 이 모티브는 분명한 표현으로 지칭되지 않으면서도 실제로는 존재하는 경우가 많다. 이 부분 장면에서는 5회나 들어 있다:

1) Nathanael erkennt (= *sieht*) Olimpias Gesicht (얼굴은 — 그가 진짜로 찾고 있는 — 그녀의 눈을 포함하고 있다),
2) Er *schaut* zu ihr *hin*,
3) Olimpia *sieht* zu ihm *herüber*,
4) Es ist ein Liebesblick.
5) 이 모든 일이 인공적 눈 (künstliches Auge = *Perspektiv*)의 도움으로 일어난다.

텍스트가 시각적 인지에 관한 표현으로 범람하고 있음으로 해서 망상적 성격을 갖게 한다. 이는 그 동안 (문학적으로) 매우 정교하게 장면화 되었으므로, 이제 와선 마치 자연스러운 것 같아 보인다. 시선 하나 하나, 눈에 대한 언급 하나 하나는 동기가 있다.

문학에서의 장면을 어떻게 영상(映像)화 할 수 있을까를 생각해 보는 것은 언제나 교육적이다. 제안으로서: 카메라가 맨 처음에는 손님들을 잡는다 (전체), 거기에서부터 다음엔 올림피아 그리고 그녀의 등장이 잡히도록 한다 (절반). 등장하는 동안 카메라는 천천히 올림피아에서 물러나서 나타나엘을 '찾는다'. 움직이지 않고 올림피아 쪽만을 바라보고 있는 나타나엘을 가까이에서 잡는다. 그러자 곧 나타나엘은 자신의 망원경을 집어들고, 시점의 도약이 있은 뒤, 이제 (영화의) 관객은 나타나엘의 망원경을 통해서 아름다운 올림피아를 보게 된다: 처음에는 카메라 내지는 서술자의 시점에서, 이제는 나타나엘의 시점에서 (= 등장인물에 맞추어진 시선 대 등장인물과 더불은 시선). 이 시점들에 근거하여 다음에 나오는 "아!"라는 표현이 익명의 서술자의 감정표현이 아니라 나타나엘 자신의 것이라는 점이 분명해진다.

'Olimpia sah zu ihm herüber' 라는 표현이 아니라, *da wurde er gewahr, wie sie … nach ihm herübersah* 임을 유의하시오. 즉 여기에서 채택된 것은 나타나엘의 시점이며, 중립적인 신용할 만한 서술자의 시점이 아니라는 점이다. 등장인물 시점에서 이 부분은 이렇게 이해된다: 나타나엘의 시각적, 인식적 그리고 정서적 시점에서 줄거리가 재현되고 있다.

---

(292) *Die künstlichen Rouladen schienen dem Nathanael das Himmelsjauchzen des in Liebe verklärten Gemüts, und als nun endlich nach der Kadenz der lange Trillo recht schmetternd durch den Saal gellte, konnte er wie von glühenden Ärmen plötzlich erfaßt sich nicht mehr halten, er mußte vor Schmerz und Entzücken laut aufschreien: "Olimpia!"*

[L] · *künstlich*: nicht echt (= unecht), nicht natürlich (= unnatürlich)

· *Roulade* f.: schnelle, perlende Läufe im Gesang

· *Himmelsjauchzen* n.: Himmel + jauchzen; jauchzen(동사), das Jauchzen(명사); jubeln, laut und freudig rufen oder singen

· *verklärt*: vergeistigt, ins Überirdische erhöht

· *Kadenz* f.: (음악작품의 주테마에서) virtuose Variation, 대개 종결부 직전에 나온다.

· *Trillo* m.: Triller의 이탈리아식 표기, Vibration der Stimme um eine tonale Mitte

· *schmetternd*: 여기에서는 laut, kraftvoll; schmetternde Stimme, schmetternde Trompeten이라는 말을 쓰기도 한다.

· *gellen*: (80) 참조

· *sich nicht mehr halten können*: die Fassung verlieren

[S] 이 복합문은 세 개의 독립적 문장으로 구성되어 있다:

   1) *Die ··· Rouladen schienen dem Nathanael das Himmelsjauchzen* ···

   2) *konnte er ··· sich nicht mehr halten* → er konnte ··· sich nicht mehr halten

   3) *er mußte ··· aufschreien: "Olimpia!"*

[N] 등장인물 시점의 텍스트 구성의 정점에서 서술자는 갑자기 자신을 다시 드러낸다. 그의 양식(Stil)은 분명한 작렬를 담고 있다: 올림피아는 끔찍하게도 노래를 못 부른다. 그런데도 나타나엘은 매혹당한다.

주도모티브 작렬하다(glühen/d)는 영향미학적으로 정점에 달해 있다.

> (293) - *Alle sahen sich um nach ihm, manche lachten. Der Domorganist schnitt aber noch ein finstreres Gesicht, als vorher und sagte bloß: "Nun nun!"*

[L]   · *Domorganist* m.: Dom + Organist; Dom m.: Kathedrale, große Kirche; Organist: jemand, der die Orgel spielt

· *ein Gesicht schneiden*: die Gesichtszüge ausdrucksvoll verziehen

· *finster*: 여기에서는 비교급 finsterer로 나온다 (최상급은 am finstersten); ein finsteres Gesicht vs. ein freundliches Gesicht

[N] 부차적 인물들에게서는 내적 시각이 결여되었기 때문에, 성당의 올갠 연주자의 찌푸린 표정과 발언은 여러 의미를 담게 된다. 그렇지만 추측하건대 그는 올림피아의 노래가 전혀 마음에 들지 않았을 것이다. 그러다가 이제 나타나엘의 적절하지 못한 반응을 들었을 때 그의 얼굴은 더욱 어두워졌을 것이다.

서술자의 반어적 언어사용과 "*Manche lachten*"이라는 문장은 나타나엘의 행동과는 강한 대조 이룬다.

(294) - *Das Konzert war zu Ende, der Ball fing an. "Mit ihr zu tanzen! - mit ihr!" das war nun dem Nathanael das Ziel aller Wünsche, alles Strebens; aber wie sich erheben zu dem Mut, sie, die Königin des Festes, aufzufordern?*

[L] · *auffordern*: (예를 들어 춤을 추기 위해) man fordert jemanden auf

[N] 이 장면–세부묘사는 나타나엘의 의식의 과정을 포함한다. 19세기 말 이래 현대 문학에서는 이러한 내적 과정 및 이 과정의 언어적 묘사에 관심이 집중되어 있다.

(295) *Doch! - er selbst wußte nicht wie es geschah, daß er, als schon der Tanz angefangen, dicht neben Olimpia stand, die noch nicht aufgefordert worden, und daß er, kaum vermögend einige Worte zu stammeln, ihre Hand ergriff.*

[L] · *vermögen*: können

[S] 핵심 정보:

> *er ··· wußte nicht[,] wie es geschah, daß er ··· neben Olimpia stand ··· und daß er ··· ihre Hand ergriff.*

처음 *Doch* 다음의 느낌표와 생각부호는 강세를 지시하지만, 문장론적으로 중요하지는 않다.

다음 두 부문장에서 과거완료의 조동사를 (생각 속에서는) 덧붙일 것:

- *als schon der Tanz angefangen* [hatte]
- *die noch nicht aufgefordert worden* [war]

구조 스케치:

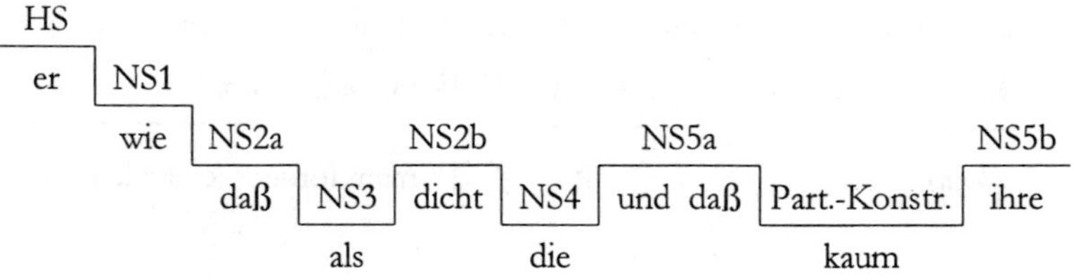

[N] 나타나엘은 마치 낯선 힘에 이끌리듯이 무의식적으로 행동하는 것 같다.

> (296) *Eiskalt war Olimpias Hand, er fühlte sich durchbebt von grausigem Todesfrost, er starrte Olimpia ins Auge, das strahlte ihm voll Liebe und Sehnsucht entgegen und in dem Augenblick war es auch, als fingen an in der kalten Hand Pulse zu schlagen und des Lebensblutes Ströme zu glühen.*

[L] · *durchbeben*: durch + beben; beben: stark zittern [영어의 to tremble]
 · *Pulse*: Puls m.의 복수형; Der Arzt fühlt den Puls; das Blut pulsiert durch die Adern

[S] 장면적 서술이기 때문에 주로 병렬적 양식을 취한다.
  1) *Eiskalt war Olimpias Hand*
  2) *er fühlte sich durchbebt* …
  3) *er starrte Olimpia ins Auge*
  4) *das strahlte ihm* … *entgegen*
  5) *in dem Augenblick war es* …, *als fingen an* … *Pulse zu schlagen* …

문장 5)에서 *dem*은 관사가 아니라 지시대명사이다. 따라서 그에 상응하게 강세를 두어야 한다 = in *diesem* Augenblick

a) Ströme des Lebensblutes → b) *des Lebensblutes Ströme*

역시 5)에서 'Es fingen an[,] Pulse zu schlagen'이라고 하는 대신 *es war ihm, als fingen an ⋯ Pulse zu schlagen* (fingen an : 접속법 II식)이라 하였다. 해설자는 여기에서 보고되고 있는 것의 사실성에 대한 책임을 지지 않으려는 것이다. 여기에서 재현되고 있는 것은 다만 나타나엘의 시각일 뿐이다.

다섯 개의 병렬적으로 연결된 이 문장에는 주도모티브들이 클러스트마냥 엉켜 있다:
- 눈-모티브의 55번째 언급
- 동사 starren에 들어있는 형태소 /starr/
- 복합어 Lebensblut에 들어있는 형태소 /Blut/
- 주도모티브 불(Feuer)의 영역에 속하는 동사 glühen
- kalt

동사 *glühen*은 *Todesfrost*와 *kalt*이라는 용어들을 통해서 더욱 효과적 대조를 이룬다. — 이 부분을 위의 (228)과 비교하시오: 그 당시에 그는 "차가운" 클라라를 "불붙일 수" 없었는데 반해서, 이제 그는 그 일을 올림피아에게서 성공한 것이다!

> (297) *Und auch in Nathanaels Innerm glühte höher auf die Liebeslust, er umschlang die schöne Olimpia und durchflog mit ihr die Reihen.*

[L] · aufglühen, *glühte auf*: 전철 auf로 인해서 언급된 과정이 역동적이 되며, 시간적 강조가 그 시작에 머문다.
· umschlingen, *umschlang* = um + schlang: 여기에서는 legte die Arme fest um Olimpia

· durchfliegen, *durchflog* = durch + flog: *flog* in schnellen Bewegungen *durch* den Saal; er durchflog die Reihen: 여기에서는 die Reihen der anderen Tänzer 를 의미함.

[S] 핵심 정보:

1) *in Nathanaels Innerm glühte* ··· *die Liebeslust* ⟶ die Liebeslust [주어] glühte [술어]

2) *er umschlang* ··· *Olimpia* ···

---

(298) - *Er glaubte sonst recht taktmäßig getanzt zu haben, aber an der ganz eignen rhythmischen Festigkeit, womit Olimpia tanzte und die ihn oft ordentlich aus der Haltung brachte, merkte er bald, wie sehr ihm der Takt gemangelt.*

[L] · *eignen*: eigenen

· *ordentlich*: 여기에서는 ziemlich, sehr

· *Haltung* f.: 여기에서는 Körperhaltung beim Tanzen

· *merken an*: 예(Wahrig 1975): ich *merkte* sofort *an* seinem Benehmen, daß etwas vorgefallen war; wie sehr ihm der Takt fehlte, *merkte* er *an* der rhythmischen Festigkeit der Olimpia

· mangeln, mangelte, hat gemangelt: 여기에서는 과거완료로 hatte *gemangelt*: fehlen

[S] 두 문장의 단순화한 표현:

1) *Er glaubte* ··· [,] *taktmäßig getanzt zu haben*

2) *aber an der* ··· *rhythmischen Festigkeit* ··· *merkte er bald, wie sehr ihm der Takt gemangelt.*

[N] 이 문장은 내용적으로 박자와 율동간의 대립에 근거를 두고 있다. 똑같은 엄격한 박자의 도식에 따르는 것은 단조롭고 생명력이 없어 보이기 쉽다. 이러한 도식에서 살짝 피함으로써 개인적이며 자연스럽고 살아있는 리듬이 성취된다.

나타나엘은 아무것도 모른 채 인조인간과 더불어 춤을 추고 있다. 오늘날의 용어로는 로봇과 춤을 추는 것이다. — *Olimpia tanzt mit einer ganz eignen rhythmischen Festigkeit*라는 문장은 나타나엘의 혼란을 반영한다. 그가 긍정적으로 "율동의 확고성(rhythmische Festigkeit)"이라고 지칭한 것은 실제로는 기계 같은 규칙성이다.

나타나엘은 제외하고는 아무도 올림피아에게 춤을 청하지 않는 점도 흥미를 끈다. 우리로서는 상세한 이유를 알 수 없다. 추측하건대 올림피아가 모든 참석자들에게는 진짜로 이상하고 무생물처럼 보였을 것이다.

> (299) *Er wollte jedoch mit keinem andern Frauenzimmer mehr tanzen und hätte jeden, der sich Olimpia näherte, um sie aufzufordern, nur gleich ermorden mögen.*

[N] "그는 자신 안에 포박됨(Seine Gefangenschaft im eigenen Selbst)"으로써 더 이상 정상적인 사회적 교제가 불가능하다.[75]

> (300) *Doch nur zweimal geschah dies, zu seinem Erstaunen blieb darauf Olimpia bei jedem Tanze sitzen und er ermangelte nicht, immer wieder sie aufzuziehen.*

[L] · *er ermangelte nicht:* 여기에서는 er versäumte es nicht, 긍정적으로: er tat es

---

75. Claus Sommerhage: Hoffmanns Erzähler. Über Poetik und Psychologie in E.T.A. Hoffmanns Nachtstück Der Sandmann. In: Zeitschrift für Deutsche Philologie 106 (1987), S. 529.

[S] 세 개의 독립적 문장들로 구성된 복합문이며, 단축하면:

1) *nur zweimal geschah dies*

2) *zu seinem Erstaunen blieb* … *Olimpia* … *sitzen* → Olimpia [주어]
   blieb sitzen [술어]

3) *er ermangelte nicht,* … *sie aufzuziehen*

immer wieder sie aufzuziehen → sie immer wieder aufzuziehen [정상적 어순]

[N] 문장 3)에서 동사 *aufziehen*의 사용은 소외효과를 가져온다. 의도는 물론 나타나엘이 올림피아와 함께 춤을 추기 위해서, 앉아 있는 그녀를 자기 쪽으로 '이끌어 올린다(heraufziehen)'을 의미할 것이다. 그런데 독일인이라면 aufziehen에서 두 가지 맥락을 연상하는 것이 통례이다: 첫째는 시계라는 기계가 가도록 '시계의 태엽을 감다'요, 둘째로는 장난감 물건에 대해서도 그렇게 한다. 장난감 물건에 부착된 용수철을 작은 열쇠로 팽창시키면, 이어서 동작이 발생한다. 이것을 보통 aufziehen이라 한다. — 이러한 단어 유희는 독자로 하여금 정교하고 아이러니적으로 올림피아의 기계적 특징을 알아차리도록 하는 기능을 갖는다. 여기에서 단어를 선택하는 것이 서술자의 탁월한 의식이다.

> (301) *Hätte Nathanael außer der schönen Olimpia noch etwas anders zu sehen vermocht, so wäre allerlei fataler Zank und Streit unvermeidlich gewesen; denn offenbar ging das halbleise, mühsam unterdrückte Gelächter, was sich in diesem und jenem Winkel unter den jungen Leuten erhob, auf die schöne Olimpia, die sie mit ganz kuriosen Blicken verfolgten, man konnte gar nicht wissen, warum?*

[L] · *kurios* [분명히 'o'에 강세를 둘 것!]: sonderbar, wunderlich, merkwürdig
· das Gelächter *ging auf* Olimpia: das Gelächter galt Olimpia (gelten, galt, hat

gegolten) = man lachte über Olimpia

[S] 이 복합문은 세 개의 독립적 문장으로 구성되어 있다. 단축하면:

1) *Hätte Nathanael … noch etwas anderes zu sehen vermocht, so wäre … Zank und Streit unvermeidlich gewesen*

2) *offenbar ging das … Gelächter … auf … Olimpia*

3) *man konnte gar nicht wissen, warum?*

[N] 여기에서는 세 가지 시점이 서로 교차되어 있다:
- 서술자의 시점: 그것은 가장 넓은 시점이다. 그는 모임 전체를 포착하고 있다.
- 젊은 사람들의 시점: 비교적 좁은 시점이다. 그들은 올림피아를 바라보되, 나타나엘처럼 편집증적으로 (절대적으로) 보고있지는 않을 것이 확실하다.
- 나타나엘의 시점: 가장 좁은 시점이다. 나타나엘은 오직 올림피아만을 바라보며, 다른 어떤 것도 보지 않는다.

나타나엘은 올림피아를 바라보되 오직 그녀만을 바라보고 있고, 젊은 사람들은 나타나엘과 올림피아를 보고 있다. 해설자는 다시 나타나엘과 올림피아 그리고 젊은 사람들을 모두 보고 있다. 그렇게 함으로서 이중적 시점이 생성된다. 나타나엘의 시점과 서술자의 시점인데, 서술자는 나타나엘과는 다르게 그리고 더 많이 보고 있다.

(302) *Durch den Tanz und durch den reichlich genossenen Wein erhitzt, hatte Nathanael alle ihm sonst eigne Scheu abgelegt.*

[L] · Scheu f.: 형용사 scheu에서 파생한 명사; schüchtern [영어의 shy, timid]

[S] 핵심 정보:

Nathanael [hatte] alle ⋯ Scheu abgelegt.

---

(303) *Er saß neben Olimpia, ihre Hand in der seinigen und sprach hochentflammt und begeistert von seiner Liebe in Worten, die keiner verstand, weder er, noch Olimpia.*

[L] · *hochentflammt:* hoch + ent + flammt: wie eine hohe Flamme, wie Feuer; 관용구: von Liebe entflammt

[S] 핵심 정보:

Er saß neben Olimpia ⋯ und sprach ⋯ in Worten, die keiner verstand ⋯

[N] 나타나엘이 사랑에 관해 이야기하면서도 자신을 이해하지 못하고 있다는 사실은 서술자의 두 가지 특성을 말해 준다: 첫째 내면의 시각 능력이요, 둘째 아이러니의 경향. 아이러니는 항상 거리감을 생성한다.

---

(304) *Doch diese vielleicht; denn sie sah ihm unverrückt ins Auge und seufzte einmal übers andere: "Ach - Ach - Ach!" - worauf denn Nathanael also sprach: "O du herrliche, himmlische Frau! - du Strahl aus dem verheißenen Jenseits der Liebe - du tiefes Gemüt, in dem sich mein ganzes Sein spiegelt" und noch mehr dergleichen, aber Olimpia seufzte bloß immer wieder: "Ach, ach!"*

[L] · *unverrückt:* unbewegt; 근저에 놓인 동사 rücken = sich ein wenig zur Seite bewegen

 · *einmal übers andere:* immer wieder

[N] 지시대명사 *diese*는 올림피아를 지시하며, 강세를 두어 읽는다.

나타나엘의 말들은 낭만주의적 사랑의 설명에 대한 패러디와 같은 느낌을 준다. 올림피아의 *"tiefes Gemüt"*를 *"flache Gemüter"*(323)와 비교하시오!

올림피아 안에서 자신을 반영하고 싶은 나타나엘의 소망은 나르찌스-모티브를 분명하게 암시한다. 그리스 신화에서 나르찌스는 자기 자신을 향한 진정할 길 없는 욕망을 지닌 인물이다. 그는 물에 반사된 자신의 용모에서 벗어날 수가 없다. 프로이트는 병적인 자기본위를 이 신화에 따라서 나르씨즘이라 칭한다. — 거울-모티브는 「모래귀신」 소설에 총 6회 등장한다.

눈-모티브의 56번째 언급

> (305) - *Der Professor Spalanzani ging einigemal bei den Glücklichen vorüber und lächelte sie ganz seltsam zufrieden an.*

[L] jemanden *anlächeln*: 영어의 to smile at somone

[N] 이 문장의 집약적 효과는 주변인물들의 내면 시각이 결여되었음에도 불구하고 서술자가 정교한 관찰을 함으로써 가능한 것이다. 스팔란짜니의 미소는 만족감을 상징하지만, 이 만족감의 이유에 관해서는 보고되지 않는다. 그는 무슨 계획이 있는 듯 보인다.

> (306) *Dem Nathanael schien es, unerachtet er sich in einer ganz andern Welt befand, mit einemmal, als würd es hienieden beim Professor Spalanzani merklich finster; er schaute um sich und wurde zu seinem nicht geringen Schreck gewahr, daß eben die zwei letzten Lichter in dem leeren Saal herniederbrennen und ausgehen wollten.*

[L] · *mit einemmal*: auf einmal

- *würd* = würde
- *hienieden*: poetisch für 'hier auf der Erde'에 대한 시적 표현, hier im Diesseits (대조: Jenseits). hienieden의 반대 장소는 주어진 맥락에서 볼 때는 나타나엘의 환상의 세계라 할 수 있다.
- *merklich*: auffallend
- *um sich schauen*: nach allen Seiten schauen/blicken

[S] 이 복합문의 핵심 정보:

   1) *Dem Nathanael schien es* ⋯ *, als würd es* ⋯ *finster*

   2) *er schaute um sich und wurde* ⋯ *gewahr, daß* ⋯ *die* ⋯ *Lichter* ⋯ *ausgehen wollten.*

[N] 이 문장은 나타나엘의 시점에서 보아 아주 효과적으로 서술되고 있다. 나타나엘은 홀이 차츰 텅 비어 가는 것을 전혀 알아차리지 못했던 것이다. 서술자도 — 등장인물 시점의 논리에 따라 — 이를 파악하지 않고 있었다. 나타나엘의 의식이 다시 돌아온 이 순간에야 비로소 독자도 그에 맞춰 정보를 듣게 된다.

---

(307) *Längst hatten Musik und Tanz aufgehört.*

[N] 등장인물 시점에 따라 첫째로 우리는 그 사이 얼마나 시간이 흘렀는지를 모르며, 둘째 이 시간 동안에 나타나엘의 주변에 어떠한 일이 발생했는지를 알지 못한다. 나타나엘의 주변은 사라져 버린 듯했다.

---

(308) *"Trennung, Trennung", schrie er ganz wild und verzweifelt, er küßte Olimpias Hand, er neigte sich zu ihrem Munde, eiskalte Lippen begegneten seinen glühenden!*

[N] 나타나엘이 행하는 모든 것은 어떤 강요에 의한 것 같다. 독일어에서는 이렇게 말한다: Er ist nicht Herr seiner selbst.

> (309) - *So wie, als er Olimpias kalte Hand berührte, fühlte er sich von innerem Grausen erfaßt, die Legende von der toten Braut ging ihm plötzlich durch den Sinn; aber fest hatte ihn Olimpia an sich gedrückt, und in dem Kuß schienen die Lippen zum Leben zu erwarmen.*

[L] · *So wie, als* ⋯ : Im selben Augenblick, als ⋯ 또는 그냥 단순히 als

[S] 장면적 서술에 따라서 병렬적 양식. 네 개의 독립적 문장이 쉼표들로 인해 통일적 사건의 복합체로 연결되어 있다:

　　1) ⋯ *als er Olimpias* ⋯ *Hand berührte, fühlte er sich von* ⋯ *Grausen erfaßt*

　　2) *die Legende von der toten Braut ging ihm plötzlich durch den Sinn*

　　3) *aber fest hatte ihn Olimpia an sich gedrückt*

　　4) *und in dem Kuß schienen die Lippen zum Leben zu erwarmen.*

[N] 나타나엘이 느낀 것, 지각한 것을 서술자가 알고 있다는 사실은 다시 한번 그가 익명의 삼인칭 서술자임을 입증한다. — 본문 중 *Legende von der toten Braut*는 Goethe의 『Die Braut von Korinth』에 대한 암시이다.[76]

이 문장과 다음 문장은 'kalt'와 'glühend / warm' 사이의 회귀적 대립에 근거한다. (228) 참조. 나타나엘은 생명력에 넘치며 온정있는 클라라를 "차갑다(*kalt*)" 간주하며, 그녀를 "생명이 없는, 저주받을 자동인형(*lebloses, verdammtes Automat*)"이라고 말한다 (234). 그런데 차가운 올림피아는 — 그녀야말로 진짜로 생명이 없는 자동인형인데 — 가상의 생명으로, 따뜻하고 정열적으로, 나타나엘이 평소에 꿈꾸어 왔던 그런 생명으로 피어난다. 나타나엘의 맹목성이 가장 두드러지는 문장은: *fest hatte ihn Olimpia an sich gedrückt.* 그렇지만 올림피아가 그를 꼭 끌어안은 것이 아니라, 그 반

---

76. Goethes Werke, Hamburger Ausgabe in 14 Bänden. Hrausgegeben von Erich Trunz, 13. Aufl. Bd. 1 München (1982), S. 268-273.

대로 나타나엘이 그녀를 껴안은 것이다. 나타나엘에게는 현실의 자리에 그의 망상적 소원과 동경이 대체된다.

> (310) - *Der Professor Spalanzani schritt langsam durch den leeren Saal, seine Schritte klangen hohl wider und seine Figur, von flackernden Schlagschatten umspielt, hatte ein grauliches gespenstisches Ansehen.*

[L] · *widerklingen*: klingen + wider; 과거형은 widerklang 내지는 klang ··· wider; klang zurück (als Echo)

· *Schlagschatten* m.: schwarzer Schatten, den eine Person oder ein Gegenstand wirft

· *Ansehen*: 명사화된 동사, 오늘날에는 aussehen; Spalanzani *sah* gespenstisch aus.

[S] 세 개의 독립적 문장이며, 핵심 정보는:

1) ··· *Spalanzani schritt ··· durch den ··· Saal*
2) *seine Schritte klangen ··· wider*
3) *seine Figur ··· hatte ein ··· gespenstisches Ansehen.*

[N] 이 장면은 호프만이 자신의 작품들을 "Nachtstück"라고 명명한 점을 상기시켜 준다.

> (311) *"Liebst du mich - liebst du mich Olimpia? - Nur dies Wort! - Liebst du mich?"* So *flüsterte Nathanael, aber Olimpia seufzte, indem sie aufstand, nur: "Ach - Ach!" - "Ja du mein holder, herrlicher Liebesstern", sprach Nathanael, "bist mir aufgegangen und wirst leuchten, wirst verklären mein Inneres immerdar!" - "Ach, ach!" replizierte Olimpia fortschreitend.*

[L] · *verklären*: vergeistigen

· *immerdar*: dar에 강세, für immer [영어의 forever]

· *replizieren*: wiederholen

> (312) *Nathanael folgte ihr, sie standen vor dem Professor.*

[S] 두 개의 독립적 문장으로 구성된 병렬문

[N] *Nathanael folgte ihr*는 아무런 해도 없어 보이며, 근저에 놓여 있는 사태의 비상한 점을 은폐한다: 올림피아는 앞으로 나아가고, 나타나엘은, 마치 강박관념에 사로잡힌 듯, 그녀를 한 걸음 한 걸음씩 따르는 것이다.

> (313) *"Sie haben sich außerordentlich lebhaft mit meiner Tochter unterhalten"*, *sprach dieser lächelnd: "Nun, nun, lieber Herr Nathanael, finden Sie Geschmack daran, mit dem blöden Mädchen zu konversieren, so sollen mir Ihre Besuche willkommen sein."*

[L] · *blöd*: 20세기 이전에는 오늘날처럼 '어리석은(dumm)'의 의미로는 거의 쓰이지 않음. 19세기에는 보통 '약한(schwach)'이라는 뜻으로 쓰였다: 'schwachsichtig' 대신 'blödsichtig' 또는 'schwacher Magen' 대신 'blöder Magen'. 그렇기 때문에 이러한 특성을 올림피아의 지력/지성(Verstandesleistung/Intelligenz)에 전이시킴은 정말 근사하며, 그녀가 오직 "아 - 아"라는 말을 할 수 있을 뿐이므로 그 표현이 잘 어울리기도 한다. — 스팔란짜니는 이 단어를 주로 '수줍은, 겁많은(schüchtern, furchtsam)'의 뜻으로 사용했을 것이다.

· *konversieren*: sich unterhalten, Konversation 참조 [영어의 conversation]

> (314) - *Einen ganzen hellen strahlenden Himmel in der Brust schied Nathanael von dannen.*

[L] · *von dannen scheiden*: sich verabschieden und weggehen; schied von dannen (과거형)

[S] 주문장:

schied Nathanael von dannen → Nathanael schied von dannen

1.2.2.4 잡담들

> (315) *Spalanzanis Fest war der Gegenstand des Gesprächs in den folgenden Tagen.*

[N] 이 문장과 앞 문장 사이에는 분명히 서술의 단절이 들어있다. 이 단절이 눈에 드러나는 것은:

- 사건의 차원에서 장소의 이동 (이전에는 스팔란짜니의 집에서 이제는 바깥)
- 장면적 서술에서 보고적 서술로의 이전 (예: die beiden folgenden Tage / Am dritten Tage)
- 그와 관련된 절약 (예: 나타나엘이 집으로 돌아오는 장면)

이러한 단절은 알기 쉽게 새로운 단락의 시작으로 도식상 분명하게 표시할 수도 있을 것이다. 그렇지만 호프만은 텍스트의 외적인 구조화를 지극히 삼가는 편이다.

> (316) *Unerachtet der Professor alles getan hatte, recht splendid zu erscheinen, so wußten doch die lustigen Köpfe von allerlei Unschicklichem und Sonderbarem zu erzählen, das sich begeben, und vorzüglich fiel man über die todstarre, stumme Olimpia her, der man, ihres schönen Äußern unerachtet, totalen Stumpfsinn andichten und darin die Ursache finden wollte, warum Spalanzani sie so lange verborgen gehalten.*

[L] · *splendid*: [제 2음절에 강세!]; 여기에서는 freigebig, großzügig; glänzend

· *die lustigen Köpfe*: 여기에서는 'einige Besucher von Spalanzanis Fest'를 아이러니로 부르는 말.

· *Unschickliches*: Unpassendes, schlechtes Benehmen

· *das sich begeben* [hatte]: das geschehen/passiert war

· *vorzüglich*: 여기에서는 besonders, insbesondere

· *fiel ··· her über*: über jemanden herfallen, 여기에서는 über jemanden etwas Schlechtes sagen

· *totaler Stumpfsinn*: völlig geistlos, dumm

· jemandem etwas *andichten*: über jemanden etwas sagen, was nicht stimmt

[S] 핵심 정보:

1) ··· *die lustigen Köpfe* [wußten] *von allerlei* ··· *zu erzählen* ···

2) *vorzüglich fiel man über die todstarre, stumme Olimpia her* ···

상대적으로 정점의-장면적 서술에서 축어적-보고적 서술로의 전이는 문장의 복잡성을 더해주는 결과를 낳는다.

문장 2) 중에서:

und vorzüglich fiel man über ... Olimpia her, der man, ihres schönen Äußern unerachtet, totalen Stumpfsinn   andichten ... wollte ...

위의 의역:

a) *und vorzüglich fiel man über ... Olimpia her, der man* unerachtet *ihres schönen Äußern totalen Stumpfsinn andichten ... wollte ...*

b) *und vorzüglich fiel man über ... Olimpia her, der man* ungeachtet *ihres schönen Äußern totalen Stumpfsinn andichten ... wollte ...*

a)는 *unerachtet*의 위치를 바꾼 것이고, b)는 오늘날의 표현으로 바꾼 것이다.

구조 스케치:

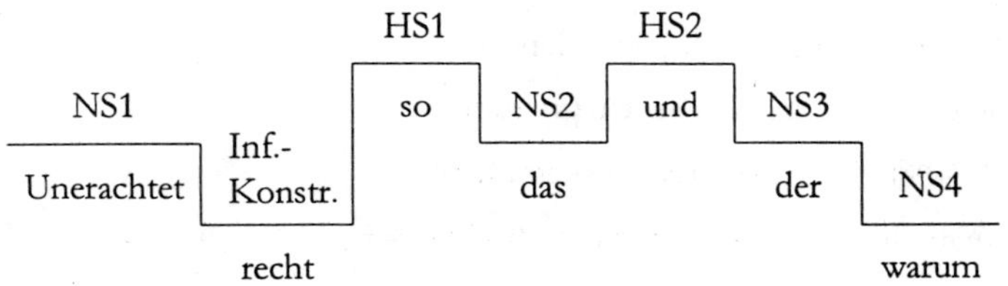

[N] 서술자는 유희적으로 나타나엘의 시점을 취한다. 그러나 동시에 아이러니로서 그 시점으로부터 거리를 유지한다.

주도모티브같은 형태소 /starr/는 역시 주도모티브인 /tod/와 하나의 복합어로 연결되어 있다.

(317) *Nathanael vernahm das nicht ohne innern Grimm, indessen schwieg er; denn, dachte er, würde es wohl verlohnen, diesen Burschen zu beweisen, daß eben ihr eigner Stumpfsinn es ist, der sie Olimpias tiefes herrliches Gemüt zu erkennen hindert? "Tu mir den Gefallen, Bruder", sprach eines Tages Siegmund, "tu mir den Gefallen und sage, wie es dir gescheuten Kerl möglich war, dich in das Wachsgesicht, in die Holzpuppe da drüben zu vergaffen?"*

[L]   · *Grimm* m.: Ärger

· *würde es verlohnen* ··· : 오늘날에는 würde es sich lohnen ···

· *gescheut*: 오늘날에는 gescheit, intelligent. (195) 참조.

· *Wachsgesicht* f.: ein Gesicht aus Wachs, blaß, künstlich

· *Holzpuppe*: Holz + Puppe f.: Gliederpuppe, Marionette[77]

· *vergaffen*: ver + gaffen; gaffen: auf etwas oder auf jemanden auffallend neugierig blicken oder starren; sich in jemanden vergaffen = sich in jemanden verlieben

[S] 세 개의 문장과 직접화법:

1) *Nathanael vernahm das* ···

2) *schwieg er* ⟶ er schwieg

3) *würde es* ··· *verlohnen* ··· *zu beweisen, daß* ··· *ihr* ··· *Stumpfsinn es ist, der sie Olimpias* ··· *Gemüt zu erkennen hindert?*

⟶

würde es sich lohnen zu beweisen, daß es ihr Stumpfsinn ist, der sie daran hindert, Olimpias Gemüt zu erkennen? [의역]

4) 직접화법

[N] 지크문트가 "나무인형(Holzpuppe)"이라는 말을 쓴 것은 올림피아가 마치 나무로 만들어진 듯 뻣뻣해 보이기 때문이다. 'Holzpuppe, Gliederpuppe, Marionette' 등의 표현은 인형극을 생각나게 한다. 인형극의 인형들은 다른 사람의 손으로 조작되어 움직인다. 올림피아와 나타나엘은 그와 비슷하게 행동한다. 올림피아는 태엽에 의해서 움직이고, 나타나엘도 마찬가지로 알 수 없는 강요에 의해서 움직인다.

---

77. 세계문학에서 가장 유명한 "Marionette 내지는 Holzpuppe"는 단연 Pinoccio이다.

인형극-모티브(das Marionetten-bzw. Gliederpuppen-Motiv)는 첫 번째의 결정적인 공포의 장면, 즉 코펠리우스가 나타나엘의 사지를 인형 맞추듯이 뽑았다 하는 장면에서 이미 준비되어 있다 (81). — 여기에서 Holzpuppe (3회), Holzpüppchen (5회) 등으로 주도모티브의 연쇄가 시작된다.[78]

인물의 특정적인 표현방식 — *Burschen; ihr eigner Stumpfsinn; tiefes weibliches Gemüt* — 으로 인해서 이 간접화법은 생각의 기록 같은 효과를 낸다.

---

(318) *Nathanael wollte zornig auffahren, doch schnell besann er sich und erwiderte: "Sage du mir Siegmund, wie deinem, sonst alles Schöne klar auffassenden Blick, deinem regen Sinn, Olimpias himmlischer Liebreiz entgehen konnte?*

[L]   · *zornig auffahren*: in Wut ausbrechen

· sich besinnen, *besann sich*, hat sich besonnen: wieder klar denken

[S] 핵심 정보:

1) *Nathanael* ⋯ *auffahren*

2) *schnell besann er sich und erwiderte:*

3) *"Sage du mir* ⋯ , *wie deinem* ⋯ *Blick* ⋯ *Olimpias* ⋯ *Liebreiz entgehen konnte?*

wie deinem ⋯ *Blick* ⋯ *Olimpias* ⋯ *Liebreiz entgehen konnte* → wie Olimpias Liebreiz deinem Blick entgehen konnte

[N] 지크문트가 그 사이 이 속임수를 — 올림피아가 기계인형임을 — 통찰했는지, 아니면 이 속임수를 다만 예감한 것인지는 불분명하다.

---

78. 이 부분에 관해서는 다음을 상세히 참조: Rudolf Drux: Marionette Mensch. Ein Metaphernkomplex und sein Kontext von E.T.A. Hoffmann bis G. Büchner. München 1986.

> (319) *Doch eben deshalb habe ich, Dank sei es dem Geschick, dich nicht zum*
> *Nebenbuhler; denn sonst müßte einer von uns blutend fallen."*

[L] · *Nebenbuhler* m.: Mitbewerber um eine Frau, Konkurrent

· *Dank sei es dem Geschick* → Ich danke dem Schicksal (삽입구)

· *blutend fallen*: 여기에서는 in einem Duell sterben; fallen은 제 2의 뜻을 지
닌다: im Krieg umkommen, 예) Der Soldat ist im Krieg gefallen.

[S] 핵심 정보:

1) *deshalb habe ich … dich nicht zum Nebenbuhler*

2) *sonst müßte einer von uns … fallen.*

[N] 형태소 /blut/ 또한 이 소설에서 불행이나 재난의 주도모티브가 된
다. 나타나엘의 위협적 발언은 굉장하다: 만일에 지크문트가 — 그가 형
제나 다름없는 친구라 해도 — 똑같이 올림피아에게 반했다면, 나타나엘
은 단 한 순간도 살인을 두려워하지 않았으리라!

> (320) *Siegmund merkte wohl, wie es mit dem Freunde stand, lenkte geschickt ein,*
> *und fügte, nachdem er geäußert, daß in der Liebe niemals über den Gegenstand zu*
> *richten sei, hinzu: "Wunderlich ist es doch, daß viele von uns über Olimpia ziemlich*
> *gleich urteilen.*

[L] · *wie es mit dem Freunde stand*: in welcher Lage sich der Freund befand

· *lenkte … ein*, einlenken: nachgeben, versöhnlich werden

· *geschickt*: befähigt, gewandt, (133)에서 반대말 참조.

· *geäußert* [hatte]: gesagt hatte

[S] 주문장: *Siegmund merkte …, lenkte … ein*[쉼표 없이!] *und fügte hinzu*

구조 스케치:

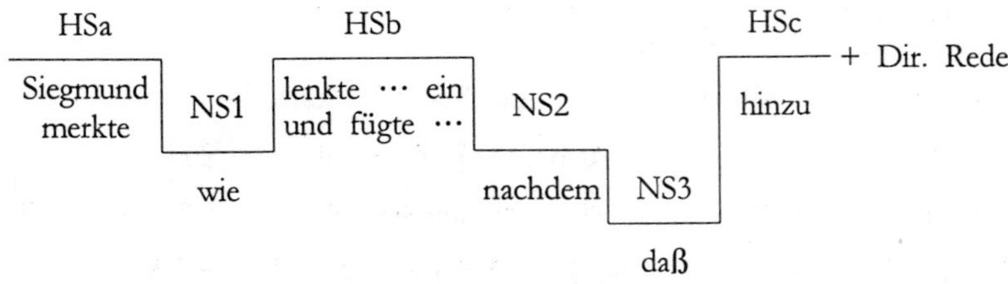

> (321) *Sie ist uns - nimm es nicht übel, Bruder! - auf seltsame Weise starr und seelenlos erschienen. Ihr Wuchs ist regelmäßg, so wie ihr Gesicht, das ist wahr! - Sie könnte für schön gelten, wenn ihr Blick nicht so ganz ohne Lebensstrahl, ich möchte sagen, ohne Sehkraft wäre. Ihr Schritt ist sonderbar abgemessen, jede Bewegung scheint durch den Gang eines aufgezogenen Räderwerks bedingt. Ihr Spiel, ihr Singen hat den unangenehm richtigen geistlosen Takt der singenden Maschine und ebenso ist ihr Tanz. Uns ist diese Olimpia ganz unheimlich geworden, wir mochten nichts mir ihr zu schaffen haben, es war uns als tue sie nur so wie ein lebendiges Wesen und doch habe es mit ihr eine eigne Bewandtnis."*

[L] · *so wie ihr Gesicht*: und ihr Gesicht

· *Räderwerk* n.: mechanische Uhren werden durch das Räderwerk angetrieben

· *wir mochten mit ihr nichts zu schaffen haben*: ··· nichts zu tun haben

· *so tun wie* ··· : vortäuschen

· *als habe es mit ihr eine eigne Bewandtnis*: 관용구로서 als habe sie ein Geheimnis, das wir nicht ganz verstehen

[S] ··· *es war uns* [,] *als tue* [접속법 I식] *sie nur so wie ein lebendiges Wesen.* 이 구절은 지크문트의 직접화법으로 이루어져 있고 문장론적으로 문제점이 없다.

[N] 명사 "Blick/Sehkraft" 등은 다시금 눈-모티브의 주위를 맴돈다. "aufgezogenen Räderwerk" 또는 "singende Maschine" 등 결정적인 주요 단어들이 눈에 띈다. 올림피아의 시선이 "생명의 빛이 없거나(*so ganz ohne Lebensstrahl*) 시력이 없는 것(*ohne Sehkraft*)" 같다는 인상은 문자 그대로 상상해 보아야 한다. 왜냐하면 올림피아의 눈은 유리로 되어 있으니까! — 지크문트와 그의 친구들이 실제로 알고 있는 것 또는 그들이 단지 추측하고 있는 것이 무엇인지는 여전히 불분명하다.

지크문트의 단어 선택은 클라라를 돌이켜 생각나게 한다. 다음을 비교하시오:

- *Für schön konnte Clara keineswegs gelten* (191)
- *Sie* [Olimpia] *könnte für schön gelten, wenn ihr Blick nicht* ⋯

(322) - *Nathanael gab sich dem bittern Gefühl, das ihn bei diesen Worten Siegmunds ergreifen wollte, durchaus nicht hin, er wurde Herr seines Unmuts und sagte bloß sehr ernst: "Wohl mag euch, ihr kalten prosaischen Menschen, Olimpia unheimlich sein. Nur dem poetischen Gemüt entfaltet sich das gleich organisierte!*

[L] · *gab sich* ⋯ *hin*, sich hingeben: sich ganz einer Sache oder einer Person widmen.

· *er wurde Herr seines Unmuts*: er konnte seinen Unmut beherrschen. 관용구 Er war nicht mehr Herr seiner selbst = Er konnte sich nicht mehr beherrschen bzw. kontrollieren

· *prosaisch*: nüchtern, unpoetisch, unromantisch; 오늘날에도 이러한 의미로 사용됨.

· *das gleich organisierte*: 과거분사의 명사화, 원래는 대문자 표기 das gleich Organisierte: das gleich Strukturierte, das innerlich Verwandte

[S] 두 개의 독립적 문장에 이어 직접화법이 따른다:

1) *Nathanael gab sich dem bittern Gefühl ··· nicht hin*

2) *er wurde Herr seines Unmuts*

[N] 다음의 분명한 대조에 유의할 것: *kaltes[,] prosaisches Gemüt* 내지는 'flaches Gemüt' (다음 문장) 대 *poetisches Gemüt*. 주도모티브 차가운(kalt)에 관해서는 위의 (228) 참조.

> (323) - *Nur __mir__ ging ihr Liebesblick auf und durchstrahlte Sinn und Gedanken, nur in Olimpias Liebe finde ich mein Selbst wieder. Euch mag es nicht recht sein, daß sie nicht in platter Konversation faselt, wie die andern flachen Gemüter. Sie spricht wenig Worte, das ist wahr; aber diese wenigen Worte erscheinen als echte Hieroglyphe der innern Welt voll Liebe und hoher Erkenntnis des geistigen Lebens in der Anschauung des ewigen Jenseits. Doch für alles das habt ihr keinen Sinn und alles sind verlorne Worte."*

[L] · *ging ··· auf,* aufgehen: 여기에서는 verstehen

· *mein Selbst:* meine eigene Person

· *platt:* flach, *platte Konversation:* flache = geistlose Konversation

· *faseln:* Unsinn reden; 위의 (192) 참조.

· *flache Gemüter* (pl.): tiefes Gemüt (sg.), (304)와 대비

· *Hieroglyphe* f.: 고대 이집트의 문자 (상형문자), 해독할 수 없는 문자 또는 마술문자의 뜻, 낭만주의 시대의 유행어로, 특히 Novalis와 Brentano 등에서 발견된다.

· *keinen Sinn haben für:* kein Verständnis haben für

[N] 상형문자의 해독은 1821년에 이르러서야 프랑스인 샹폴리옹 Jean F.

Champollion에 의해 가능했다. 호프만의 동시대인들에게는 상형문자란 아직 해결되지 않은 수수께끼였다. 그것은 간단히 신비스러운 것의 상징으로 간주되었다. 나타나엘이 올림피아의 말들을 상형문자라고 해석한 것은 대단한 아이러니이다. 왜냐하면 이 상형문자들 뒤에는 실제로 어떤 비밀이 있는데, 올림피아의 뒤에는 아무것도 없으니까!.

나르찌스-모티브가 분명히 드러난다: 나타나엘은 올림피아에게서 자신을 재발견하기 위해서 그녀를 사랑한다! — "재발견(*finde ich … wieder*)"이란 원래는 한 번 잃어버렸다고 생각한 것을 재발견할 수 있는 것이다.

> (324) - *"Behüte dich Gott, Herr Bruder", sagte Siegmund sehr sanft, beinahe weh-mütig, "aber mir scheint es, du seist auf bösem Wege. Auf mich kannst du rechnen, wenn alles - Nein, ich mag nichts weiter sagen! - "*

[L] · *Auf mich kannst du rechnen*: auf mich kannst du dich verlassen, mit mir kannst du rechnen

[N] 지크문트는 "*Auf mich kannst du rechnen, wenn alles -*"라고 말하다가 문장의 중간에서 중단한다. 지크문트의 말은 애매하고 다의적이다. 이어서 무슨 말을 하고 싶어했을까, 우리는 그 점이 궁금하다. 추측하건대 그는 이 사기극을 이미 오래 전에 통찰한 듯 하다.

> (325) *Dem Nathanael war es plötzlich, als meine der kalte prosaische Siegmund es sehr treu mit ihm, er schüttelte daher die ihm dargebotene Hand recht herzlich.*

[L] · *als meine* [접속법] … *Siegmund es sehr treu mit ihm*: 오늘날 보편적인 관용구 'es gut mit jemandem meinen'이 'zu jemandem gut, freundlich, ehrlich und hilfsbereit sein'의 뜻인 것을 참조; Nathanael erkennt, daß Siegmund sich ihm gegenüber treu (und wohlwollend) verhält

[S] 핵심 정보:

1) *Dem Nathanael war es* ···, *als meine* ··· *Siegmund es* ··· *treu mit ihm*
2) *er schüttelte* [ihm] *daher die* ··· *Hand* ···

[N] 다음 참조:

- *in* ··· *kalten Stein eingepaßt* (95)
- ··· *dies kalte Gemüt* ··· [Clara] (130)
- *Clara wurde* ··· *von vielen kalt* ··· *gescholten* (198)
- *Der dachte* [,] *kalten* ··· *Gemütern erschließen sich nicht solche tiefe Geheimnisse* (209)
- *Claras kaltes* ··· *Gemüt* (216)
- *Claras kaltes Gemüt* (228)
- *Eiskalt war Olimpias Hand* (296a)
- *als fingen an in der kalten Hand Pulse zu schlagen* (296b)
- *Olimpias* ··· *eiskalte Lippen* (308)
- *Olimpias kalte Hand* (309)
- Nathanael: " ··· *ihr kalten* ··· *Menschen*" (322)
- *der kalte* ··· *Siegmund* (325)

여기에서 제시된 일단락은 가벼운 서술의 휴지부를 이룬다. 올림피아 장면에 이어 이제는 그 장면의 결과에 대한 보고가 나온다.

1.2.2.5 나타나엘 – 올림피아

> (326) *Nathanael hatte rein vergessen, daß es eine Clara in der Welt gebe, die er sonst geliebt; - die Mutter - Lothar - alle waren aus seinem Gedächtnis entschwunden, er lebte nur für Olimpia, bei der er täglich stundenlang saß und von seiner Liebe, von zum Leben erglühter Sympathie, von psychischer Wahlverwandtschaft fantasierte, welches alles Olimpia mit großer Andacht anhörte.*

[L] · *rein*: 여기에서는 völlig, total
· *Andacht* f.: 종교적 영역에서 쓰는 명사, meditative Versenkung; 또한 ehrfürchtige Stimmung

[S] 이 복합문의 세 문장은 다음과 같은 핵심 정보를 가지고 있다:
  1) *Nathanael hatte ⋯ vergessen, daß es eine Clara ⋯ gebe ⋯*
  2) *alle waren aus seinem Gedächtnis entschwunden*
  3) *er lebte nur für Olimpia ⋯*

[N] ⋯ *von psychischer Wahlverwandtschaft fantasierte*: 원래 '친화력(Wahlverwandtschaft)'은 당대 화학에서 나오는 전문용어이다: Affinität [영어의 affinity]. 이 화학 용어를 사랑하는 두 사람의 영혼의 연결에 전이시킴은 당대의 언어관습에 걸맞다. 그림형제의 사전은 보편적인 의미에서의 친화력을 "본성의 동질성에 근거하는 접근 (eine auf Wesensgleichheit beruhende Annäherung)"이라 규정했다.[79] 괴테의 소설 『Die Wahlverwandtschaften』(1809) 참조.

⋯ *welches alles Olimpia mit großer Andacht anhörte*: 이러한 진술은 오직 나타나엘의 시점에서 볼 때만 가능하다.

---

79. Jacob und Wilhelm Grimm: Deutsches Wörterbuch, Band 27. München (1984), S. 598.

> (327) *Aus dem tiefsten Grunde des Schreibpults holte Nathanael alles hervor, was er jemals geschrieben. Gedichte, Fantasien, Visionen, Romane, Erzählungen, das wurde täglich vermehrt mit allerlei ins Blaue fliegenden Sonetten, Stanzen, Kanzonen, und das alles las er der Olimpia stundenlang hintereinander vor, ohne zu ermüden.*

[L] · *ins Blaue fliegend*: 독일어의 관용적 표현 'ins Blaue fahren'과 일치 = Fahrt mit unbekanntem Ziel

· *Sonett* f.: 라틴어/이탈리아어 sonare = klingen; 4행 4행 3행 3행의 연으로 구성된 시(Gedicht)

· *Stanze* f.: 8행의 연으로 구성된 시형식

· *Kanzone* f.: 기교적인 로만어(라틴어) 계열의 시형식, 18세기 이후로는 단음의 민속적 노래(Lied)를 말하기도 한다.

[S] 이 복합문의 세 문장을 단축하면:

1) ··· *Nathanael* [holte] *alles hervor*

2) *das wurde täglich vermehrt*

3) *das* ··· *las er der Olimpia* ··· *vor.*

구두점 표기가 다시 매우 자의적으로 선택되었다. 장황한 부문장 "··· *was er jemals geschrieben* [hatte]"에는 쌍점(:)이 사용되어야 한다. 왜냐하면 이어지는 "*Gedichte, Fantasien, Visionen Romane, Erzählungen*"이 열거에 해당하기 때문이다. 다음에는 쉼표 대신에 마침표가 적절하다. 왜냐하면 새로운 독립적 문장이 시작되어 "*Kanzone*"에 이르기 때문이다. 그 다음은 당연히 쉼표를 쓸 수 있을 것이다.

[N] 여기에서 열거된 엄청난 숫자의 문학 형식들은 이것들이 기계적이라는 인상을 일깨운다.

> (328) *Aber auch noch nie hatte er eine solche herrliche Zuhörerin gehabt. Sie stickte und strickte nicht, sie sah nicht durchs Fenster, sie fütterte keinen Vogel, sie spielte mit keinem Schoßhündchen, mit keiner Lieblingskatze, sie drehte keine Papierschnitzchen, oder sonst etwas in der Hand, sie durfte kein Gähnen durch einen leisen erzwungenen Husten bezwingen - kurz! - stundenlang sah sie mit starrem Blick unverwandt dem Geliebten ins Auge, ohne sich zu rücken und zu bewegen und immer glühender, immer lebendiger wurde dieser Blick.*

[L] · *sticken und stricken*: 스웨터 등을 뜨는 것은 stricken, 덮개나 방석 등을 장식하는 기법에 sticken이 있다.

· *Schoßhündchen* n.: der Schoß + das Hündchen; 때로는 무릎에 앉힐 수 있는 작은 개

· *Papierschnitzchen* f.: kleine Stücke Papier

· *sie durfte kein Gähnen ··· bezwingen*: 화법조동사 dürfen은 여기서 혼동을 불러일으킨다. 오늘날에는 다음과 같이 말할 것이다: Sie *mußte* kein Gähnen bezwingen (= unterdrücken). Sie mußte es, um Nathanael nicht zu verletzen.

[N] 이 문장들은 클라라의 전형적 행동방식을 묘사하고 있다. 이는 나타나엘로 하여금 거부감과 모욕감을 느끼게 했었던 것이었고, 이제 그는 올림피아에게서 그러한 행동방식이 없음을 환영하고 있다. 여기서 특히 하품은 클라라가 나타나엘이 그의 작품들을 낭독할 때면 거의 감추지 않고 내보이곤 했던 권태감을 암시한다.

이 문장 복합체에는 세 개의 주도모티브들이 얽혀 있다:

1. 창문-모티브

2. 눈-모티브의 57번째 언급: 시선(Blick)-모티브 2회 및 동사 sehen과 결합하여,

3. 형태소 /starr/: (295) 또는 그 밖의 경우에서처럼.

(329) *Nur wenn Nathanael endlich aufstand und ihr die Hand, auch wohl den Mund küßte, sagte sie: "Ach, Ach!" - dann aber: "Gute Nacht, mein Lieber!" - "O du herrliches, du tiefes Gemüt", rief Nathanael auf seiner Stube: "nur von dir, von dir allein werd ich ganz verstanden."*

[L] · *werd*[e]: 구두의 발화습관과 관련하여 인칭어미 -e가 생략된 것

[N] 나타나엘은 독백 가운데 그가 가장 열망하고 있는 소원을 말한다: 즉 이해되는 것이다. 나타나엘은 이제 다시 자신의 방에서 혼자 있을 때에도 "*O du herrliches, du tiefes Gemüt*"라고 외친다! 이 세부묘사는 비극적이자 동시에 희극적이다: 즉 그로테스크하다.

(330) *Er erbebte vor innerm Entzücken, wenn er bedachte, welch wunderbarer Zusammenklang sich in seinem und Olimpias Gemüt täglich mehr offenbare; denn es schien ihm, als habe Olimpia über seine Werke, über seine Dichtergabe überhaupt recht tief aus seinem Innern gesprochen, ja als habe die Stimme aus seinem Innern selbst herausgetönt.*

[L] · *vor innerm* = vor innerem
· *Entzücken* n.: Begeisterung, helle Freude
· *heraustönen*: heraus + tönen; tönen은 Ton m. [영어의 sound]에서 옴.

[S] 이 문장의 구조는 *überhaupt* 다음에 쉼표를 하면 분명해진다. 단계적 구조 참조:
   a) *es schien ihm, als habe Olimpia ⋯ gesprochen*

b) *es schien ihm, als habe Olimpia über seine Werke ··· gesprochen*

c) *es schien ihm, als habe Olimpia über seine Werke ··· aus seinem Innern gesprochen*

d) *es schien ihm, als habe Olimpia über seine Werke, über seine Dichtergabe überhaupt[,] recht tief aus seinem Innern gesprochen*

[N] 나타나엘의 인상, 즉 올림피아의 목소리가 자신의 내면에서 울려나오는 것 같다는 인상은 극도로 경보적이다. 클라라는 그녀의 편지에서 바로 그 점에 대해서 경고를 했었다: *daß die dunkle psychische Macht ··· oft fremde Gestalten ··· in unser Inneres hineinzieht* (136 참조). "어두운 심리적 힘 (*dunkle psychische Macht*)"은 코펠리우스/코폴라이며, "낯설은 형상(*fremde Gestalt*)"은 이제 올림피아이다.

---

(331) *Das mußte denn wohl auch sein; denn mehr Worte als vorhin erwähnt, sprach Olimpia niemals.*

[L] · 조동사 müssen은 두 가지 기능을 갖는다: a) 강요의 표현으로서의 müssen, 그리고 b) 확실성을 지닌 강한 추측의 표현으로서의 müssen. 위의 경우는 b)가 표현됨.

· *denn wohl*: 두 개의 뉘앙스불변화사를 하나의 통일적 의미로 사용, 진술의 주관성과 추측의 성격을 강조한다.

· *mehr ··· als*: 비교급 mehr als에서는 분명히 mehr에 강세를 둘 것!

· *vorhin*: vor kurzem, soeben

---

(332) *Erinnerte sich aber auch Nathanael in hellen nüchternen Augenblicken, z.B. morgens gleich nach dem Erwachen, wirklich an Olimpias gänzliche Passivität und Wortkargheit, so sprach er doch: "Was sind Worte - Worte!*

[L] · *Wortkargheit* f.: 거의 말을 하지 않는(jemand spricht kaum etwas) 상태

[S] NS(도입부 없는 조건문) + HS + 직접화법

요약하면: *Erinnerte sich ··· Nathanael ··· an Olimpias ··· Passivität ··· , so sprach er doch* + 직접화법

> (333) - *Der Blick ihres himmlischen Auges sagt mehr als jede Sprache hienieden. Vermag denn überhaupt ein Kind des Himmels sich einzuschichten in den engen Kreis, den ein klägliches irdisches Bedürfnis gezogen?"*

[L] · *hienieden*: 여기에서는 unten auf Erden의 뜻, himmlisch와 의미론적 대조를 이룸

· *sich einschichten*: sich eingliedern

[S] 완료형을 완성하면: ··· *gezogen* [hat]

[N] 이 장면에서는 '*himmlisch* 대 *irdisch*'의 대조가 눈에 띈다. 지상적인 것은 19세기의 현실에 따르면 좁은 것으로 느껴진다. 그에 비해 천상 내지 천상적인 것은 넓고 자유로운 것, 영원 무궁한 것을 대변한다. 주목할 것은 이 단어들 구절들 그리고 문장들이 위로 향하는 방향 부사를 포함하고 있음이다. 예를 들어 별의 메타퍼: *Olimpias Gestalt schwebte vor ihm her in den Lüften* (282), *mein hoher(!) herrlicher Liebesstern*(283), *mein holder, herrlicher Liebesstern* (311), 그리고 이름 *Olimpia*. Olimp는 그리스 신들의 보금자리이다. 그에 비해서 Clara가 호수(*See*)와 비교되면서 차갑게(*kalt*) 느껴지는 것은 결코 우연이 아니다. 이것은 아래를 가리킨다.[80] — (332)와 (333)의 인용부호는

---

80. 이 문제를 상세하게 다룬 것은: Lev I. Mal'cukov: Vom "fühlenden Auge" zum instrumentalen

이 문장의 언어학적 상태를 가리킨다: 그것은 나타나엘의 생각이다 (직접적인 생각의 발화).

시선-모티브를 동반한 눈-모티브의 58번째 언급

(334) - *Professor Spalanzani schien hocherfreut über das Verhältnis seiner Tochter mit Nathanael; er gab diesem allerlei unzweideutige Zeichen seines Wohlwollens und als es Nathanael endlich wagte von ferne auf eine Verbindung mit Olimpia anzuspielen, lächelte dieser mit dem ganzen Gesicht und meinte: er werde seiner Tochter völlig freie Wahl lassen.*

[L] · *unzweideutig*: eindeutig
· *von ferne*: 여기에서는 vorsichtig
· *Verbindung* f.: 여기에서는 Verlobung, 그리고 마침내 Heirat

[S] 핵심 정보:
1) ⋯ *Spalanzani schien hocherfreut* [zu sein]
2) *er gab* ⋯ *Zeichen seines Wohlwollens*
3) *als es Nathanael* ⋯ *wagte*[,] ⋯ *auf eine Verbindung mit Olimpia anzuspielen, lächelte dieser* ⋯ *und meinte* + 간접화법

er werde ⋯ : 간접화법에 따른 접속법 제 I식

[N] 나타나엘은 망상의 세계에 살고 있으나, 이 세계는 그에게는 분명하다. 반면에 독자가 나타나엘과 그의 세계에 대해서 경험하는 것은 원칙

Sehen. Hoffmanns Auseinandersetzung mit Goethe als Aspekt seiner Bewältigung der Wirklichkeit im Sandmann. In: Anke Ehlert (Hrg.): Germanistisches Jahrbuch der GUS-Staaten 1996. Deutscher Akademischer Austauschdienst. Bonn. Ohne Jahrgang. S. 50-63. 이 부분은 특히 S. 55.

적으로 다중적 의미를 지닌다. 나타나엘은 스팔란짜니의 미소를 호의적 (*wohlwollend*)이라고 해석한다. 독자는 이것이 오류임을 추측한다. 그러나 보다 적확한 해석을 하기 위해서는 정보가 부족하다: 스팔란짜니는 무슨 일을 하려는가, 무슨 생각을 하는가, 무슨 계획인가?

---

(335) - *Ermutigt durch diese Worte, brennendes Verlangen im Herzen, beschloß Nathanael, gleich am folgenden Tage Olimpia anzuflehen, daß sie das unumwunden in deutlichen Worten ausspreche, was längst ihr holder Liebesblick ihm gesagt, daß sie sein eigen immerdar sein wolle.*

[L] · *anflehen:* an + flehen, innig bitten

· *daß sie das* = daß sie dasjenige; *das*에 강세를 주어 읽을 것!

· *unumwunden:* direkt, ohne Umschweife,

[S] 단순화한 표현:

Nathanael [beschloß], ⋯ *Olimpia anzuflehen, daß sie* ⋯ *ausspreche, was längst* ⋯ *ihr* ⋯ *Liebesblick ihm gesagt* [hatte], *daß sie sein eigen* ⋯ *sein wolle.*

구조 스케치:

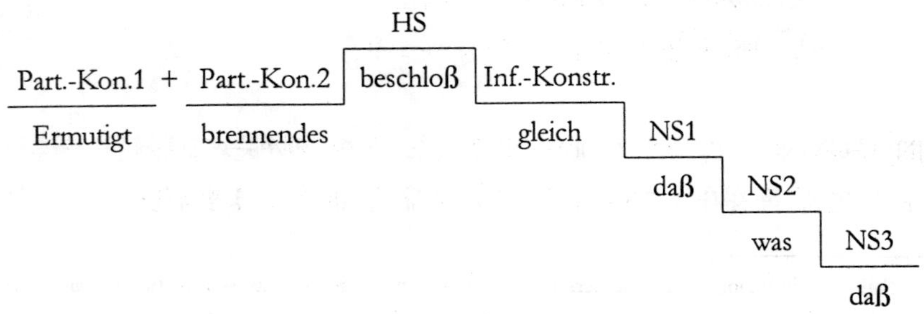

> (336) *Er suchte nach dem Ringe, den ihm beim Abschiede die Mutter geschenkt, um ihn Olimpia als Symbol seiner Hingebung, seines mit ihr aufkeimenden, blühenden Lebens darzureichen. Claras, Lothars Briefe fielen ihm dabei in die Hände; gleichgültig warf er sie beiseite, fand den Ring, steckte ihn ein und rannte herüber zu Olimpia.*

[L] · *aufkeimen*: auf + keimen; beginnendes Wachstum

· *darreichen*: dar + reichen; feierlich geben

· *steckte ein*, einstecken: in die Taschen stecken

· *rannte*, rennen: laufen

[S] 첫 문장의 핵심 정보:

> *Er suchte nach dem Ringe, den ihm ··· die Mutter geschenkt* [hatte], *um ihn Olimpia ··· darzureichen.*

[N] *Claras, Lothars Briefe*: 이들은 독자가 이 소설의 발단 부분에서 이미 알고 있는 편지들이다. 표면적으로 관찰되는 행위(*gleichgültig warf er sie* [die Briefe] *beiseite*)는 클라라와 그녀의 오빠로부터의 내적인 소외를 일컫는 증상이다.

호프만이 이 위치에서 그래픽적인 단절을 포기하더라도, 이것은 비교적 독립적인 새로운 이야기의 시작이다: 즉 올림피아의 파괴이다.

1.2.2.6 올림피아의 파손

> (337) *Schon auf der Treppe, auf dem Flur, vernahm er ein wunderliches Getöse; es schien aus Spalanzanis Studierzimmer herauszuschallen.*

[N] 세 개의 주도모티브가 코펠리우스의 접근을 암시한다:

- 첫째: 층계(Treppe)
- 둘째: 마루(Flur)
- 셋째: 소음(예를 들어: dröhne Schritte, knarrende, klirrende Haustür)

여기에서 나타나엘의 편지를 참조하시오:

1) Die Haus*tür* knarrte, durch den *Flur* ging es, langsamen, *dröhn*enden Schrittes nach der *Treppe*. (39)

2) Da hörten wir ⋯ plötzlich die Haus*tür* ⋯ knarren und ⋯ Schritte *dröhn*ten durch den Haus*flur* die *Treppe* herauf. (93)

3) Das ganze Haus er*dröhn*te, es rasselte und rauschte bei meiner *Türe* vorüber, die Haus*türe* wurde klirrend zugeworfen. (98)

나타나엘의 편지에서 마루라는 단어는 2회, 층계는 6회 나온다. 소음은 나타나엘의 창작에서 처음으로 나온다 (224). 서로 다른 장소에서 서로 다른 시간에 일어나지만 부분적으로 동일한 장면으로 인하여, 독자에게 는 항상 마치 이미 언급된 것 같은 데자부-감정이 일깨워진다.

감각적 인지의 동사 *vernahm* (= hörte)은 *es schien aus Spalanzanis Studierzimmer herauszuschallen*이라는 문장의 *schien*과의 연관 속에서 등장인물 시점을 도입 한다.

> (338) - *Ein Stampfen - ein Klirren - ein Stoßen - Schlagen gegen die Tür, dazwischen Flüche und Verwünschungen.*

[L] · *Flüche*, pl.: der Fluch, sg. [영어의 curse]
· *Verwünschung* f.: jemandem Böses wünschen

[N] 등장인물 시점이란 이제 모든 진행이 나타나엘의 의식에 반영되리라는 것을 의미한다. 이것은 이 장면에 지대한 일치성을 갖는다!

> (339) *Laß los - laß los - Infamer - Verruchter! - Darum Leib und Leben daran gesetzt? - ha ha ha ha! - so haben wir nicht gewettet - ich, ich hab die Augen gemacht - ich das Räderwerk - dummer Teufel mit deinem Räderwerk - verfluchter Hund von einfältigem Uhrmacher - fort mit dir - Satan - halt - Peipendreher - teuflische Bestie! - halt - fort - laß los! - Es waren Spalanzanis und des gräßlichen Coppelius Stimmen, die so durcheinander schwirrten und tobten.*

[L] · *Infamer.* 형용사 infam ['a'에 강세]: abscheulich, niederträchtig, gemein; 라틴어 *infamia*: schlechter Ruf, Schande

· *Verruchter.* 형용사 verrucht: schändlich, gewissenlos

· *Leib und Leben daran gesetzt*: Körper und Geist; die gesamte Existenz eingesetzt

· *so haben wir nicht gewettet*: 오늘날에도 사용되는 관용구; so haben wir das nicht verabredet

· *Räderwerk* n.: (321) 참조

· *einfältig.* 여기에서는 dumm의 뜻

· *Uhrmacher.* Hersteller von Uhren, Feinmechaniker

· *Peipendreher* m.: Puppendreher라고 써야 할 곳인데 초판의 인쇄착오로 보인다. 인형이 나무로 만들어지면 (gedrechselt, gedreht werden), 각각의 사지들은 따로 움직이도록 만들어진다. Puppendreher (= Peipendreher)라는 표현은 Handwerker에 대한 경멸의 뜻으로 쓰이고 있다.

· *Bestie* f.: 마지막의 i / e는 분리해서 발음할 것, [영어의 beast]

· *toben*: wütend schreien; bei heftigem Sturm tobt das Meer,

[N] 나타나엘이 "듣는" 소리 — 등장인물 시점 — 의 혼란을 두고, 우리는

누가(Wer) 무슨(Was) 말을 했는지 하는 식으로 정확히 구분할 수가 없다. 그러나 몇 중요한 수순을 재구성해 보면:

Coppola: *ich, ich hab die Augen gemacht*

Spalanzani: *ich das Räderwerk*

Coppola: *dummer Teufel mit deinem Räderwerk*

그러므로 우리는 중요한 정보를 알게 된다: 스팔란짜니는 올림피아의 몸체를, 코폴라는 눈을 만들었다는 사실이다. 그렇지만 코폴라가 어찌해서 "거기에다 목숨을 걸었다(*Leib und Leben darangesetzt*)"고 하는가? 눈 만들기를 위험하게 한 것이 무엇이란 말인가? 코폴라가 실제로 코펠리우스라고 전제한다면, 그러면 그에 대한 대답이 가능하다: 틀림없이 코폴라/코펠리우스는 나타나엘 아버지의 실험실에서의 폭발을 되짚어 생각하는 것이다. 하지만 항시 그렇듯이 추측들을 이야기할 수 있을 뿐이다.

그와 반면에 Kindler판 『Literaturlexikon』은 *Es waren Spalanzanis und des Coppelius*[!] *Stimmen*이라는 문장은 코펠리우스와 코폴라의 동일성을 명백히 입증한다는 견해를 보인다. 그러나 그에 대한 이의를 제기할 수 있다:
- 이 표현의 배경에는 오직 나타나엘의 청각적 인상이 있을 뿐이며, 서술자의 확실한 지식이 아니다.
- "코펠리우스"라는 이름은 곧 다시 취소된다는 것이다. 자세하게 말하자면, 나타나엘이 소리를 들을(hören) 때에는 "코펠리우스"라고 했지만, 나타나엘이 볼(sehen) 때에는 다시 "코폴라"라고 하는 것이다.

코펠리우스와 코폴라의 동일성을 부유하도록 하는 서술자의 분명한 노력은 존중되어야 마땅하다.

눈-모티브의 59번째 언급

> (340) *Hinein stürzte Nathanael von namenloser Angst ergriffen.*

[S] 주문장과 분사구문 *von namenloser Angst ergriffen* 사이에 쉼표를 넣을 것!

핵심 문장: a) *Hinein stürzte Nathanael* → b) Nathanael [주어] stürzte hinein [술어].

a) → b): 내용상으로는 두 문장이 동일하다. 그러나 정서적으로 a)는 b)에 비해 훨씬 더 역동적이고 긴장감 넘치는 조형적 효과를 갖는다. b)의 어조는 조용하고-중립적이며, a)의 어조는 소모성-동적이다. a)는 단 하나의 음조의 정점을 가지며, 그것도 마치 급경사의 궤도를 달리는 듯 단어 하나하나 갈수록 떨어지는, 소위 전치에 정점이 있다. 그 내용 — 빠른 움직임과 갑작스런 정지 — 이 이처럼 음향적으로 모방된다.

> (341) *Der Professor hatte eine weibliche Figur bei den Schultern gepackt, der Italiener Coppola bei den Füßen, die zerrten und zogen sie hin und her, streitend in voller Wut um den Besitz.*

[L] · *packen*: (134) 참조
· *zerren*: mit Gewalt fortreißen

[S] 두 개의 독립적 문장:
1) *Der Professor hatte eine weibliche Figur* ··· *gepackt,* ··· *Coppola* [hatte sie] *bei den Füßen*
2) *die zerrten und zogen sie hin und her* ···

2)의 *die* (= diese)는 "Professor와 "Coppola"를 대명사적으로 재개한다. 이 지시대명사는 강세를 두고 읽어야 한다!

[N] 다시금 이름의 지칭에 유의할 것: 이제 또 다시 (코펠리우스가 아닌) 코폴라이다! 외견상 나타나는 혼란된 상황은 쉽게 설명된다: 나타나엘이 그의 적수의 목소리를 들었을 때, 그는 그 사람에게 코펠리우스의 형상을 부여했고, 그러나 이제 그가 그 장면에 들어가 그를 보게 되자 이탈리아인 코폴라인 것을 인식한 것이다.

> (342) *Voll tiefen Entsetzens prallte Nathanael zurück, als er die Figur für Olimpia erkannte; aufflammend in wildem Zorn wollte er den Wütenden die Geliebte entreißen, aber in dem Augenblick wand Coppola sich mit Riesenkraft drehend die Figur dem Professor aus den Händen und versetzte ihm mit der Figur selbst einen fürchterlichen Schlag, daß er rücklings über den Tisch, auf dem Phiolen, Retorten, Flaschen, gläserne Zylinder standen, taumelte und hinstürzte; alles Gerät klirrte in tausend Scherben zusammen.*

[L] · *zurückprallen*: zurück + prallen; ein Ball prallt an die Wand und wieder zurück = er prallt zurück

· jemandem etwas aus den Händen winden: jemandem etwas mittels Drehwebegung aus den Händen reißen

· *versetzte ihm ··· einen ··· Schlag*: schlug ihn

· *mit der Figur selbst*: 단순하게 하자면 mit der Figur

· *rücklings*: rückwärts

· *Phiole* f.: 화학실험에 쓰는 기구, kleine Flasche

· *Retorte* f.: 화학 실험기구에서 특히 Glasbehälter

· *gläserne Zylinder*: 실린더형의 Behälter

- *taumeln*: das Gleichgewicht verlieren
- *hinstürzen*: hin + stürzen; auf den Boden fallen
- zusammenklirren, *klirrte zusammen*: klirrend zerbrechen, mit klirrendem Geräusch zerbrechen
- *Scherbe* f.: Stück zerbrochenes Glas

[S] 이 복합문의 네 문장을 간단히 하면:
1) *Nathanael* [prallte] *zurück* ···
2) *er* [wollte] *den Wütenden die Geliebte entreißen*
3) *Coppola* [wand] ··· *die Figur dem Professor aus den Händen* ···
4) *alles Gerät klirrte* ··· *zusammen.*

위의 3)이 가장 어렵다:
- *in dem* [= diesem] *Augenblick*
- *aber in dem Augenblick wand Coppola* ··· *die Figur dem Professor aus den Händen*
- *sich mit Riesenkraft drehend* → indem er sich mit Riesenkraft drehte

3)은 그 다음에 아래와 같이 확장된다:
in dem Augenblick wand Coppola ··· *die Figur dem Professor aus den Händen und versetzte ihm mit der Figur selbst einen fürchterlichen Schlag, daß er rücklings* ··· *taumelte und hinstürzte*

3)은 다음과 같은 구조를 가지고 있다. 구조 스케치:

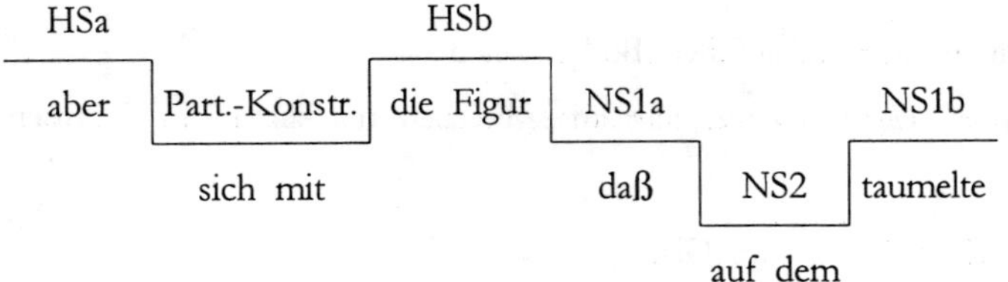

[N] 올림피아가 거의 분해되는 이 부분 장면은 처음이 아니고 전임자가 있는데, 나타나엘이 코펠리우스에게 — 마치 기계 인형처럼 — 부스러질 것 같이 당했던 끔찍스러운 장면이 있었다.

> (343) *Nun warf Coppola die Figur über die Schulter und rannte mit fürchterlich gellendem Gelächter rasch fort die Treppe herab, so daß die häßlich herunterhängenden Füße der Figur auf den Stufen hölzern klapperten und dröhnten.*

[L] · *gellen*: 위 (80) 참조
· *klappern*: 의성어; 서로 부딪치는 나무 조각들이 내는 소리

[N] 다시금 코펠리우스와 연관되는 주도모티브 층계와 소음 (= dröhnen)을 유의하시오.

> (344) - *Erstarrt stand Nathanael - nur zu deutlich hatte er gesehen, Olimpias toderbleichtes Wachsgesicht hatte keine Augen, statt ihrer schwarze Höhlen; sie war eine leblose Puppe, Spalanzani wälzte sich auf der Erde, Glasscherben hatten ihm Kopf, Brust und Arm zerschnitten, wie aus Springquellen strömte das Blut empor.*

[L] · *toderbleicht*: tod + erbleicht; bleich, blaß wie der Tod; Tod와 관련된 복합어를 오늘날에는 '-t'로 쓴다. 그러므로 totblaß, toterbleicht 등.

- *wälzen*: rollend bewegen
- *Springquelle* f.: Spring + Quelle; fließendes Wasser, das aus der Erde fließt/ springt
- *emporströmen*: empor ['o'에 강세] + strömen; empor: nach oben; strömen: fließen

[S] 이 문장들은 6개의 독자적 문장으로 구성되어 있다:

1) *Erstarrt stand Nathanael* ··· → Nathanael stand erstarrt
2) *Olimpias* ··· *Wachsgesicht hatte keine Augen* ···
3) *sie war eine* ··· *Puppe*
4) *Spalanzani wälzte sich auf der Erde*
5) *Glasscherben hatten ihm Kopf, Brust und Arm zerschnitten*
6) *wie aus Springquellen strömte das Blut empor.*

[N] 모든 사건이 세부적으로 순서에 따라 묘사되지는 않는다. 나타나엘은 코폴라를 층계에서 만났을 것이다.

이 문장에도 (코폴라가 아닌) 코펠리우스가 불길한 방식으로 현존해 있다. 앞선 텍스트에서의 형태소 /höhl/의 등장을 참조하시오:

- *schwarze Höhlung* (67)
- *tiefe schwarze Höhlen* (74)
- *schwarze Höhlen* (344)

/starr/와 관련하여 눈-모티브의 60번째 언급

---

(345) *Aber er raffte seine Kräfte zusammen.*

[L] · die Kräfte *zusammenraffen*: alle Kräfte bündeln, zusammennehmen

> (346) - *"Ihm nach - ihm nach, was zauderst du? - Coppelius - Coppelius, mein bestes Automat hat er mir geraubt - Zwanzig Jahre daran gearbeitet - Leib und Leben daran gesetzt - das Räderwerk - Sprache - Gang - mein - die Augen - die Augen dir gestohlen. Verdammter - Verfluchter - ihm nach - hol mir Olimpia - da hast du die Augen! - "*

[L] · *Ihm nach*[!] = Lauf ihm nach! Lauf hinter ihm her!

· *zaudern*: zögern, unentschlossen sein

· *rauben*: gewaltsam etwas stehlen

· *Leib und Leben daran gesetzt*: Leben und Gesundheit dafür gewagt

· *da hast du die Augen*[!]: 여기에서는 nimm die Augen! 불변화사 *da*는 제스처적 사건, 예를 들면 주는(geben) 동작을 동반한다.

[N] 상처입은 스팔란짜니가 나타나엘에게 말을 건네는 동안에 독자는 신빙성있는 이야기를 듣게 되는데, 이는 새삼스레 놀라운 일이 아니다:

1) Olimpia ist ein künstlicher Mensch, eine Automate. (여기에서는 *Puppe* 라 지칭된다.)

2) Zwanzig Jahre hatte Spalanzani daran gearbeitet.

3) Das Räderwerk (= ihre innere Mechanik), ihre (rudimentäre) Sprache und ihr Gang waren *sein* Werk.

4) Coppola/Coppelius hat die Augen beigesteuert.

다시금 "코펠리우스"의 이름이 나오는데, 이번에는 스팔란짜니의 입을 통해서이다. 나타나엘의 환상, 코폴라는 코펠리우스와 동일인이라는 환상이 새롭게 확인된다. 그러나 다시 유의해야 할 것이, 스팔란짜니의 음성 보고를 청취하는 것은 나타나엘 자신이라는 점이다. 중립적 관찰자-서술자라면 누구도 그가 들은 말에 대해 믿지 않을 것이다. 코폴라와 코펠리우스의 이름이 비슷한 점이나 주인공의 선입관으로 미루어 볼 때, 거짓말 같은 왜곡된 인지일 가능성이 배제될 수 없다. 소설 「모래귀신」을 기필코 이중적 의미로 간주하려는 것은 결코 억지 해설이 아니다. 분명하게 주장될 수 있는 것은 서술자가 소설 어느 곳에서도 분명한 지식의 우월성을 가지고서 코펠리우스와 코폴라의 동일성이 실제로 존재한다고 확언해 주지 않는다는 것이다. 서술자는 심지어 "코펠리우스"라는 이름이 나올 법한 직접화법에서도 너무나 당연한 대화 도입부를 덧붙이는 것조차 포기한다. 이것은 물론 절대로 우연이 아니다. 그는 "Coppelius sagte" 또는 "Coppola sagte" 등의 대화 도입부의 첨가로서 언질을 주었어야 한다! 그런데 이 언질이 이행되지 않는 것이다!

스팔란짜니가 나타나엘에게 건네는 언사 "die Augen *dir* gestohlen"은 간단히 이해되지는 않는다. 이 외침은 코펠리우스의 외침 "Augen her, Augen her!"(75)을 상기시킨다. — 스팔란짜니의 이러한 언사는 실제로 나타나엘에 겨냥된 것이라면, 그것은 상징적 의미를 생성해낸다. 나타나엘의 현실에 대한 시각은 망원경을 통해 바라보기 시작한 이래 완전히 사라졌다는 의미이다. 나타나엘의 예언적 작품은 부분적으로 성취되었다 (220 참조).

눈-모티브의 61~63번째 언급

> (347) *Nun sah Nathanael, wie ein Paar blutige Augen auf dem Boden liegend ihn anstarrten, die ergriff Spalanzani mit der unverletzten Hand und warf sie nach ihm, daß sie seine Brust trafen. - Da packte ihn der Wahnsinn mit glühenden Krallen und fuhr in sein Inneres hinein Sinn und Gedanken zerreißend.*

[L] · *packen*: ergreifen [영어의 to seize]

· *die Kralle* (sg.), *die Krallen* (pl.): Vögel und Katzen haben *Krallen*

[N] 여기서는 등장인물 시점이 분명하게 나타나 있다: Nun *sah* Nathanael … 이번에는 예외적으로, 객관적으로 일어난 것과 나타나엘이 주관적으로 인지하고 있는 것과 잘 구분이 된다: 객관적으로는 올림피아의 (인공적) 눈알이 바닥에 굴러 있다. 이어지는 장면을 독자는 스팔란짜니가 분노의 발작에서 그 눈들을 나타나엘에게 실제로 던진 것이라 받아들여도 좋을 것이다. 눈알들이 "피를 흘리고 있다(*blutig*)"는 것도 믿을 만한 사실이다. 왜냐하면 스팔란짜니가 상처를 입었고 피를 흘리다가 눈알들을 집었으니까. 그렇지만 "피흘리는 눈알들(*blutige Augen*)"이란 표현은 실제 사태가 아닌 나타나엘의 망상의 세계를 반영한다. 이 눈알들이 나타나엘을 "응시하고 있었다(*anstarrten*)"는 인상 또한 마찬가지로 해석된다.

형태소 /blut/ 및 /starr/과 더불은 눈-모티브의 64번째 언급

눈-모티브는 지금까지 — 아주 정확하게는 아니나 — 단지 명사적 등장만을 양적으로 파악해 왔다. 이 문장에서는 눈(Augen)이 지시대명사 *die*를 통해서 1회, 인칭대명사 *sie*를 통해서 2회나 되풀이된다. 우리가 모든 대명사적 표현들까지를 명사형의 대충물로서 함께 헤아렸다면, 추정컨대 이 모티브의 등장은 아마도 200회를 상회할 것이다.

이 장면은 또 다른 의미에서도 의미심장하다: *Da packte ihn der Wahnsinn* … *und fuhr in sein Inneres hinein* … 이라는 표현에서 나타나엘의 예감이 다시금 확인되는 것 같다. 나타나엘은 클라라에게 항상 주장하기를, 악의 원칙, 즉 뭔가 불길한 것이 그 자신의 외부에 존재하며 그를 말살하려 하고 있다고 했었다. 이제 밝혀진 것은: 그를 노리고 있는 것은 — 처음부터 — 광증이었다! 그러나 다른 한편 클라라도 옳다: 왜냐하면 위에 언급된 표현 방식은 나타나엘의 의식에 의존하고 있기 때문이다. 실제로 광증이란 다만 외관상 밖에서 인간의 내면으로 침투하는 심리 내적인 과정이다.

> (348) *"Hui - hui - hui! - <u>Feuerkreis</u> - <u>Feuerkreis</u>! dreh dich <u>Feuerkreis</u> - lustig - lustig! - Holzpüppchen hui schön Holzpüppchen dreh dich"* -   *damit warf er sich auf den Professor und drückte ihm die Kehle zu.*

[L] · *hui*: Interjektion, lautmalend zur Bezeichnung von Schnelligkeit

· *Kehle* f.; vorderer Teil des Halses, insbesondere die Mitte

[N] 두 개의 주도모티브가 여기에서 만난다: 불덩이(Feuerkreis)와 작렬하다(glühen/d).

직접화법의 전반부는 쉽게 이해된다: *Feuerkreis, dreh dich!* [명령형]. 후반부는 쉽지 않은 편이다: 명사 Feuerkreis가 Holzpüppchen으로 대체되어 있다: *Holzpüppchen[,] dreh dich.* 나무인형이 불 속으로 끌려 들어간다. 총체적으로 보아 나타나엘이 인지하는 것은 빠른 회전운동, 즉 그의 광증의 표현이다.

> (349) *Er hätte ihn erwürgt, aber das Getöse hatte viele Menschen herbeigelockt, die drangen ein, rissen den wütenden Nathanael auf und retteten so den Professor, der gleich verbunden wurde.*

[L] · *erwürgen*: jemanden töten, indem man ihm den Hals zudrückt

· *Getöse* n.: Lärm

· *herbeilocken*: herbei + locken; jemanden zum Näherkommen zu bewegen

· eindringen, *eindrang*, ist eingedrungen: gewaltsam hereinkommen [영어의 to penetrate]

· aufreißen, *riß auf* [sie rissen auf], hat aufgerissen: jemanden schnell und gewaltsam hochziehen

· verbinden, *verband*, verbunden: wenn wir bluten, werden wir verbunden, 명사: Wenn wir uns in den Finger schneiden, bekommen wir einen Verband.

[S] *die* drangen ein: *die*는 지시대명사, diese의 단축형 → viele Menschen.

> (350) *Siegmund, so stark er war, vermochte nicht den Rasenden zu bändigen; der schrie mit fürchterlicher Stimme immerfort: "Holzpüppchen dreh dich" und schlug um sich mit geballten Fäusten.*

[L] · *vermochte nicht* + zu Inf. = konnte nicht

· *bändigen*: 여기에서는 überwältigen; 야생 동물에 대해서 길들이다(zähmen) 의 뜻으로 쓰며, 길들이기 위한 띠(Band)를 맨다의 뜻.

· *immerfort*: ohne aufzuhören, ohne Ende

· um sich schlagen, *schlug um sich*, hat um sich geschlagen

· *mit geballten Fäusten*: mit fest geschlossenen Fäusten

[S] *so stark er war*는 문장론적으로 필수적이 아닌 분사구문적 삽입구이다: *Siegmund ··· vermochte nicht*[,] *den Rasenden zu bändigen* → Siegmund ··· konnte den Rasenden nicht bändigen

der schrie → dieser schrie

> (351) *Endlich gelang es der vereinten Kraft mehrerer, ihn zu überwältigen, indem sie ihn zu Boden warfen und banden.*

[L] · *mehrerer*: 여기에서는 die Kraft *mehrerer* Leute = einiger Leute

· *banden*: binden, *band*, gebunden

[S] 단축형: *Endlich gelang es* ⋯ , *ihn zu überwältigen* ⋯

(352) *Seine Worte gingen unter in entsetzlichem tierischen Gebrüll.*

[L] · untergehen, *ging unter*, ist untergegangen: 단어 그대로의 의미에서 ein
Schiff geht unter, 또는 die Sonne geht unter 등; 여기에서는 seine Worte
waren nicht mehr verständlich
 · *Gebrüll* n.: lautes Schreien; brüllen [영어의 to shout]

(353) *So in gräßlicher Raserei tobend wurde er nach dem Tollhause gebracht.*

[L] · *Tollhaus* n.: toll [wahnsinnig] + Haus; Psychiatrisches Krankenhaus [영어
의 mental asylum]

[S] 문장의 복잡성은 다음처럼 구축된다:
 a) *So* ⋯ *wurde er nach dem Tollhause gebracht.*
 b) *So* ⋯ *tobend wurde er nach dem Tollhause gebracht.*
 c) *So in gräßlicher Raserei tobend wurde er nach dem Tollhause gebracht.*

1.2.3 정상적인 외관과 광증의 실제
1.2.3.1 두 번째 서술자 해설, 차 모임 그리고 나타나엘의 치유

(354) *Ehe ich, günstiger Leser! dir zu erzählen fortfahre, was sich weiter mit dem
unglücklichen Nathanael zugetragen, kann ich dir, solltest du einigen Anteil an dem
geschickten Mechanikus und Automat-Fabrikanten Spalanzani nehmen, versichern,
daß er von seinen Wunden völlig geheilt wurde.*

[L] · *ehe ich zu erzählen fortfahre*: bevor ich weitererzähle

· *sich zutragen*: geschehen, passieren

· *Anteil nehmen*: Interesse und Mitgefühl für jemanden aufbringen

· *Automat-Fabrikant* m.: Hersteller von Automaten

[S] 핵심 정보:

Ehe ich ··· zu erzählen fortfahre ···, kann ich dir ··· versichern, daß er ··· geheilt wurde.

구조 스케치:

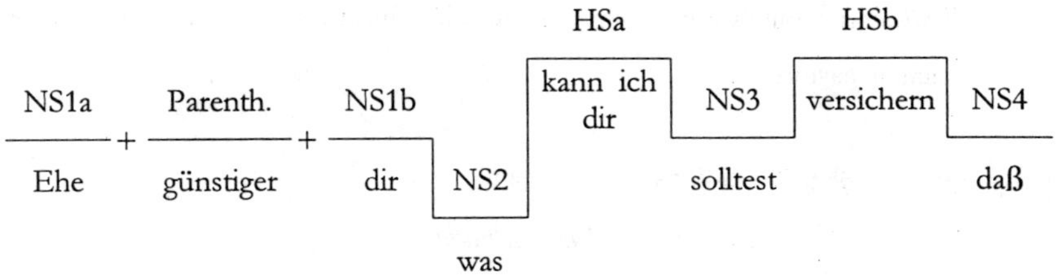

[N] 이전의 문장과 이 문장 사이에는 특별히 강한 인상을 주는 서술의 단절이 들어있다. 그것은 6회의 서로 다른 서술적 휴지부로 인해 발생한다:

1. 이어지는 새로운 전환과 더불은, 서술된 차원(과거형)에서 서술자의 차원(현재형)으로의 전환

2. 장면(Szene)에서 보고(Bericht)로의 전환 (나중에 다시 장면으로 바뀜)

3. 서술방식(Erzählmodus)의 교환: 장면적-모사적 → 거리를 취하며-아이러니컬

4. 서술시점(Erzählperspektive)의 교환: 경향적 등장인물 시점 → 분명한 서술자 시점

5. 올림피아-이야기 이후에 있은 사건들의 재현, 특히 주인공 나타나
   엘이 서술자의 인지 영역에서 잠정적으로 사라진다.
6. 긴장 발생을 위한 서술 전략상의 기법 선택으로서, 다음에 이어지
   는 정체적 기능.

네 번째 항목은 이제 나타나엘의 의식을 반영하지 않은 설명이 등장한
다는 논리를 지닌다. 나타나엘에게는 코펠리우스와 동일 인물인 코폴라
(= 모래귀신 = 악의 원칙)는 서술자에게는 "유능한 기술자(geschickter
Mechanikus) 내지는 자동인간 생산자(Automat-Fabrikant)"에 지나지 않는다.
— 뿐만 아니라 이 서술자는 그의 주인공에게서 분리되자마자 곧 아이
러니를 담는다. — 아이러니를 담은 서술방식 (= wie wird erzählt?)은 이
미 원래의 소설 시작 부분에서 실시되었다: 대단위로 기획된 주석과 클
라라에 대한 묘사에서. 이러한 서술방식은 그러나 곧 사라졌었다. 그러
다가 그것의 갑작스러운 출현은 놀랍고, 아무튼 이 자리 출현은 놀랍다.
서술자는 어찌하여 아무런 관여 없이 반응하는가, 어쨌거나 나타나엘은
소위 그의 "친구"가 아니었던가([170] 참조)? 그에 대한 답으로서는: 서술
자가 원칙적으로 나타나엘과 동일인이 아니기 때문이다 (물론 클라라와
동일인도 아니다!). 그는 잠정적으로 그의 주인공의 인지방식에 동화하더
라도 거리를 취한다.

(355) *Er mußte indes die Universität verlassen, weil Nathanaels Geschichte
Aufsehen erregt hatte und es allgemein für gänzlich unerlaubten Betrug gehalten
wurde, vernüftigen Teezirkeln (Olimpia hatte sie mit Glück besucht) statt der
lebendigen Person eine Holzpuppe einzuschwärzen.*

[L] · *Aufsehen erregen*: große Beachtung finden
 · *gänzlich*: ganz, vollständig

- *Betrug* m.: Täuschung, um sich einen Vorteil zu verschaffen; Betrüger, jemanden betrügen 등 참조
- *Teezirkel* m.: gesellige Zusammenkunft, man unterhält sich und trinkt Tee; Zirkel: Kreis, 여기에서는 Gruppe von Leuten mit einem gemeinsamen Interesse
- *einschwärzen*: 오늘날에는 unterschieben, heimlich hinzufügen

[S] 핵심 정보:

Er mußte ··· die Universität verlassen,

    a) *weil Nathanaels Geschichte Aufsehen erregt hatte und*

    b) *es ··· für ··· Betrug gehalten wurde, ··· Teezirkeln ··· eine Holzpuppe einzuschwärzen.*

구조 스케치:

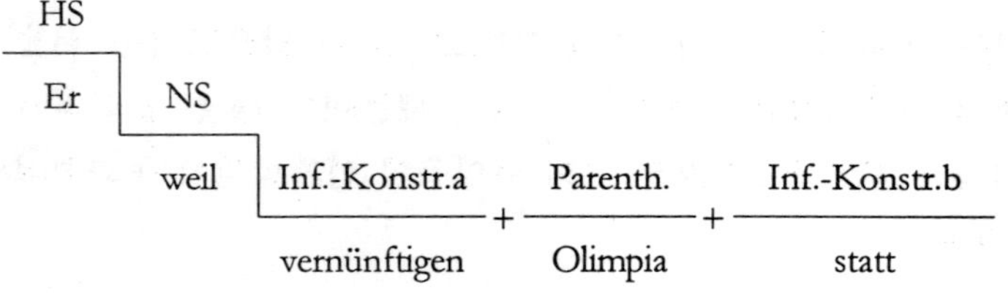

[N] 스팔란짜니는 올림피아를 차 모임에 데려가서 그곳에 있던 사람들에게 그녀가 자동인형이라는 사실을 숨겼다는 것이다. 당시에는 아무도 그 사실을 몰랐으나 (= *mit Glück besucht*), 이제야 모든 사람들이 경악한다. — 뿐만 아니라 이 장면은 아버지의 죽음 이후 코펠리우스의 잠적을 상기시킨다. 이제는 올림피아가 죽었고[!], 스팔란짜니는 잠적한다.

> (356) *Juristen nannten es sogar einen feinen und um so härter zu bestrafenden Betrug, als er gegen das Publikum gerichtet und so schlau angelegt worden, daß kein Mensch (ganz kluge Studenten ausgenommen) es gemerkt habe, unerachtet jetzt alle weise tun und sich auf allerlei Tatsachen berufen wollten, die ihnen verdächtig vorgekommen.*

[L] · *so schlau angelegt*: so schlau/intelligend/'clever' geplant und durchgeführt; schlau는 약간 부정적이자 진지하지 않은 어조를 지닌다.

· *kein Mensch*: 여기에서는 niemand

· *weise*: klug aufgrund von Lebenserfahrung

· *unerachtet jetzt alle weise tun*: obwohl jetzt alle so tun, als seien sie klug /intelligent/weise (그러나 실제로는 그렇지 않다)

· *sich berufen auf*: etwas als Beweis nennen

· *verdächtig*: eine Schuld vermutend [영어의 suspicious]

[S] 핵심 정보:

  - *Juristen nannten es sogar einen ··· Betrug ···*

  - *Juristen nannten es sogar einen ··· um so härter zu bestrafenden Betrug, als er gegen das Publikum gerichtet und so schlau angelegt worden* [war], *daß kein Mensch ··· es gemerkt habe ···*

여러 부분으로 구성된 종속접속사 um so mehr ··· als(여기에서는 *um so härter ··· als*)는 “주문장 내의 사태에 대한 첨가적 강화된 이유 (= zumal)를 지칭한다.”[81]

의역: Juristen nannten es sogar einen ··· besonders hart zu bestrafenden Betrug, zumal er gegen das Publikum gerichtet [war] ···

---

81. G. Helbig / J. Buscha (1984), S. 469.

구조 스케치:

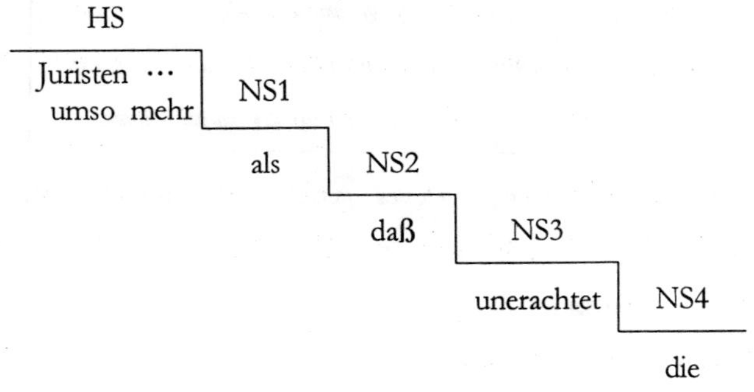

마지막 부문장에도 다음 조동사를 보충하시오: … *die ihnen verdächtig vorgekommen* [sind]

[N] 대학생 몇몇은 그 속임수를 통찰했었다고 한다. 그러므로 아마도 지크문트도 알았을 것이다!

> (357) *Diese letzteren brachten aber eigentlich nichts Gescheutes zutage.*

[L] · *zutage bringen*: 'sichtbar machen' 또는 'offenkundig machen'을 대신해서 오늘날에도 쓰이는 관용구
· *Gescheutes*: 위의 (195) 참조.

[S] *diese letzteren*: 앞 문장의 사실들(Tatsachen)과 관련된다.

> (358) *Denn konnte z.B. wohl irgend jemanden verdächtig vorgekommen sein, daß nach der Aussage eines eleganten Teeisten Olimpia gegen alle Sitte öfter genieset, als gegähnt hatte?*

[L] · *verdächtig vorkommen*: 소위 기능동사로, 이 단어군의 양 부분이 함께 하나의 의미를 지닌다. Sie kommt mir verdächtig vor = irgend etwas stimmt mit ihr nicht. 오늘날에는 3격을 쓴다: *Jemandem* [jemanden이 아님] kommt etwas verdächtig vor.

· *Teeist* m.: 앞서 언급한 차 모임 참가자에 대한 아이러니적 지칭.

· niesen, nieste, hat *genies(e)t*: Wenn man den Schnupfen hat, muß man niesen. (e)는 오늘날 탈락된다.

· gähnen, gähnte, hat *gegähnt*: Wenn man müde ist, muß man gähnen [영어의 to yawn]

[S] 핵심 정보:

Denn konnte ⋯ *irgend jemanden verdächtig vorgekommen sein, daß* ⋯ *Olimpia* ⋯ *öfter genieset* [쉼표 없이] *als gegähnt hatte?*

복잡한 문장론적 구조로 인해서 문장의 내용이 쉽게 풀리지 않는다: 어느 우아한 차(茶) 지상주의자의 발언에 따르자면, 올림피아가 모든 관습에 반하여 그러니까 하품을 했다기 보다는 더 자주 재채기를 했었다. ─ 이것으로 미루어 젊은 숙녀들이 권태로 인하여 자주 하품을 하곤 하는 차 모임에 대한 신랄한 아이러니적인 측면공격(비꼼)이 드러난다. 올림피아는 전혀 그렇지 않았는데 ─ 이제 와서 회상하건대 의심쩍어 보인 것으로 ─ 하품 대신 재채기를 더 자주 했다는 것이다.

(359) *Ersteres, meinte der Elegant, sei das Selbstaufziehen des verborgenen Triebwerks gewesen, merklich habe es dabei geknarrt u.s.w.*

[L] · *ersteres*: das erste; 여기에서는 Niesen을 지칭한다. 사람들이 잘못 "Niesen"이라고 인지한 것이 "das Selbstaufziehen des verborgenen

Triebwerks"였다는 뜻.

· *Elegant* m.: [프랑스어] 일부러 유행을 강조해서 옷을 입는 사람을 아이러니적으로 지칭하는 말

· *das Selbstaufziehen*: selbst + aufziehen; 기계적인 시계를 가도록 하려면 aufziehen 해야 한다.

· *verborgen*: versteckt, nicht sichtbar

· *Triebwerk* n.: (321)의 Räderwerk 참조; 둘 다 시계의 내장 메커니즘을 말한다.

· *merklich*: man kann es merken, 여기에서는 hören

[S] 두 개의 독립적 문장:

1) *Ersteres* ··· *sei das Selbstaufziehen* ··· *gewesen*
2) *es* [habe] *dabei geknarrt* ···

sei, habe: 타인의 진술을 간접적으로 재현함으로 인한 접속법 제1식.

[N] 이 문장의 보다 깊은 이해를 위해서는 다음의 문화적 지식을 전제로 한다. 의사였던 Julien Offray de Lamettrie (1709-1751)는 1748년 『인간, 하나의 기계(L'homme plus que machine)』라는 에세이에서 다음과 같이 썼다: "나는 인간이 하나의 시계임을 확실히 믿는다 (Ich täusche mich nicht, der Mensch ist eine Uhr.)"[82] 봐브르친은 "이러한 해석에서 18세기 유럽인들이 기술에 대해서 가지고 있는 무한한 신뢰가 드러난다. 시계공과 기술자들은 항상 더욱 완전한 자동인간을 만들어 내는 일에 착수했다"고 한다.[83]

---

82. L. Wawrzyn (1976), S. 99 재인용.
83. 같은 곳, S. 99f.

이 명제를 아이러니를 담아 취급한 것으로 미루어, 호프만이 이러한 세
계관에 동참하지 않았음을 알게 해 준다.

---

(360) *Der Professor der Poesie und Beredsamkeit nahm eine Prise, klappte die Dose zu, räusperte sich und sprach feierlich: "Hochzuverehrende Herren und Damen! merken Sie denn nicht, wo der Hase im Pfeffer liegt?*

[L] · *Beredsamkeit* f.: Rhetorik
· *Prise* f.: 손가락으로 집을 수 있는 정도의 작은 양, 예를 들어 eine Prise Salz (달걀에 뿌릴 정도의 소금 양, 또는 여기서처럼 eine Prise Schnupftabak (가루로 된 담배로서 코로 들여 마시는 것)
· *Dose* f.: 여기에서는 대개는 작고 둥근 그릇, 예를 들어 얇은 금속판 등으로 된 그릇, 뚜껑(Deckel [영어의 lit])으로 덮여 있다. Deckel은 zuklappen (schließen) - aufklappen (öffnen)으로 작동한다.
· *sich räuspern*: hüsteln, um die Kehle frei zu machen [engl. to clear one's throat]
· *feierlich*: festlich, wie auf einem Fest; feiern [영어의 to celebrate]
· *Hochzuverehrende* … : Hochverehrte 또는 Verehrte의 과장된 변형
· *da liegt der Hase im Pfeffer*: 민속적 표현으로 darin liegt die Schwierigkeit, das Problem의 뜻

---

(361) *Das Ganze ist eine Allegorie - eine fortgeführte Metapher! - Sie verstehen mich! - Sapienti sat!"*

[L] · *Allegorie* f.: griechisch *allon-agrein* = anderes sagen. 알레고리란 메타퍼와는 반대로 텍스트의 길이가 있으며, 그래서 고대 수사학자 퀸틸리안 Quintilian(35-100 n.Chr.경)은 알레고리를 "fortgeführte Methapher"라고 정의했다.

· *Metapher* f.: 그리스어의 *metaphora* = Übertragung, 자세한 말로는: Ersetzung eines Wortes (X) durch ein anderes (Y). 이때 (X)가 (Y)로 대체될 때 (Y)의 최소한 하나의 의미적 특징이 (X)와 일치해야 한다. 보기: "인생의 오월(Des Lebens Mai)", 이때 오월은 청춘(Jugend)을 대체하는데, 두 단어 모두 früh 내지는 jung이라는 특징을 포함하고 있다.

· *Sapienti sat!*: 라틴어, 'dictum sapienti sat est'의 약어 = dem Verständigen genügt es, 즉 für den Intelligenten ist damit alles geklärt의 뜻

[N] 수사학 (= 다변)은 발화수단과 연설기술에 관한 목록을 자유자재로 제공하여, 그것들의 도움으로 대화 상대자가 영향을 받도록 하려는 것이다. 수사학적 수단을 목적적으로 사용하는 것은 낭만주의자들에게는 기계적인 것으로 받아들여졌다. 그러므로 이런 기술을 가르치는 교수가 희화적으로 묘사되는 것이 전혀 놀라운 일이 아니다.

> (362) *Aber viele hochzuverehrende Herren beruhigten sich nicht dabei; die Geschichte mit dem Automat hatte tief in ihrer Seele Wurzel gefaßt und es schlich sich in der Tat abscheuliches Mißtrauen gegen menschliche Figuren ein.*

[L] · *Wurzel fassen*: 나무를 심었을 때 그것이 '뿌리를 내리면(*Wurzel fassen*)' 피어나서 녹색으로 자라며, 그렇지 않은 경우에는 말라죽는다. 이러한 뜻에서 역시 비유적으로: Jemand hat in der Fremde *Wurzeln gefaßt*라고 하면 그곳에서 토박이가 되었다는 뜻이다.

· schleichen, *schlich*, ist geschlichen: 문자 그대로 ganz leise gehen; 여기에서는 재귀동사이며 메타퍼이다: *sich einschleichen* = ein + schleichen: unmerklich in das Bewußtsein der Menschen dringen

[S] 이 복합문은 세 개의 독립적 문장으로 구성되어 있다:

1) ··· *viele   Herren beruhigten sich nicht* ···

2) *die Geschichte* ··· *hatte* ··· *in ihrer Seele Wurzel gefaßt*

3) *es schlich sich* ··· *Mißtrauen gegen menschliche Figuren ein.*

[N] *viele hochzuverehrende Herren* 이라는 표현은 물론 고도의 아이러니로 해석되어야 한다. 실제로는 viele Dummköpfe를 의미.

(363) *Um nun ganz überzeugt zu werden, daß man keine Holzpuppe liebe, wurde von mehreren Liebhabern verlangt, daß die Geliebte etwas taktlos singe und tanze, daß sie beim Vorlesen sticke, stricke, mit dem Möpschen spiele u.s.w. vor allen Dingen aber, daß sie nicht bloß höre, sondern auch manchmal in <u>der</u> Art spreche, daß dies Sprechen wirklich ein Denken und Empfinden voraussetze.*

[L] · *Möpschen* n.: Mops의 축소형, 그러므로 kleiner Mops. Mops m.: kleine Hundeart

· *bloß*: nur

· *in der Art*: *der*에 분명한 강세, auf *diese* Art

[S] 동사 *überzeugen*과 *verlangen*은 함축적인 등장인물의 발언이며, 여기에서는 간접적으로 제시된다. 그로 인해서 다음과 같은 접속법 I식의 형태들이 나온다: *liebe / tanze / singe / sticke / stricke / spiele / höre / spreche / voraussetze.*

구조 스케치:

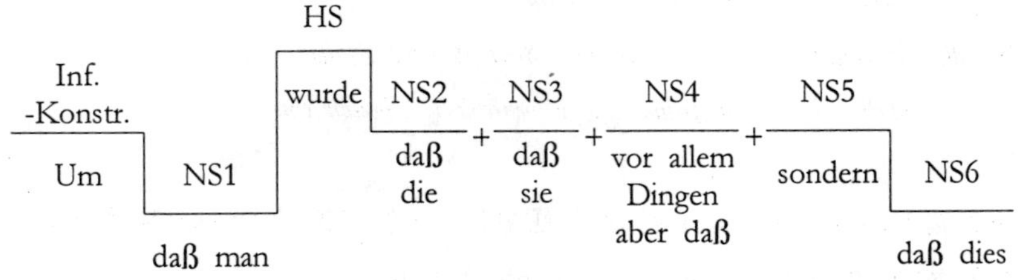

[N] 이 문장은 동시대인의 정신성 부재에 대한 멸시적 비판을 포함하고 있다. 다음을 말하는 것이다: 신사들은 젊은 숙녀들을 나무인형들과 구분하지 못할까 하는 불안을 지니고 있다. 그렇기 때문에 이제 자주 그들에게서 약간의 정신과 감정상태를 요구하는 것이다. 이전에는 그러한 요구들이 없었다.[84] 물론 서술자는 여기에서 희화적인 과장의 수법을 쓰고 있다.

> (364) *Das Liebesbündnis vieler wurde fester und dabei anmutiger, andere dagegen gingen leise auseinander.*

[L] · *Liebesbündnis* n.: Liebe + Bündnis; Bündnis → Bund → verbinden

[N] 많은 젊은 숙녀들은 때때로 자신의 대화에 정신을 부여할 능력이 없는 것으로 보인다. 이제 젊은 신사들은 자신이 나무인형과 대화하고 있는 것이나 아닐까 하는 의심을 품기 때문에, 이러한 결속의 관계들이 멀어져 간다.

---

84. 어리석음의 마성을 에. 테. 아. 호프만처럼 통찰한 사람은 아무도 없다!

---

(365) *"Man kann wahrhaftig nicht dafür stehen", sagte dieser und jener.*

[L] · *Man kann wahrhaftig nicht dafür stehen*: man kann nicht darauf verlassen, daß die Geliebte tatsächlich ein Mensch sei.

---

(366) *In den Tees wurde unglaublich gegähnt und niemals genieset, um jedem Verdacht zu begegnen.*

[L] · *in den Tees*: in den Teezirkeln, bei den Zusammenkünften

---

(367) *- Spalanzani mußte, wie gesagt, fort, um der Kriminaluntersuchung wegen des der menschlichen Gesellschaft betrüglicherweise eingeschobenen Automats zu entgehen.*

[L] · *Kriminaluntersuchung* f.: Untersuchung der Kriminalpolizei
· *betrüglicherweise*: Betrug m.(kriminelle Täuschung)의 형용사 형
· *eingeschoben*: ein + schieben, schob, hat geschoben; 여기에서는 heimlich in die menschliche Gesellschaft eingliedern
· *entgehen*: 3격 사용, sich entziehen, vermeiden; 예) jemand flieht, um der Strafe zu entgehen

[S] 주문장: *Spalanzani mußte … fort*

핵심 문장:

Spalanzani mußte … fort, um der Kriminaluntersuchung … zu entgehen.

전치사구의 복잡성은 다음과 같이 누적된다:

- wegen des Automats
- wegen des eingeschobenen Automats

- wegen des *der menschlichen Gesellschaft* [= wem eingeschoben?] eingeschobenen Automats
- wegen des der menschlichen Gesellschaft betrüglicherweise   eingeschobenen Automats

---

(368) *Coppola war auch verschwunden.*

[N] 코폴라의 실종은 특정 표현에까지 미치는 이전의 병행적 사건에 비추어 특히 비밀스러운 인상을 준다. 나타나엘의 첫 번째 편지글 참조: *Der* [Coppelius] *war aber spurlos vom Orte verschwunden* (105). 두 사건은 부분적으로 동일한 표현으로 서로 관련되어 있다. 문장 (368)의 비일상적 짧음도 (등장인물 시점이 아닌 서술자 시점의) 사실성을 암시한다. 그리하여 다시금 나오는 문장은: *Coppola war … verschwunden*이며, 'Coppelius'가 아니다. 그렇지만 그것이 보증해주는 것은 아무 것도 없다. 이율배반성이 강화되며, 명료성은 회피된다.

— 나타나엘은 잠정적으로 서술자의 시각에서 **빠져나간다**.

---

(369) *Nathanael erwachte wie aus schwerem, fürchterlichem Traum, er schlug die Augen auf und fühlte wie ein unbeschreibliches Wonnegefühl mit sanfter himmlischer Wärme ihn durchströmte.*

[L] · die Augen aufschlagen, *schlug auf*, hat aufgeschlagen: die Augen aufmachen
 · *Wonnegefühl* n.: Gefühl des Glücks
 · *sanft*: engl. tender

[S] 이 복잡한 문장은 다음의 두 주문장(핵심 문장)을 가지고 있다:
 1) *Nathanael erwachte*

2) *er schlug die Augen auf*

[N] 이 문장과 앞 문장의 사이에는 분명한 서술의 단절이 들어있다. 차 모임에서의 에피소드는 나타나엘에 대한 새로운 관심 집중으로 인해서 종료된다. 이러한 테마의 전이는 세련된 서술전략으로 인해서 깊은 인상을 준다. 즉 서술자는 마치 전혀 의도적이 아닌 양 이 문장의 원래 낙천적 음조에다 숙명적 눈-모티브를 섞는다.

눈-모티브의 65번째 언급

> (370) *Er lag in seinem Zimmer in des Vaters Hause auf dem Bette, Clara hatte sich über ihn hingebeugt und unfern standen die Mutter und Lothar.*

[L] · *hingebeugt*: hin + gebeugt: beugen, beugte, gebeugt [영어의 to bend, bent, bent]
· *unfern*: nicht weit

[S] 세 개의 독립적 문장으로 구성된 병렬문:
1) *Er lag in seinem Zimmer* …
2) *Clara hatte sich über ihn hingebeugt*
3) *unfern standen die Mutter und Lothar*

[N] 이 장면 또한 부분적으로 일치하는 전(前) 장면을 두고 있다: 눈-도둑질-장면에 이어서 기절에서 깨어나는 장면에 이렇게 쓰여 있다: *Ein sanfter warmer Hauch glitt über mein Gesicht, ich erwachte wie aus dem Todesschlaf, die Mutter hatte sich über mich hingebeugt.* (83)

> (371) *"Endlich, endlich, o mein herzlieber Nathanael - nun bist du genesen von schwerer Krankheit - nun bist du wieder mein!" - So sprach Clara recht aus tiefer Seele und faßte den Nathanael in ihre Arme.*

[L] · *genesen*: gesunden = gesund werden, sich erholen

> (372) *Aber dem quollen vor lauter Wehmut und Entzücken die hellen glühenden Tränen aus den Augen und er stöhnte tief auf: "Meine - meine Clara!"*

[L] · quellen, *quoll*, ist gequollen: 여기에서는 die Tränen fließen aus den Augen
· *aufstöhnen*: auf + stöhnen; 사건의 시작을 강조하는 기동동사; stöhnen (시간적으로 중립) 대 aufstöhnen (시작을 강조)

[N] 이 문장의 화해 분위기에도 불구하고, 얼핏 보아서 잠정적으로 등장한 것 같은 눈-모티브는 새로운 불행의 전령같은 느낌을 준다.

눈-모티브의 66번째 언급

> (373) - *Siegmund, der getreulich ausgeharrt bei dem Freunde in großer Not, trat herein.*

[L] · *getreulich*: treu
· *ausharren*: aushalten, geduldig bleiben

[S] 주문장: *Siegmund … trat herein.*

> (374) *Nathanael reichte ihm die Hand: "Du treuer Bruder hast mich doch nicht verlassen."*

[N] 이로써 장면이 끝나며, 다음에는 보고가 시작된다.

> (375) - *Jede Spur des Wahnsinns war verschwunden, bald erkräftigte sich Nathanael in der sorglichen Pflege der Mutter, der Geliebten, der Freunde.*

[L] · *Spur* f.: (105) 참조
· *sich erkräftigen*: wieder kräftiger werden; kräftig = stark, 여기에서는 gesund
· *sorglich*: fürsorglich, liebevoll

> (376) *Das Glück war unterdessen in das Haus eingekehrt; denn ein alter karger Oheim, von dem niemand etwas gehofft, war gestorben und hatte der Mutter nebst einem nicht unbedeutenden Vermögen ein Gütchen in einer angenehmen Gegend unfern der Stadt hinterlassen.*

[L] · *unterdessen*: inzwischen
· *einkehren*: einziehen
· *karg*: 여기에서는 sparsam, geizig
· *Oheim* m.: Onkel
· *nebst*: neben, außer
· *Vermögen* n.: Geld
· *ein nicht unbedeutendes Vermögen*: relativ viel Geld
· *ein Gütchen*: ein kleines Gut, ein kleines Stück Land mit einem Haus

[S] 두 문장의 핵심 정보는:
1) *Das Glück war ··· in das Haus eingekehrt*

2) *ein* ··· *Oheim* ··· *war gestorben und hatte der Mutter* ··· *ein Gütchen* ··· *hinterlassen.*

---

(377) *Dort wollten sie hinziehen, die Mutter, Nathanael mit seiner Clara, die er nun zu heiraten gedachte, und Lothar.*

[L] ・ *zu heiraten gedachte*: heiraten wollte

---

(378) *Nathanael war milder, kindlicher geworden, als er je gewesen und erkannte nun erst recht Claras himmlisch reines, herrliches Gemüt.*

[L] ・ *je*: jemals

[S] 과거완료형을 완성할 것: *als er je gewesen* [war]

핵심 정보:

　Nathanael war milder ··· *geworden* ··· *und erkannte nun* ··· *Claras herrliches Gemüt.*

[N] A. Würker는 나타나엘의 행동에 대해 언급한다: "모래귀신의 표상이 영향력을 미치지 않은 곳에서는 나타나엘은 클라라와 일체가 될 수 있다 ― 그의 시작품에서와 같이 (*ich bin ihr Eigen ewiglich* [223])."[85]

또한 천상(Himmel / himmlisch)이라는 표현도 주도모티브처럼 소설 전체를 관류한다. 이때 *himmlisch*는 *irdisch* (333) 내지는 현세와 대조를 이룬다. 나타나엘은 이 현세를 기계적이고 영혼부재라 느낀다. 나타나엘은 클라

---

85. A. Würker (1993), S. 116. 뷔르커는 이 인용에서 "ich bin ihr Eigen ewiglich"로 썼으나, 원문은 소문자이다.

라를, 그 전에 올림피아에게서 그랬듯이, 환상의 작업을 통해 천상적인 것의 공간으로 보냈을 때라야 그녀에 가까이 있다고 느끼는 것이다. 나타나엘은 여자들을 지상적인 피조물로서 수용할 능력이 없다.

*Nathanael war … kindlicher geworden*이라는 문장도 각별한 주의를 요한다. 왜냐하면 비교급(kindlicher)의 문장에서 그가 이전에도 이미 어린아이 같았다(kindlich)는 것이 추론될 수 있기 때문이다. 심리학의 용어로 말하자면, 이것은 별로 좋은 느낌을 주지 않는다: 나타나엘은 소아형이며, 성인세계로의 그의 투항은 실패한다는 것이다. 나타나엘에게는 일련의 어린이 – 천상 – 환상세계가 어울린다. 반면에 클라라에게는 성인 – 지상(현세) – 현실감각이 가치를 지닌다. — 클라라는 이제 다시금 올림피아의 자리를 넘겨받는다 (얼마 전에 천상적인 올림피아가 클라라의 자리를 넘겨받았듯이). 이것이 잘 될 리가 없다! 말없는 올림피아는 나타나엘의 환상의 성취에 한계를 설정한 적이 없었다. 클라라의 실용적 사고, 말 그리고 행동은 그녀를 나타나엘의 의식 속에서 매번 지상으로 끌어내린다. 이것을 그는 이 순간 망각한 듯 하다.

> (379) *Niemand erinnerte ihn auch nur durch den leisesten Anklang an die Vergangenheit.*

[L] · *durch den leisesten Anklang*: durch den kleinsten Hinweis

[S] 핵심 정보:
   Niemand erinnerte ihn … an die Vergangenheit.

> (380) *Nur, als Siegmund von ihm schied, sprach Nathanael: "Bei Gott Bruder! ich war auf schlimmem Wege, aber zu rechter Zeit leitete mich ein Engel auf den lichten Pfad! - Ach es war ja Clara! -"*

[L] · *licht:* (형용사) hell

[N] *himmlisch, rein, ein Engel, auf den lichten Pfad* 등의 표현들은 나타나엘이 여자들에게서 지니고 있는 섹스와는 무관한 표상을 암시한다. 전체적으로 천사-모티브는 다음과 같은 관련 속에서 주도모티브처럼 등장한다. Clara: *mein holdes Engelsbild - mein süßes liebes Engelsbild, meine Clara - ein Engel auf den lichten Pfad!* - Olimpia: *ihr engelschönes Gesicht.* 그렇지만 올림피아는 나타나엘에게 관능적 힘을 행사한 것으로 보인다.

밝음과 어둠의 대조가 전체 소설에 계속 드러난다. 클라라와 관련된 밝음과 대조를 이루는 처음 부분의 "어두운 예감(*dunkle Ahnungen*)과 검은 구름의 그림자(*schwarze Wolkenschatten*)를 참조할 것 (5).

> (381) *- Siegmund ließ ihn nicht weiter reden, aus Besorgnis, tief verletzende Erinnerungen möchten ihm zu hell und flammend aufgehen.*

[L] · *möchten:* 여기에서는 können의 의미

tief verletzende Erinnerungen möchten ihm ⋯ aufgehen: 의역하면: er könnte sich an tiefe Verletzungen erinnern

[N] 형용사 *hell*이 여전히 클라라와 관련되어 있는 데 반해서, 분사 *flammend*는 올 것에 대한 방향에서 이미 위협적 강세를 준다.

1.2.3.2 나타나엘의 죽음

(382) - *Es war an der Zeit, daß die vier glücklichen Menschen nach dem Gütchen ziehen wollten.*

[N] 여기에는 분명한 서술의 단절이 들어 있다: 나타나엘의 회복에 관한 보고에 이어 이제 소설의 결말이 이어진다. 고도의 불안정한 상황으로 인해 긴장이 발생한다. 행복한 결혼이라는 인습적인 결말은 위협당한다. 아무도 감히 나타나엘에게 과거를 상기시키지 못한다. 아주 사소한 계기라 해도 곧 있을 대재난을 촉발시킬 수 있다. 이러한 상황은 지속적으로 계속될 수가 없다.

새로운 장소의 전환이 눈앞에 다가와 있다. 주인공이 고향 도시 S.와 대학 도시 사이를 항상 오고 가던 일정한 운동 방향이 중단되고, 이제 열려 있는 자유로운 시골로의 이사가 예고된다.

(383) *Zur Mittagsstunde gingen sie durch die Straßen der Stadt.*

[N] 특정한 세부묘사를 언급하거나 혹은 언급하지 않거나 하는 문제는 원칙적으로 서술자의 자유에 맡겨져 있다 (선택의 원칙). 따라서 특정 행위를 현현적 시간의 부사로서 표현할 것인가 아닌가 하는 문제도 당연히 서술자의 자유에 달려 있다. 이 경우 *Zur Mittagsstunde gingen sie durch die Straße* 라고 했을 때, "정오"라는 시간을 표현하는 것이 서술자에게 왜 중요한가? 'Nathanael und Clara gingen die Straße hinunter.'라고 썼더라도 아무도 시간의 부사를 아쉬워하지는 않았을 것이다. 그럼에도 불구하고 고도의 의식을 지니고서 자신을 분명히 드러내는 해설자가 다시금 그 모습을 드러낸다: 왜냐하면 "정오의 시간" — 패닉의 시간(Stunde des *Pan*

[그리스의 목양신]), 경악의 시간 — 은 이미 언급된 적이 있기 때문이다. 그것도 나타나엘 자신의 입을 통해서: *das Entsetzliche, was mir geschah …, besteht in nichts anderm, als daß … mittags um 12 Uhr, ein Wetterglashändler in meine Stube trat.*(10) 그러므로 이제 "정오"라는 시간의 언급을 통해서 서술자는 미래에 닥칠 불행의 신호를 보내는 것이다.[86]

---

(384) *Sie hatten manches eingekauft, der hohe Ratsturm warf seinen Riesenschatten über den Markt.*

[L] · *Ratsturm* m.: der Turm [영어의 tower] des Rathauses

[N] 이 문장은 다만 겉보기에만 중립적 묘사의 운을 갖는다. 그 잠재성 위협은 이 문장이 갖는 상대적 불일치성으로 인해서 드러난다: 시청은 정오의 시간대에 벌써 "거인의 그림자"를 던질 수는 없다! 마치 침해받은 의식이 외부세계를 파악하고 있는 듯 하다 (등장인물 시점). 바라본 것의 용적이 기이하게 찌그러져 있다. — 복합어에 포함된 "거인(Riesen)"이라는 어휘는 처음 등장하는 것이 아니다. 나타나엘 자신이 이미 환영을 보는 듯한 작품 내에서 그것을 사용했고(*schwarze, weißhauptige Riesen* [221] 참조), 바로 그 작품 내에서 그는 자신의 사랑의 행복이 파괴됨을 예언했다. 아래 (388) 참조.

---

86. 마성적 목양신(牧羊神) Pan — 반은 동물(숫염소)이며 반은 인간 — 에는 성적인 요소도 관련되어 있다. 그러한 요소는 사건의 차원에서 분명히 어떤 역할을 한다: 클라라에 대한 관계에서는 부정적으로, 올림피아에 대한 관계에서는 긍정적이다. 이 테마는 서술된 차원에서는 19세기의 성적 억압에 걸맞게 거의 인지될만한 흔적을 남기지 않는다. — 뿐만 아니라 중세 후기 이래로 기독교에서의 악마의 상은 Pan의 형상에 집중되어 있다.

> (385) *"Ei!" sagte Clara: "steigen wir doch noch einmal herauf und schauen in das ferne Gebirge hinein!"*

[N] 시청에 한 번 올라가 보자는 클라라의 제안은 긍정적 동기에서이다. 왜냐하면 멀리에 그들이 소원하는 목적지, "시골의 작은 장원"이 있기 때문이다. 클라라의 선의의 제안이 항상 대재난과도 같은 효과를 야기하게 되는 것이 이 소설의 악의적인 아이러니에 속한다.

> (386) *Gesagt, getan!*

[L] · *Gesagt, getan!*: 오늘날에도 사용되는 관용구; etwas ohne zu zögern tun

> (387) *Beide, Nathanael und Clara, stiegen herauf, die Mutter ging mit der Dienstmagd nach Hause, und Lothar, nicht geneigt, die vielen Stufen zu erklettern, wollte unten warten.*

[L] · *nicht geneigt* sein, etwas zu tun: keine Lust haben, etwas zu tun

[S] 핵심 정보:

1) *Beide … stiegen herauf*

2) *die Mutter ging … nach Hause*

3) *Lothar … wollte unten warten.*

[N] 이 상황: 행복한 네 사람들 — 나타나엘, 클라라, 로타르 그리고 어머니 — 은 무언가를 잔뜩 사 가지고서, 시청의 탑을 지나간다. 거기에서 서로 헤어지는데 — 그것은 정말로 숙명 같기만 하다! — 두 약혼자는 탑으로 오르는 것이다.

> (388) *Da standen die beiden Liebenden Arm in Arm auf der höchsten Galerie des Turmes und schauten hinein in die duftigen Waldungen, hinter denen das blaue Gebirge, wie eine Riesenstadt, sich erhob.*

[L] · *Galerie* f.: die Plattform eines Turmes, auf der man steht, ähnlich einem Balkon

· sich erheben, *erhob sich*, hat sich erhoben: 예) das Gebirge erhebt sich

[N] 이 문장은 안정과 평화의 분위기를 전달해 준다. 어쨌거나 *wie eine Riesenstadt*라는 비유는 위협적인 느낌을 준다.
- 첫째 이 비유의 왜곡된 부적절성으로 인해서
- 둘째 주도모티브 거인(Riese)과 끊을 수 없이 연관된 코펠리우스에게의 연상적 접근 때문에
- 셋째 반복되는 강조로 인해서: *Riesenschatten* (384), 그리고 이제 여기에서 *Riesenstadt*.

> (389) *"Sieh doch den sonderbaren kleinen grauen Busch, der ordentlich auf uns los zu schreiten scheint", frug Clara.*

[L] · *ordentlich*: 여기에서는 planmäßig, kräftig, genau
· *schreiten*: mit großen Schritten gehen; losschreiten = los + schreiten: schreiten의 시작을 강조; los zu schreiten: 부정법, 오늘날의 맞춤법으로는 los[zu]schreiten

[N] *Sieh doch den sonderbaren kleinen grauen Busch* ⋯ 라는 문장으로 클라라라는 전혀 의도 없이 일종의 연쇄반응을 촉발한다.

> (390) - *Nathanael faßte mechanisch nach der Seitentasche; er fand Coppolas Perspektiv, er schaute seitwärts - Clara stand vor dem Glase! - Da zuckte es krampfhaft in seinen Pulsen und Adern - totenbleich starrte er Clara an, aber bald glühten und sprühten Feuerströme durch die rollenden Augen, gräßlich brüllte er auf, wie ein gehetztes Tier; dann sprang er hoch in die Lüfte und grausig dazwischen lachend schrie er in schneidendem Ton: "Holzpüppchen dreh dich - Holzpüppchen dreh dich" - und mit gewaltiger Kraft faßte er Clara und wollte sie herabschleudern, aber Clara krallte sich in verzweifeln der Todesangst fest an das Geländer.*

[L] · *sich festkrallen*: sich mit den Fingern krampfhaft an etwas festhalten
 · *Geländer* f.: Schutz an Treppen, Balkonen, Brücken zum Festhalten

[S] 장면(Szene)적 서술에 근거해 짧고 주로 병렬적으로 짜인 문장들.

[N] 위에서 언급한 연쇄반응은 다음과 같은 단계를 거친다:
- Nathanael faßt mechanisch [ohne Absicht; *unwillkürlich* (263 참조)] nach der Seitentasche
- er findet Coppolas Perspektiv
- er schaut seitwärts durch das Perspektiv
- Clara steht vor dem Glase
- da zuckt es ⋯ in seinen Pulsen und Adern
- er starrt Clara an
- Feuerströme glühen und sprühen durch seine Augen
- seine Auge rollen
- er brüllt auf
- er spring auf usw.

kleiner[,] *grauer Busch* (389) — 이 말에서 무시무시한 것이 무엇인가? 어떠한 억압에서 나타나엘은 그 불길한 망원경을 집어드는가?[87] 이 단어들이 나왔던 앞서의 텍스트를 다시 점검해 보자! — 클라라의 관찰과 발언에 대한 첫 번째 반응은 나타나엘이 옆주머니를 잡는 것이었고, 거기에서 그는 코폴라의 망원경을 발견한다. 그런데 코폴라는 나타나엘에게는 다름 아닌 코펠리우스이며, 그는 다시 모래귀신과 동일 인물이다. 간단히 쓰자면: 코폴라 → 코펠리우스 → 모래귀신. 또한 코폴라는 현재, 코펠리우스는 과거, 그리고 모래귀신은 선(先)과거이다. 반대로 말하자면, 이 모든 것이 모래귀신으로부터 시작된 것이다. 그러나 이 시간적 승계 (Sukzession)는 무엇보다도 객관적 사건의 차원에 존재한다. 그에 반해서 나타나엘의 의식에서는 이 모든 형상들이 서로 동일하며 항상 위협적인 현재일 뿐이다. 나타나엘의 표상 안에서는 무엇보다도 코펠리우스가 고착되어 있다.

다음에서는 이러한 단어 (내지는 형태소) *klein, grau, Busch*들이 이 인물들-연계와 관련해서 양적으로나 질적으로 아주 중요한 역할을 하고 있음을 볼 수 있다:

1) *klein*이라는 특징

- Coppelius trug Schuhe mit *klein*en Steinschnallen (50)
- Er trug eine *klein*e Perücke (51)
- Er pflegte uns nur immer die *klein*e Bestien zu nennen (56)
- "*klein*e Bestie! - *klein*e Bestie" meckerte er zähnfletschend (77)

---

87. 망원경은 한편으로는 코폴라와 그러나 다른 한편으로는 올림피아와 연관되어 있다. 그는 망원경을 통해 바라보면서 그녀의 마력에 굴복했다. 왜 나타나엘은 이 망원경을 지금까지 여전히 몸에 지니고 있는 것일까? 그는 불행을 가져다주는 이 소도구를 그 동안에 포기했어야 하지 않을까?

2) *grau*라는 특징

- *graue* Augenbrauen [Coppelius]
- asch*grauer* Rock [Coppelius][88]
- asch*graue* Weste [Coppelius]
- asch*graue* Beinkleider [Coppelius][89]
- *graue*[,] lange Wimpern [Coppola]

3) *Busch,* /busch/

Busch, /busch/는 코펠리우스의 특징 묘사에 숨어 있는데, 그것도 심지어 나타나엘의 말을 통해서이다: *busch*ige[,] kleine Augenbrauen.

어떻게 해서 "*kleiner*[,] *grauer Busch*"라는 **세**[!][90] 단어가 정신착란의 발작을 유발할 수 있는가 하는 의문에 대해서는 다음과 같이 답할 수 있을 것이다: 모래귀신, 코펠리우스 그리고 코폴라 [**세** 이름!]가 클라라의 말로 인해서 되살아 난 것이며, 이 단어들은 그들의 현상의 상을 묘사하는 기본 요소라는 것이다. 레만의 말을 빌리면: 그것은 은근히 "[망원경을 통해서] 전도된 시각을 작동시키는 모래귀신을 불러내기(*Nennung des Sandmanns*)이다.[91]

클라라의 말은 추측컨대 그에 걸맞은 손동작을 수반했을 것이다. 이 상황과 관련된 방향의 부사는 언어로 표현되지 않는다. 그렇기 때문에 독자는 나타나엘이 어느 쪽을 바라보아야 했었는지 알지 못하며 그가 왜 클라라가 서있는 "옆으로(*seitwärts*)" 바라보는지도 알지 못한다.

---

88. 이 복합어의 결정적 성분인 재(asch)-는 불과 지옥(악마)의 단어영역을 암시한다. 또한 불과 재는 상호조건적이다.
89. "Schuhe mit kleinen Steinschnallen"(50)라는 세부 묘사에는 회색(grau)이 이미 Stein이라는 단어 안에 숨어있다.
90. 숫자 3의 전설적-신비적 성질에 대해서는 앞에서 이미 언급했다.
91. H.-Th. Lehmann (1979), S. 312.

다음에 이어지는 문장들에서 의미를 지니는 어휘들은 앞서 일어났던 것들을 가리킨다. 그 등장회수와 더불어 다음의 목록을 참조하시오:

Nathanael faßte mechanisch nach der Seitentasche; er fand Coppolas Perspektiv, er schaute seitwärts - Clara stand vor dem Glase! - Da zuckte es krampfhaft in seinen Pulsen und Adern - totenbleich starrte er Clara an, aber bald glühten und sprühten Feuerströme durch die rollenden Augen, gräßlich brüllte er auf, wie ein gehetztes Tier; dann sprang er hoch in die Lüfte und grausig dazwischen lachend schrie er in schneidendem Ton: "Holzpüppchen dreh dich - Holzpüppchen dreh dich" - und mit gewaltiger Kraft faßte er Clara und wollte sie herabschleudern, aber Clara krallte sich in verzweifeln der Todes/angst fest an das Geländer.

목록: *mechanisch, Mechanismus, Mechaniker* (5회), *Seitentasche* (2회), *Perspektiv* (6회), 같은 문장의 대체 표현인 *Glas*를 포함해서 총 7회, *zucken* (3회), *Krampf* (4회), *Pulse* (2회), *Adern* (2회), *Tod/ tot* (17회), *bleich* (4회), starr[en] (15회), *glühen* (15회), *Feuer*[ströme] (14회), *Augen* (69회). *gräßlich* (11회), *grausig* (4회), *lachen* (24회), *Ton* (4회), *Holzpüppchen* (5회), *verzweifelt* (5회), *Angst* (9회). ["3 자료"의 주도모티브 목록 참고]

이 소설의 불길한 점은 모든 사건들의 심리적-사실적 기초에도 불구하고 불길한-마성적 충동의 힘들이 작동하고 있는 것처럼 여겨지는 점이다. 마치 예언들이 현실이 되는 듯 하다.

주도모티브와 같은 반복의 기능은 무엇보다도 사건에 비밀스러운 강제성을 부여하고, 마치 마성적 원칙이 항상 같은 것의 회귀를 강요하는 것 같은 인상을 일깨우는 것이다.

눈-모티브의 67번째 언급

> (391) *Lothar hörte den Rasenden toben, er hörte Claras Angstgeschrei, gräßliche Ahnung durchflog ihn, er rannte herauf, die Tür der zweiten Treppe war verschlossen - stärker hallte Claras Jammergeschrei.*

[N] 주도모티브들 계속: 문(Tür) 25회, 층계(Treppe) 12회. 또한 불안 (Angst) 9회, 예감(Ahnung) 7회 등도 주도모티브처럼 텍스트에 깔려있다.

특히 주도모티브 층계(Treppe)는 전체 텍스트에 사악한 징후 오멘처럼 12회 등장한다(11, 20, 23, 26, 28, 39, 93, 156, 273, 337, 343, 391에서). 이 장 면 내에서 이것은 *Stufen*에 대한 언급(386)으로 예고된다. 층계는 모든 운 명적 인물들과 관련되어 있다. 여기에 세 번의 예를 들면:

- Ich kaufte nichts und drohte, ihn die *Treppe* herabzuwerfen [Coppola] (11)
- [Ich hörte ihn] schweren langsamen Tritts die *Treppe* heraufpoltern [den Sandmann] (20)
- eisenschwere Schritte dröhnten ⋯ die *Treppe* herauf. Das ist Coppelius (93).

층계는 내면과 외면 사이의 일종의 사이영역이다. 층계의 이음새 부분을 넘어, 낯선 것이 집안으로 힘차게 밀려든다. 나타나엘이 올림피아를 하 필이면 그가 층계를 오르다가 처음 바라보게 된 것에 유의하시오. 또한 스팔란짜니와 코폴라가 올림피아를 두고 싸우는 소리를 듣는 것도 층계 위에서이다. — 공포영화에서도 이 소도구를 자주 사용하는 것과 비교하 시오!

> (392) *Unsinnig vor Wut und Angst stieß er gegen die Tür, die endlich aufsprang - Matter und matter wurden nun Claras Laute: "Hülfe - rettet - rettet - " so erstarb die Stimme in den Lüften.*

[L] · *unsinnig*: Unsinn m.의 형용사 형; 1800년 경까지는 "Wahnsinn, Von-Sinnen-Sein"의 뜻이었다고 함.[92]

· matt, *matter*, am mattesten: schwach

· *Laut* m.: 여기에서는 Äußerung

· *Hülfe* f.: Hilfe의 고어형

· ersterben, *erstarb*, ist erstorben: immer schwächer werden und schließlich aufhören

[N] 이 작은 장면은 로타르의 인지시점에서 서술된다. 이 장면은 영화로 쉽게 전이될 수 있을 것이다. 그가 가까이 가면 가까이 갈수록 클라라의 외침소리는 더욱 크게 들려 온다.

> (393) *"Sie ist hin - ermordet von dem Rasenden"*, so schrie Lothar.

[L] · *Sie ist hin*: sie ist tot

> (394) *Auch die Tür zur Galerie war zugeschlagen. - Die Verzweiflung gab ihm Riesenkraft, er sprengte die Tür aus den Angeln. Gott im Himmel - Clara schwebte von dem rasenden Nathanael erfaßt über die Galerie in den Lüften - nur mit einer Hand hatte sie noch die Eisenstäbe umklammert.*

[L] · *sprengen*: 보통은 폭파(sprengen)할 수 있는 것은 다이너마이트 등의

---

92. H. Paul (1992), S. 944.

도움을 받아 하는 일이나, 여기서는 로타르의 거인같은 힘으로 가능하다.

- *schweben*: sich in der Luft befinden, ohne zu fallen; 예) ein Vogel schwebt (langsam) in den Lüften
- *umklammern*: um + klammern: ganz festhalten

[S] 감탄사 *Gott im Himmel*에 이어 두 개의 독립적 문장이 나온다:

1) *Clara schwebte* ⋯ *in den Lüften*
2) *sie* [hatte] ⋯ *die Eisenstäbe umklammert*

[N] 주도모티브 천상(Himmel / himmlisch)이 마지막으로 출현. 총체적으로 다음과 같은 일련의 등장을 볼 수 있다:

- *Aber Gott im Himmel! die Haare sträuben sich mir* (15)
- Clara: *Es ist das Phantom unseres eigenen Ichs, dessen innige Verwandtschaft und dessen tiefe Einwirkung auf unser Gemüt uns in die Hölle wirft, oder in den Himmel verzückt.* (137)
- *Einer von ihnen* ⋯ *verglich* ⋯ *Claras Augen mit einem See von Ruisdael, in dem sich des wolkenlosen Himmels reines Azur* ⋯ *spiegelt.* (193)
- ⋯ *Können wir denn das Mädchen anschauen, ohne daß uns aus ihrem Blick wunderbare himmlische Gesänge und Klänge entgegenstrahlen* ⋯ *?* (194)
- *Nathanael lag wie festgezaubert im Fenster, immer fort und fort die himmlisch-schöne Olimpia betrachtend.* (268)
- *Die künstlichen Rouladen schienen dem Nathanael das Himmelsjauchzen des in Liebe verklärten Gemüts* (292)
- *Nathanael zu Olimpia: "O du herrliche, himmlische Frau!"* (304)
- *Einen ganzen hellen strahlenden Himmel in der Brust schied Nathanael von dannen.* (314)

- *Nathanael zu Siegmund: "Sage du mir Siegmund, wie deinem ··· Blick ··· Olimpias himmlischer Liebreiz entgehen konnte? (318)*

- *"Der Blick ihres himmlischen Auges sagt mehr als jede Sprache hienieden. Vermag denn überhaupt ein Kind des Himmels sich einzuschichten in den engen Kreis, den ein klägliches irdisches Bedürfnis gezogen?"* ('himmlisch' 대 'irdisch'라는 현현적 대립과 더불어 2회) (333)

- *Nathanael ··· schlug die Augen auf und fühlte wie ein unbeschreibliches Wonnegefühl mit sanfter himmlischer Wärme ihn durchströmte.* (369)

- *Nathanael war milder, kindlicher geworden, als er je gewesen und erkannte nun erst recht Claras himmlisch reines, herrliches Gemüt.* (378)

- *Gott im Himmel - Clara schwebte von dem rasenden Nathanael erfaßt ··· in den Lüften.* (394)

(395) *Rasch wie der Blitz erfaßte Lothar die Schwester, zog sie hinein, und schlug im demselben Augenblick mit geballter Faust dem Wütenden ins Gesicht, daß er zurückprallte und die Todesbeute fahren ließ.*

[L] · *rasch*: schnell

· *mit geballter Faust*: mit geschlossener Faust (wie ein Ball)

· *Todesbeute*: Tod + Beute; Beute [영어의 prey]; dasjenige, was man sich gewaltsam nimmt

· *fahrenlassen*: loslassen

(396) *Lothar rannte herab, die ohnmächtige Schwester in den Armen. - Sie war gerettet. - Nun raste Nathanael herum auf der Galerie und sprang hoch in die Lüfte und schrie "<u>Feuerkreis</u> dreh dich - <u>Feuerkreis</u> dreh dich".*

[N] 마성적 숫자 "3"은 불덩이(Feuerkreis)-모티브에서도 정확하게 세 장면에서 나타난다: 불덩이-모티브의 마지막은 주도모티브 복합체인 Feuer, Glut, glühen, brennen 등의 부분으로서 등장한다.

1) 나타나엘의 작품 내에서:

- Coppelius ⋯ wirft ihn in einen flammenden *Feuerkreis* (220)

- Da ist es als[,] faßt der Gedanke ⋯ in den *Feuerkreis* hinein (224)

2) 최초의 정신착란 장면에서:

- *Feuerkreis - Feuerkreis!* dreh dich *Feuerkreis* (348)

3) 이제 두 번째 정신착란 장면에서:

개별적인 명사로서 불(Feuer)-모티브는 연금술 장면에서 처음으로 등장했고 (70), 이후 3회 더 나와서 총 4회 등장한다. 명사적 복합어로서는 다음과 같은 형태로 등장한다:

- *Feuermauer* (247)
- *Feuerströme* (390)

형태소로서는 분사 losge*feuert*에도 숨어 있다 (97). — 우리가 또한 유의해야 할 것은 나타나엘의 거처를 파괴한 것이 하필이면 불이었다는 사실이다 (248). 그로 인해서 그는 — 우연히? — 올림피아를 건너다보게 되는 방으로 이사를 한 것이다.

> (397) *Die Menschen liefen auf das wilde Geschrei zusammen; unter ihnen ragte riesengroß der Advokat Coppelius hervor, der eben in die Stadt gekommen und gerades Weges nach dem Markt geschritten war.*

[L] · *auf das Geschrei*: wegen des Geschreis

· *ragen*: deutlich höher als etwas anderes stehen

[N] 이 마지막 장면에는 모든 주도모티브들이 눈사태처럼 합쳐진다. 그러므로 거인(Riesen)이라는 단어도 riesengroß 속에 들어 있다. 다음을 참조할 것:

- weißhauptige *Riesen* (나타나엘의 작품 내에서) (221)
- in dem Augenblick wand Coppola sich mit *Riesenkraft* drehend (342)
- der hohe Ratsturm warf seinen *Riesen*schatten über den Markt (384)
- wie eine *Riesenstadt* (die duftigen Waldungen) (388)
- Die Verzweiflung gab ihm [Lothar] *Riesenkraft* (394)
- unter ihnen ragte *riesengroß* der Advokat Coppelius hervor (397)

텍스트의 환경은 이 단어에 위협성(Bedrohlichkeit)의 특징을 부여한다. 단 하나의 예외는 로타르와 관련해서 쓰인 *Riesenkraft* (394)인데, 이것은 전통적 의미 즉 "매우 큰 힘으로(mit sehr großer Kraft)"라는 의미로 쓰인 것이다.

"거인의 크기(riesengoß)"(397)의 성격 특징은 나타나엘이 코펠리우스를 설명할 때 준비되었다. 거기에서 변호사는 "큰 코(große Nase)"와 "두툼한 머리통(dicker Kopf)"을 한 "큰 사람(großer Mann)"으로 묘사되어 있다. 어린아이의 시점에서 코펠리우스가 눈에 띄게 크다는 것은 수긍이 간다. 그에 대한 기억이 그를 거인처럼 크게 만든다. 그것은 또 코펠리우스가 나타나엘에게 심리적으로 의미하고 있는 바와 일치한다.

코펠리우스의 귀환에 관한 문장이 a) 객관적으로 서술자의 시점에서 서술된 것인지, 또는 b) 주관적으로 나타나엘의 시점에서 서술된 것인지는 또한 불분명하다: "코펠리우스가 그때 막 그 도시로 돌아왔고, 곧장 시장으로 들어왔다"라는 두 가지의 정보는 a)를 뒷받침해 준다. 그것은 중립적으로 기록하는 것 같아 보이며, 그러므로 서술자의 의식을 가리키고 있다. 뿐만 아니라 시각적 관점 또한 a)를 뒷받침한다, 왜냐하면 "코펠리우스가 위를 올려다보았다(Coppelius schaute *hinauf*)"고 쓰여 있기 때문이다. 부사 *hinauf*는 "여기 이 아래에서 거기 저 위로(von hier unten nach dort oben)"를 의미한다. 따라서 반대로 'Coppelius schaute *herauf*'라고 쓰여진 경우라면, 그것은 나타나엘의 시각적 관점에서인 것이다. 왜냐하면 *herauf*는 "거기 저 아래에서 여기 이 위로(von dort unten nach hier oben)"를 의미하기 때문이다. — 반면에 b)를 뒷받침해 주는 것은 "거인 크기"의 인상인데, 그것은 나타나엘의 의식의 반영으로 파악될 수 있다. 그리하여 위의 a)또는 b)의 경우 둘 다 충분한 근거가 생긴다. 독자는 마치 모든 길이 결국에 가서는 막다른 길에 이르고 마는 미로의 정원에 들어온 것처럼 헤매게 된다. [a)에 대한 추가 설명을 위해서는 다음 문장을 참조할 것]

(398) *Man wollte herauf, um sich des Rasenden zu bemächtigen, da lachte Coppelius sprechend: "Ha ha - wartet nur, der kommt schon herunter von selbst", und schaute wie die übrigen hinauf.*

[L] · *sich jemandes bemächtigen*: [재귀대명사 + 2격], jemanden in seine Gewalt bekommen; 의역: Man wollte herauf, um den Rasenden zu überwältigen

[N] 웃음(Lachen) 또한 주도모티브로서 전 텍스트에 등장한다. 첫 번째 등장은 정신착란 (미친 toll)의 모티브와 관련된다: *aber nur an es denkend, lacht es wie toll aus mir heraus* (7).

주도모티브적 형태소 /lach/는 총 24회 입증되며, 그 중에서 7회는 läch-라는 변형으로 나온다. 미소(Lächeln)는 클라라의 인식표시(Erkennungsmerkmal) 중 하나라 할 수 있으며, 그러한 맥락에서 5회 언급된다. 그러나 스팔란짜니 역시 미소를 짓기도 한다 (geheimnisvoll, 2회). Gelächter라는 변형으로도 등장함을 참조하시오 (2회): 1) 차 모임의 손님들, 2) 올림피아의 파괴에 즈음하여 코폴라.

다시 눈-모티브가 *heraufschauen*이라는 동사에 해체되어서 함축적으로, 또한 주도모티브 /starr/와 함께 현현적으로 (다음 문장에서) 등장한다.

> (399) *Nathanael blieb plötzlich wie erstarrt stehen, er bückte sich herab, wurde den Coppelius gewahr und mit dem gellenden Schrei: "Ha! Sköne Oke - Sköne Oke", sprang er über das Geländer.*

[N] 눈-모티브의 68~69번째 언급

나타나엘과 관련하여 눈-모티브가 다시 나오는데, 우선은 앞서의 문장에서처럼 함축적으로 나온다: "Nathanael wurde *gewahr*"라고 하는 것은 'er sah'와 다를 바 없는 것이다. 나타나엘은 코펠리우스를 그의 눈으로, 눈을 통해서 마지막으로 포착하고, 그리고 나서 그는 난간 너머로 몸을 날린다. 그리고 그가 뛰어내리는 동안 그의 마지막 말은 "좋은 눈 - 좋은 눈(Ha! Sköne Oke - Sköne Oke)"이다. 이는 그대로 코폴라가 그의 안경들을 내보이며 결국에 가서는 망원경을 권했을 때 쓴 바로 그 말이다. 이 망원경은 나타나엘에게 마지막 순간까지 숙명적인 영향을 행사한다.

사람들이 어떤 어두운 힘을 믿는다면 그것이 실제로 그들을 사로잡을 수도 있으리라는 클라라의 경고가 결국에 가서는 옳았다. 나타나엘은 언제나 이 어두운 힘을 믿고 있었고, 마침내 그것이 문자 그대로 그의 내면으로 침투한 것이다. 코폴라/코펠리우스 — 이 사악한 힘의 현신 — 은 그의 내부로부터 발언되고 있다.

독자는 다시금 서로를 보충하는 것이 아니라 서로를 배제하는 이중의 이해 가능성이라는 딜레마에 부딪치게 된다. 나타나엘이 그의 암울한 예언을 스스로 현실화하게 했는지 — 심리학에서는 이 경우를 두고 “스스로 충족하는 예언(self-fulfilling prophecy)”이라 한다, — 아니면 비합리적인 것, 설명할 수 없는 것, 수수께끼 같은 것이 겉보기에는 그토록 확실하게 짜여진 일상의 세계 안에서 돌발하는 것인지. 이어서 이 질문에 대답을 줄 것 같은 한 문장이 따른다.

> (400) *Als Nathanael mit zerschmettertem Kopf auf dem Steinpflaster lag, war Coppelius im Gewühl verschwunden.*

[N] 나타나엘의 의식이 사라져가는 바로 그 순간에 코펠리우스 역시 사라진다. 이것의 의미는: 나타나엘의 죽음과 더불어 그의 환상이 창조했던 인물 또한 사라짐을 의미할 수 있다. — 그러나 또한 나타나엘의 죽음과 더불어 단순히 이야기거리가 다 했음을 의미할 수도 있다.

> (401) *Nach mehreren Jahren will in einer entfernten Gegend Clara gesehen haben, wie sie mit einem freundlichen Mann, Hand in Hand vor der Türe eines schönen Landhauses saß und vor ihr zwei muntre Knaben spielten. Es wäre daraus zu schließen, daß Clara das ruhige häusliche Glück noch fand, das ihrem heitern lebenslustigen Sinn zusagte und das ihr der im Innern zerrissene Nathanael niemals hätte gewähren können.*

[S] *wollen* + *haben*: 소문을 나타낸다; *man will Clara gesehen haben* = nicht näher bezeichnete Leute behaupten, sie hätten Clara gesehen.

[N] "도시에서 멀지 않은 곳의 작은 장원 ein Gütchen unfern der Stadt" (376)은 온 가족의 행복을 약속해 주었다. 시청 위의 탑에서 그 행복은 가까이 잡을 수 있을 것만 같았다. 코펠리우스(?)가 마지막으로 이 행복의 틈새를 헤집고 나선다. ― 나타나엘이 도시를 빠져 나올 수 없었던 반면에 현명한 클라라는 도주에 성공했다. 도시의 역저류 효과는 서술자가 언제나처럼 도시의 거점에 서서 이야기할 때 더욱 잘 느껴진다.

로타르와 어머니의 그 후의 운명에 대해서는 알려지지 않는다. 클라라 또한 먼 배경으로 후퇴한다. 서술자는 다만 그가 클라라에 관해서 들은 것만을 이야기한다. 세부사항이 그의 관심은 아닌 것 같다. ― 전원적 행복으로서의 이 마지막 장면의 분명한 제시 또한 불충분하다. 시골에서의 작은 가정적 행복이 19세기 말엽의 이상적 표상이기는 하지만, 이와 관련해서 모든 정열이 억압되어 있다 (예를 들어 Adalbert Stifter 참조). 의문시되는 것은, 바로 그러한 전원에 숙명이 잠복해 있지 않은가? 분명 클라라에게는 아닐 것이나, 나타나엘 같은 민감한 사람들에게는 그러하다.

여기에서 분명한 것은 다른 텍스트들 그리고 관련 서적들 (에. 테. 아. 호프만의 전기, 19세기 가정의 사회학, 자녀 교육, 역사적 정치적 사건들 등등)에 대한 관련 연구가 있어야 할 것이다. 그렇게 함으로써 여기에서의 엄정한 텍스트 내재적 구조분석이 밖으로 확대될 수 있을 것이다. 끝없는 해석의 지평이 그려진다. 그 지평을 지금 여기에서는 좇을 수 없으리라.

2 결론: 종합

나타나엘이 망원경을 통해서 바라보면 현실을 놓치듯이, 독자 또한 세부사항에서 길을 잃는다면 텍스트의 의미를 놓치리라! 지금까지의 텍스트의 분석은 엄청난 양의 세부사항들을 드러내어야 했지만, 그로 인해서 전체적인 텍스트의 의미가 밝혀졌다기 보다는 오히려 은폐되었다. 이제 이어지는 종합은 곧 시각의 전환과 같다. 세부사실들에 대한 시선을 끝마무리하고, 이제는 전체에 대한 개괄이 따른다. 이때 가장 요점이 되는 의문은 다음이다: 어떠한 대립이 전체 텍스트를 관류하고 있는가, 그로 인해서 어떠한 긴장이 발생하며, 마침내 어떠한 종결의 상황에 도달하는가?

내용적으로 응집력이 있다고 느껴지는 모든 소설은 다음의 세 요소로 약분될 수 있다: a. vs b.의 기본 대립[93], 그리고 이 대립의 결과로서 생겨나는 c.라고 하는 요소.[94] 하나의 소설에서 기본 대립은 적어도 한 사람의 등장인물로부터 불평등, 장애 내지는 결핍으로서 받아들여진다. 그리하여 이 결핍은 줄거리를 전개시키고, 계속해서 새로운 에너지를 가지고서 종결 상황에까지 밀고 나아간다.

---

93. 이러한 기본 대립이라고 하면 예컨대: 귀족 대 시민, 시민 대 예술가, 덕 대 악덕, 선 대 악 (구체적으로는 탐정 대 범죄자), 자유 대 부자유(독재), 빈곤 대 부, 현세 대 내세 등을 일컫는다.

94. 전체적인 내용구조에 관해 상세하게 논의된 형태는 다음을 참조: Walter Falk: Handbuch der literaturwissenschaftlichen Komponentenanalyse. Theorie, Operationen, Praxis einer Methode der Neuen Epochenforschung. Frankfurt am Main / Bern / New York 1983 (Beiträge zur Neuen Epochenforschung. Bd. 3).

우리가 생각해 볼 수 있는 모든 소설들은 유일한 프로그램을 지니고 있다: 즉 결핍의 지양이다. 여하간 이러한 결핍의 지양을 위한 투쟁이 직접적으로 제시되지 않고 (드라마에서처럼), 해설자에 의해서 간접적으로 제시되는 것이 소설의 특이성으로 간주된다. 종결되거나 단절되는 프로그램은 다음의 종결 상황을 낳는다:

- 해피 엔드
- 좌절 (그 한계 상황은 "비극"이다)
- 열린 종결 내지는 동요 상황[95]

> 여하한 일종의 결핍(Mangel)이 모든 소설의 동인이다.

그러므로 크게는 다음처럼 표현할 수 있는 거시적 구조가 관건이 된다:

a. 대 b. → c.

결핍을 지양하기 위한 시도가 야기시키는 무수한 행동들은 통일적인 사건 맥락이라는 결과를 낳는다. 서술자를 통한 이 맥락의 언어화는 서술, 즉 이야기를 낳는다. 이 서술자의 업적이라면 우선 (다소간에 의식적인) 선택과 승계의 작업이며, 두 번째로는 시점 설정이다.[96] 서술된 사건은 보통 (서술자에 의해서) 이미 해설된 사건, 즉 의미가 부여된 사건이다. 의미의 문제는 항상 왜(Warum)라는 문제가 된다. 이것은 서술하는 텍스트와 관련하여 두 개의 방향으로 나뉘어진다: 첫째는 사건의 방향 (사건의 차원)이고, 둘째는 서술자의 방향 (서술자 차원)이다. 한 사건이

---

95. 여기에는 물론 그 혼합도 가능하다: 희비극 또는 곧 이어 긍정적 혹은 부정적 방향으로 치달을 가능성을 둔 종막 등.
96. 만일 클라라가 모든 사건들의 유일한 서술자였다고 상상해 보자! 그랬더라면 모든 사건들이 일치한다 하더라도 전혀 다른 소설이 생겨났을 것이다.

어떠한 내적 (심리적) 또는 외적 힘들에 근거하여 전개되고 있는가를 서술자가 잘 인식하게 하면 할수록, 독자에게는 이해의 문제점이 적어진다. 서술자가 자신이 어떠한 의도로써 그 사건을 이야기하는지를 보다 현현적으로 인식하게 하면 할수록, 서술의 이차적 의미, 즉 이야기하기, 가르치기, 경고하기 등은 더욱 분명하게 드러난다.

복잡한 사건의 맥락을 투명하게 서술하기 위해서 서술자는 적합한 양의 지식을 지녀야 한다. 서술자의 지식의 범주는 두 개의 대립되는 극으로 알려져 있다. 즉 한 쪽은 소위 "전지성"이요, 다른 한쪽은 "제한된 지식의 지평"이다. 「모래귀신」 서술자는 이쪽이나 저쪽의 극단적 경우에 속하지 않는다. 그의 이야기(서술)는 결함으로 점철되어 있으며, 그는 이것들은 채울 줄을 모른다. 예컨대 양친의 집에서 있었던 연금술 실험 장면과 관련해서 말이다.97 그리하여 그는 나타나엘이 바라보는 세계가 부분적으로는 환상이며, 그렇지만 클라라가 "진실"하다고 또 "실제"라고 인식하는 세계 또한 역시 의심쩍다는 것을 알게 해준다. 독자가 취할 수 있는 세 번째의 구상은 제공되어 있지 않다. 그것과 관련해서는 코폴라가 실제로 코펠리우스와 동일인인가 또는 아닌가, 그리고 그는 "현실적"인가 "환상"의 산물인가 등의 의문이 생긴다. 「모래귀신」 소설이 함축적으로 전제하고 있는 현실의 구조는 독자 내지 수용자에게는 고도의 불명료성을 준다.98 그렇지만 그 의미구조가 불명료한 텍스트라고 해서 결코 마찬가지로 불명료한 해석을 요구하지는 않는다. 그 반대로, 소설의 불명료성은 오히려 분명한 해석을 위한 표현(기표)이기도 한다: 클라라

---

97. 한 서술자가 단 한 번도 내뱉지 않은 지식을 지녔을 것이라는 가정은 여하간 의미가 없다.

98. 여기 "전제"라는 단어에 대한 언어학적 용어는 先가정(Präsupposition)이라는 것이다. 선 가정은 단어 / 문장 / 텍스트에서의 논리적 결론이다. 그러니까 예컨대 "잘못된 행동"이라는 단어는 첫째로 이러한 판단을 행하는 사람, 둘째로는 무엇이 "올바른 행동"인가를 설명한 어떤 상상을 전제로 한다. 결론적으로 예컨대 차 모임에 대한 비판은 스스로 어떤 다른 생의 이상을 따르는 비판자를 전제로 한다.

의 단순한 세계관, 또는 클라라와 자신을 동일시하는 경향을 지닌 — 이 소설의 수용사를 보면 알 수 있듯이 — 오늘날의 독자의 현대적 세계관에 거부감을 낳게 하는 것이다. 「모래귀신」 소설이 전제로 하는 (선 가정하는) 세계는 비밀에 차서 미리 알 수 없는 것을 위해서 열려 있다. 클라라가 안주하고 있는 안전은 허위적이다.

그렇지만 이러한 일반적 암시들은 이 소설이 지닌 테마적 구조적 풍요함에는 필적도 못할 것이다. 그러므로 이 소설을 관류하고 있는 대립 관계들을 다시 한 번 열거해 보자:
 · 코펠리우스 대 나타나엘
 · 나타나엘 대 클라라, 나중에는 나타나엘 대 올림피아
 · 나타나엘 대 친구들과 동료들
 · 내부 대 외부
 · 꿈 대 현실
 · 사실적 대 기이한
 · 낮 대 밤 (이성 대 환상)
 · 기계 대 생명
 · 눈 대 망원경 → 인식 대 오인
 · 분열 대 ?

전체 텍스트를 관류하는 중심 대립 요소를 찾아가는 과정에서 우리는 「모래귀신」의 쳇 페이지에서부터 중심어 "분열된(zerrissen)"에 마주치게 된다. 분열의 원칙은 이어서 곧 독특한 지위를 갖게 된다. 그것은 다만 반복될 뿐만 아니라 여러 다른 형태로서 텍스트 전체를 관류한다:
 · 사전적
 · 모티브로서
 · 서술 구조적 (구성적)

사전적으로는 그것이 회귀적임을 말하며 (주도모티브), 모티브로서는 나타나엘과 올림피아에 연루되어 있으며 — 한 사람은 "쥐어뜯겨졌고", 다른 하나는 문자 그대로 "분열되었다" — , 그리고 구조적으로는 괴리된 몽타주 형식의 서술 구성에서 드러난다. 그러나 이 분열에 대한 대립세계, 그러니까 분열되지 **않은**, 조화로우며 동시에 건강한 상태는 전체 텍스트에서 발견되지 않는다. 이는 물론 그러한 세계가 존재하지 않음을 의미하지는 않는다. 왜냐하면 분열된 것은 원칙적으로 분열되지 않은 것을 전제로 하기 때문이다 (선 가정). 다른 말로 표현하자면: 현현적으로 수행된 분열의 사실은 함축적이며, 전례적으로 그렇게 구성되어야 할 온전한 것, 무흠의 것을 암시한다. 그러나 이 무흠의 것이 어떠한 모습으로 보이는가? 이 소설의 모든 등장인물들은 어떤 방식으로나 결함이 있다: 그들은 사악하고 (코펠리우스/코폴라), 애매모호하고 이중적이며 (스팔란짜니), 의존적이고 (아버지와 어머니), 피상적이고 (차 모임 사교계), 편협하고 (클라라, 로타르, 동료들), 위험에 내몰리고 마침내는 정신이상이 된다(나타나엘). 올림피아는 아예 인간이 아니다. 그러면 텍스트가 침묵하고 있는 이상은 무엇인가?

이 소설의 중심인물의 한 쌍인 나타나엘과 클라라를 보면, 또한 이 소설의 중심모티브인 **눈**을 보면, 이 질문에 대한 해답의 길이 트인다. 나타나엘의 특성은 그가 오직 내부만을 바라본다는 점이다. 그에 대한 극명한 대립으로서 클라라는 외부만을 바라본다. 두 사람의 시각의 방향 내지는 인생관은 편협하고, 둘 다 평형감각이 결여되어 있다. 만일 두 세계, 사실과 환상, 현세와 내세, 꿈과 현실이 서로를 배제하지 않고 서로 간의 상호 영향하에 있다면, 그렇다면 내면세계와 외면세계 사이의 균형이 생성될 것이다. 예술, 특히 에. 테. 아. 호프만이 그렇게 생각했듯이, 음악은 자신을 보다 높은 세계로 향상시키는 데에 기여할 수 있다. 그러나 거기에서부터 다시금 또 하나의 길이 환원되어야 한다. 왜냐하면 그러한 환상적 소질의 인간이라 하더라도 일상의 필요에 맞닥뜨릴 수 있고 또 마땅히 그래야 하기 때문이다. 시(Poesie)를 배제한 현실은 빛이 없다 (클라라). 그러나 현실이 배제된 시는 광증이다 (나타나엘).[99] — 시적으로 관조한 것을 다른 사람에게 전달할 수 있는 가능성 또한 이 이상에 해당 될 것이다. 그렇지만 나타나엘이 전달할 수 있는 것의 한계와 더불어 싸우고 있을 뿐만 아니라 서술자 또한 이 한계 ("흐릿한 거울"로서의 언어)에 관해 언급하고 있다. 그뿐만이 아니다. 낭만주의 전 시대에 걸쳐 "전달의 위기"를 숙지했던 바이다.[100] 여기에 낭만주의가 모너니즘과 상통하는 점이 있다.

나타나엘의 의사소통 불능은 그를 출구없는 상황으로 몰고 가는데, 그는 자신의 환상적인 소설 속에서 그것을 "불덩이"로서 체험하게 된다. 불덩이는 단어 그대로는 "불의 원"을 말하고, 이 원의 모티브를 마지막까지 포박된 상황의 상징으로 쫓아가 보면, 다음 해석이 가능해진다: 나타나엘은 그 원에서 빠져 나오지 못하고, 클라라는 다만 외관상 빠져 나온 것처럼 보인다. 클라라가 소시민적인 전원에서 체험하게 될 좁은 원(= 범위)안에서의 행복은 이 이야기의 서술자가 이상으로서 제시하려는 것이 결코 아니다.

눈-모티브가 어떻게 이 기본 구조에 삽입되어 있는가는 쉽게 통찰된다. 일련의 "눈 / 망원경 → 보다 / 바라보다 → 인식하다 / 오인하다"는 전체 소설을 관류하고 있는 심줄이다. 눈은 외부세계를 모사하고, 따라

---

99. 이 부분에 관해서는 소설집 『Die Serapionsbrüder』의 처음 이야기를 참조하시오. 여기에는 한 자주적인 환상의 세계에서 살아가는 한 은거자가 나온다. 외면세계를 배제한 내면세계는 결국 광증으로 끝난다.

100. Udo Müller: "Verlorene Worte" und "Hieroglyphen der innere Welt". Romantische Schwierigkeiten mit Sprache und andere Kunstmedien. Ein Grundproblem der Romantik in fachübergreifender Sicht. In: Der Deutschunterricht 39 (1987), S. 5-25, 여기에서는 S. 6.

서 인식의 도구이다. 그러나 눈은 또한 내면세계를 표현하며 그리하여 영혼이 깃들인 생명의 표현이 된다. 만일 두 절반 중 하나, 즉 내면 또는 외면이 억압당하고 차단되면, 생은 고갈되고 응고된다. 증가하는 응고의 단계에 있는 인물들이 제시되어 있다: 클라라는 그녀의 전지(前地)에 위치한다. 그녀는 부정적인 인물로 제시되어 있지는 않지만, 그렇다 하더라도 모든 내면적 위협들에 대한 그녀의 시민계급적 억압기제, 항상 되풀이되는 아이러니를 담은 그녀의 미소, 그리고 실용성과 가사에의 고정성은 이러한 경향을 면할 수 없다. 차 모임 사교계는 극단의 경향을 보이며 더욱 확실하게 그러한 경향에 포박되어 있다. 그 회원들은 너무도 기계화된 나머지 서로를 자동인형과 구별할 수 없다. 나타나엘의 경우 이 기계적 도구인 망원경이 세계를 향한 그의 시각을 좁히고 찌그러뜨림이 결코 우연이 아니다. 이 기구의 환각에 굴하여 나타나엘은 스스로 기계적이 되고, 태엽이 감긴 인형처럼 강제적으로 행동한다. 전체적으로 충만한 삶은 「모래귀신」 소설의 등장인물 어느 누구에게서도 인식되지 않는다.

그렇지만 결정적인 의문은 여전히 남아 있다: 나타나엘을 광증으로 내몰고 서술 구조를 변형시키고 독자에게 아무런 충고도 없이 그저 자신에 맡기도록 하는 파괴적 힘의 근원은 무엇인가? 우리가 나타나엘의 정신적 세계를 따라가면, 사악한 것, 숙명적인 것 그리고 파괴적인 것은 외부에 자리하고 있으며, 그러므로 그것은 이 소설이 현실로서 설정하는 세계의 일부이다. 반면에 우리가 클라라의 해석을 따르면, 모든 불행은 내부로부터 발생한다. 클라라의 의미에서는 다음과 같이 말할 수 있다. 즉 이 소설의 모든 본능의 힘들, 즉 모래귀신/코펠리우스/코폴라 그리고 올림피아는 — 적어도 그들의 영향에 있어서 — 나타나엘에 의해 비로소 생산된 것이다. 심리학과 심리분석에 정통한 독자는 사건들에 대한 이 개명된 해석에 기꺼이 동의할 태세이리라. 그렇지만 주의할 일이 있다. 이러한 해석의 길을 가는 사람은 이중의 경우에 부딪치게 된다. 첫째 이 해석은 다시금 서술자에 의해 권고되지 않고, 둘째로 그렇게 함으로써 묵은 수수께끼들이 오직 뒤쪽으로 옮겨갈 뿐이기 때문이다. 왜냐하면 그 보모가 모든 일에 대해서 책임이 있다는 말인가? 그녀의 외상성 경험을 불러일으키는 모래귀신 이야기가 없었더라면 모든 것이 다른 결말을 가져왔을 것인가? 거기에는 의심이 따른다. 다른 어린이들도 나타나엘과 똑같이 마찬가지로 당시의 위협적 교육 방식에 내맡겨져 있었으니까! 나타나엘의 문제점은 오히려 그의 준비성, 아니 그 보다 하필이면 보모의 끔찍스러운 이야기를 믿고자 하는 그의 고집스런 요구에 있지 않았을까? 그렇다면 이 준비성의 원인은 무엇일까? 심리분석적 해석방식은 바로 이 지점에서 멈춘다. 그것은 이제 이 텍스트가 겨우 흔적으로서나 아니면 아예 포함하지 않은 날짜를 끌어내야 한다. 그렇게 됨으로써 해석의 확실성들이 아닌, 매혹적인 해석 가능성들만 열리게 된다.

이 방식의 포기는 그리 어렵지 않다. 왜냐하면 나타나엘의 심리가 모든 것을 지배하는 테마가 아니 때문이다. 주도모티브의 목록을 보면, 중심에 서 있는 것은 "눈/ 망원경(기계적 도구로서) → 보다 / 바라보다 → 인식하다 / 오인하다"의 일련의 모티브들이며, 또한 사건과 체험의 전이의 문제, 즉 의사소통 (= 전달)의 문제이다.

후기 낭만주의의 소설에서 그의 운명을 병력에서 읽을 수 있는 그런 주인공이 제시된 것 또한 놀라울 일이다. 서술자는 이러한 일방적인 독서 방식을 방해하기 위해서 여러 다른 수단들은 취한다. 아니 그 이상이다. 차 모임에 대한 그의 거부감은 그를 나타나엘과의 정신적인 친족관계로 내몰며, 이 소설의 비판적인 타격 방향을 암시한다: 오늘날 문학에서 통상적인 사회비판은 호프만의 시대에는 극심한 조심성을 지니고서만이 표현될 수 있었다. 『벼룩 대장 Meister Floh』(1822)의 경우 그 속에

서술된 사건의 동화적 위장도 별 도움이 되지 못했다. 즉 법조계의 한 고위 관료가 자신이 조롱당했다고 느낀 것이며, 에. 테. 아. 호프만은 고소를 당했다. 주지하는 바와 같이 호프만의 동화의 세계는 오직 외관상 동화같을 뿐이다.

지금까지 말한 것을 요약하자면, 다음과 같은 구조(a. 대 b. → c.)가 생긴다:

a) 무미건조한 일상세계와 보다 드높은 정신세계 사이가 서로 조화롭게 동조되는 이상 세계 (비록 텍스트 내에 직접적으로 관찰되는 것은 아니나).

b) 모래귀신, 코펠리우스, 코폴라 그리고 스팔란짜니로 이어지는 일련의 등장인물들의 형상속에 존재하는 기계적 힘의 세계. 기계적 원칙은 생에 대하여 적대적이며, 응고되고, 죽어있다. 기계적 도구인 망원경을 통한 시각은 결국 광증의 세계에 이르게 된다.

c) 파괴적 대립세계가 우월성을 확보한다. 나타나엘의 자살은 그 결과이며, 클라라의 행복한 운명 역시 그러하다. 클라라는 그녀가 희구하던 가정적 행복을 얻었으나, 통찰에 이르지는 못한다. 그녀의 성격은 정적이다.

3 자료

3.1 도해

도해 1:

과정
상황
사건
줄거리 (+ 지향적)
사건 (- 지향적)
(서술)
"Was sich zugetragen hat"
"ich"
(= 화자)
"dir, günstiger Leser"
텍스트 세계의
허구적 원천
허구적 수신자

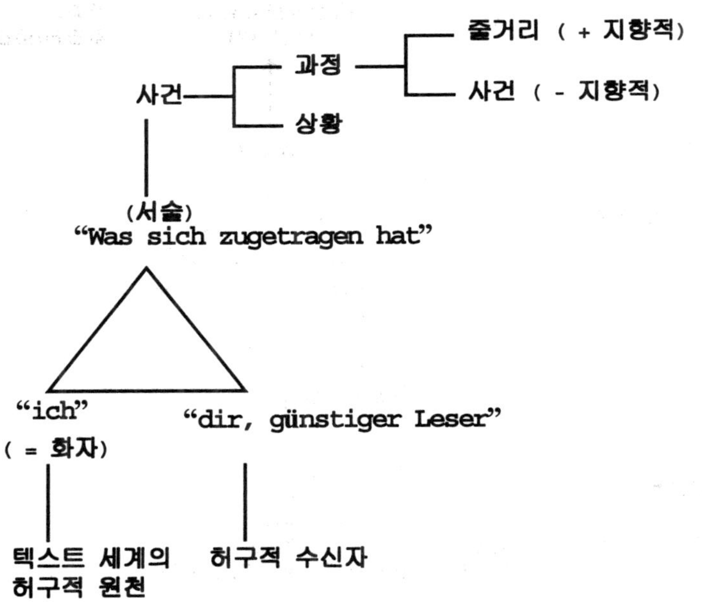

도해 2: 나타나엘의 편지글 이야기의 구조적 자리매김 가치

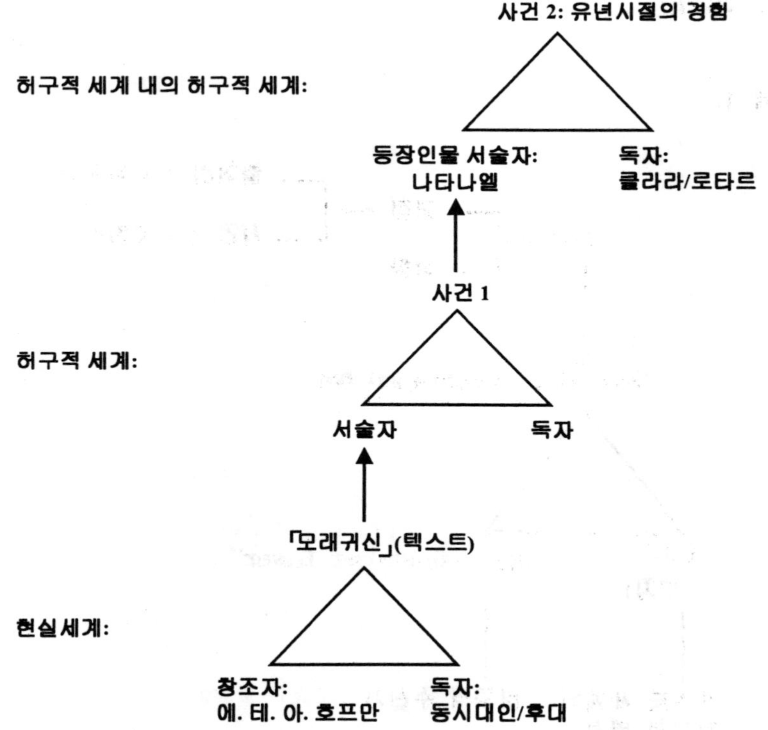

도해 3: 거시적 구조

창조자
제 3차원: 서술자(해설)
제 2차원: 서술 (서술된 사건)
제 1차원: 사건
편지글
"Seltsamer und wunder- licher … "
Nathan./Clara; Nathan./Olimpia
"Ehe ich, günstiger Leser, dir zu erzählen fortfahre … "

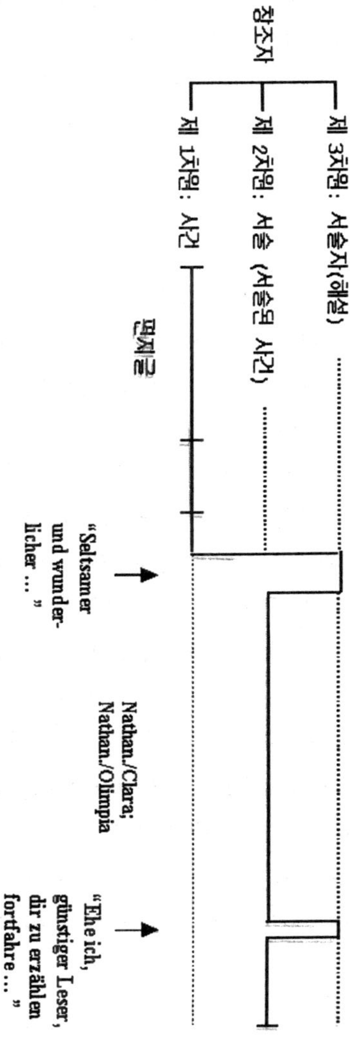

3.2 주도모티브 목록

> "문학에서 이 소설 이전에 그 어떤 주도모티브가 여기에서 나오는 눈(Auge, 그리고 그 확장으로서 안경과 망원경) 만큼 이처럼 촘촘히 다양하게 조화를 이루며 배치되어 있었는가를 밝혀 볼 가치가 있다."
>
> Peter von Matt

정의: "형태소 또는 언어단위의 고양된 회귀는 음성학적-의미론적 동형의 특별한 경우를 묘사한다. 이러한 시리즈를 주도모티브 시리즈라 칭한다."[101] 이러한 회귀는 원칙적으로 해석을 요하는 사실이다. 그렇지만 각각의 경우에는 하나의 형태소/언어단위의 회귀가 실제로 "고양"되어 있는가 하는 것을 결정하기가 어렵다. 그것은 우선 해당 형태소 또는 언어단위의 빈번한 등장 (= 되풀이)에 달려있으며, 둘째 텍스트의 길이, 셋째 그 텍스트 내의 의미론적 무게에 달려있다. 이 경우 항상 한계설정 및 의문스러운 경우들을 감안해야 한다. 그러한 한계의 경우에 해당되는 것이 형태소 내지는 단어 /busch/ (buschig 그리고 Busch)이다. 이것은 전체 텍스트 내에서 단 2회 등장할 뿐이다. 그러므로 이것을 주도모티브라 칭하는 것이 의미가 있을까? 그 질문은 분명히 "예"라고 답해야 한다. 왜냐하면 첫째 반복의 사실이 주어졌고, 둘째 전체적 의미에서 그 질적인 무게가 대단하기 때문이다. 그와 비슷한 예가 또한 다만 2회 등장할 뿐인 동사의 분사형인 "hingebewugt"이다. 이 경우에는 무엇보다도 전체 장면의 부분적인 반복이 관건이다. 이 두 장면의 유사성은 평행적인 요약

---

101. Jürgen Link (1990), S. 116 (UTB 305): Einen besonderen Fall lautlich- semantischer Isomorphie [zu griech. Isos = gleich, morphé = Gestalt] stellt die erhöhte Rekurrenz von Morphemen oder Lexemen dar. Wir nennen eine solche Serie eine Serie von *Leitmotiven*."

으로 아울러 강조된다:

- Die Mutter hatte sich über mich hingebeugt
- Clara hatte sich über ihn hingebeugt

주도모티브 항에서 결정적인 것은 원칙적으로 그 용어 자체가 아니라, 그 배후에 놓여있는 반복의 현상이다. 한 텍스트 내에서 되풀이되고 있는 음성학적-의미론적 단위 — 형태소, 단어, 구, 관용어 등 — 는 원칙적으로 특별한 주의가 요청된다. 이때 간단한 반복은 한계의 경우에 해당되며, 여러 번의 반복은 원칙적인 경우이다. 이 경우 주의를 요하는 것은, 몇몇 주도모티브들은 다른 모티브들과 더불어서 모티브 그룹(클러스터)으로 관련된다는 점이다. 예를 들어서 Flur라는 단어는 「모래귀신」 텍스트에서 겨우 4회 등장한다. 그렇지만 Haus → Zimmer → Kammer → Flur(Korridor) → Fenster → Gardine라는 일련의 단어들 내부에서 분명하게 한 주도모티브 복합체의 요소인 이러한 복합체의 출발점이자 완결점은 Haus-모티브이다. Haus는 이 소설에서 이중적 관점에서 역할을 맡고 있다. 첫째는 구체적으로 어떤 보호를 해내지 못하고 불길한 것의 침입을 허용하는 역할이며, 둘째는 추상적으로 그와 관련된 내부-외부 관계에 근거한 역할이다. 이러한 관계는 눈-모티브의 형상에서만이 아니라 전체 소설에 관류하고 있다. 한 언어단위는 주도모티브 다발에 수렴됨으로써, 이 언어단위 스스로 주도모티브의 성격을 지니게 된다.

우선 다음의 주도모티브 목록은 자모의 순서에 따라 배치한다. 등장 회수는 괄호 속에 덧붙인다. 복합어와 파생어는 별다른 언급 없이 함께 처리했다. 그리하여 Wolken이라는 중심어가 Wolkenschatten, Dampfwolken, Wolkenschleier, 그리고 형용사적 파생어인 wolkenlos까지를 포함한다. 주도모티브 복합체는 화살표로 암시된다. 물론 다만 암시적으로 불완전한 상태이다. 그렇게 해서 Angst라는 단어는 내용적으로 친족 관계에 있는 다른 단어들과 연결되며, 그런 식으로 "공포(Schrecken)의 어휘장"을 형성한다. 모든 주도모티브를 주도모티브 체계로 작성하는 철저한 연결은 시도하지 않았다. 이것은 다른 연구에서 취할 바이다.

Abend/abends (5) → Nacht (하루의 때)

Angst (9) → Schrecken의 어휘장

Ahnung (7)

Augen (69) → Perspektiv → 광학 기구

Automat (4) → (Holz-)Puppe

Bild (Engelbild와 같은 연결에서) (14) → Gebilde (4)

bleich (4)

Blick/blicken (28)

Blut/blutig (10)

Busch (2)

Dampf/dampfen (4)

drei (6, 함축적으로는 더 자주)

dröhnen (6) → Geräusche의 어휘장

dunkel (11) → düster (9) → finster (4)

Engel/Engelsbild/engelschön (4) → Himmel/himmlisch

Entsetzen/entsetzlich 등 (21)

entzünden (6) → Feuer의 어휘장

Faust/Fäuste (7) → Gewalt의 어휘장

Fenster (8)　Gardine, Zimmer, Flur, Haus

Feuer (14) → Flamme, flammend → entzünden

Flamme/flammend 등 (9) → Feuer

Flur (3) → Haus 등

fürchten/fürcherlich (10) → Schrecken의 어휘장

Gardine (5) → Haus 등

Getöse (3) → Geräusche의 어휘장

glühen (12) → Feuer의 어휘장

gräßlich (10) → Schrecken의 어휘장

grau (4) → schwarz, azur 등 Farbe의 어휘장

graus/en (4), grausig (4) → graulich (2) → Schrecken의 어휘장

Haus (17) + Haustür, Hausflur, Landhaus, 그러나 Tollhaus는 제외 → Zimmer,
        Kammer, Kämmerchen, Flur (Korridor), Fenster, Gardine

heiser (4)

heiter (10) → hell, klar (Clara)

hell (13) → leitete mich ein Engel auf den *lichten* Pfad → heiter → himmlisch

Himmel/himmlisch (14) → hell → heiter

hingebeugt (2)

Höhle/Höhlung (3) → "coppo" (= die Augenhöhle)

hold (6), holdlächelnd (2) → Unhold (3)

kalt (12) → 대 glühend

klar (4) → Clara

klein (21)

krampf(haft) (4) → Gewalt의 어휘장

lachen/lächeln (24)

Leben, leben, lebendig 등

Mechanismus (1), Mechanikus (3) mechanisch (1) → Automat, Holzpuppe

Mittag/s/stunde 등 (4) → 하루의 때: abends

Nacht/Mitternacht 등 (6) → Abend/abends (5)

Perspektiv (6) = Glas (7) → 시각적 기구 → Auge

Puppe (1), Holzpuppe (3), Holzpüppchen (5) → Automat (4) → Mechanismus rasend (5) → Wahn의 어휘장

Riesen (6), 그 중에서도: weißhäuptige Riesen, mit Riesenkraft, Riesenschatten, Riesenstadt → Bedrohung의 어휘장

schwarz (11) → Bedrohung의 어휘장

sehen/blicken/gucken → Blick → Augen → Perspektiv

Spiegel/spiegeln (6) → 시각적 기구

starr/starren (15) [내적으로는 leblos] → 대 glühen/glühend (15)

Ton (4) → Gräusch의 어휘장

Tod/tot (16)

Traum (5), Träume (3), Träumereien 등 (12) → 대 Wirklichkeit/wirklich [Clara 의 의미에서]

Treppe (12) → Haus

Tür (25), 그 중에서 Haustür, Stubentür, Glastür, Gartentür → Haus

verzweifelt/Verzweiflung (5)

wirklich (10) → 대 Traum

Wolken (5)

zerrissen (4) → Gewalt의 어휘장 → 서술원칙(Erzählprinzip)으로서 함축적 으로

Zimmer (19), Kammer/Kämmerchen (4), 총 (23) → Haus

zuck/en (3) Gewalt의 어휘장

주도모티브 drei에 관해서는 다음을 추가하고자 한다. 숫자 drei는 현현 적으로만이 아니라 함축적으로 전체 텍스트를 관류한다:

drei (현현적으로)
    - *die drei Briefe*

- *seit drei Tagen, in denen er an jener Dichtung schrieb*
- *die drei versöhnten Menschen*
- *drei selige Tage*
- *"Tre Zechini - drei Dukat"*

drei (함축적으로)
- 서술자는 3회에 걸쳐 주석에 관해 언급한다
- 서술자는 3가지 가능한 서술시작을 버린다
- 코펠리우스는 3회 다시 돌아온다
- 나타나엘은 3회 광증에 빠지는데, 매번 더욱 점증된 형태가 된다
- 나타나엘을 중심으로 하는 등장인물의 좌표들은 '3차원'으로 분류되어 있다 (= 매번 3인으로): 유년 시절: (1) 나타나엘, (2) 아버지 [선한], (3) 코펠리우스 [악한]; 청년기: (1) 나타나엘, (2) 스팔란짜니 [처음에는 선한 것 같지만, 불균형], (3) 코폴라 [악한]; (1) 나타나엘, (2) 클라라 [매력없는], (3) 올림피아 [매력있는]

3.3 참고 문헌

원전:

E.T.A. Hoffmann: Der Sandmann. Herausgegeben von Rudolf Drux. Stutgart 1993 (Reclam Universal-Bibliothek 230).

E.T.A. Hoffmann: Fantasie- und Nachtstücke. Fantasiestücke in Callots Manier. Nachtstücke. Seltsame Leiden eines Theater-Direktors. Winkler Verlag: München 1976.

Steinbach, Dietrich: E.T.A. Hoffmann. Ein universaler Künstler mit Materialien. Auswahl der Texte und der Materialien von Hans-Ulrich Lindken, Klett: Stuttgart 1984.

이차 문헌:

박계수: E.T.A. Hoffmann의 「모래요정 Der Sandmann」에 나타난 현실인식의 문제,『독일문학』제 40집, (1991), 318-340면.

천현순:『E.T.A. Hoffmann의 「모래인간 Der Sandmann」에 나타난 서술자의 자아인식과정』, 이화여자대학교 대학원 석사학위 청구논문, 1994.

최민숙: 에. 테. 아. 호프만의 「모래인간」 연구,『정천 강희영교수 정년기념 논문집』, (1989), 401-446면.

임정택: 에. 테. 아. 호프만의 「모래귀신」에 있어서의 계몽과 낭만의 이중담론,『독일문학』제 52집, (1994), 26-57면.

Belgardt, Raimund: Der Künstler und die Puppe. Zur Interpretation von Hoffmanns "Der Sandmann". In: The German Quarterly 42 (1969), S. 686-700.

Brüggemann, Heinz: Das eingeschlossene Frauenbild oder Die Automate im Fenster - Figuration des Wahrnehmungsbegehrens. E.T.A. Hoffmann, "Der Sandmann" und "Das öde Haus". In: Ders.: Das andere Fenster. Einblicke in Häuser und Menschen. Zur Literaturgeschichte einer urbanen Wahrnehmungsform. Frankfurt am Main (1989), S. 121-152.

Choe, Min Suk: Vergangenheitsbewältigung durch Fremdsprachenliteratur. Grundprobleme bei der Vermittlung der deutschen Literatur in Korea. In: Jahrbuch Deutsch als Fremdsprache. Bd. 17, München (1991). S. 94-103.

Choe, Min Suk: Vermittlung europäischer Kultur in Korea am Beispiel eines deutschen Romantikers: E.T.A. Hoffmann. In: E.T.A. Hoffmann-Jahrbuch 1992-93, Berlin (1993), S. 209-222.

Detering, Klaus: Die Poetik der inneren und äußeren Welt bei E.T.A. Hoffmann. Zur Konstitution des Poetischen in den Werken und Selbstzeugnissen. Frankfurt am Main / Bern / New York 1991.

Drux, Rudolf: Marionette Mensch. Ein Metaphernkomplex und sein Kontext von E.T.A. Hoffmann bis G. Büchner. München (1986), S. 80-100.

Drux, Rudolf: Nachwort zu: E.T.A. Hoffmann: Der Sandmann. Stuttgart (1991), S. 59-74 (Reclam Universal-Bibliothek 230).

Drux, Rudolf: E.T.A. Hoffmann. Der Sandmann. Erläuterungen und Dokumente. Stuttgart 1994 (Reclam Universal-Bibliothek 8199).

Feldges, Brigitte / Ulrich Stadler: E.T.A. Hoffmann. Epoche, Werk, Wirkung. München (1986), S. 135-152.

Freund, Winfried: Literarische Phantastik. Die phantastische Novelle von Tieck bis Storm. Stuttgart / Berlin / Köln 1990. [Darin: Das verblendete Bewußtsein - E.T.A. Hoffmann: "Der Sandmann" (1817), S. 85-98]

Gendolla, Peter: Die lebenden Maschinen. Zur Geschichte des Maschinenmenschen bei Jean Paul, E.T.A. Hoffmann und Villiers de l'Isle-Adam. Marburg (1980), S. 164-189.

Giese, Peter Christian: E.T.A. Hoffmann. Der Sandmann. Lektürehilfen. Stuttgart 1993.

Grop, Hans: Puppen, Engel, Enthusiasten. Die Frauen und die Helden im Werke E.T.A. Hoffmanns. Bern / Frankfurt am Main / New York 1984.

Hartung, Günter: Anatomie des Sandmanns. In: Weimarer Beiträge 23, Heft 9 (1977), S. 45-65.

Heinritz, Reinhard: Teleskop und Erzählperspektive. In: Poetica 24, Heft 3/4

(1992), S. 341-355.

Hohoff, Ulrich: E.T.A. Hoffmann: Der Sandmann. Textkritik, Edition, Kommentar. Berlin 1988.

Janßen, Brunhilde: Spuk und Wahnsinn. Zur Genese und Charakteristik phantastischer Literatur in der Romantik, aufgezeigt an den "Nachtstücken" von E.T.A. Hoffmann. Frankfurt am Main / Bern / New York 1986.

Kaiser, Gerhard R.: E.T.A. Hoffmann. Stuttgart 1988 (Sammlung Metzler. Bd. 243) [Zu den "Nachtstücken" siehe S. 51-62].

Kaulbach, Friedrich: Das perspektivische Wirklichkeitsprinzip in E.T.A. Hoffmanns Erzählung "Der Sandmann". In: Perspektiven der Philosophie. Neues Jahrbuch 6 (1980), S. 187-211.

Koebner, Thomas: E.T.A. Hoffmann. Der Sandmann (1816). Fragmentarische Nachricht vom unbegreiflichen Unglück eines jungen Mannes. In: Erzählungen und Novellen des 19. Jahrhunderts. Interpretationen. Bd.1. Stuttgart (1988), S. 257-307 (Reclam Universal-Bibliothek 8413).

Köhn, Lothar: Vieldeutige Welt. Studien zur Struktur der Erzählungen E.T.A. Hoffmanns und zur Entwicklung seines Werkes. Tübingen (1966), S. 91-108 (Studien zur deutsche Literatur. Bd. 6).

Kremer, Detlev: "Ein tausendäugiger Argus". E.T.A. Hoffmanns "Sandmann" und die Selbstreflexion des bedeutsamen Textes. In: Mitteilungen der E.T.A.

Hoffmann-Gesellschaft 33 (1987), S. 66-90.

Lee, Hyun-Sook: Die Bedeutung von Zeichen und Malerei für die Erzählkunst E.T.A. Hoffmanns. Frankfurt am Main / Bern / New York 1985 (Würzburger Hochschulschriften zur neueren Literaturgeschichte. Bd. 7).

Lehmann, Hans-Thies: Exkurs über E.T.A. Hoffmanns "Sandmann". Eine texttheoretische Lektüre. In: Gisela Dischner / Richard Faber (Hrsg.): Romantische Utopie. Utopische Romantik. Hildesheim (1979), S. 301-323.

Lim, Jeong-Taeg: Don Sylvio und Anselmus. Untersuchungen zur Gestaltung des Wunderbaren bei C.M. Wieland und E.T.A. Hoffmann. Frankfurt am Main / Bern / New York 1988 (Europäische Hochschulschriften. Reihe 1, 1054)

Matt, Peter von: Die Augen des Automaten. E.T.A. Hoffmanns Imaginationslehre als Prinzip seiner Erzählkunst. Tübingen (1971). [Darin: Die Augen der Olimpia, S. 76-116] (Studien zur deutschen Literatur. Bd. 24).

Merkl, Helmut: Der paralysierte Engel. Zur Erkundung der Automatenliebe in E.T.A. Hoffmanns Erzählung "Der Sandmann". In: Wirkendes Wort 38 (1988), S. 187-199.

Motekat, Helmut: Vom Sehen und Erkennen bei E.T.A. Hoffmann. In: Mitteilungen der E.T.A. Hoffmann-Gesellschaft 19 (1973), S. 17-27.

Müller, Udo: "Verlorene Worte" und "Hieroglyphe der inneren Welt". Romantische Schwierigkeiten mit der Sprache und anderen Kunstmedien. In:

Der Deutschunterricht 39 (1987), S. 5-25.

Nehring, Wolfgang: E.T.A. Hoffmanns Erzählwerk. Ein Modell und seine Variationen. In: Zeitschrift fur deutsche Philologie 95. Sonderheft E.T.A. Hoffmann (1976), S. 3-24. Als überarbeitete Version auch in: Ders.: Spätromantiker. Eichendorff und E.T.A. Hoffmann. Göttingen (1997), S. 119-141.

Obermeit, Werner: Das unsichtbare Ding, das Seele heißt. Die Entdeckung der Psyche im bürgerlichen Zeitalter. Frankfurt am Main 1980. In: Anke Ehlert (Hrsg.): Das Wort. Germanistisches Jahrbuch der GUS-Staaten 1996. Deutscher Akademischer Austauschdienst. Bonn. Ohne Jahrgang, S. 67-78.

Oettinger, Klaus: Die Inszenierung des Unheimlichen. Zu E.T.A. Hoffmanns Erzählung "Der Sandmann". In: Anke Ehlert (Hrsg.): Das Wort. Germanistisches Jahrbuch der GUS-Staaten 1996. Deutscher Akademischer Austauschdienst. Bonn. Ohne Jahrgang, S. 11-23.

Orlowsky, Ursula: Literarische Subversion bei E.T.A. Hoffmann. Nouvelles vom "Sandmann". Heidelberg 1988.

Pikulik, Lothar: Romantik als Ungenügen an der Normalität. Am Beispiel Tiecks, Hoffmanns, Eichendorffs. Frankfurt am Main 1979.

Preisedanz, Wolfgang: Eines matt geschliffnen Spiegels dunkler Widerschein. E.T.A. Hoffmanns Erzählkunst. In: E.T.A Hoffmann. Hrsg. von Helmut Prang. Darmstadt (1976), S. 270-291 (Wege der Forschung. Bd. 486).

Rohrwasser, Michael: Coppelius, Cagliostro, Napoleon. Der verborgene Blick E.T.A. Hoffmanns. Ein Essay. Frankfurt am Main 1991.

Rohrwasser, Michael: Optik und Politik. Die Figur des Zauberers bei E.T.A. Hoffmann: In: Text und Kritik: Zeitschrift für Literatur. Sonderband "E.T.A. Hoffmann". München (1992), S. 32-44.

Schmidt, Jochen: Die Krise der romantischen Subjektivität. E.T.A. Hoffmanns Künstlernovelle "Der Sandmann" in historischer Perspektive. In: Literaturwissenschaft und Geistesgeschichte. Festschrift fur Richard Brinkmann. Hrsg. von J. Brummack u.a. Tübingen (1981), S. 348-370.

Stegmann, Inge: Die Wirklichkeit des Traumes bei E.T.A. Hoffmann. In: Zeitschrift für deutsche Philologie. Bd. 95 (1976), S. 64-93.

Steinecke, Hartmut: E.T.A. Hoffmann. Stuttgart (1997), S. 103-112 (Reclam Literaturstudium).

Vedenkova, Maja S. / Julia G. Perlyna: "Der Sandmann" von E.T.A. Hoffmann - Kerngedanke des Werks aus linguostilistischer Sicht. In: Anke Ehlert (Hrsg.): Das Wort. Germanistisches Jahrbuch der GUS-Staaten 1996. Deutscher Akademischer Austauschdienst. Bonn. Ohne Jahrgang, S. 67-78.

Vietta, Silvio: Das Automatenmotiv und die Technik der Motivschichtung im Erzählwerk E.T.A. Hoffmanns. In: Mitteilungen der E.T.A. Hoffmann-Gesellschaft 26 (1980), S. 25-33.

Waldmann, Günter: Produktives Verstehen mehrperspektivischen Erzählens. E.T.A. Hoffmanns "Der Sandmann". In: Diskussion Deutsch 23 (1992), S. 411-425.

Walter, Jürgen: Das Unheimliche als Wirkungsfunktion. Eine rezeptionsästhetische Analyse von E.T.A. Hoffmanns Erzählung "Der Sandmann". In: Mitteilungen der E.T.A. Hoffmann-Gesellschaft 30 (1983), S. 15-33.

Wawrzyn, Lienhard: Der Automaten-Mensch. E.T.A. Hoffmanns Erzählung vom "Sandmann". Mit Bildern aus Alltag und Wahnsinn. Auseinandergenommen und zusammengesetzt von L. W. Neuausgabe. Berlin 1990 (Wagenbachs Taschenbücherei 177).

심리분석적 해석에 관한 것

Aichinger, Ingrid: E.T.A. Hoffmanns Novelle "Der Sandmann" und die Interpretation Freuds. In: Zeitschrift für deutsche Philologie. Bd. 95 (1976), S. 113-132.

Bittner, Günther: Das Sterben denken um des Lebens willen. Frankfurt am Main 1995, S. 53-60. (Fischer Taschenbuch).

Freud, Sigmund: Das Unheimliche (1919). In: Psychoanalytische Schriften. Studienausgabe. Bd. 4. Hrsg. von Alexander Mitscherlich u.a. Frankfurt am Main (1970), S. 241-274.

Mahlendorf, Ursula: E.T.A. Hoffmanns "Sandmann". Die fiktive Psycho-Biographie eines romantischen Dichters. In: Psychoanalyse und das Unheimliche. Essays aus der amerikanischen Literaturkritik. Hrsg. und mit einem Vorwort von Claire Kahane. Bonn (1981), S. 200-227.

Kittler, Friedrich A.: "Das Phantom unseres Ichs" und die Literaturpsychologie: E.T.A. Hoffmann - Freud - Lacan. In: Urszenen: Literaturwissenschaft als Diskursanalyse und Diskurskritik. Hrsg. von F. A. Kittler und Horst Turk. Frankfurt am Main (1971), S. 258-291.

Sommerhage, Claus: Über Poetik und Psychologie in E.T.A. Hoffmanns Nachtstück "Der Sandmann". In: Zeitschrift für deutsche Philologie 106 (1987), 513-534.

Würker, Achim: Das Verhängnis der Wünsche. Unbewußte Lebensentwürfe in Erzählungen E.T.A. Hoffmanns. Mit Überlegungen zu einer Erneuerung der psychoanalytischen Literaturinterpretation. Frankfurt am Main 1993 (Fischer Taschenbuch). Darin Kapitel III: Tiefenhermeneutische Interpretation von E.T.A. Hoffmanns Erzählung "Der Sandmann", S. 87-128

3.4 호프만 Ernst Theodor Amadeus Hoffmann 연보

1776 1월 24일 쾨니히스베르크에서
　　　궁정법원 변호사 Christoph Ludwig의
　　　3자로 출생,
　　　세례명 Ernst Theoder Wilhelm.
1778 부모의 이혼, 모친은 아들을 데리고
　　　친정어머니에게로 이주.
1782 쾨니히스베르크에서 학업 시작.
1786 평생지기 Theoder Hippel과의 교우.

1790 성당의 올갠주자에게서 음악수업,
　　　한편으로 미술수업도.

1792 쾨니히스베르크대학에서 법학공부
　　　시작.
　　　작곡, 회화, 스케치 등을 함.
1794 10년 연상의 Dora Hatt (= Cora)와
　　　연애 시작.
1795 1차 사법시험 합격.
　　　쾨니히스베르크 고등법원(Auskulator).
　　　『신비한 사람』 등 분실된 소설들 작업.
1796 3월 모친 사망. 6월에 글로가우로 이주,

1776 미국 13주 독립선언

1781 칸트:『순수이성비판』

1786 모차르트:
　　　『피가로의 결혼』,
　　　프리드리히 II세 사망
1787 모차르트:『돈 죠반니』
1788 칸트:『실천이성비판』
1789 프랑스혁명 시작
1790 칸트:『판단력 비판』

1791 모차르트:『마적』, 사망
1792 프랑스 공화국 체제,
　　　1차 연합전쟁 시작(프)

1794 로베스피에르 실각

1795 괴테:『빌헬름
　　　마이스터의 수업시대』
　　　프랑스 집정내각

대부겸 외삼촌 J. L. Doerffer댁 거주.

1797	4월 인스터부르크에서 부친 사망. Johannes Hampe와 교우 시작.	1797	티크:『장화신은 고양이』 쉘링:『자연철학에 　　대한 표상』
1798	외사촌 Wilhelmine Constantine Doerffer (= Minna)와 약혼. 2차 사법시험 합격. 베를린 고등법원(Referendar). Reichardt에게서 음악수업.	1798	잡지『Athenäum』 초간 쉘링:『세계영혼에 　　관하여』
1799	음악극『가면 Die Maske』의 가사를 쓰고 작곡.	1799	나폴레옹 집권, 2차 연합전쟁 시작, 베를린에 최초의 증기선
1800	3차 사법시험 합격, 포센으로 이동(Assessor). Jean Paul과 교우.	1800	장 파울:『거인』(~03) 피히테:『폐쇄된 　　무역국가』
		1801	노발리스 사망
1802	참사관(Regierungsrat)에 임명. 2월 포센지방 실력자들을 희화한 캐리커처 파동으로 플록으로 좌천. Minna와 파혼, Maria Thekla Michaelina Rorer-Trazcińska (= Micha)와 결혼. 여름에 플록으로 이주.		
1804	2월 바르샤바의 참사관(Regierungsrat). Julius Eduard Hitzig와 교우.		
1805	딸 Cäcilia 출생. 음악협회 부회장, 최초의 지휘봉 잡음. 모차르트에 대한 숭배의 뜻에서	1805	3차 연합전쟁 시작

세 번째 세례명을 "Amadeus"라고 개명.

1806 11월 프랑스의 침공으로 실직.	1806 4차 연합전쟁 시작, 라인연방 창설, 아르님/브렌타노: 『소년의 마적』
1807 연초에 아내와 딸은 친척집이 있는 포센으로, 6월 베를린에서 합류. 예술을 천직으로 시도. 기아와 궁핍의 세월 시작. 8월 두 살박이 딸 사망.	1807 헤겔: 『정신 현상학』
1808 4월 밤베르크 극장의 악장. 오케스트라 지휘에 실패, 작곡만. 9월에 아내와 밤베르크에서 합류.	1808 베토벤: 『제 5 심포니』
1809 2월 『기사 글룩 Ritter Gluck』 출판. 이후 음악지 『A. M. A.』에서 활동. 3월 포도주상 F. C. Kunz와 교우. Cuno가 경영하던 밤베르크극장의 파산. 음악교습.	1809 5차 연합전쟁 시작
1810 Franz von Holbein이 극장을 인수, 연출가, 작곡가, 무대장치사로서 종사. 「악장 크라이슬러의 음악적 고뇌 Johannes Kreislers, des Kapellmeisters, musikalische Leiden」기고.	1810 베를린 대학 창설
1811 성악지도를 받던 제자 Julie Mark에 사랑에 빠짐.	1811 클라이스트 자살 얀의 체조교실 창설 클루게: 『동물자기학서설』
1812 홀바인의 총감독직 사직으로 실직.	1812 헤겔: 『논리학』

Julie 사건의 정점, 9월 소풍 중의 사건으로 결별. 9월 『Don Juan』 집필.	프랑스군 러시아 원정 프로이센 유태인 해방
1813 2월 J. Seconda 제안으로 드레스덴 음악감독직 수락. Kunz와 출판 계약. 4월 드레스덴으로 이주.	**1813** "해방전쟁" 시작(~15), 라이프치히의 민중학살
1814 Seconda에게서 해임, Hippel의 조력으로 공직에 복귀. 베를린 고등법원. Hitzig와 해후, Fouqué, Chamisso, Tieck, Bernhardi, Philipp Veit 등과 교우. 『환상집 Fantasiestücke in Callot's Manier』 출판(~15).	**1814** 나폴레옹 엘바섬 귀양, "비인 회의"(~14)
1815 Taubenstraße 31번지로 이사. Brentano와 만남. Devrient와 교우. 『악마의 영약 Die Elixiere des Teufels』 출판(~16). 11월 「모래귀신 Der Sandmann」 탈고.	**1815** 나폴레옹 귀환, 워털루전쟁, "신성동맹"(독-오-러)
1816 고등법원 판사(Kammergerichtsrat). 『야상집 Nachtstücke』 출판(~17). 오페라『Undine』 베를린 초연 『아더왕의 궁전 Der Artushof』 출판.	**1816** 괴테 이탈리아 여행
1817 화재로『Undine』의 무대장치 소멸. 동화『이상한 아이 Das fremde Kind』, 여성문고『Rath Krespel』 출판.	
1818 연초에 중병. 여름에 고양이를 얻어서 "Murr"라 명명.	

11월 Hitzig, Contessa, Koreff와 더불어
"Serapions-Brüder" 모임 새로이 결성.
세 친구들의 생애의 단편 Ein Fragment
aus dem Leben dreier Freunde」등
단편들 여러 잡지에 출판.

1819 『세라피온 형제들 Die Serapions-
Brüder』 출판출판(~21).
반역 활동 조사 위원회위원,
체포된 민주인사들의 석방을 요청하여,
정부와 마찰.
『수코양이 무르 Kater Murr』 출판(~22).
그 밖에도 『극장장의 묘한 고뇌
Seltsame Leiden』 등 출판.

1819 쇼펜하우어: 『의지와
표상으로서의 세계』
(~44)

1820 프로이센 정부와 마찰 계속.
『브람빌라공주 Prinzessin Brambilla』 출판.

1821 다시 발병 (고양이는 11월 말경 사망).

1821 베버: 『자유의 사수』
헤겔: 『법철학 기저』
나폴레옹 사망

1822 연초에 중병.
『벼룩 대장 Meister Floh』으로
경찰서장 Kamptz와 접전.
1월 23일 『벼룩 대장』 압류.
2월 22일 프리드리히 빌헬름 III세의 명으로
병상의 호프만 심문.
3월 23일 호프만은 변호서 받아쓰게 함.
『벼룩 대장』은 4월호부터
『Der Zuschauer』지에 실리기 시작,

문제의 Knarrpanti-Episode를 삭제 출판.
6월 25일 베를린에서 사망.

주요 출처:

Eberhard Roters: E.T.A. Hoffmann. Stap Verlag Berlin. Ohne Jahrgang
    (Preußischer Köpfe. Literatur)
Brigitte Feldges / Ulrich Stadler: E.T.A. Hoffmann. Epoche - Werk - Wirkung.
    München 1986.

3.5 「모래귀신」 한글판

나타나엘이 로타르에게 I

(1815)

틀림없이 그쪽 식구들 모두는 내가 이렇게 오래 — 오랫동안 편지를 보내지 않아서 불안해들 하겠지. 어머니는 아마 노하시고, 클라라는 내가 여기서 호화방탕 세월을 보내며 내 사랑스런 천사의 상, 내 가슴과 마음 속 깊이 새겨진 상을 완전히 깡그리 잊어버린 것이라 생각할지도 모르지. — 하지만 그 작자는 그렇지가 못하다네. 날이면 날마다 시간 시간으로 자네들 모두들 생각하며, 달콤한 꿈속에서는 내 사랑스런 클래르헨의 상냥한 자태가 나타나서는, 그 맑은 눈으로 우아하게 내게 미소를 보내곤 한다네, 내가 식구들에게 가곤 했을 때면 늘 그러하듯이 말일세. — 아 그런데 내 모든 사고를 혼란시키는 이런 정신의 분열을 느끼면서, 내 어찌 집에다 편지를 쓸 수가 있겠는가! — 뭔가 끔찍한 것이 내 인생에 침입해 왔다니까 그래! — 나를 위협하는 소름끼치는 운명의 어두운 예감이 마치 검은 구름의 그림자처럼 내 위를 덮쳐 오고 있음이야, 우정어린 햇살이 전혀 스며들지 못하게끔. — 이제 내게 무슨 일이 벌어졌는지 자네에게 말해야 하겠지. 그래야지, 나도 알고 있어. 하지만 그저 그걸 생각만 해도, 그게 날 미친 듯이 조소하는 거야. — 아, 진정한 친구 로타르여! 며칠 전에 내게 일어난 일이 정말이지 내 인생을 송두리째 뒤집어 파멸시킬 수 있음을 자네가 얼마만큼이라도 알아듣게끔 하려면, 대체 어떻게 이야기를 시작해야 할까! 만일 자네가 이곳에 있다면 직접 볼 수 있을 것을. 하지만 지금 자넨 나를 미쳐 버린 신들린 놈이라고 치부하겠지. — 거두절미하고, 내게 일어났던 끔찍스러운 일의 정체는, 물론 난 그 치명적 인상에서 벗어나려고 노력하지만 그게 허사네 그려, 그러니까 그 일은 다름 아닌 며칠 전, 그래 10월 30일 정오 12시에 한 청우계 행상이 내 방으로 들어와서 물건을 사라고 했던 일일세. 난 아무 것도 사지 않았고, 그를 층계로 냅다 던져 버리겠노라고 위협조로 말했지. 그 말에 그 사람은 제 발로 가 버렸다네.

그렇담 자네도 짐작할 게야, 아주 특별한, 내 인생에 깊이 맞물려 있는 고리들만이 이 뜻밖의 사건에 어떤 의미를 부여하리라, 그래 어쩌면 그 불길한 행상이란 인물이 내게 전적으로 나쁜 영향을 끼치고야 말 것이라고. 그게 실제로 그렇다네. 지금 나는 온 힘을 다해서 정신을 가다듬고서 자네한테 침착하고 참을성 있게 내 유년 시절의 이야기를 많이 들려주어 자네의 그 왕성한 감각에 모든 것이 명명백백하게 빛나는 상들로 떠오르게끔 하려고 애쓰고 있네. 이제 이야기를 시작하려고 하니, 내 귀에는 벌써 자네의 웃음소리가 들려 오고, 클라라가 "그건 진짜 어린애들 얘기로군요!"라고 말하는 것만 같으이. — 다들 웃게나, 부탁이야. 진정으로 날 비웃어 주게나! — 정말 부탁일세! — 그렇지만 오 하느님! 난 지금 머리카락이 곤두서고, 내 자네들한테 날 비웃어 달라고 간청하는 것이 마치 프란츠 모어가 다니엘에게 그랬듯이 미친 듯한 절망에서 하는 느낌이야. 자 이제 이야기를 계속하지!

점심 식사시간을 제외하고는 우리는, 나하고 누이 말일세, 하루 종일 아버지를 별로 볼 기회가 없었다네. 아버지는 직무에 몹시 바쁘셨나 봐. 예로부터의 관습에 따라 벌써 일곱 시면 음식을 내놓았던 저녁 식사가 끝나면 우리 모두는, 어머니도 우리와 함께, 아버지의 서재로 가서는 탁자에 둘러앉곤 했었지. 아버지는 여송연을 한 대 피워 물고, 거기에다 큰 잔 가득 맥주를 드셨다네. 아버지는 가끔 우리에게 많은 신기한 이야기를 들려주셨는데, 거기에 너무 열중하신 나머지 매번 파이프의 불이 꺼져버리는 거야. 그러면 나는 불붙인 종이를 들고 서서 아버지께 다시 불을 붙여 드려야 했는데, 그건 나로서는 절묘한 재미였다네. 그러나 가끔은 아버지가 우리에게 그림책을 손에 들려주시고는 말없이 굳은 채 안락의자에 앉아서 짙은 연기 구름만 내뿜으실 때도 있었는데, 그러면 우리는 그만 안개 속을 헤엄치는 기분이었어. 그런 날 저녁이면 어머니는 매우 슬퍼 보였고, 시계가 아홉 시를 채 치기도 전에 이렇게 말씀하셨지. "자 얘들아! — 자러 가야지! 자러 가자! 모래귀신 온다. 엄만 벌써 그 소리가 들리는걸." 그러면 나는 매번 정말로 뭔가 둔중하고 느린 발걸음이 층계를 덜거덕거리며 올라오는 소리를 들었어. 그게 모래귀신이었음에 틀림없어. 한 번은 그 무딘 발걸음 소리가 내게 특별히 섬뜩하고 무섭게 느껴졌고, 어머니에게 물었지. 어머니가 우리를 데리고 가시던 중이었어. "아이 엄마! 맨날 우릴 아빠에게서 쫓아내는 그 나쁜 모래귀신은 대체 누구야? — 대체 어떻게 생겼어?" — "모래귀신은 없단다, 아가." 어머니는 그렇게 대꾸하셨어. "엄마가 모래귀신 온다아 그러면 무슨 뜻이냐면, 너희들은 졸려요, 그래서 눈을 뜨고 있을 수가 없는 거야. 누군가가 너희들에게 모래를 뿌린 것처럼, 그런 말이지." — 어머니의 대답은 내게 만족스럽지 못했어. 그래, 내 어린 심정 속에는 어머니가 모래귀신을 부인하는 것은 오직 우리가 그를 무서워해서는 안되니까 그러신다는 생각이 분명히 전개되었어, 난 정말 매번 그가 층계를 올라오는 소리를 들었다니까. 이 모래귀신에 대해서 그리고 그와 우리 어린이들하고 무슨 관계인지 좀더 자세한 것을 알고 싶은 호기심에 넘쳐서, 난 드디어 내 어린 누이를 돌보아 주던 나이 든 아주머니에게 물어 보았지. "그게 대체 어떤 사람이야, 그 모래귀신?" "아이고, 우리 타넬헨", 아주머니는 이렇게 대꾸했어, "여태 그걸 몰라? 그건 나쁜 사람이에요. 그자는 아이들이 잠자리에 들지 않으려 하면 그런 애들한테 와 가지고선, 눈에다가 한 움큼 모래를 뿌리는 거야. 그럼 그게 그냥 피를 흘리며 머리로 튀어나온대. 그래 가지고선 그걸 자루 속에 집어넣어서 반달 나라로 가지고 가는 거야. 제 아이들에게 먹이로 주려는 거래, 그 녀석들은 거기 둥지에 앉아 있는데, 올빼미처럼 구부러진 부리 같은 주둥이를 하고서, 그걸로 사람의 아이들, 말 잘 안 듣는 꼬마 아이들의 눈알을 쪼아먹는 거래.” — 그러자 소름끼치게도 내 마음속에서는 무시무시한 모래귀신의 상이 완성된 거야. 그게 저녁에 층계를 덜그럭거리며 올라오면 나는 곧 공포와 경악에 몸을 떨었어. 어머니가 내 말에서 알아들으신 것은 오직 눈물 범벅이 되어 떠듬떠듬 쏟아 내는 “모래귀신! 모래귀신!” 하는 외침 뿐이었다나 봐. 그러고는 침실로 뛰어가, 아마 밤새도록 나는 무시무시한 모래귀신의 모습에 시달렸던 게야. — 난 벌써 유모가 이야기하던 모래귀신과 반달 나라에 있다는 그 새끼들의 둥지 이야기가 사실일 수 없음을 알게 될 만큼 충분히 자랐지. 그 동안 내게는 그 모래귀신이 무시무시한 유령으로 자리했고, 그가 층계를 올라올 때 뿐만이 아니라 아버지의 방문을 세차게 쥐어뜯고 들어서는 소리를 들을 때면, 나는 공포 — 경악에 사로잡혔다네. 때로는 그가 먼 데 가고 없을 때도 많았지만, 어느 때는 계속해서 자주 나타나곤 했어. 그것은 수년 동안 계속되었고, 나는 그 섬뜩한 유령 놀음에 친숙해질 수도 없었고, 그 무시무시한 모래귀신의 상이 내게서 퇴색되지도 않았다네. 아버지와 그의 교제는 내 환상을 사로잡아 점점 더 몰입하게 했지, 아버지에게 그 이유를 묻는다는 것은 이겨낼 길 없는 수줍음 때문에 차마 할 수가 없었고, 그러나 스스로 — 스스로 그 비밀을 탐구하는 일, 가공의 모래귀신을 목격하는 일, 그 일을 하고픈 흥미는 해가 감에 따라 내 맘속에서 점점 더 싹터 오르고 있었던 게야. 모래귀신은 나를 어린이의 심정 속에 그렇게 아주 쉽게 깃드는 신비의 모험적 행로로 데려갔다네. 요정, 마녀, 난쟁이 등등 전율적 이야기들을 듣거나 읽는 것 보다 내게 더 재미있는 일은 없었다니까. 그러나 가장 상석을 차지하는 것은 언제나 모래귀신이었지. 나는 그 기묘하고 혐오스런 형상을 책상에고 장롱에고 벽에고 할 것 없이 분필이며 목탄으로 마구 그려 놓곤 했었지. 내가 열 살이 되자, 어머니는 나를 아동실에서 내보내서 작은 방으로 옮기게 하셨는데, 그 방은 아버지의 방에서 그리 멀지 않은 복도에 위치했다네. 여전히 우리는 아홉 시가 치는 소리에 예의 그 미지의 인물이 집안에 들어오는 소리를 알릴 때면, 빨리 방을 떠나야 했어. 내 작은 방 안에서 나는 그가 아버지의 방으로 들어가는 소리를 들었고, 그 다음에는 내 기분에는 곧 집안에 희한한 냄새의 기묘한 증기가 피어 오르는 듯 했었지. 호기심과 더불어, 어떻게든 모래귀신을 알고 싶다는 용기가 점점 더 드높아 졌거든. 어머니가 지나가 버리신 뒤에면 나는 가 끔 재빨리 방에서 복도로 기어 나와 보았지만, 아무 것도 엿들을 수가 없었지. 모래귀신이 내게 보일 수 있겠다 싶은 자리까지 내가 나왔을 때 면, 그는 이미 문안으로 들어가 버렸기 때문이었어. 마침내는 거역할 수 없는 충동에 내몰리어, 나는 직접 아버지의 방안에 몸을 숨기고 모래귀 신을 기다려 보기로 결심을 했다네.

　　어느 날 저녁 나는 아버지의 침묵과 어머니의 슬픔으로 미루어 모래 귀신이 오리라는 것을 알아차렸고, 그래서 나는 피곤하다는 핑계를 대고 아홉 시가 되기 훨씬 전에 방을 나가서는 방문 바로 근처에서 피난처가 될 모퉁이에 숨었지. 대문이 삐걱거렸고, 느리고, 둔중한, 진동하는 발걸 음이 층계를 향했어. 어머니는 누이를 데리고 내 앞을 지나가셨지. 가만 히 — 가만히 나는 아버지의 방문을 열어 보았어. 아버지는 언제나처럼 문 쪽으로 등을 돌린 채로 말없이 굳은 채 앉아 계셨어. 아버지는 내가 문을 연 것을 못 알아채셨고, 나는 잽싸게 안으로 들어가서, 방문 바로 곁에 세워져 있는, 그 안에 아버지의 옷이 걸려 있는 문짝 없는 장롱 앞 에 쳐 놓은 커튼 뒤에 숨었지. — 점점 가까이 — 점점 더 가까이 발걸음 소리가 진동했고 — 밖에서는 기침 소리, 긁는 소리, 웅얼거리는 소리들 이 이상스레 들려 왔어. 내 가슴은 공포와 기대감으로 떨렸어. — 가까 이, 방문 바로 앞에서 뚜렷한 발소리 — 걸쇠를 세차게 치는 소리, 문은 절그렁거리며 팍 열리지 않나! — 나는 힘차게 남자답게 용기를 내어 조 심스레 앞을 내다보는 거야. 그랬더니 모래귀신이 방 한가운데 아버지 앞에 서 있지 뭐야. 등불의 밝은 빛이 그의 얼굴을 훤히 비추고 있다니까! — 모래귀신, 그 가공할 모래귀신은 다름 아닌 노 변호사 코펠리우스라네, 우리 집에서 가끔 점심을 함께 하시던 코펠리우스 말이야!

그런데 세상에서 가장 소름끼치는 모습이라 해도 바로 이 코펠리우스보다 내게 더 극도의 경악감을 불러일으킬 수는 없었을 게야. — 생각 좀 해봐, 균형없이 두툼한 머리통에, 누런 흙빛의 얼굴, 무성한 잿빛 눈썹에, 그 아래에는 한 쌍의 초록빛 고양이 눈이 찌를 듯이 빤짝거리는, 게다가 윗입술까지 덮는 크고 아귀 센 코를 지닌, 거대하고 어깨가 넓은 남자를. 비뚤어진 주둥이는 가끔 일그러지며 음흉한 웃음을 드러냈지. 그러면 두 뺨에는 검붉은 반점이 나타났고, 이상하게 내는 쉬잇 소리가 꽉 다문 이빨 사이로 흘러 나왔어. 코펠리우스는 항상 옛날식 디자인의 잿빛 나는 회색 저고리에, 꼭 그렇게 생긴 조끼에 똑같은 바지를 입고 나타났지만, 그건데 거기다가 검정색 양말과 작은 돌로 된 조임쇠가 붙어있는 구두를 신고 있었지. 작은 가발이 거의 머리 위 정수리까지 벗겨져 있고, 말아 붙인 고수머리는 크고 붉은 귀 저 위쪽에 붙어 있어서, 주름 장식의 깃을 고정시키는 은으로 된 핀이 내다 보였어. 전체적인 모습은 싫고 혐오스러웠지. 하지만 우리 어린아이들한테는 무엇보다도 그의 크고 매듭이 튀어나온 털 투성이 주먹이 죽도록 싫었어, 그래서 우린 그가 그 주먹으로 건드린 것이면 무엇이건 간에 더 이상 좋아하지도 못했지 뭔가. 그런데 그도 그 사실을 알아차렸어, 그 때부터 그는 케이크 한 조각이나 달콤한 과일 같은 것, 그러니까 사람 좋은 어머니가 우리에게 가만히 접시에 담아 주신 것들을 이런 저런 핑계를 대면서 만져 가지고서는, 우리로 하여금 두 눈에 맑은 눈물을 머금고서, 정말 기뻐했었을 맛있는 음식을 더 이상 즐길 수 없게 만드는 것, 구역질과 혐오감 때문에 못 먹게 하는 것이 그의 즐거움이 되었다네. 명절 같은 때에 아버지가 우리에게 조그만 잔에 달콤한 포도주를 따라 주셨을 때에도, 그는 똑같이 그런 짓을 하곤 했지. 그러면 그는 잽싸게 이쪽에서 저쪽으로 주먹을 대던가, 혹여 우리가 겨우 나직이 목메어 울면서 분통을 터뜨리면, 아예 잔을 들어 그 푸르스름한 입술에 대고서는 진짜로 악마처럼 웃어대는 거야. 그는 우리를 쬐그만 짐승들이라고 부르곤 했는데, 그가 와 있을 때면, 우리는 큰 소리를 내어서는 안되었지. 우린 다만 일부러 의도적으로 우리에게서 작은 즐거움까지도 망쳐 버리는 그 추하고 적의에 찬 남자를 저주했다네. 어머니도 우리와 마찬가지로 그 불쾌한 코펠리우스를 미워하시는 것 같았어. 왜냐하면 그가 나타나자마자, 어머니의 명랑함, 쾌활하고 사심없는 본성이 슬프고 암울한 엄숙함으로 바뀌었으니까. 아버지는 그 사람 앞에서 행동하시기를, 그가 무슨 더 높은 양반이나 되는 양, 그의 무례함을 다들 참아야 하고, 또 어떻게 해서든지 그의 좋은 기분을 지켜야 하는 것처럼 하셨지. 그는 그저 가만히 암시만 하면 되고, 그러면 좋아하는 음식이 요리되어 나오고 귀한 포도주가 대접되는 것이었다네.

그때 이 코펠리우스를 보았을 때, 난 무섭고도 놀라면서 내 마음속에서는 그 사람 말고는 어느 누구도 모래귀신일 수가 없다는 생각이 들었다네. 그러나 그 모래귀신은 이제는 반달에 있는 올빼미 둥지로 어린이들의 눈알을 가져간다는, 저 허황된 옛날 이야기에 나오는 도깨비가 아니었지 — 아니고 말고! — 모래귀신은 그가 개입하는 곳 어디에나 비탄을 — 곤경을 — 일시의, 그리고 영원한 파멸을 가져다주는 유령같은 요물이었던 것이야.

나는 단단히 마술에 걸리고 말았어. 발각이 되어 벌을 받게 될 위험을 무릅쓰고, 그리고 나중에 보면 내 생각이 확실했었지, 나는 엿듣느라고 머리를 커튼 사이로 내밀고서 서 있었지. 아버지는 코펠리우스를 장중하게 맞이하시는 거야. "자 어서! — 작업을", 이 사람은 쉰 목소리로 웅얼거리며 그렇게 외치더니 저고리를 벗어 던지는 것이었어. 아버지는 말없이 침울하게 잠옷 가운을 벗었고, 두 사람 모두 길고 검은 작업복을 입는 것이었어. 그들이 그 옷을 어디에서 꺼냈는지 난 그만 보지 못하고 빠뜨렸지 뭔가. 아버지가 벽장의 여닫이문을 열었지만, 그러나 내가 본 것은 그토록 오랫동안 그럴 것이라고 생각했었던 벽장이 아니었고, 차라리 검은 구멍 같은 것이었는데, 그 안에는 작은 부뚜막이 놓여 있었다네. 코펠리우스는 그 안으로 들어갔고, 푸른 불꽃이 부뚜막에서 타닥거리며 피어올랐어. 온갖 이상한 기구들이 사방에 흩어져 있었고. 오 맙소사! — 그런데 근엄하신 아버지가 불길 쪽으로 몸을 굽히자, 아버지는 전혀 딴판으로 보이시는 거야. 지독한, 발작적인 고통이 아버지의 온유하고 의젓한 생김새를 추하고 역겨운 악마의 모습으로 일그러뜨렸었나 봐. 아버지는 코펠리우스와 닮아 보였어. 코펠리우스는 타는 듯이 붉은 집게를 흔들고 있었는데, 그것을 가지고 짙은 연기 속에서 밝게 빛나는 덩어리를 꺼내서, 그것을 줄기차게 망치로 때리는 것이었어. 내게는 사방팔방에서 사람들의 얼굴이 보이는 것만 같았어, 하지만 눈이 없는 얼굴들 말이야 — 그 대신 끔찍한, 깊고 검은 공동만 있는. "눈알들아 나오너라, 눈알들아 나와!" 하고 코펠리우스는 먹먹한 웅얼거리는 소리로 외쳐 댔어. 너무도 격한 놀라움에 사로잡혀서 나는 그만 소리를 질러 댔고, 숨었던 곳에서 마루바닥으로 쓰러져 버렸지. 그러자 코펠리우스가 나를 붙들고는 "요 쬐그만 짐승! — 쬐그만 짐승!" 하면서 이를 갈고 투덜댔다니까 — 그러고선 나를 잡아 올리더니 부뚜막 위로 던져 버렸어, 그래서 내 머리카락이 그을리기 시작했지: "그래 우리한텐 눈알이 있다 — 눈알 말이야 — 딱 좋은 애들 눈알이다 왜." 코펠리우스는 그렇게 중얼거리고는, 타는 듯이 붉은 둥근 알들을 두 주먹으로 불길 속에서 꺼내어 내 눈에다 뿌리려고 했어. 그러자 아버지가 애원하듯이 두 손을 높이 들고 외치신 거야, "스승님! 스승님! 우리 나타나엘에게만은 눈을 그냥 놔두셔요 — 제발 그 애 눈일랑 그대로 놔두세요!" 코펠리우스는 째지는 소리로 웃어 재끼고는 소리쳤어, "그렇담 저 꼬마에게 그대로 두 눈을 갖게 놔두지,

그래 이 세상에서 징징 울어대며 제 몫 빌어먹게. 허나 이제 그렇담 어디 팔 다리 기관이나 제대로 검사해 볼꺼나." 그렇게 말하면서 그는 나를 어찌나 우악스럽게 붙잡았는지, 관절이 죄다 삐걱거릴 지경이었지, 그는 내 손을 돌려 뽑고 발을 뽑아 냈다가, 그것들을 곧 여기에다 쑤셔 넣었다가는 곧 저기에다가 쑤셔 넣는 것이었어. "이게 아무데도 잘 안 들어맞네! 첨에 있던 그대로가 잘 맞는구먼! ─ 그 영감이야 잘 알았것제!" 코펠리우스는 그렇게 쉬쉬 소리를 내며 중얼중얼했어, 하지만 내 사방 모든 것은 깜깜한 어둠으로 변해 버렸지, 갑작스러운 경련이 신경과 전신에 번갯불처럼 지나갔어 ─ 나는 더 이상은 아무것도 느낄 수가 없었다네. 부드럽고 따스한 입김이 내 얼굴 위에 와 닿았어, 나는 죽음의 잠에서 깨어나듯 깨어났고, 어머니가 나를 굽어보고 계셨던 것이야. "모래귀신 아직 있어?", 난 더듬거렸지. "아니다, 애야, 그 사람은 오래 오래 전에 가 버렸어요, 이젠 네게 아무런 손상도 입히지 않는단다!" ─ 어머니는 그렇게 말씀하시고, 다시 얻은 사랑하는 자식을 입맞추며 쓰다듬어 주셨다네.

내가 왜 이토록 자네를 지루하게 해야 하나, 진정 사랑하는 친구 로타르여! 내 이처럼 장황하게 일일이 이야기해야 하나, 아직도 할말은 많이 남아 있는데? 됐어, 그만하면 충분해! ─ 나는 엿듣는 중에 발각되었고, 코펠리우스에게서 폭행당한 것이야. 공포와 경악으로 나는 뜨거운 열이 올랐고, 그 고열로 수주 동안 누워 있었대나봐. "모래귀신 아직 있어?" ─ 이것이 내가 처음 내뱉은 건강한 말이었고, 나의 회복의, 나의 구원의 징표였다네. ─ 하나만 더 내 유년 시절의 가장 끔찍했던 순간을 자네한테 이야기하겠네. 그렇게 하고 나면 자네는 이제 나에게 모든 것이 빛바랜 것처럼 보인다고 하더라도 그게 내 시력이 약한 탓이 아님을, 암울한 숙명이 실제로 음울한 구름의 장막, 내가 어쩌면 죽어가면서나 찢어 버릴 수 있을 장막을 내 인생 위에 펼쳐 놓았음을 납득하게 될 게야.

코펠리우스는 더 이상 볼 수가 없었는데, 그가 그 도시를 떠났다는 소문이었어.

우리가 옛날의 변치 않은 관습에 따라 저녁이면 둥그런 탁자에 둘러앉게 된 것은 일년쯤인가 지나서였다네. 아버지는 매우 쾌활하셨고, 아버지가 청년 시절에 겪었던 여행에 관해서 많은 흥겨운 이야기를 해주셨어. 시계가 아홉 시를 쳤을 때, 그 때 우리는 갑자기 대문의 걸고리가 삐걱거리고, 느리고 쇳덩이 같이 무거운 발자국 소리가 굉음을 울리며 현관 마루를 지나 층계로 올라오는 소리를 들은 것이야. "저건 코펠리우스예요", 어머니가 하얗게 질려서 말하시더군. "그렇소! — 그건 코펠리우스요", 아버지는 힘없이 낙담한 어조로 같은 말을 반복하셨지. 어머니의 눈에서는 눈물이 솟구쳤어. "하지만 여보, 여보!" 어머니는 소리치셨어, "그것이 꼭 그래야만 하나요?" — "마지막이오!" 아버지는 그렇게 대꾸하셨어, "그가 나를 찾아오는 일은 이게 마지막이오, 내 당신한테 약속하리다. 자 이제 가요, 애들 데리고 가란 말이오! — 가요 — 자리에 들라니까! 잘 자요!"

나는 마치 무겁고 차디찬 바위로 눌리는 것 같은 느낌이었지 — 난 숨이 멎어 왔어! — 내가 꼼짝하지 않고 서 있자, 어머니가 내 팔을 잡으셨어. "이리 온, 나타나엘, 자 이리 오라니까!" — 나는 이끌리는 대로 내버려두었지, 내 방으로 들어 간 거야. "자 침착해라, 침착해, 자리에 누워요! — 잘 자라 — 잘 자거라", 어머니가 등뒤에서 말하셨어. 하지만 형용할 수 없는 내면의 공포와 불안에 시달려서, 난 조금도 눈을 감을 수가 없었다네. 추악하고 징그러운 코펠리우스가 번쩍이는 눈을 하고서 내 앞에 서 있었고, 내게 음흉한 웃음을 던졌어. 나는 그의 모습을 떼어버리려고 애를 썼지만 허사였어. 아마 자정쯤이나 되었을까, 그때 무슨 대포 같은 것이 폭발하기라도 한 듯, 엄청난 충격이 발생했던 것이야. 온 집안이 쾅쾅 울리기 시작했고, 쨍그랑거리는 소리하며 쏴아쏴아 하는 소리들이 내 방문을 지나치더니, 대문이 덜커덩거리며 쾅 하고 닫히는 것이었어. "저건 코펠리우스다!" 난 놀라서 소리쳤고, 침대에서 뛰쳐나왔지. 그때 귀청을 째는 듯한 절망적인 비탄의 소리가 날카롭게 들려 왔고, 잇달아 나는 아버지의 방으로 내달았지. 문은 열려 있었고, 질식할 것 같은 증기가 밀려나오는 가운데, 하녀가 소리를 지르고 있는 거야: "아이고, 주인님! — 주인님이!" — 증기가 오르고 있는 부뚜막 앞 마루바닥에 아버지는 검게 탄 흉하게 일그러진 얼굴로 죽어 있었고, 아버지를 둘러싸고서 누이들이 울부짖으며 흐느껴 울고 있었고 — 어머니는 그 곁에 기절한 채로! — "코펠리우스, 이 저주할 악마야, 네놈은 아버지를 죽인 거야!" — 난 그렇게 소리쳐 댔어, 난 그만 이성을 잃어버렸지. 그로부터 이틀 후 사람들이 아버지를 관속에 눕혔을 때, 아버지의 얼굴표정은 살아 생전에서처럼 다시금 잔잔하고 온유한 모습이 되었다네. 위안스럽게도 내 마음속에서는 아버지가 그 악마 같은 코펠리우스하고 결탁했던 일이 아버지를 영원한 파멸로 빠뜨리지 않을 수도 있으리라는 생각이 들었다네.

폭발은 이웃들을 깨웠고, 사건은 널리 소문이 나게 되어 당국에까지 알려지게 되었으며, 당국에서는 코펠리우스를 책임 문제로 호출하려 했다네. 하지만 그자는 그곳에서 흔적도 없이 사라지고 말았다네.

이제 내가 자네에게, 아 진정한 친구여! 예의 그 청우계 행상이 바로 그 저주할 코펠리우스였다는 말을 한다면, 내가 그 악의에 찬 징후를 가혹한 파멸을 가져오는 것으로 해석하더라도 자넨 내게 그 일로 화를 내진 못할 게야. 그는 옷을 다르게 입었기는 해. 하지만 코펠리우스의 자태와 얼굴표정은 내 내면 깊숙이 뚜렷이 새겨졌기에, 여기에 무슨 착오 같은 것은 도저히 있을 수가 없네. 게다가 코펠리우스는 제 이름을 바꾸지도 않았더구만. 그는 여기서는 내가 들은 바에 따르면 피에몬트 출신의 기술자로 자처하고 있으며, 자신을 쥬제페 코폴라라 한다는 거야.

나는 단호히 그와 맞서는 거야. 아버지의 죽음에 복수하는 거지. 일이 어찌되건, 될 대로 되라지.

어머니에겐 그 끔찍스런 요물이 나타난 이야기를 말아 주게 — 내 사랑 고운 님 클라라에게 안부 전해 주게. 그녀에게는 보다 평온한 기분에서 편지 쓰려네. 잘 있게나 등등.

클라라가 나타나엘에게

당신이 정말 오랫동안 나에게 소식을 보내지 않으심이 사실이군요. 하지만 그런데도 난 당신이 마음과 생각 속에선 나를 간직하고 있으리라 믿어요. 왜냐하면 당신이 지난 번 편지를 로타르오라버니에게 보내려고 했다가 겉봉을 그만 오라버니가 아닌 내게 써 버렸을 적에, 당신은 아마 나를 정말로 생생하게 생각했었을 테니 말이에요. 나는 기쁜 마음으로 편지를 뜯었다가, "아, 진정한 친구 로타르여!"하는 대목에 이르러서야 착오를 알아 차렸어요. — 그제서부터는 내가 편지를 계속 읽을 것이 아니라, 오라버니에게 주었어야 했겠지요. 하지만 당신이 가끔 어린애 같은 농담조로, 나더러 그렇게 안정되고 여자답게 침착한 감성을 지녔고, 그래서 만일 집이 무너지려고 할 때도 서둘러 도망하기에 앞서 창문의 커튼에서 잘못 다려진 주름을 아주 잽싸게 바르게 매만져 펴는 그런 여자 같을 것이라고 비난했었지만, 그렇다면 당신의 편지의 시작이 나를 깊게 혼란시켰다고 감히 말해서는 안되겠지요. 하지만 난 거의 숨을 쉴 수가 없었답니다. 눈앞이 어른 어른거렸어요. — 아, 내 진정한 사랑 나타나엘! 그 무슨 언어도단의 일이 당신의 인생에 끼여들 수 있단 말이에요! 당신과의 이별, 당신을 다시는 볼 수 없구나. 그 생각은 이글거리는 단검의 일격처럼 내 가슴을 꿰뚫었답니다. — 난 편지를 읽고 또 읽었답니다. — 그 혐오스런 코펠리우스에 관한 당신의 묘사는 무서워요. 이제서야 난 당신의 선량한 아버님께서 그토록 엄청난 횡사를 하셨다는 것을 알았네요. 로타르오라버니에게 오라버니 소유의 편지를 건넸더니, 오라버니는 날 안심시키려고 했어요. 하지만 그게 잘 안되었지요. 그 숙명의 청우계 행상 쥬제페 코폴라가 내 뒤를 바짝 쫓아, 난 부끄럽게도 그가 내 건강한 수면을, 보통 때 같으면 너무도 평온한 내 수면까지도 온갖 해괴한 꿈으로 망쳐 놓을 수 있음을 고백해야 할 지경이에요. 그렇지만 곧 벌써 다음 날엔 모든 것이 내 맘속에서 달라졌지요. 부디 내게 화내지는 말아요. 내 맘속의 사랑하는 이여, 로타르오라버니가 당신에게 이런 말을 하더라도 말이죠. 코펠리우스가 당신에게 뭔가 나쁜 일을 저지를 것이라는 당신의 이상한 예감에도 불구하고, 난 언제나처럼 아주 쾌활하고 사심없는 마음가짐이라구요.

난 다만 당신에게 솔직하게 말하고 싶어요. 내 생각에는, 당신이 말하고 있는 경악과 공포의 모든 것은 오직 당신의 내면의 산물일 뿐, 진짜 실제의 외면세계는 그것에 별로 관여하지 않았을 거예요. 그 노 코펠리우스가 비록 너무도 불쾌했다 하더라도, 그가 어린아이들을 싫어했던 그 사실이 어린애였던 당신들 마음에 그에 대한 진짜 혐오감을 야기시켰을 것이구요.

물론 당신의 그 어린아이 같은 기분에서 허황된 옛날 이야기에 나오는 무서운 모래귀신이 당신에게는 유령 같은, 어린아이들에게 특히 위험한 요괴로 남아 있는 노 코펠리우스와 연관이 되었겠지요. 당신이 모래귀신을 믿지 않는다고 해도 말이에요. 당신 아버님과 밤 시간의 그 섬뜩한 행동은 다름아니라 두 사람이 비밀리에 연금술 실험을 했던 것이겠지요. 틀림없이 많은 돈이 소용없이 탕진되었을 것이고, 더욱이나 실험에 종사하는 사람들이 항상 그러하듯 아버님의 마음이 온통 고도의 지혜를 향한 허위의 충동에 사로잡혀서 가족으로부터 등을 돌리게 하고야 말 것이기에, 어머님은 그 실험에 불만이실 수 밖에요. 아버님은 틀림없이 자신의 부주의로 죽음을 자초하셨을 것이고, 코펠리우스는 거기에 아무런 책임이 없는 거예요. 내가 어제 경험 많은 이웃 약사에게 화학실험 중에 그런 순간적으로 치명적인 폭발이 가능한가 물어 보았다는 말을 믿어 주겠지요? 그 사람 말이: "아이 그러믄요" 하면서 그 나름대로 아주 장황하고 상세하게도 어떻게 해서 그런 일이 일어나는가 내게 설명을 해 보이더군요. 그러면서 그는 내가 전혀 기억할 수 없는 많은 이상하게 들리는 이름들을 거명하더군요. ─ 이제 어쩌면 당신은 당신의 클라라에게 불만이 생길지도 모르겠군요. 당신은 이렇게 말하겠지요: "이 차가운 감정 속으로는 영묘한 것의 광선일랑 전혀 뚫고 들어올 수가 없구나, 그것이야말로 가끔 보이지 않은 팔로 인간을 감싸주는 것을. 그녀는 세상의 화려한 외관만을 인지하며 기뻐하는구나. 아무것도 모르는 천진한 어린아이가 그 속에는 치명적인 독이 숨겨진 채 황금빛으로 빛나는 과실을 보며 기뻐하듯이."

아 내 진정한 사랑 나타나엘! 당신은 그럼 대관절, 쾌활하고 ─ 사심없고 ─ 걱정없는 사람들에게서도 적의를 품고 우리에게서 우리 고유의 자신을 파괴시키려고 애쓰는 어두운 힘에 대한 예감이 자리할 수 있음을 생각하지 않으시나요? ─ 하지만 날 용서하세요. 나 이 단순한 소녀가 어떤 식으로나마 내면의 투쟁이라고 생각하는 것을 암시하려고 시작했다면 말이에요. ─ 난 종국에 가서는 아마 바른 말을 찾지 못하겠지요. 당신은 아마 날 조소하겠지요. 내가 뭔가 어리석은 말을 해서가 아니라 그 말을 하는 데 있어 너무도 서투르니까요.

만일 그런 어두운 힘이 있다면, 정말로 적의를 품고 배신자처럼 우리의 내면에 줄을 놓아두고는, 다음에는 거기에다 우리를 꽉 잡아매고서, 여느 때라면 우리가 결코 들어가지 않았을 위험에 넘치는 파멸적인 길로 이끄는 힘 — 만일 그런 힘이 있다면, 그것은 우리 내면에서 자신이 우리 스스로 형성해 내는 데에 따라, 그래요 우리 자신이 되고 말 거예요. 왜냐하면 오직 그런 식으로 우리는 그것을 믿게 되며, 또 그 힘이 비밀스런 작업을 완수하기 위해서 필요로 하는 자리를 내어 주게 되는 것이니까요. 만일 우리가 낯설고 적의에 찬 작용을 아예 그런 것이라 부단히 인식하기 위해, 그리고 취미와 소질로 인해 우리가 선택했던 그 길을 평온한 발걸음으로 따라가기 위해 충분할 만큼 확고부동한 정신, 쾌활한 생으로 인해 강화된 정신을 소유하고 있다면, 그럼 그 섬뜩한 힘은 우리 자신의 영상이어야 할 형상화를 위해 소용도 없는 투쟁 속에서 절멸하고 말아요. 어두운 심리적 힘은, 만일 우리가 자발적으로 우리 자신으로 인해서 그것에 헌신하게 되면, 외부세계가 우리의 노정에 던져주는 낯설은 형상들을 우리의 내면으로 끌어들이는 것이라고, 그래서 우리는 단지 우리가 그 신비스런 착각 속에서 믿고 있는 대로 그런 형상에서 나타내 보이는 정신에다 불을 붙일 따름이라고, 그것이 틀림없는 사실이라고 로타르오라버니가 덧붙이더군요. 그것은 우리 자신의 자아의 허상일 뿐이고, 우리의 감정에 대해 자아가 갖고있는 내밀한 동질성과 깊은 작용이 우리를 지옥에 던져 버리는 것이죠, 아니면 천상으로 환희를 몰아가던가. — 당신은 느낄 거예요, 우리가 그러니까 로타르 오라버니랑 나랑은 어두운 힘들과 폭력들에 관한 소재에 대해서 소상하게 서로의 생각을 토로했음을 알아차릴 거예요. 그것들은 이제 내가 그리 쉽지는 않게나마 가장 주요 것을 다 쓰고 나니까 제대로 심원하게 느껴지기도 하구요. 로타르 오라버니의 마지막 말은 나로선 완전히 이해가 가지는 않아요. 난 다만 오라버니가 무슨 말을 했는지 예감할 따름일 뿐, 그런데도 그게 나에게 매우 진실로 여겨지거든요. 부탁이에요. 그 불쾌한 변호사 코펠리우스와 청우계 행상 쥬제페 코폴라일랑 마음속에서 완전히 잊어버려요. 이 낯선 형상들은 당신에게 아무 짓도 할 수 없다는 확신을 가지세요. 적의에 찬 폭력에 대한 신앙만이 실제로 그것을 당신에게 적대적으로 만들 수 있을 따름이니까요. 당신 편지의 모든 행에서 당신 감정의 너무도 깊은 격앙됨이 나타나 있지 않다면야, 당신의 상태가 내 깊고 깊은 영혼에 고통을 주지 않는다면야, 정말이에요, 난 그 변호사 모래귀신과 청우계 행상 코펠리우스를 농담으로 지껄일 수도 있겠다 싶은 걸요. 쾌활한 기분을 가지세요. — 쾌활하게! — 난 당신 곁에 나타날 계획이랍니다. 당신의 수호신처럼요. 그리고는 그 추악한 코폴라를 그냥, 만일 그가 꿈속에서 당신에게 피해를 끼치는 일 따위를 결국엔 혹시나마 가해 온다 해두요, 커다란 웃음소리로 주문을 걸어 쫓아내고 말겠어요. 한마디로 난 그 사람이나 그 사람의 구역질나는 주먹 따위가 조금도 무섭지 않답니다. 그가 내게서 변호사로서 맛있는 것을 망쳐 놓는 일도, 모래귀신으로서 두 눈을 망쳐 놓는 일도 못하게 할 텐데요.

영원히, 내 진정 깊이 사랑하는 나타나엘 등등.

나타나엘이 로타르에게

최근에 내 자네에게 쓴 편지를, 물론 나의 방심으로 인해서 야기된 것이기는 하나 착오로 인하여 클라라가 개봉하여 읽었다니 난 너무도 달갑지 않네. 그녀는 내게 아주 심원한 철학적 편지를 써 보냈더군, 거기에서 그녀는 코펠리우스와 코폴라가 오직 나의 내면에 존재하고 있을 뿐이며 나의 자아의 증상들이라는 점을 상세히 입증해 보이네 그려. 그것들은 내가 그것들을 그런 것으로 인식하면 곧 순간적으로 먼지가 되어 흩어지는 것임을. 사실 그렇게 밝고 순진무구하게 미소짓는 어린이의 눈에서 비춰 나오는 정신이, 가끔은 사랑스런 달콤한 꿈인 양, 너무도 완전히 이성적이고 너무도 훈장답게 분석을 행할 수 있음을, 절대로 믿어선 안될 게야. 그녀는 자네를 증거로 대더군. 자네 둘이서 나에 대하여 이야기를 나누었다고. 자넨 아마 그녀에게 논리적 강의를 하는 것이겠지, 그리하여 그녀가 모든 것을 섬세하게 시험하고 정리하는 법을 배우게끔. ─ 그런 일일랑 그만 두세나! ─ 내친 김에 말이네만 청우계 행상 쥬제페 코폴라가 그 노 변호사 코펠리우스가 결코 아니라는 것은 아마 틀림없는 사실일 게야. 나는 최근에야 부임한 물리학 교수에게서 강의를 듣는데, 그 분은 저 유명하신 자연과학자처럼 스팔란짜니라는 이름의 이탈리아 출신이시라네. 그는 코폴라를 여러 해 전부터 알고 지내며, 뿐만 아니라 그의 발음에서도 그가 정말로 피에몬트 사람임을 알게 된다네. 코펠리우스는 독일인이었지. 그러나 내 생각에는 결코 진짜는 아니었네. 난 완전히 안심하지는 못해. 자네들이, 그러니까 자네와 클라라 말인데, 여전히 날 우울한 몽상가로 여긴다 해도, 하지만 난 코펠리우스의 저주받을 얼굴이 내게 심어 준 그 인상에서 벗어날 수가 없다네. 그가 이 도시를 떠나서 난 기뻐. 스팔란짜니가 내게 말해 주더군. 이 교수는 별스러운 기인이라네. 키가 작고 둥그스름한 남자인데, 광대뼈가 심하게 튀어나온 얼굴에, 가냘픈 코, 위로 젖혀진 입술하며, 조그맣고 찌르는 듯한 눈을 하고 있지. 그렇지만 그 어떤 묘사보다도, 자네가 만일 효도비예츠키의 솜씨로 베를린의 어느 화중 달력에 실려 있는 모습의 칼요스트로를 보게 된다면, 그게 그를 제대로 보는 것이겠구먼. ─ 스팔란짜니는 그런 모습이라네. ─ 최근에 나는 층계를 올라가다가, 보통 때 같으면 유리문에 촘촘히 쳐 놓은 커튼이 옆으로 밀려 작은 틈새를 내놓은 것을 의식하게 되었지. 나 자신도 모르겠어, 어떻게 해서 내가 호기심을 갖고 그곳을 들여다보게 되었는지. 키가 크고, 매우 가냘픈, 지고의 순수한 균제를 지니고서, 찬란하게 성장을 갖춘 한 여성이 방안의 작은 탁자 앞에 앉아 있었던 것이야. 두 팔을, 두 손을 그 탁자 위에 포개어 얹어 놓고서.

그녀는 문을 마주하고 앉아 있었지. 그래서 난 그녀의 천사처럼 아름다운 얼굴을 완벽하게 바라보았지. 그녀는 날 알아보지 못한 것 같았어. 게다가 그녀의 눈은 뭔가 응고된 것을 지녔는데, 난 그냥 거의 시력이 없었다고 말하고 싶을 지경이야. 내게는 그녀가 뜬눈으로 잠을 자는 것 같았다고나 할까. 난 몹시 불쾌해졌고, 그래서 조용히 그 옆에 위치한 강당으로 들어갔다네. 나중에 나는 내가 보았던 모습이 스팔란짜니의 딸 올림피아였음을 알게 되었지. 그는 딸을 이상하고도 옳지 못한 방식으로 가두어 두는데, 그래서 철두철미 그 어떤 사람도 그녀 가까이에 갈 수가 없다는 것이었어. — 결국 그녀에게 무슨 사정이 있는데, 그녀가 백치라거나 혹은 그런 등등. — 그런데 이 모든 이야기를 내 무엇 **때문에** 자네에게 이야기하는 것일까? 내 그것을 자네에게 말로서 할 수 있다면 더 낫고 또 더 상세하겠지. 알아두란 말일세, 내 두 주 후에는 자네 집에 갈테니. 난 내 달콤한 사랑스런 천사의 상, 나의 클라라를 다시 만나야겠어. 그러면 (난 그 말을 고백하지 않을 수 없으이) 그 숙명적인 이성적편지 이후에 날 점령하려 드는 이 언짢은 기분이 죄다 흩날려 가 버리겠지. 바로 그 때문에 난 오늘 역시나 이 편지를 그녀에게 쓰지 않는 것이네.

수없이 인사를 보내며 등등

내 가련한 친구인 젊은 대학생 나타나엘에게 일어난, 그래서 친절하신 독자여! 내가 당신에게 이야기하고자 하는 그 사건보다 더 기이하고 더 놀라울 일은 그 누구도 꾸며 낼 수가 없을 것입니다. 친애해 마지않는 독자여! 당신은 아마 언젠가 당신의 가슴을, 마음과 생각을 송두리째 가득 채운 무엇을, 그래서 다른 모든 것을 억압해 버리고 마는 그런 것을 경험해 봤습니까? 당신의 내면에서는 뭔가 부글부글 끓어오르며, 펄펄 끓는 격정에 불이 붙어서, 피가 혈관을 박차고 올라 당신의 뺨을 선명하게 물들였습니다. 당신의 시선은 다른 사람들 눈에는 전혀 보이지 않는 형상들을 텅 빈 공간에서 붙잡은 양 기이했고, 말소리는 암울한 한숨으로 녹아 없어졌습니다. 그러면 친구들이 물었겠지요: "어째 그러시오, 존경하는 양반? — 무슨 일이오. 신의 있는 양반?" 이제 그러면 당신은 그 내면의 형상들을 온갖 휘황찬란한 색깔과 그림자와 빛으로 표현해 보려고 하여, 단지 시작만을 위해서도 단어 찾기에 지쳐 버리고 말았습니다. 그러나 동시에 당신은 그 첫마디로, 일어났던 그 모든 이상하고 절묘하고 끔찍한 재미있는 전율할 일을 제대로 파악해야 할 것이라는, 그래서 그 모든 일을 전기 충격처럼 맞춰야 할 것 같았겠지요. 그렇지만 모든 단어, 말로 할 수 있는 모든 것은, 색바래고 냉랭하고 생명없는 것처럼 여겨졌습니다. 당신은 찾고 또 찾으며, 말을 더듬고 어물어물거립니다. 그리고 친구들의 냉정한 질문들은 마치 얼음장같은 바람의 입김처럼 당신의 내면의 격정을 쳐부숩니다. 격정이 그만 꺼지려 할 때까지. 그러나 만일 당신이 용감한 화가처럼 우선 몇 획의 대담한 선으로 당신 내면의 상의 윤곽을 그려 놓았었다면, 당신은 별 힘들이지 않고도 더욱 더 휘황찬란하게 색깔들을 입힐 것이며, 가지각색의 형상들의 생동하는 혼돈은 친구들을 감동시키고, 마침내 그들은 어떻게 당신이 스스로 형상들 한 가운데에서 그것을 당신의 감정의 결과로서 생겨나게 했는가를 보게 되었겠지요! — 친애하는 독자여! 내 당신에게 고백해야 하듯이, 나에게 젊은 나타나엘의 이야기에 관해서 물어보는 사람은 도대체 아무도 없었답니다. 그러나 아마 당신은 아실 겝니다. 내가 바로 그런 작가라는 이상한 족속에 속한 사람임을. 그들이란 것이, 만일 내가 조금 전에 설명한 것 같은 그런 어떤 것을 내면 속에 간직하고 있으면, 마치 그들의 근처에 다가오는 사람 모두가, 그러다가 내친 김에는 어쩌면 온 세상 전체가 질문을 던지는 것 같은 기분이 되어 버린단 말입니다. "대체 그게 무엇이오? 자 얘기해 보실 까요, 친애하는 작가선생?" — 그리하여 그것이 나로 하여금 나타나엘의 숙명적 불운의 인생을 당신에게 이야기하도록 강력하게 밀어 댔답니다. 그 생애의 놀랍고 이상한 것이 내 온 영혼을 가득 채우고 있어요. 그렇지만 바로 그렇기 때문에, 또 내가 당신으로 하여금, 오 나의 애독자여! 그 놀라운 것을, 이건 결코 사소한 정도가 아니라니까요, 그래 그 놀라운 것을 견디는 호의를 품도록 만들어야 하기 때문에, 나타나엘의 이야기를 의미심장하게 — 본연 그대로, 통절하게 시작하기가 괴로웠습니다. "옛날 옛적에" — 모든 이야기의 가장 아름다운 시작 문구입니다, 그러나 이것은 너무 냉랭하군요! — "작은 지방 도시 S.에 아무개가 살고 있었는데" — 조금 낫군요, 최소한 클라이맥스를 자상히 이야기해 주니까요. — 아니면 곧 바로 사건 안으로 들어갈까요. "청우계 행상 쥬제페 코폴라가 … 그때 그 대학생 나타나엘은 광포한 시선 속에 분노와 격앙을 담고서 '썩 꺼져 버려라' 소리쳤다" — 하긴 그 말을 나는 실제로 이미 써버렸네요, 내가 그 대학생 나타나엘의 시선에서 뭔가 코미디적인 것을 느꼈다고 생각했을 때 말입니다. 그러나 이 이야기는 결코 재미있는 것이 아니랍니다. 난 아무런 말이 떠오르지가 않습니다. 그건 다만 내면의 형상에서 나오는 적어도 색깔의 광휘같은 무엇일 텐데 말입니다. 나는 시작할 결심을 하지 못했습니다. 친애하는 독자여! 친구 로타르가 친절하게도 내게 전해 준 세 통의 편지를 보시오. 그것은 앞으로 내가 이야기하면서 점점 더 많은 색깔을 집어넣으려고 노력하게 될 창작품의 윤곽을 알기 위해서입니다. 아마 나는 훌륭한 초상화가처럼 많은 모습들을 당신이 원형을 모르고서도 닮았다고 생각하도록, 마치 당신이 그 인물을 진짜로 여러 번 몸소 살아 있는 눈으로 보았었다는 느낌이 들도록 해석해 낼 것입니다. 오 나의 애독자여! 그렇게 되면 당신은 아마실 인생보다 더 불가사의하고 불합리한 것은 아무것도 없다는 사실을 믿게 되리이다. 그리고 시인이란 이것을 단지 흐릿하게 닦인 거울의 어두운 반사에서처럼 해석해 낼 수 있을 뿐이랍니다.

시작하자마자 알아두어야 할 것은, 그 편지들에다 다음을 덧붙여야 보다 분명해진다는 사실입니다. 즉 나타나엘의 아버지가 죽은 뒤 얼마 되지 않아 곧 먼 촌수의 친척의 자녀들인 클라라와 로타르가 나타나엘의 모친에게 입양이 되었다는 이야기이지요. 그 친척 역시 죽었고 그 애들을 고아로 남겨 놓았던 것입니다. 클라라와 나타나엘은 서로에게 강한 호감을 느꼈고, 거기에 대해 이 세상 어느 누구도 이의를 제기할 사람이 없었습니다. 그런고로 나타나엘이 G.시에서 ― 학업을 계속하고자 그 곳을 떠났을 때, 그들은 이미 약혼자 사이였지요. 그런데 그는 이제 그의 마지막 편지를 쓰고 있으며, 유명한 자연과학 교수 스팔란짜니에게서 강의를 듣고 있는 것입니다.

이제 나는 안심하고 이야기를 계속할 수도 있겠습니다. 그러나 그 순간 클라라의 상이 너무도 생생하게 내 눈앞에 다가와서, 나는 그만 그것을 바라보지 않을 수가 없답니다. 그녀가 고운 미소를 띠고서 나를 바라볼 때면 언제나 그랬듯이. ― 클라라는 결코 아름답다고는 말할 수가 없었지요. 공식적으로 아름다움에 대하여 뭔가를 안다는 사람은 모두들 그렇게 말했습니다. 그러나 건축가들은 그녀의 몸매의 순수한 비례를 칭찬했고, 화가들은 목, 어깨 그리고 가슴이 거의 너무나도 정결한 형태를 갖추었다고 보았으며, 그와 반면에 전부가 그 절묘한 막달레나의 머릿결에 반해서, 요컨대 화가 바토니의 색채 효과에 관해서 운운하는 허튼 소리들을 했답니다. 그들 중의 한 사람은 진짜 공상가로서, 그는 아주 이상스럽게도 클라라의 눈을 로이스달이 그린 호수에 비교했답니다. 구름 한 점 없는 하늘의 순수한 하늘색이, 숲과 꽃의 평원이, 풍요로운 풍경의 온 갖 다채로운 쾌활한 삶이 거울처럼 반영되어 있는 호수 말입니다. 그런 데 시인들과 교직자들은 더욱 극단에 흘렀지요. 그들은 이렇게 말했답니 다. "뭐 호수가 어째요 — 뭐 거울이라!" — 대체 우리가 그녀를 바라보 면서 그녀의 시선에서 신비스러운 천상의 노래들과 울림들이 마주 비춰 오는 것을 느끼지 못한단 말이오? 우리의 가장 깊은 내면에까지 침투해 서 그 안에 있던 모든 것이 깨어나고 감동되는데? 그러다 우리가 거리낌 없는 어떤 것을 노래한다 칩시다, 그럼 대체 그게 우리 문제가 아닌 것 이, 그걸 벌써 클라라의 입가에 맴도는 섬세한 미소에서 분명하게 읽게 되지요. 우리가 만일 그녀에게 무엇인가 억지 소리로 노래해 보이려 들 면, 오직 낱개의 음들이 뒤섞여서 혼란스레 튀어나올 뿐임에도 불구하고 그것이 마치 노래인 양 그렇게 하려 들면 말이죠." 그렇게 여기는 사람 도 있었답니다. 클라라는 밝고 사심 없는 순진무구한 어린이다운 생명력 에 넘치는 환상을, 여자답게 상냥한 감성을, 아주 맑고 예리하게 분석적 인 이성을 지녔습니다. 횡설수설하는 몽상가들은 그녀에게서 승산없는 승부를 했지요. 왜냐하면 클라라는 많은 말을 하지 않고서도, 그건 도대 체 그녀의 말수 없는 천성에 들어 있지도 않지만요, 그 맑은 시선이 그 리고 예의 그 섬세하고 아이러니를 담은 미소가 그들에게 말을 하기 때 문이었지요. 친애하는 친구들이여! 당신들은 어찌 내게 당신들의 애매한 환각을 참된 형상으로 봐야 한다고 요구할 수가 있을는지요, 그것도 생 생하게? — 그렇기 때문에 클라라는 많은 사람들로부터 차갑고 감정이 메마르고 산문적이라고 비난당하기도 했습니다. 그러나 인생을 투명한 깊이에서 파악하는 다른 사람들은 상냥하고 이성적이며 순진한 그 처녀 를 한없이 사랑했습니다. 그렇지만 어느 누구도 그 자신이 학문과 예술 에 힘차게 그리고 기쁘게 매진하고 있었던 나타나엘을 능가하지는 못했 지요. 클라라도 온 영혼을 다해서 사랑하는 이에게 집착했습니다. 그가 그녀에게 작별을 고했을 때, 최초의 구름의 그림자가 그녀의 생을 뚫고 지나갔었던 것입니다. 그러다가 그가 그때 로타르에게 쓴 마지막 편지에서 약속했던 대로 정말로 고향에 돌아와 어머니의 방으로 들어왔을 때, 그녀는 얼마나 환희에 넘쳐서 그의 팔에 안겼던가요. 나타나엘이 생각했었던 바로 그런 일이 일어난 것입니다. 왜냐하면 그가 클라라를 다시 본 그 순간 그는 변호사 코펠리우스도, 클라라의 이성적인 편지도 생각하지 않았고, 모든 언짢음은 사라져 버렸기 때문입니다.

그렇지만 나타나엘이 친구 로타르에게 청우계 행상 코폴라의 모습이 그의 인생에 정말로 적의를 품고 들어왔다고 써 보냈을 때, 그의 말은 역시 옳았던 것입니다. 모두들 그것을 느꼈답니다. 나타나엘이 곧 처음 며칠 동안에 그의 온갖 본성에서 철저히 변해 버렸음을 드러냈으니까요. 그는 음울한 공상에 잠겼고, 그러다 곧 전에는 한 번도 그런 적이 없었던 이상한 거동을 했답니다. 모든 것, 인생 전체가 그에게는 꿈이요 예감이 되어 버렸지요. 그는 계속해서 인간이 모두 어떻게 해서 스스로 자유롭다고 착각하며, 오직 어두운 힘들에 잔혹한 승부를 하도록 봉사하게 될 따름인가를 말했답니다. 사람들이 그것에 반항하는 일은 다 소용없으며, 운명이 결정한 것에 그저 겸허하게 복종해야 한다는 것이었지요. 그는 지나치게 극단에 흘러서, 사람들이 예술과 학문에서 완전한 독창적인 자유로 창작을 할 수 있다고 생각하는 것은 어리석은 짓이다 라고 주장할 정도가 되었습니다. 왜냐하면 영감이란, 그 영감 속에서만이 창작이 가능한 법인데, 자신의 내부로부터 나오는 것이 아니라, 무엇인가 우리 자신 외부에 존재하는 보다 높은 원칙의 영향이기 때문이라나요.

그 이성적인 클라라에게는 이러한 신비적 광신이 지극히 혐오스러웠습니다. 그렇지만 반박을 하는 것은 소용없어 보였지요. 다만 나타나엘이 코펠리우스는 악의 원칙이라고, 그리고 그가 커튼 뒤에서 엿듣고 있었던 그 순간에 그것이 그를 사로잡았노라고, 그리고 이 성가신 악령이 몸서리치게도 그들의 사랑의 행복을 방해하게 되리라고 논증하러 들었을 때면, 그러면 클라라는 아주 진지한 태도를 취하고서 이렇게 말했습니다. "그래요 나타나엘! 당신이 옳아요. 코펠리우스는 악의 원칙, 적의의 원칙이겠지요. 그는 끔찍스러운 영향을 끼치겠지요, 명백하게 인생으로 들어온 악마의 힘처럼 말예요. 하지만 당신이 그를 마음과 생각 밖으로 쫓아내지 않은 때에 한해서죠. 당신이 그의 존재를 믿는 한, 그 역시 존재하며 영향을 끼치는 것이에요, 오로지 당신의 믿음이 그의 힘이지요." — 그러면 나타나엘은 클라라가 악령의 존재를 그 자신의 내부에만 존재하는 것으로 규정짓는 데에 사뭇 분노하여, 악마와 무서운 힘들에 대한 완전한 신비적 학설을 가지고 밀고 나가려고 하였고, 그러나 클라라는 뭔가 지극히 냉담한 이야기를 그 사이에 집어넣음으로써 나타나엘의 적지 않은 분노에도 불구하고 그를 짜증스레 중단시키곤 했습니다. 그는 차고 둔감한 사람들에게는 그러한 심오한 비밀들이 추론되지 [않는다고] 생각했습니다. 그러면서 그는 자기가 클라라를 바로 그러한 열등한 인간들에 넣고있음을 분명하게 의식하지 못하고 있었고, 그랬기 때문에 그녀에게 저 비밀의 세계를 토로하려는 시도를 그만둘 수 없었습니다. 이른 아침 클라라가 아침 식사를 준비하는 데에 거들고 있을 때면, 그는 클라라의 곁에 서서 온갖 신비주의적인 책들을 읽어 주곤 했는데, 그러면 클라라가 이렇게 부탁하게 되었지요. "하지만 제발 나타나엘, 내가 지금 당신을 악의 원칙이라고 욕을 하면 어찌되겠어요, 내가 끓이는 커피에 해를 끼친다고? — 왜냐하면, 내가 만일에요, 당신이 바라는 대로, 이 모든 것을 그냥 내버려두고서 책을 읽어 주는 당신의 눈을 들여다보게 되면, 그렇담 커피는 불타버릴 것이고 당신들 모두는 아침을 먹지 못하게 될 테니까요!" — 나타나엘은 책을 탁하고 덮어 버리고서 아주 불쾌해 하며 자기 방으로 내달았습니다. 여느 때 같았으면 그는 자신이 쓴 우아하고 생명력 있는 이야기에 특별한 강점을 지녔었고, 클라라 또한 깊은 내면에서 우러나오는 만족감을 지니고서 거기에 귀를 기울이곤 했었는데, 지금에 와선 그의 작품들은 음울하고 불가사의한 무형의 것이어서, 비록 클라라가 그를 아끼는 마음에서 굳이 말은 하지 않더라도, 그 자신은 그것들이 클라라의 심금을 별로 울리지 못하고 있음을 느끼고 있었습니다. 클라라에게는 권태 이상으로 치명적인 것은 없었으니, 시선에서나 말에서 곧 그녀의 억누를 길 없는 정신적인 권태가 드러났습니다. 나타나엘의 작품들은 실제로 권태로웠습니다. 클라라의 차가운 산문적 심성에 대한 나타나엘의 역정은 점점 더 심해 갔고, 클라라는 나타나엘의 어둡고 음울하고 권태로운 신비주의에 대한 불만을 극복할 수가 없었습니다. 그래서 두 사람은 스스로 그것을 의식하지 못한 채로 내면에서부터 서서히 점차 멀어지게 되었습니다. 추악한 코펠리우스의 형상은, 나타나엘 자신이 스스로 고백해야 했듯이, 그의 환상 속에서 퇴색하여, 그 사람이 무시무시한 운명적인 악마로서 등장하는 그의 작품 속에다 그를 진짜 살아 있는 것처럼 착색해 내기 위해서는 오히려 가끔 부단히 애를 써야 할 지경에 이르렀답니다. 마침내 그는 코펠리우스가 그들의 사랑의 행복을 방해하고 말리라던 그 암울한 예감을 시의 대상으로 하겠다는 착상이 떠올랐답니다. 그는 자신과 클라라를 진실한 사랑으로 맺어서 그려내었지만, 그러나 때로는 마치 검은 손아귀가 그들의 생을 움켜잡은 듯, 그리고 그들에게서 피어났던 기쁨을 앗아가는 듯 했답니다. 마침내 그들이 혼배성사의 제단 앞에 서 있을 때, 그 가공할 코펠리우스가 나타나서, 클라라의 아리따운 눈을 건드립니다. 그것들은 나타나엘의 가슴으로 튕기쳐 나와서 핏빛 불티처럼 눈는 듯 불타는 듯, 코펠리우스는 그를 붙잡아서 타오르는 불덩이 속으로 내던지고, 불덩이는 질풍과도 같은 속도로 빙빙 돌면서 쉬쉬 쏴아쏴아 소리를 내며 그를 쓸어 가 버립니다. 그것은 맹렬한 투쟁에서 하얀 머리통의 검은 거인처럼 우뚝 선, 물보라치는 바다의 파도 속으로 태풍이 잔인하게 몰아쳐 오는 것 같은 포효. 그런데 이 야수와 같은 포효 사이로 그는 클라라의 목소리를 듣습니다. “대체

당신은 날 볼 수 없나요? 코펠리우스는 당신을 속였어요, 당신의 가슴
안에서 불타고 있는 것, 그것은 내 눈이 아니라니까요, 그건 바로 당신
자신의 심장의 피가 방울져 타고 있는 거예요 — 여기 난 눈이 제대로
있어요, 날 좀 보기만 하라니까요!" — 나타나엘은 생각합니다. 아 클라
라로구나, 나는 영원히 그녀의 것. — 그 생각이 강력하게 불덩이 속으로
빨려가는 듯 하고, 그래서 그는 멈춰 섭니다. 검은 심연에서 그 아우성은
무디게 사라집니다. 그는 클라라의 눈을 주시합니다. 그러나 클라라의
눈으로 그를 친절하게 주시하고 있는 것은 죽음입니다.

나타나엘은 이것을 창작하는 동안에 매우 침착했고 신중했습니다. 그
는 매 행을 갈고 다듬고 고쳐 썼으며, 운율적 제약을 받고 있었기에 모
든 시구가 깔끔하고 아름다운 가락을 갖게 될 때까지 쉬지도 않았습니
다. 그렇지만 마침내 그것을 끝냈을 때, 그리고 나서 그 작품을 혼자서
읽어보았을 때, 그는 전율과 광포한 경악에 사로잡혀서 그만 소리를 쳤
답니다. "이게 대체 누구의 전율할 목소리란 말인가?" — 그러나 곧 그
전체는 그에게는 다만 매우 성공적인 작품으로 여겨졌고, 심지어는 마치
이것으로 인해 클라라의 차가운 심정이 불붙게 될 것만 같은 생각이 들
었답니다. 물론 무엇 때문에 클라라에게 불을 붙여야 하는지, 또 그들의
사랑을 파멸로 이끄는 끔찍한 운명을 예언하는 그 전율에 넘치는 상들
을 가지고서 그녀를 불안하게 하는 것이 과연 어떤 결과를 초래할 것인
지는 분명하게 생각하지 못하면서도 말입니다. 그들은, 나타나엘과 클라
라 말이지요, 어머니 소유의 작은 정원에 앉아 있었습니다. 클라라는 매
우 쾌활했어요. 나타나엘이 그 작품을 쓰는 삼일 동안은 꿈이다 예감이
다 하는 것으로 그녀를 못살게 굴지 않았기 때문이었지요. 나타나엘도
여느 때처럼 생기있고 기쁘게 재미있는 일들에 관해서 이야기했답니다.
그래서 클라라는 이렇게 말했답니다. "그래요 이제야 비로소 난 당신을
다시금 완전히 소유하게 되었군요, 이제 아시겠지요, 우리가 그 흉측한

코펠리우스를 어떻게 쫓아 버렸는지를?” 그때 나타나엘은 읽어 주려고 했었던 그 작품을 아직 호주머니에 가지고 있다는 생각이 든 것이었어요. 그래서 그는 곧 그 종이들을 꺼내 들고 읽기 시작했답니다. 클라라는 언제나처럼 무엇인가 지루한 것이겠거니 추측하면서, 거기에 따르며 조용히 뜨개질을 하기 시작했어요. 그런데 암울한 구름이 점점 더 검게 피어오르자, 뜨개질하던 양말을 내려놓고 나타나엘의 눈을 응시했답니다. 그의 작품은 그를 제어할 수 없으리 만치 마음 송두리째 앗아갔고, 내면의 작렬하는 불꽃이 그의 두 뺨을 붉게 물들였으며, 그의 눈에서는 눈물이 솟아올랐지요. — 마침내 그는 읽기를 마쳤고, 깊은 피로감에서 신음을 토해 냈습니다. — 그는 클라라의 손을 잡고 절망적인 비통에 녹아든 듯이 한숨지었답니다. “아! — 클라라 — 클라라!” — 클라라는 그를 가벼이 그녀의 가슴에 껴안으며, 나직하게, 그러나 아주 천천히 그리고 진지하게 말했지요. “나타나엘 — 내 진정한 사랑 나타나엘! — 그 미친 — 불합리한 — 정신착란 같은 동화는 불 속에나 내던져 버려요.” 그러자 나타나엘은 격분하여 벌떡 일어나며 소리쳤지요, 클라라를 밀쳐 내면서 말입니다. “저런 생명 없는 지긋지긋한 로봇이라니!” 그는 뛰쳐나갔고, 깊은 상처를 받은 클라라는 쓰라린 눈물을 쏟았지요. “아 그이는 나를 사랑한 적이 결코 없었어, 날 이리도 이해하지 못하니 말이야”, 그녀는 큰 소리로 흐느꼈어요. — 로타르가 나무 그늘로 나왔고, 클라라는 그에게 무슨 일이 일어났었는지를 이야기해야 했습니다. 그는 누이동생을 온 영혼을 다해서 사랑했지요. 그녀의 호소는 한 마디 한 마디가 섬광처럼 그의 가슴을 찔렀기에, 그가 몽상적인 나타나엘에 대해서 오래 전부터 마음속에 품어 온 불쾌감이 광포한 분노로 불붙었던 것입니다. 그는 나타나엘에게 달려가서 사랑하는 누이동생에 대한 그의 비상식적인 행동을 혹독한 말로 비난했고, 성미 급한 나타나엘 또한 거기에 똑같은 대꾸를 하기에 이르렀습니다. 환상에 사로잡힌 정신착란의 어리석은 놈이란 말은, 비참하고 천박한 일상적 인간이라는 말로 대꾸되었지요. 결투를 피할 방법이 없었답니다. 그들은 다음 날 아침 정원 뒤 켠에서 만나서 그곳의 보수적 관례에 따라 잘 연마한 시합도를 가지고 결투를 하기로 결정했습니다. 그들은 말없이 어두운 얼굴로 이리 저리 거닐었지만, 클라라는 심하게 다투는 소리를 들었고, 또 펜싱 사범이 황혼 녘에 펜싱 검을 가져오는 것을 목격했지요. 그녀는 무슨 일인가 벌어질 것을 예감했어요. 결투 장소에 도착하자마자 로타르와 나타나엘은 암담한 표정으로 묵묵히 웃옷을 벗어 던졌고, 두 눈엔 피에 굶주린 결투욕을 담아 상대방을 급습하려 했지요. 그 때 마침 클라라가 정원으로 통하는 문을 가로질러 뛰어간 것이었어요. 그녀는 흐느끼면서 큰 소리로 외쳤어요. "이 야만적인 무서운 사람들! — 차라리 날 그냥 찔러 죽여요, 둘이 서로 공격하기 전에. 애인이 오라비를, 아니면 오라비가 애인을 살해하는 일이 있다면, 날더러 어찌 세상에서 더 이상 살아가란 말이냐니까요!" — 로타르는 무기를 놓아 버리고, 말없이 땅을 내려다보았어요. 그러나 나타나엘의 내면에서는 가슴을 찢어 내는 비애와 더불어 모든 사랑이 다시 피어올랐답니다. 그가 찬란한 청춘 시절의 가장 아름다운 나날 사랑스런 클라라에 대해 품었던 것과 같은 사랑 말입니다. 살인 무기는 그의 손에서 떨어져 내렸고, 그는 클라라의 발아래 몸을 던졌습니다. "날 용서해 줄 수 있겠오, 하나 뿐인 내 진정한 사랑 클라라! — 날 용서할 수 있겠지, 내 사랑하는 형제 로타르!" — 로타르는 친구의 깊은 고통에 감동되었지요. 화해를 한 세 사람은 눈물로 뒤범벅이 된 채로 서로 부둥켜안고서, 변함없는 사랑과 충절을 지키며 서로 헤어지지 말자고 맹세했습니다.

나타나엘에게는 마치 그를 땅으로 내리누르던 무거운 짐이 그에게서 떨어져 나간 것 같은 기분이 들었습니다. 그래요, 그를 사로잡은 어두운 힘에 저항하여, 사라질 뻔했던 그의 전 존재를 구한 것 같은 느낌이었습니다. 그는 축복 받은 그 후 삼일간을 더 사랑하는 사람들 곁에서 보냈지요, 그리고는 G.시로 돌아갔습니다. 그곳에서 일년을 더 머무르고, 그 다음엔 영원히 그의 고향으로 돌아올 생각으로 말입니다.

어머니에게는 코펠리우스와 관련된 모든 것이 비밀에 부쳐졌습니다. 왜냐하면 어머니 또한 나타나엘처럼 그가 아버지의 죽음에 책임이 있다고 생각하기 때문에, 그의 이야기를 들으면 경악하지 않을 수 없음을 모두가 알았기 때문이었습니다.

나타나엘은 그만 얼마나 놀랐을까요. 그가 집으로 들어가려고 했다가 그 집 전체가 타 내려앉았고 그래서 돌무더기에서 단지 벌거벗은 굴뚝만이 솟아 있는 것을 보게 되었으니 말입니다. 아래층에 살고 있던 약사의 실험실에서 불이 일어나 그 때문에 집 전체가 아래에서부터 위로 타 올라갔음에도 불구하고, 용감하고 건장한 친구들은 위층에 있던 나타나엘의 방으로 제 때에 뛰어 들어가서 책이며 원고 그리고 기구들을 구하는 데에 성공했었답니다. 그들은 모든 것을 하나도 손상 입히지 않고 다른 집으로 가져가서, 그곳에다 방을 하나 마련해 놓았었고, 나타나엘은 곧 그 방으로 이사를 했습니다. 그는 자신이 스팔란짜니 교수의 건너편에 살게 되었다는 사실에 대하여 별반 주의를 기울이지 않았고, 그가 창문에서 보면 바로 올림피아가 외로이 앉아 있는 방안을 바라보게 된다는 것을, 그래서 그 얼굴의 생김새가 불분명하고 복잡한 채로 있긴 하지만 그가 그녀의 모습을 분명하게 인식할 수 있다는 것을 알아차렸을 때에도, 그게 그리 특별한 일로 여겨지지는 않았답니다. 그러다가 마침내 그는 올림피아가 가끔씩 수 시간 동안을 똑같은 자세로, 그가 그때 언젠가 유리문을 통해서 보았던 것과 똑같은 자세로, 아무 것도 하지 않고 그저 작은 탁자에 앉아 시선을 돌려버리지 않고서 확실하게 그를 건너다보고 있다는 사실을 알아차리게 되었습니다. 그 또한 스스로 고백해야 할 것이, 그가 그보다 더 아름다운 용모를 본 적이 없었다는 말입니다. 클라라가 마음속에 있는 동안 그에게는 부자연한 그 응고된 올림피아는 아무런 상관이 없었고, 다만 이따금씩 그의 편람을 보다 말고 그 너머로 아름다운 입상을 흘끔 건너다 볼 따름이었지요, 그게 전부였답니다. — 문에서 나직하게 두드리는 소리가 났을 때 그는 막 클라라에게 편지를 쓰는 중이었습니다. 그런데 그가 대꾸하는 소리에 문이 저절로 열리더니, 코폴라의 성가신 얼굴이 안을 기웃거리는 것이었지요. 나타나엘은 마음 속 깊은 곳에서 전율이 이는 것을 느꼈답니다. 스팔란짜니가 그에게 고향 사람 코폴라에 관해서 말했던 것, 그리고 그가 또한 모래귀신 코펠리우스와 관련해서 연인에게 그토록 신성하게 약속했던 것을 생각하면서도, 그러나 그 자신 그의 어린애 같은 유령공포증에 부끄러워했고, 온 힘을 한데 모아 추스르고서, 가능한 한 온유하고 침착하게 말했습니다. "이 보시오, 난 청우계를 사지 않습니다! 자 가세요!" 그러나 코폴라는 완전히 방안으로 들어와서는, 넓은 주둥이를 삐죽이며 웃음을 흘리며, 회색빛 긴 눈썹 아래의 작은 눈을 찌를 듯이 깜박이면서, 쉰 목소리로 말했어요. "에이, 청우계가 아님, 청우계가 아님네! — 굉장한 눈깔도 있수다 — 굉장한 눈깔!" — 나타나엘은 놀라서 외쳤지요. "미친 양반, 어찌 눈을 다 가지고 다닐 수 있단 말이오? — 눈이라 — 눈?" 그러나 그 순간 코폴라는 그의 청우계들을 밀쳐 놓고, 넓은 저고리 주머니를 뒤지더니 오페라 글라스와 안경들을 꺼내어, 그것들을 책상 위에다 펼쳐 놓는 것이었어요. — "자 — 자 — 안경이요 — 안경을 코에 걸라우, 그게 내 눈알이제 — 굉장한 눈알이라!" — 그러면서 그는 점점 더 많은 안경들을 끄집어냈답니다. 그러자 책상 전체가 이상하게 번쩍거리며 빛나기 시작했습니다. 수천의 눈들이 경련적으로 깜박거리며 번쩍거리면서 나타나엘 쪽을 응시했어요. 그러나 그는 책상에서 눈을 돌릴 수가 없었답니다. 그리고 코폴라는 점점 더 많은 안경들을 올려놓았고, 깜박거리는 시선들은 점점 더 어지럽게 얽혔고, 그 피처럼 붉은 광선들은 나타나엘의 가슴을 찔렀습니다. 미친 듯한 경악에 압도당해서 그는 소리쳤습니다. "멈춰요! 멈춰, 이 가공할 인간아!" — 그는 이미 책상 전체가 가득 찼음에도 불구하고 또 더 많은 안경들을 꺼내려고 주머니를 만지는 코폴라의 팔을 꽉 붙들었어요. 코폴라는 목 쉰듯한 불쾌한 웃음을 가만히 터뜨렸고, "아! - 당신을 위한 건 아님네 — 허나 여기 굉장한 글라스가 있제"라고 말하면서 — 그는 안경들을 죄다 긁어모아서 집어넣고는, 저고리의 옆주머니에서 크고 작은 엄청난 수의 망원경을 꺼내 놓았습니다. 안경들이 없어지자, 나타나엘은 아주 안정을 찾았고, 클라라를 생각하면서, 그 끔찍스러운 환영이 오직 그의 내면으로부터 야기된다는 사실을 충분히 통찰했답니다. 그러니 코폴라는 진짜로 성실한 기술자요 안경 상인이며, 결코 코펠리우스의 저주받을 이중인간이요 유령일 수가 없다는 것을 말입니다. 뿐만 아니라 코폴라가 책상에 내어놓은 글라스들은 모두 전혀 특별한 점이 없었지요, 아까 그 안경들처럼 유령적인 어떤 점은 결코 없었던 것입니다. 그래 모든 것을 다 그냥 좋게 하기 위해서, 나타나엘은 이번에는 코폴라에게서 정말로 무엇인가를 사주기로 결심을 하게 되었습니다. 그는 아주 깔끔하게 만들어진 작은 휴대용 망원경을 집어들고, 시험해 보기 위해서 창밖을 보았답니다. 평생에 그는 대상물들을 그토록 깨끗하고 예리하고 분명하게 바로 눈 앞 가까이에 끌어다 주는 글라스를 경험해 보지 못 했었지요. 무심코 그는 스팔란짜니의 방을 들여다보았어요. 올림피아는 여느 때처럼 작은 탁자 앞에 앉아 있었지요, 팔을 그 위에 얹어 두고, 손은 합장한 채로. — 그제서야 나타나엘은 처음으로 올림피아의 신비한 형태의 얼굴을 보았던 것입니다. 그러나 두 눈만은 그에게 아주 기이하게 응고된 죽어 있는 느낌을 주었지요. 그렇지만 그가 점점 더 첨예하게 글라스를 통해서 들여다보자, 올림피아의 눈에서는 마치 촉촉한 달빛이 흘러나오는 것 같았답니다. 그것은 마치 이제서야 시력이 점화되는 것 같다고나 할까, 그 시선은 점점 더 생기를 띄고 타오르는 것 같았습니다. 나타나엘은 마법에 붙들린 것처럼 창가에 서 있었답니다, 계속해서 언제까지나 천상적 아름다움의 올림피아를 관찰하면서. 헛기침 소리와 질질 끄는 소리가 그를 깨웠지요, 깊은 꿈에서 깨어나듯이. 코폴라가 그의 뒤에 서 있었어요. "삼 체히니 — 금화 세 닢이우" — 나타나엘은 그 안경 상인을 까맣게 망각했었지요. 그는 재빨리 달라는 돈을 지불했어요. "그렇지 않슴? — 굉장한 글라스 — 굉장한 글라스라!" 하고 코폴라는 그의 혐오스러운 쉰 목소리로 음흉한 미소를 지으며 물었지요. "그래요, 그래, 그래요!" 하고 나타나엘은 귀찮은 듯 대꾸했어요. "잘 있으시게, 이 친구야!" — 코폴라는 나타나엘을 흘끔 흘끔 곁눈질로 바라보면서 방을 떠났습니다. 그는 그가 층계에서 큰 소리로 웃는 것을 들었어요. "그래 그렇구나", 나타나엘은 생각했지요, "그는 내가 작은 망원경에다 필경 너무 비싼 값을 지불해서 날 비웃는 게야 — 정말 너무 비싼 값을 치렀나!" — 그가 이 말을 나직이 내뱉는 동안 깊은 죽음의 한숨이 오싹하리 만치 방안에 울리는 것 같았고, 나타나엘의 숨은 내면의 공포로 멎었어요. — 그러나 그 자신이 그렇게 한숨을 지었던 것이고, 또 그것을 알았습니다. "클라라가", 그는 혼잣말을 했어요, "어쩌면 옳을 거야, 날 몰취미한 유령에나 사로잡힌 사람으로 간주하는 것이. 하지만 이건 바보짓이야 — 아 참 바보 짓 이상일지도 몰라, 내가 그 글라스를 코폴라에게 너무 비싼 값을 주고 샀다는 그 어리석은 생각이 이제 나를 이렇게 이상하리 만치 불안하게 하다니 말이야. 대체 그 원인을 난 정말 모르겠네." — 이렇게 해서 이제 그는 클라라에게 쓰던 편지를 마저 쓰려고 자리에 앉았습니다. 그러나 창밖을 한 번 내다본 것이 그만 올림피아가 아직도 거기에 앉아 있으리라는 것을 그에게 확신시켰고, 그 순간 그는 거역할 수 없는 힘에 내몰린 듯 뛰어 일어나서 코폴라의 망원경을 집어들었고, 올림피아의 매혹적인 자태에서 눈을 떼지를 못했지요, 마침내 형제나 다름없는 친구 지크문트가 스팔란짜니교수의 강의에 가자고 그를 데리러 왔을 때까지도. 그 숙명적인 방 앞의 커튼은 두텁게 닫혔습니다. 그는 그 이후 이틀간을 꼬박 거의 창가를 떠나지 않고 끊임없이 코폴라의 망원경으로 건네다 보았지만, 이쪽에서도 또 그녀의 방을 통해서도 올림피아를 발견할 수가 없었답니다. 셋째 날에는 심지어 창문마저 덮였답니다. 그는 몹시 절망했고, 또 동경과 끓어오르는 욕망에 내몰리어 성문 앞으로 내달았습니다. 올림피아의 자태가 그의 눈앞에서 허공 중에 맴돌았고, 덤불 속에서 튀어나왔으며, 맑은 시냇물 속에서도 크고 빛나는 눈으로 그를 바라다보았지요. 클라라의 상은 그의 내면에서 완전히 사라져 버렸고, 그는 올림피아 이외에는 그 어느 것도 생각하지 않았으며, 아주 큰 소리로 거의 울다시피 한탄했답니다. "아 그대 나의 드높고 찬란한 사랑의 별이여, 그대는 대관절 곧 다시 사라져 버리려고, 그래서 나를 이렇게 더욱 어둡고 절망적인 밤 속에 내버려두려고 내게 떠올랐더란 말인가요?"

그가 집으로 돌아가려고 했을 때, 그는 스팔란짜니의 집에서 시끄러운 소요가 있음을 알게 되었답니다. 문들은 죄다 열려 있었고, 사람들이 온갖 기구들을 들여놓고 있었는데, 이층의 창문은 열려 있었고, 부지런한 하녀들이 왔다갔다하면서 털이 긴 커다란 빗자루로 여기저기 다니면서 먼지를 털어 내고 있었고, 안쪽에서는 목수며 도배장이들이 두들겨 털고 망치질을 하고 법석이었습니다. 나타나엘은 너무도 놀라서 길가에 서 있었지요. 그때에 지크문트가 미소를 띄고 그에게 다가오더니 말했답니다. "자 그래, 자네 우리 노 스팔란짜니 교수에 대해 뭐 할말 있나?" 나타나엘은 자기는 교수에 대해서 전혀 아는 바가 없으므로 아무 말도 할 수 없으며, 오히려 저 조용하고 암울한 집에서 어떻게 저런 떠들썩한 소요며 야단법석이 일어날 수 있는지 대단한 놀라움으로 바라보고 있을 뿐이라고 확언했지요. 그때 그는 지크문트로부터 스팔란짜니 교수가 내일 큰 잔치를 열려고 하며, 음악회와 무도회인데, 대학 식구의 절반은 초대되었다는 말을 듣게 되었습니다. 보편적으로 하는 말들은, 스팔란짜니가 오랫동안 어느 누구의 눈에도 띄게 될세라 불안스레 멀리해 왔던 그의 딸 올림피아를 처음으로 소개하려는 것이랍니다.

　나타나엘은 초대장을 발견했고, 마구 뛰는 가슴으로 정해진 시간에 교수 댁으로 갔습니다. 벌써 마차들이 모여들었고, 장식된 넓은 홀에는 불빛이 가물거리며 타오르고 있었을 때였습니다. 사교계는 엄청난 숫자였고 또 훌륭했지요. 올림피아는 아주 호화롭고 온갖 장식을 다한 의상으로 나타났답니다. 사람들은 그녀의 아름다운 형상의 얼굴과 그녀의 몸매를 감탄하지 않을 수가 없었습니다. 약간 기이하게 휜 등어리, 말벌처럼 가는 몸통은 코르셋을 너무 꼭 죄어 그렇다는 인상을 주었답니다. 걸음걸이와 자세에는 뭔가 자로 잰 듯한 뻣뻣한 기색이 엿보였고, 그것은 많은 이들에게는 쾌적하지 못한 인상을 주었답니다. 사람들은 그것을 사교 모임이 그녀에게 준 부담 탓으로 돌렸지요. 음악회가 시작되었습니다. 올림피아는 대단한 숙련도로 피아노를 연주했고, 게다가 맑고 또 뭔가를 가르는 듯한 날카로운 유리 종과도 같은 소리로 굉장한 명 아리아를 불렀지요. 나타나엘은 완전히 매혹당했어요. 그는 맨 뒷줄에 서 있었고, 눈이 부시는 촛불 속에서 올림피아의 자태를 제대로 알아 볼 수가 없었어요. 그래서 그는 전혀 들키지 않도록 가만히 코폴라의 망원경을 꺼내어 아름다운 올림피아 쪽을 바라다보았지요. 아! ― 그때 그는 그녀가 얼마나 무한한 동경을 담고 그를 바라보고 있는지, 또 소리 하나 하나가 그의 내면을 불붙이며 꿰뚫는 사랑의 시선에서야 비로소 분명하게 올라가는 것을 알게 되었던 것입니다. 정교한 룰라드는 나타나엘에게는 사랑으로 변용된 감성에서 나오는 천상의 환호로 여겨졌고, 마침내 카덴차 이후에 긴 떨림음이 정말로 낭랑하게 홀 안을 날카롭게 울렸을 때, 마치 작렬하는 팔에 갑자기 붙들린 듯 자신을 가눌 수가 없었고, 고통과 황홀감에서 그만 크게 소리를 치고야 말았습니다. “올림피아!” ― 모두가 그를 돌아다보았고, 많은 이들은 웃어댔답니다. 그러나 성당의 올갠 주자는 아까 보다 더 찌푸린 얼굴을 했고, 그냥 이렇게 말했어요, "자 자 이제 그만!" — 음악회는 끝이 났고, 무도회가 시작되었습니다. "그녀와 함께 춤을 추겠다! — 그녀와 함께!" 그것이 이젠 나타나엘에게는 모든 소망, 모든 노력의 목표였답니다. 그러나 잔치의 여왕 그녀에게 춤을 청하는 용기를 어떻게 내보일 것인가? 안 될게 뭐람! — 그 자신도 그 일이 어떻게 일어났는지 몰랐지만, 아무튼 그는 무도가 시작되자마자 아직 춤추자는 청을 받지 않은 올림피아의 바로 곁에 서 있었고, 뿐만 아니라 몇 마디 말을 겨우 중얼거릴까 말까 하는 상태에서 그녀의 손을 잡게 되었지요. 올림피아의 손은 얼음처럼 차가웠습니다. 그는 무서운 죽음의 서리에 전율하는 느낌을 받았습니다. 그는 올림피아의 눈을 응시했고, 그 눈은 사랑과 동경을 가득 담고서 그를 바라보았습니다. 바로 그 순간 그 차가운 손에서 맥박이 뛰고 생명의 피의 흐름이 작렬하기 시작하는 것 같았습니다. 그리고 나타나엘의 내면에서도 사랑의 기쁨이 보다 드높이 작렬하였으며, 그는 아름다운 올림피아를 껴안고 그녀와 더불어 윤무를 좇았습니다. — 그는 그전 같으면 자신이 아주 박자감 있게 춤을 춘다고 생각했었지요. 그런데 올림피아가 춤을 추는 그 아주 독자적인 율동의 확고성, 그것은 가끔 그로 하여금 가끔은 동작을 흐트러지게 했는데, 그 확고성에 비추어 보면서 그는 곧 자신이 얼마나 박자감이 없는지를 깨달았습니다. 어쨌거나 그는 다른 여성들과는 춤을 추려 하지 않았고, 올림피아에게 춤을 청하려고 그녀에게 접근하는 사람이라면 누구라도 당장에 죽여 버리고 싶을 지경이었답니다. 그렇지만 그런 일은 딱 두 번밖에 없었는데, 놀랍게도 올림피아는 이어서 무도 때마다 매 번 그냥 앉아 있었고, 그래서 그는 계속해서 올림피아에게 춤을 청하기에 부족함이 없었답니다. 만일 나타나엘이 아름다운 올림피아 이외에 다른 어떤 것도 볼 수 있었다면, 모든 숙명적인 시비와 싸움이 불가피했을는지도 모를 일입니다. 왜냐하면 아주 조용하지만은 않은, 힘들여 억제하는 웃음소리가 공공연해졌는데, 그것은 이쪽저쪽 구석에서 주로 젊은 사람들

사이에서 일었고, 그들은 분명 아주 이상한 시선으로 좇고 있는 아름다운 올림피아를 두고 웃는 것이었으니까요. 헌데 그 이유를 전혀 알 수가 없었답니다, 왜 그랬을까? 춤으로 인해 그리고 충분히 즐긴 포도주로 인해 달아올라서, 나타나엘은 보통 때 같으면 그의 특유의 수줍음을 내팽개쳤지요. 그는 올림피아의 곁에 앉아 그녀의 손을 그의 손으로 잡고서 불타오르고 감격하여 그의 사랑에 관하여 무어라 말을 했지만, 그 말은 아무도 알아듣지 못하는, 자신도 올림피아도 알아듣지 못하는 말이었답니다. 어쩌면 올림피아는 이해했을 수도 있었을런지. 왜냐하면 움직이지 않고 그의 눈을 들여다보았고, 여러 번 한숨을 쉬었으니까요. "아 — 아 — 아!" 그 말에 대해서 나타나엘은 그저 이렇게 말했답니다. "오 그대 화려한 천상의 여인이여! — 그대 약속의 땅 사랑의 피안에서 비추어 오는 빛이여 — 나의 전 존재를 반영하는 심오한 정서여" 그리고 또 그런 비슷한 말들이었습니다. 그러나 올림피아는 그냥 한숨만 계속 내뱉을 뿐이었어요. "아, 아!" — 스팔란짜니 교수는 몇 번인가 두 행복한 사람들 곁을 지나갔고, 그들에게 아주 기이하게 만족해하는 미소를 보냈답니다. 나타나엘은 비록 그가 아주 다른 세계에 있을지라도, 갑자기 이 지상의 스팔란짜니 교수 댁에서만은 눈에 띄게 사방이 어두워지는 것 같은 느낌이 들었답니다. 그는 자신의 주위를 둘러보았는데, 텅빈 홀에 마지막 남은 두 개의 촛불이 다 타 들어가서 꺼지려고 하는 것을 알아차리고는 적지 않게 놀랐습니다. 음악과 무도는 오래 전에 그쳤더랍니다. "이별, 이별이군요", 하고 그는 아주 격렬하게 그리고 절망적으로 소리쳤습니다. 그는 올림피아의 손에 입맞춤을 하고는, 그녀의 입술로 다가갔지요, 그러자 얼음처럼 차가운 입술이 그의 작렬하는 입술을 맞았답니다! — 그가 올림피아의 차가운 손을 접했을 때처럼 그는 내면의 공포의 전율을 느꼈고, 죽은 신부의 전설이 갑자기 그의 감각을 꿰뚫고 지나갔습니다. 그러나 올림피아는 그를 단단히 끌어 안았고, 입맞춤 속에서 입술이 생명으로 뜨거워지는 것 같았습니다. — 스팔란짜니 교수가 천천히 텅 빈 홀을 가로질러서 걸어왔고, 그의 발걸음은 공허하게 메아리쳤으며, 그의 자태는 깜박거리는 짙은 그늘에 반사되어 무서운 유령 같은 외관을 하고 있었습니다. "그댄 날 사랑하오 — 그댄 날 사랑하오, 올림피아? — 이 말만은 부디! — 그댄 날 사랑하오?" 그렇게 나타나엘은 속삭였지만, 그러나 올림피아는 일어서면서 다만 한숨지을 뿐이었어요. "아 — 아!" — "그래요 그대 내 사랑스런 찬란한 사랑의 별이여", 나타나엘은 말했답니다, "그대가 내게 떠올랐음에, 내 영혼을 영원히 비추이고 거룩하게 하리요!" — "아, 아!", 올림피아는 앞으로 나아가면서 되풀이할 따름이었지요. 나타나엘은 그녀를 쫓아갔고, 그들은 교수의 앞에 서게 되었답니다. "군은 내 딸과 더불어 비상하게 생기있는 대화를 나누더군요", 교수가 미소를 지으며 말했지요. "자, 자, 친애하는 나타나엘군, 수줍은 처녀와 대화를 나누는 취미가 있구려, 그러니 군의 방문은 나로서는 언제고 환영해야 될 것 같군요." — 아주 밝은 빛나는 하늘을 가슴에 품고서 나타나엘은 그곳을 떠났답니다. 스팔란짜니 댁의 잔치는 다음 며칠간 화제의 대상이었지요. 비록 교수가 진짜로 화려장관으로 보이도록 모든 것을 했었음에도 불구하고, 그래도 재미있는 사람들은 그때 있었던 온갖 미숙했던 점이나 이상했던 점을 꼬집어 내어 이야기를 삼았고, 특히 사람들은 죽은 듯이 굳어있고 말이 없던 올림피아에 대한 흥들을 보았더랍니다. 사람들은 그녀의 아름다운 외모에도 불구하고 그녀에게 완전한 둔감증이라는 평을 덮어 씌웠고, 스팔란짜니가 왜 그토록 오래 동안 그녀를 숨겨 놓았었는가 그 이유를 거기에서 찾고자 했습니다. 나타나엘은 그 소리들을 속으로 분노하면서 들었지만, 그럼에도 불구하고 그는 침묵했지요. 왜냐하면 이 녀석들에게 바로 그들 자신의 둔감증이 그들로 하여금 올림피아의 깊은 찬란한 정서를 인지하지 못하게 방해하는 것임을 증명한다는 게 아마도 필요없는 일이지 않을까 생각했기 때문이었어요. "내게 선심 좀 쓰지, 이보게 형씨", 어느 날 지크문트가 말하는 것이었어요, "내게 선심 좀 쓴다 하고, 그래 어디 말 좀 해 봐, 어떻게 해서 자네처럼 분별있는 작자가 저 너머 밀랍의 얼굴에, 나무인형한테 반할 수 있었는지 말 좀 해 보게나!" 나타나엘은 분노로 흥분하려 했다가, 그러나 곧 정신을 가다듬고 대꾸했습니다. "자네가 내게 말해 보게나 지크문트, 보통 때 같으면 아름다운 것 모두를 분명하게 파악하는 자네의 시선에, 자네의 그 왕성한 감각에, 어떻게해서 올림피아의 천상적 사랑의 매력이 잡히지 않을 수 있었나? 그렇지만 바로 그 때문에, 다행히 운명의 덕이지, 내가 자네를 사랑의 경쟁자로 하지 않게 되었군 그래. 왜냐구? 그렇지 않았다면 우리 둘 중 하나는 피를 흘리며 쓰러졌을 것이니 말이야." 지크문트는 친구의 상황이 어떠한가를 아마 알아차렸겠지요, 그래서 노련하게 양보를 했고, 사랑에 있어서는 결코 대상을 판결하려 해서는 아니 되는 법이라고 설명한 뒤에 이렇게 덧붙였습니다. "그런데 우리들 중 많은 사람이 올림피아에 대해서 상당히 같은 판단을 하는 것이 어쨌거나 신기하더군. 그녀는 우리에게 — 이 말을 나쁘게 생각하지 말라구, 형씨! — 이상스레 굳어 있고 영혼이 없는 것 같았단 말이거든. 그녀의 몸매는 규칙적이지, 그녀의 얼굴도 그래, 그건 정말이야! — 그녀는 아름답다고 간주될 수도 있겠지, 만일 그녀의 시선에 생명의 빛이 그렇게 깡그리 없지만 않다면 말이야, 난 차라리 시력이 없다고 말하고 싶으이. 그녀의 걸음걸이는 이상하게 자로 잰 것 같지, 움직임 하나 하나가 감아 놓은 태엽의 톱니바퀴에 매인 것만 같아. 그녀의 연주, 그녀의 노래는 노래하는 기계의 불쾌하리 만치 정확한 영혼없는 박자를 지녔고, 그녀의 춤도 똑 같아. 우리에겐 이 올림피아가 아주 불쾌해지고 말았다네. 우린 그녀와 더불어 아무 것도 하고 싶지 않았어. 우린 그녀가 마치 살아 있는 존재처럼 행동을 하고는 있지만, 그러나 그녀에겐 남모를 속사정이 있을 것이라 그리 여겼다네." — 나타나엘은 지크문트의 이 말을 들으면서 그를 사로잡으려는 씁쓸한 감정에 결코 자신을 내맡기진 않았습니다. 그는 그 불쾌감을 극복하였고, 다만 매우 진지하게 말했답니다. "아마 너희들에겐, 자네 그 차가운 산문적인 인간들에게는 올림피아가 불쾌하게 여겨지겠지. 오직 시적인 인간에게만 그와 똑같이 조성된 것이 펼쳐져 보이는 법이니! — 오직 나에게만 그녀의 사랑의 시선이 피어올랐고 감각과 생각을 비춰준 것이야. 난 오직 올림피아의 사랑 속에서 나 자신을 다시 발견하고 있다네. 많은 다른 피상적인 인간들 마냥 그녀가 평범한 대화 가운데 이런 저런 수다를 떨지 않은 것, 그게 너희들에겐 불만일 수 있겠지. 그녀는 별로 말을 하지 않아, 그게 사실이지. 그러나 이 불과 몇 마디의 말은 영원한 피안의 관조 속에서 정신적인 생의 드높은 인식과 사랑에 충만된, 내면세계의 진짜 상형 문자 같이 생각되는 걸. 그렇지만 그 모든 것에 너희는 아무런 감각이 없는 것이야, 그리고 모든 것이 소용에도 없는 말이겠지.” — “신의 가호를, 형제여”, 지크문트는 매우 부드럽게, 거의 서글프게 말했지요, “헌데 어째서인지 나로서는 자네가 나쁜 길로 들어 선 것만 같으이. 날 의지하게나, 만일 모든 것이 — 아니야, 더 이상 아무 말도 하고 싶지 않으이! — ” 나타나엘에게는 갑자기 그 차가운 산문적인 지크문트가 자신에게 매우 호의를 지니고 있는 것 같은 느낌이 들었습니다. 그래서 그는 지크문트가 그에게 내민 손을 정말 진심으로 흔들었습니다.

나타나엘은 자신이 이전에 사랑했었던 클라라라고 하는 사람이 이 세상에 존재한다는 생각을 완전히 망각했습니다. — 어머니 — 로타르 — 모두는 그의 기억에서 사라져 버렸지요. 그는 오로지 올림피아만을 위해서 살았으니, 날마다 수 시간씩 그녀 곁에 앉아, 그의 사랑, 생으로 불타오르는 교감, 심리적 친화력에 관한 환상적 열광에 몰입했으며, 그 모든 것을 올림피아는 열심히 귀 기울여 들었지요. 나타나엘은 글쓰는 책상의 저 깊은 밑바닥에서 그가 전에 써 놓았던 모든 것을 꺼내 놓았답니다. 시, 환상, 환영, 장편, 중편, 그것들은 푸른 창공으로 날아가는 온갖 소네트, 스탠저, 칸소네 등으로 늘어났으며, 그 모든 것을 그는 지칠 줄 모르고 올림피아에게 읽어 주었어요. 그런데 그는 지금까지 그렇게 훌륭한 경청자를 가져 보지 못했었지요. 그녀는 수를 놓거나 뜨개질도 하지 않았고, 창밖을 바라보지도 않았으며, 새의 먹이를 주지도 않았고, 또 작은 강아지를 품고 놀지도, 애완용 고양이와 놀지도 않았지요. 또 종이 조각을 만지작거리지도 않았고, 혹은 그 어떤 것도 손에 들고 있지 않았으며, 그녀는 가벼이 억제한 기침으로 하품을 자제할 필요도 없었지요. — 한마디로! — 수 시간씩 그녀는 움직이지 않은 시선으로 꼼짝 않고, 자세를 고치거나 움직이지도 않고 연인의 눈을 들여다보았답니다. 그리고 그 시선은 점점 더 불타올랐고 점점 더 생기를 띄어 갔습니다. 다만 나타나엘이 마침내 일어나서 그녀의 손에, 때로는 그녀의 입에도 입맞춤을 할 때면, 그녀는 말했어요, "아, 아!" — 그러나 그런 다음 "안녕히, 내 사랑!"이라고, — "오 그대 찬란한, 그대 심오한 정서여", 나타나엘은 그의 방에 돌아와서 외치곤 했지요. "오직 그대에게서만, 단 한 사람 그대에게서만 난 완전히 이해를 받는다오." 그는 그의 정서와 올림피아의 정서에서 날마다 그 어떤 신비한 협화음이 실현되는가를 생각할 때면 내면의 황홀감에 떨었습니다. 왜냐하면 그에게는 올림피아가 그의 작품들에 대하여, 요컨대 그의 시인적 재능에 대하여, 그의 내면 정말 깊은 것에서부터 이야기하는 느낌이 들었기 때문이었지요. 그래요, 그 목소리는 자기 자신의 내면에서 울려 나오는 것 같았다니까요. 그 말 또한 옳은 말이었겠지요. 왜냐하면 조금 전에 언급한 말 그 이상은 올림피아가 전혀 말한 적이 없었으니까요. 그러나 나타나엘 또한 밝고 냉정한 순간에, 예를 들어 아침에 잠에서 깨어 난 직후 같은 때, 올림피아의 완전한 수동성과 과묵함을 상기할 때면, 그래도 이런 말을 했답니다. "말이란 무엇인가 — 말이란! — 그녀의 천상적인 눈의 시선이 이 지상의 그 어떤 언어보다 더 많은 말을 하는 걸. 천상의 아이가 도대체 이 비좁은 원 안에, 지상의 빈약한 필요가 그어 놓은 원 안에 끼어 있을 수 있을까?" — 스팔란짜니 교수는 자기 딸과 나타나엘의 관계에 대해서 매우 기뻐하는 것 같았습니다. 그는 나타나엘에게 그의 호의에 대한 온갖 분명한 표시를 했고, 나타나엘이 감히 마침내 빙 둘러서 조심스레 올림피아와의 결합을 암시했을 때, 교수는 온 얼굴에 미소를 띠고 말했습니다, 자기는 딸에게 완전히 자유로운 선택을 위임하노라고. — 이 말에 용기를 얻고, 가슴속에는 불타는 욕망에 넘쳐, 나타나엘은 다음날 바로 올림피아에게, 그 동안 오래 그녀의 사랑스런 사랑의 시선이 그에게 말해 왔던 바, 그녀가 영원히 그의 사람이 되려 한다는 것을 솔직하게 분명한 말로서 표현해 줄 것을 간청하기로 결심했습니다. 그는 작별할 때에 어머니가 그에게 주신 반지를 찾았습니다. 올림피아에게 그것을 그의 헌신의 상징, 그녀와 더불어 싹트고 만개한 그의 생명의 상징으로서 바치기 위함이었지요. 그러다가 클라라의, 로타르의 편지가 그의 손에 잡혔습니다. 그는 그것들을 냉담하게 치워 버렸고, 그 반지를 찾아 집어넣고서는, 곧 바로 올림피아에게로 건너갔답니다. 이미 층계에서부터, 마루에서부터 그는 이상한 포효를 들었는데, 그것은 다름 아닌 스팔란짜니의 연구실에서 들려 오는 것 같았습니다. — 내려치는 소리 — 덜거덕 소리 — 부딪히는 소리 — 문을 치는 소리, 그 사이로 욕설과 저주의 소리였습니다. 놔둬요 — 놔두라구 — 비열한 놈 — 흉악한 놈! — 그것 때문에 육신과 생명을 거기다 걸었단 말야? — 하 하 하! — 그렇다면 이야기가 달라 — 내가, 내가 눈을 만들었다 — 톱니바퀴 장치는 내가 만든 거야 — 그래 톱니바퀴 장치나 만든 이 바보 자식아 — 간단한 시계나 만든 이 빌어먹을 개새끼 — 썩 꺼지라구 — 이 악마 — 닥쳐 — 인형 제조공 — 악마 같은 짐승! — 닥쳐 — 꺼져 — 놔 둬! — 서로 우왕좌왕하면서 미쳐 날뛰는 것은 스팔란짜니와 그 흉측한 코펠리우스의 목소리였습니다. 나타나엘은 알 수 없는 공포에 휩싸여 안으로 뛰어들었지요. 교수는 한 여자의 입상에서 어깨를 잡고 있었고, 이탈리아인 코폴라는 다리를 잡고 있었는데, 그들은 소유욕에 분기 충천하여 싸우며, 그것을 이리 저리 당기고 끌고 있었답니다. 그 상이 다름 아닌 올림피아인 것을 알아차렸을 때, 나타나엘은 너무나도 깊은 놀라움에 그 자리에서 튕겨 올랐고, 격한 분노에 끓어올라 그 성난 사람들에게서 연인을 빼앗으려고 했지요. 그러나 그 순간 코폴라는 몸을 돌리며 거인과 같은 힘으로 교수의 손에서 그 상을 획 빼앗더니 직접 그 상을 들어 그에게 지독스런 일격을 가해서, 교수는 그만 플라스크며 증류기, 병, 유리 실린더 등이 놓여 있는 책상 위로 뒤로 벌떡 넘어져 비틀거리더니 주저앉고 말았습니다. 모든 기구들은 천 가지 만 가지 조각으로 부서졌습니다. 그러더니 코폴라는 그 상을 어깨 너머로 냅다 던져서 걸쳐 얹어 가지고서는, 섬뜩하게 째지는 웃음소리와 더불어 재빨리 층계를 내려갔습니다. 그러니 흉측하게 아래로 덜렁거리는 그 상의 다리는 계단마다 나무 소리를 내며 삐걱거리며 소리를 내었지요 — 나타나엘은 얼어붙은 듯이 서 있었답니다 — 너무나도 분명하게 그는 보고 말았던 것입니다. 올림피아의 죽음처럼 창백한 밀랍의 얼굴에는 눈이 없었지요, 그 대신 검은 동굴뿐이었답니다. 그녀는 생명이 없는 인형이었던 것입니다. 스팔란짜니는 바닥에서 구르고 있었지요. 유리 조각들이 그의 머리, 가슴, 팔에 박혔고, 피가 샘물처럼 솟구쳐 올랐습니다. 그러나 그는 그의 힘을 한데 모았습니다. — "그를 쫓아가게 — 그를 쫓아 가, 뭘 머뭇거리는 겐가? — 코펠리우스 — 코펠리우스, 녀석이 내 최고의 자동인형을 내게서 훔쳐갔다니까 — 이십년 간을 그것만을 연구했었지 — 거기에 육신과 생명을 걸었단 말야 — 톱니바퀴 — 언어 — 걸음걸이 — 내 꺼야 — 눈을 — 눈알을 네 녀석한테 훔쳤다니 — 빌어먹을 놈 — 저주받을 놈 — 놈을 쫓아 가 — 내게 올림피아를 데려오라니까 — 눈알은 게 있지 않나! — " 그때 나타나엘은 한 쌍의 피흘리는 눈알이 바닥에 놓여서 그를 응시하고 있는 것을 보았지요. 스팔란짜니는 다치지 않는 손으로 그것들을 집어 나타나엘에게 던졌는데, 그래서 그것들이 그의 가슴에 맞았습니다. — 그러자 광기가 끓어오르는 발톱을 세워 그를 덮쳤고, 감각과 생각을 파괴하면서 그의 내면으로 침투했지요. "휘이 — 휘이 — 휘이! — 불덩이야 — 불덩이야! 불덩이야 돌아라 — 즐겁게 — 즐겁게! — 나무인형아, 휘이 아름다운 나무인형 돌아아라 — " 그러면서 그는 교수에게 달려들어 그의 목을 조였답니다. 그는 그를 교살할 뻔했지요, 그러나 시끌벅적한 소리가 많은 사람들을 불러들였고, 그들이 달려와서 분노에 떠는 나타나엘을 뜯어 말렸고, 그렇게 해서 교수는 구출되었지만 곧 상처를 동여매야 했답니다. 지크문트는 그렇게나 강건했지만 그 미쳐 날뛰는 사람을 붙잡아 앉힐 수가 없었습니다. 나타나엘은 무시무시한 소리로 "나무인형아 돌아라" 하고 계속 외쳐 대며 굳게 쥔 주먹으로 제 자신을 마구 쳤답니다. 마침내 여러 사람이 힘을 합쳐서 겨우 그를 덮칠 수 있었지요, 그를 마루 바닥에 내동댕이를 쳐서 묶어 가지고서 말입니다. 그의 말소리는 끔직한 동물의 포효 소리로 변했답니다. 그렇게 끔직한 광기에 미쳐 날뛰며, 그는 정신병원에 보내졌답니다.

애독자여! 본인이 그 불행한 나타나엘에게 이어서 무슨 일이 일어났는가를 계속 이야기하기 전에 만일 당신이 노회한 기술자요 로봇제조자인 스팔란짜니에 관해서 조금이라도 관심을 갖고 있다면, 그가 상처에서 완전히 회복되었음을 확언할 수 있겠습니다. 그 사이 그는 대학을 떠나야 했는데, 나타나엘의 이야기가 세인의 주목을 끌었고, 또 이성적인 차 모임에 (올림피아는 운 좋게 그 모임에 참석했었는데) 살아있는 사람 대신에 나무인형을 밀반입시킨 것은 도저히 용납될 수 없는 사기로 간주되었기 때문이었지요. 그가 대중을 겨냥했는데 너무도 교활하게 계획되어, 물론 지금에 와서는 모두가 현명한 체 하며, 그들에게 의심쩍어 보였다는 온갖 사실들을 근거로 대려고 했지만, 어느 누구도 (아주 영리한 대학생들만은 예외로) 그것을 알아차리지 못했었다고 했을 때, 법조인들은 그것을 심지어 고도의, 그래서 더욱 엄벌에 처해야 할 사기라고까지 말했습니다. 그러나 이들은 결국 뭐 뾰쪽한 것을 폭로해 내지는 못했습니다. 왜냐하면 예를 들어 어느 우아한 차 지상주의자의 발언처럼, 올림피아가 모든 관습과 달리 하품을 했다기 보다는 더 자주 재채기를 했었다는 점이 어떤 사람에게 과연 의심쩍어 보일 수 있었을까요? 그 우아한

자의 말이었는데, 그 재채기라는 것이 숨겨진 연동기의 자동 조종이었다는 것이며, 그 때에 이상하게 삐거덕 소리가 났더라 등등이었지요. 또 시학과 웅변술의 교수는 코담배를 하나 꺼내고 통을 쾅하니 닫고는 헛기침을 하며 장려하게 말했습니다. "무한히 존경하옵는 신사 숙녀 여러분! 문제점이 어디에 있었는지를 알아차리지 못하셨나요? 모든 것은 알레고리요 — 속행된 메타퍼지요! — 제 말씀 이해하시지요! — 자피엔티 자트!" 그러나 많은 존경받는 신사들은 그것으로 안심을 못했답니다. 로봇과 관련된 이야기는 그들의 영혼을 뿌리 채 사로잡았고, 실제로 인간의 모습에 대하여 혐오스러운 불신이 스며들었습니다. 사랑하는 사람들은 자신이 나무인형을 사랑하는 것이 아니라고 완전히 확신하기 위해서 연인들에게 요구하는 바가 생겼는데, 약간 박자가 틀리게 노래를 불러 달라던가 춤을 추라는 것하며, 낭독을 해주는 동안에는 수를 놓던가 뜨개질을 하던가, 작은 개를 가지고 놀아 달라던가 등 등, 그러나 그 무엇보다도 그냥 단순히 듣지만 말고 때때로 이야기를 하는데, 이 말이 실제로 어떤 생각과 감정을 전제로 한다는 그런 식으로 말하라는 요구였지요. 많은 사람들의 사랑의 관계는 그로 인해 더욱 견고하고 더욱 품위 있게 발전하였으나, 반대로 어떤 다른 사람들은 조용히 서로 멀어져 가기도 했습니다. "정말로 그것을 보증할 수는 없다", 이 사람 저 사람의 말이 그랬습니다. 차 모임에서는 믿기 어려우리 만치 하품들만 나왔고, 결코 재채기를 하는 일이 없어졌답니다. 모든 혐의점에 대항하기 위해서였답니다. — 스팔란짜니는 아까 말한 대로 떠나야 했는데, 인간 사회에 사기성으로 밀어 넣은 로봇 때문에 생긴 형사 심문을 피하기 위함이었습니다. 코폴라 역시 사라졌습니다.

나타나엘은 무겁고 무서운 꿈에서 깨어나듯 정신을 차렸답니다. 그는 눈을 번쩍 뜨고 형언할 수 없는 환희의 감정이 온유한 천상의 따사로움과 더불어 자신에게 내리쬐는 것 같은 느낌을 받았습니다. 그는 아버지집의 자기 방에 침대 위에 누어 있었고, 클라라가 그의 위로 몸을 굽히고 있었으며, 멀지 않은 곳에 어머니와 로타르가 서 있었습니다. "마침내, 마침내, 오 내 진정한 사랑 나타나엘 — 이제 당신은 중병에서 회복되었군요. — 이제 당신은 다시 내 사람이어요!" — 클라라는 그렇게 정말 깊은 영혼에서 우러나오는 말을 했고, 나타나엘을 그녀의 팔에 안았어요. 그러나 그에게는 크나 큰 고통과 황홀에 맑은 뜨거운 눈물이 눈에서 솟구쳤고, 그는 깊이 탄식했지요. "나의 — 나의 클라라!" — 고난에 빠졌을 때 충실히 친구 곁에서 견디어 준 지크문트가 들어왔습니다. 나타나엘은 그에게 손을 내밀었지요. "충직한 형제여 자네는 날 버리지 않았네 그려." — 광기의 그 어떤 흔적도 사라져 버렸고, 나타나엘은 어머니, 연인, 친구들의 조심스러운 보살핌 속에서 곧 체력을 회복했습니다. 그 동안 행복이 다시 집안에 찾아 들었습니다. 왜냐하면 한 나이 많은 검소한 백부께서 돌아가셨고, 그 사람에게서 아무도 아무 것도 원하지 않았었는데, 어머니에게 적지 않은 재산 이외에 또 시내에서 멀지 않은 고장에 조그만 장원을 남겨 주셨기 때문이었지요. 그들은 그리로 이사를 할 생각이었습니다. 어머니, 나타나엘과 그의 클라라, 그는 이제 그녀와 결혼을 생각했습니다, 그리고 로타르 그렇게 말입니다. 나타나엘은 그 어느때 보다도 더 부드럽고 더 어린아이 같아졌고, 클라라의 천상적인 순수한 찬란한 정서를 정말로 잘 받아들였습니다. 누구도 그 어떤 조그만 암시로 그에게 과거를 회상시키는 일은 없었답니다. 다만 지크문트가 작별을 했을 때, 나타나엘은 말했답니다. "맹세코 형제여! 난 사악한 길에 들었었네, 그러나 적당한 시기에 한 천사가 나를 밝은 길로 인도했지! — 아 그건 정말 클라라였네! — " 지크문트는 그가 계속 이야기를 하지 못하게 막았습니다. 깊은 상처를 입은 기억들이 너무나 밝게 타오르는 듯이 그에게 떠오를까 하는 염려에서 였답니다. — 그것은 행복한 네 사람이 그 작은 장원으로 이사하려고 할 즈음이었어요. 점심 시간에 그들은 시내의 거리를 걷고 있었습니다. 그들은 많은 물건들을 샀는데, 높은 시청의 탑이 시장 위로 그 거인과도 같은 그림자를 드리우고 있었습니다. "아이!" 클라라가 말했어요. "우리 한 번 올라가서 먼 산을 바라보기로 해요!" 말한 바는 행해졌지요! 두 사람은, 나타나엘과 클라라는 올라갔고, 어머니는 하녀와 함께 집으로 갔고, 그리고 로타르는 많은 층계를 오르기가 싫어서 아래쪽에서 기다리기로 했습니다. 그리하여 두 연인은 팔짱을 끼고 탑의 맨 위 쪽 전망대에 서서 안개 낀 삼림을 바라보았지요, 그 너머로는 푸른 산맥이 거인의 도시처럼 우뚝 솟아 있었습니다.

"저 이상한 작은 수풀 좀 봐요, 정말로 우리 쪽으로 성큼 성큼 걸어오는 것 같네요", 클라라는 물었어요. ─ 나타나엘은 기계적으로 옆 호주머니를 만졌답니다. 그는 코폴라의 망원경을 발견했습니다. 그는 옆쪽을 보았지요. ─ 클라라가 망원경 유리 앞에 서 있는 거예요! ─ 그러자 그의 맥박과 혈관이 경련적으로 수축되었습니다. ─ 그는 죽음처럼 창백해져서 클라라를 응시했지요, 그러나 곧 벌겋게 상기되어 희번덕거리는 눈으로 불길이 끓어올라 튀겼습니다. 그는 내몰리는 동물처럼 험악하게 울부짖었지요. 그리고는 높이 허공으로 몸을 날렸고, 그 사이에 섬뜩하게 웃으면서, 그는 에이는 소리로 고함을 쳤답니다. "나무인형아 돌아라 ─ 나무인형아 돌아라" ─ 그리고는 억센 힘으로 클라라를 붙잡고 그녀를 아래로 던지려고 했답니다. 그러나 클라라는 절망적인 죽음의 공포에서 난간을 꼭 움켜잡았지요. 로타르는 미친 사람이 날뛰는 소리를 들었습니다. 그는 클라라의 공포의 외침을 들었던 것입니다. 섬뜩한 예감이 그의 몸을 꿰뚫었고, 그는 뛰어 올라갔습니다. 두 번째 층계의 문은 잠겨 있었고 ─ 클라라의 탄식의 외침은 더 강하게 울렸습니다. 분노와 공포에 제정신이 아닌 그는 문을 밀어 제쳤고, 마침내 문이 열렸습니다 ─ 이제 클라라의 목소리는 점점 더 기운을 잃어 갔습니다. "도와줘요 ─ 구해 줘요 ─ 구해 줘 ─ " 그렇게 그 소리는 허공 중에 죽어 갔습니다. "그 애가 죽었구나 ─ 미친 녀석에게 살해당했어" 로타르는 그렇게 소리쳤지요. 전망대로 통하는 문도 잠겨 있었지요. ─ 절망이 그에게 거인 같은 힘을 주어 그는 문을 돌쩌귀에서 뽑아냈습니다. 하느님 맙소사 ─ 클라라는 미쳐 버린 나타나엘에게 붙들리어 전망대 위에서 허공에 매달려 흔들거리고 있었답니다 ─ 한 손으로 겨우 그녀는 쇠창살을 움켜쥔 채 말입니다. 로타르는 번개처럼 재빨리 누이동생을 붙잡아서 그녀를 안으로 잡아 당겼고, 그 순간 동시에 불끈 쥔 주먹으로 미친 녀석의 얼굴을 갈겼지요, 그래서 그는 움켜잡은 손을 놓고 튕겨나갔고 죽음의 노획물을 놓아주었답니다.

로타르는 의식을 잃은 누이동생을 팔에 안은 채 달려 내려왔어요. ─ 그녀는 구출된 것입니다. ─ 그런데 이제 나타나엘이 전망대 위로 달려 나가더니, 높이 허공으로 뛰어 오르면서 소리쳤답니다. "불덩이야 돌아라! - 불덩이야 돌아라!" ─ 거센 고함소리에 사람들이 모여들었습니다. 그들 중에는 거인처럼 큰 변호사 코펠리우스가 눈에 띄었습니다. 그는 그때 막 그 도시에 오는 길이었고 곧 바로 시장으로 들어온 것입니다. 사람들은 미친 사람을 붙잡으려고 올라가려고 했습니다. 그때 코펠리우스는 이렇게 말하면서 웃어 재꼈답니다. "하하 ─ 기다리라, 그가 기어이 스스로 아래로 내려오리니", 그리고는 다른 사람들과 마찬가지로 위를 올려다보았지요. 나타나엘은 갑자기 얼어붙은 듯이 섰습니다. 그는 아래를 내려다보았고, 코펠리우스를 알아보고는 "하! 아름다운 눈 ─ 아름다운 눈"이라는 째지는 듯한 고함소리와 더불어 난간 너머로 뛰어내렸답니다.

나타나엘이 으깨진 머리로 돌 포장 길바닥에 쓰러져 있을 때, 코펠리우스는 혼잡 속에서 사라져 버렸답니다.

여러 해가 지난 뒤 사람들은 클라라를 먼 고장에서 보았다고들 합니

다. 그녀는 한 친절해 뵈는 남자와 손에 손을 잡고서 아름다운 시골집의
문 앞에 앉아 있었고, 그녀의 앞에는 발랄한 두 아이들이 놀고 있더랍니
다. 그것으로 미루어 클라라는 생을 즐기는 그녀의 쾌활한 감각에 맞고
또 내면에서 분열된 나타나엘이라면 결코 그녀에게 줄 수 없었을 조용
한 가정의 행복을 이제 찾았다고 결론 지을 수 있겠습니다.

4 후기

　이 책은 한국의 독문학 현장에 문학작품에 대한 텍스트 언어학적 접근의 실제를 제시하려는 의도로 계획되었다. 이 이론은 공동저자(로스바흐)가 속해 있었던 독일 마부르크대학의 Narrativik 연구팀에게서 차용했다. 텍스트 언어학적 접근의 일차적 관심은 서술-서술자-서술된 텍스트의 문제이다. 이 이론의 강점은 특히 외국문학의 수용의 경우 자칫 의미내용 분석 위주로 심리분석적 해석 또는 인상비평에 그칠 우려를 언어학의 면밀성으로 보강하는 것이다.

　이러한 분석을 위한 모델로서 에. 테. 아. 호프만은 매우 적합한 작품을 제공해주었다. 그는 스스로를 "평일에는 판사요 기껏 약간의 음악가, 일요일 낮에는 그림을 그리며, 저녁이면 깊은 밤까지 매우 위트있는 작가"라고 말했다. 분열된 두 세계의 삶 속에서, 그는 사회적 고립의 결과로서, 또한 예술 자체가 지니는 마성적인 특질의 소산으로서의 위협에 고통했다. 그의 작품은 사회에의 예속을 요구하는 시민사회의 윤리가 개인의 정신적 불구를 초래할 수 있음을 보여준다. 특히 「모래귀신」은 계몽의 원천으로서의 눈(인식 = 형안)에 대한 독창적인 접근을 특징으로 한다. 눈에 대한 위협, 즉 형안을 잃은 주인공의 파멸은 사회적 수렴과정의 문제점을 안은 예술가의 자화상이기도 하다. 폴 베를렌의 의미에서 "추방된 시인"의 또 하나의 모습이 확인되는 장면이다. 따라서 심리분석적 해석이 중요시되었던 것이다. 그러나 그는 이 작품에서 서술의 문제, 즉 예술의 방식에 관해서도 직접적으로 논의하려고 시도한다. 그의 허구의 서술자는 서술과 서술된 평면 모두에 위치하며, 선택적 서술의지를 과시하다가도 "무엇인가 우리 자신 외부에 존재하는 보다 높은 원칙의 영향"이라 주장하는 주인공을 통해서 그 자유의지를 완전히 부정한다. 우리는 여기에서 서술-서술자-서술된 텍스트에 관한 논의의 중요한 단서들을 보았다. 필연적으로 선택적 속성을 지닌 서술의 문제를 출발로서, 선택된 어휘들, 선택된 문장구조들이 갖는 의미를 분석했고, 선택된 서술자의 성격과 기능을 분석했다. 결국 서술된 텍스트 전체를 마치 뎃상의 방식으로 재구성할 수 있었다. 그 결과로서 어떠한 추상화가 그려졌는가는 자못 두려울 뿐이다.

우리는 한편 이 책이 대학의 외국어 교육은 다만 도구적 기능의 언어훈련을 대상으로 하지 않는다는 하나의 증거가 될 수 있기를 희망해왔다. 물론 아직도 미흡한 방법론 또는 새로운 가능성 등에 대해서는 관심있는 분들의 많은 충고를 진심으로 바란다. 끝으로, 이 연구와 출판에 이르는 데에 힘입은 여러 분들에 대한 감사의 말씀을 거를 수 없다. 연구의 계기를 만들어준 것은 독일학술교류처(DAAD)로서, 공동저자들은 전남대학에 파견된 Lektor와 독일에 초청될 수 있었던 장학생이었음을 우선 감사한다. 실제 이 지루한 예비원고들을 위해서 멀리는 마부르크대학의 키르히마이어 Klaus Kirchmeyer 선생님, 그는 우리가 서로 다른 의견으로 진척을 보이지 못할 때마다 최선의 충고로서 우리를 구해 주었다. 가까이는 수년에 걸친 작업기간 내내 — 모국어가 다른 유럽인과 동양인, 남자와 여자, 이성과 감성 등 여러 상이한 조건과 성향을 가진 연구자들의 공동작업은 예기했던 혹은 예기치 못했던 변수들로 인해 좀처럼 그 끝이 보이지 않았었다 — 뜨거운 낮과 추운 밤을 마다 않고 교정과 조언에 힘써 준 김명희 박사, 어학분야의 조자경 박사, 그리고 여러 일을 도와준 대학원 가족들 모두에게 감사드린다. 특히 문학텍스트의 언어학적 분석을 어연총서로서 출판할 수 있도록 기회를 준 전남대학교 언어연구원 연구부, 또한 한껏 인기없을(?) 이러한 책의 출판을 선뜻 맡아주신 한국문화사 여러분께 존경과 감사를, 그리고 마침내 마지막까지 읽어온 인내심 많은 독자에게도 마음으로 감사를 드린다.

1998년 겨울

서용좌
· 이화여자대학교 박사학위(독문학)
· 이화, 고려, 전북대학교 강사
· 전북대학교 독어교육과 전임강사
· 현재 전남대학교 독문과 교수

브루노 로스바흐
· Marburg대학교 박사학위(독문학)
· Marburg대학교 조교, 공동연구원, 위촉강사
· 전남대학교 독문과 독일학술교류처 파견 교수
· 이화여자대학교 독문과 교수
· 현재 성균관대학교 독문과 교수

**텍스트 언어학적 분석에 의한
에. 테. 아. 호프만의 「모래귀신」**
Der Sandmann von E.T.A. Hoffmann.
Eine textlinguistische Analyse

서용좌 · 브루노 로스바흐
Yong-Jwa Suh · Bruno Rossbach

1999년 8월 15일 인쇄
1999년 8월 31일 발행

발행인: 김진수
발행처: 한국문화사
 133-112 서울시 성동구 성수 1가 2동 13-156
 전화 02-464-7708, 3409-4488
 팩스 02-499-0846
 E-mail munhwasa@hanmail.net
등록번호 제2-1276호

값 20,000원

ISBN 89-7735-651-2 93750